“十三五”国家重点出版物出版规划项目
交通安全科学与技术学术著作丛书

自动驾驶虚拟仿真测试评价理论与方法

孙 剑 田 野 余荣杰 著

科学出版社
北 京

内 容 简 介

自动驾驶是多项国家战略的聚焦点，测试评价技术是推进自动驾驶技术研发与规模化部署的核心支撑. 本书从理论到方法, 从技术到工具，从研究到实践，系统构建了自动驾驶虚拟测试与评价的理论、方法与技术体系. 主要内容包括自动驾驶虚拟测试工具链构建、高等级自动驾驶虚拟测试仿真即服务系统新思想框架设计、自动驾驶虚拟测试场景采集与自动生成、面向自动驾驶虚拟测试的交通流仿真建模方法、虚拟测试场景生成优化方法、自动驾驶汽车驾驶能力评价体系以及自动驾驶虚拟测评技术发展趋势等.

本书可作为车辆工程、自动化以及交通运输领域特别是自动驾驶技术研发、测试、评价等领域广大科研工作者、管理人员和工程技术人员的参考资料，也可以作为高等院校车辆工程、交通工程和自动化专业高年级本科生和研究生的参考书.

图书在版编目(CIP)数据

自动驾驶虚拟仿真测试评价理论与方法/孙剑，田野，余荣杰著. —北京: 科学出版社, 2022.7

（交通安全科学与技术学术著作丛书）

“十三五”国家重点出版物出版规划项目

ISBN 978-7-03-071856-3

Ⅰ. ①自… Ⅱ. ①孙… ②田… ③余… Ⅲ. ①汽车驾驶-自动驾驶系统-计算机仿真-虚拟现实-测试 Ⅳ. ①U463.61-39

中国版本图书馆 CIP 数据核字(2022)第 041315 号

责任编辑：王丽平　范培培 / 责任校对：杨聪敏

责任印制：吴兆东 / 封面设计：陈　敬

科学出版社 出版

北京东黄城根北街 16 号

邮政编码：100717

http://www.sciencep.com

北京建宏印刷有限公司 印刷

科学出版社发行　各地新华书店经销

*

2022 年 7 月第　一　版　开本: 720 × 1000　1/16

2023 年 1 月第二次印刷　印张: 20 3/4

字数：420 000

定价: 158.00 元

(如有印装质量问题，我社负责调换)

“交通安全科学与技术学术著作丛书”序

交通安全作为交通的永恒主题，已成为世界各国政府和人民普遍关注的重大问题，直接影响经济发展和社会和谐. 提升我国交通安全水平，符合新时代人民日益增长的美好生活需要.

“交通安全科学与技术学术著作丛书”的出版体现了我国交通运输领域的科研工作者响应“交通强国”战略，把国家号召落实到交通安全科学研究实践和宣传教育中. 丛书由科学出版社发起，我国交通运输领域知名专家学者联合撰写，入选首批“十三五”国家重点出版物出版规划项目. 丛书汇聚了水路、道路、铁路及航空等交通安全领域的众多科研成果，从交通安全规划、安全管理、辅助驾驶、搜救装备、交通行为、安全评价等方面，系统论述我国交通安全领域的重大技术发展，将有效促进交通运输工程、船舶与海洋工程、汽车工程、计算机科学技术和安全科学工程等相关学科的融合与发展.

丛书的策划、组织、编写和出版得到了作者和编委会的积极响应，以及各界专家的关怀和支持. 特别是，丛书得到了吴有生院士、范维澄院士、翟婉明院士、丁荣军院士、李骏院士和郑健龙院士的指导和鼓励，在此表示由衷的感谢！科学出版社魏英杰编审为此丛书的选题、策划、申报和出版做了许多繁琐而富有成效的工作，特表谢意.

交通安全科学与技术是一个应用性很强的方向，得益于国家对交通安全技术的持续资金投入和政策支持，丛书结合 973 计划、863 计划和国家自然科学基金、国家支撑计划、重点研发任务专项等国家和省部级科研成果，是作者在长期科学研究和实践中通过不断探索撰写而成的，汇聚了我国交通安全领域最新的研究成果和发展动态.

我深信这套丛书的出版，必将推动我国交通安全科学与技术研究工作的深入开展，在技术创新、人才培养、安全教育和工程应用等方面发挥积极的作用.

中国工程院院士
武汉理工大学交通运输工程学科首席教授
国家水运安全工程技术研究中心主任

序

自动驾驶技术在提升交通安全、缓解道路拥堵以及改善驾乘体验上具有巨大潜力，甚至极有可能改变人类的出行模式，是未来交通的发展趋势及核心，世界各国高度重视其对社会经济的重大影响. 近年来具备自动驾驶能力的智能汽车安全事故频发，导致社会对其接受度和信心骤降. 自动驾驶技术的落地应用，尤其是在我国混合交通流环境中的规模化部署和应用，其安全测试是重中之重. 同济大学孙剑教授团队长期致力于自动驾驶虚拟仿真测试与评价研究与实践，针对基于场景的虚拟仿真测试进行了深入的探索和分析，在测试场景库构建、场景交通流建模、测试场景优化，以及综合评价体系等重点研究方向，均提出了突破性的理论、技术和方法，最终总结出一整套自动驾驶安全虚拟测试与评价体系化解决方案.

难能可贵的是，全书兼顾学术性和实用性，在理论研究以外，重点关注自动驾驶测试领域研究前沿与我国自动驾驶应用落地场景的融合，尤其是在作者团队与国内外多家知名自动驾驶研发企业的产学研项目合作经验的基础上，提出了诸如仿真即服务、场景覆盖度评估、“长尾场景”处置、高可信度背景交通流生成、海量场景加速测试、自动驾驶“驾驶能力”评价等工业界亟待解答的核心技术需求.

本书的出版对于构建我国自主可控自动驾驶汽车虚拟测试评价技术体系，加速自动驾驶汽车部署应用，具有重要的意义. 作者团队与国内外工业界的深度合作，凝聚了我国自动驾驶测试领域最顶尖学者的研究与工程实践精华，有助于促成学界、业界共识，完善自动驾驶汽车安全性测试的“中国标准”.

最后，衷心希望该书成为连接自动驾驶测试前沿研究和工程应用的桥梁纽带，期待有更多的自动驾驶测试领域学者及从业者通过该书，了解和掌握该领域研究前沿和应用现状，激发更大的科技创造力.

中国工程院院士　王云鹏

2022 年 2 月 10 日

前 言

自动驾驶是交通强国等多项国家战略的聚焦点, 测试评价技术是推进自动驾驶技术研发与规模化部署的核心支撑. 自动驾驶的测试评价特别是安全性评价面临超长测试里程、边缘场景极端小概率事件等众多挑战, 因此, 基于场景的虚拟测试与评价方法论成为自动驾驶测试评价的核心技术手段. 2020 年, 国家发展改革委、工业和信息化部等 11 个国家部委联合印发的《智能汽车创新发展战略》中指出, 应 "重点研发虚拟仿真、软硬件结合仿真、实车道路测试等技术和验证工具, 以及多层级测试评价系统". 作者团队对自动驾驶虚拟测试技术的关注始于 2012 年, 在研发自主可控交通流仿真系统 TESS NG 的过程中, 意识到自动驾驶需要应对各类现实交通场景的挑战, 由于虚拟测试具备快速、安全、场景定制化、高效等一系列优势, 研究如何利用虚拟测试方法对未来智能网联汽车与交通系统进行可信评估成为团队研究的聚焦点之一. 自 2015 年起, 自动驾驶技术的飞跃, 不仅为我们从跨学科的视角探讨相关自动驾驶测试评价技术提供了良好的机遇, 也为我们的研究创造了丰富的问题来源以及大量的产学研合作机会. 本书是作者团队在自动驾驶虚拟测试评价理论研究、技术研发以及工程实践的基础上撰写而成的, 具体而言, 本书有以下特点.

以行业重大需求为牵引, 确定核心攻关技术问题. 在执笔之前, 作者团队与百度、华为、上汽、腾讯、北汽、宇通、51VR、德国 PTV、德国大陆等十余家自动驾驶研发企业持续开展了 20 余项产学研合作课题, 并与国际自动驾驶测试领军企业和研究机构开展了深度的学术交流, 在广泛了解自动驾驶虚拟测试的技术瓶颈和关键痛点基础上, 凝练了学术研究的方向和重点攻关领域. 经过近 5 年的系统研究, 形成了本书在测试场景生成、混杂交通流仿真、加速测试方法、综合评价技术、测试服务系统等方面的工作.

以关键科学问题为导向, 探索自动驾驶虚拟测试研究前沿. 高等级自动驾驶要求在设计运行域内应对各种交通场景的安全性挑战, 而现实交通的随机性、不确定性、自适应性导致场景无限, 因此, 基于场景的测试方法论引出诸多新的前沿科学问题. 近年来, 作者团队围绕自动驾驶测试主题承担了 5 项国家自然科学基金、4 项国家重点研发计划课题. 基于以上课题研究, 本书重点对测试场景覆盖度 (包括功能场景、逻辑场景)、仿真可信度 (即如何实现满足安全性测试要求的交通流仿真模型)、测试加速度 (即如何实现场景的加速测试)、测评效度 (如何提高仿真测评结果的有效性) 等做了重点探讨.

关键技术方法攻关与国际协同, 并有机融合. 近年来, 欧盟、日本开展了一系列自动驾驶测试创新研究, 典型项目包括 PEGASUS、Set Level、V&V 以及 SIP-adus 等, 这些创新项目的开展为高等级自动驾驶测试方法提供了标准化流程, 并有逐渐成为国际标准的趋势, 团队深切意识到必须尽快掌握该领域的核心技术, 才可能在未来有标准规范制定话语权. 然而, 这些标准化测试流程还有很多未解决的关键技术方法, 本书正是为弥补上述技术方法缺陷而开展的.

与测试工具解耦, 为虚拟测试服务赋能. 高等级自动驾驶基于场景的测试方法论对虚拟测试工具研发及使用均提出了新的要求, 根据测试方法论对测试工具的要求, 我们提出了仿真即服务的概念, 重点围绕自动驾驶虚拟测试、评价方法展开, 而不受限于某种特定的虚拟测试工具. 尽管本书各个关键技术方法的验证以现有不同测试工具 (如 VTD、PreScan、SCANeR 等) 为基础, 但是通过标准化的接口技术和软件在环、硬件在环技术, 可以很容易地移植到不同的测试工具中, 这样更有利于技术的转移和核心方法的持续创新.

跨界融合, 从智能汽车、自动驾驶与智能交通多视角进行分析. 智能汽车与自动驾驶不仅是载运工具的革新, 其在解决交通安全、道路拥堵以及改善驾乘体验上也具有巨大潜力, 甚至极有可能改变人类的出行模式. 因此, 对其测试评价不仅需要关注其预期功能安全性, 还需要进一步评价其在人机混驾交通流中的适应性以及对整个交通系统的影响等. 团队成员有车辆工程、交通工程、人工智能等多学科交叉背景, 特别是在交通安全、仿真评价、驾驶行为、智能交通等领域的工作积累, 使得本书可从更多视角分析自动驾驶的安全性及其对未来交通的影响.

本书的成果是团队研究工作的结晶, 作者团队围绕本书的研究目标开展了大量的研究工作, 先后有 20 余位硕士、博士研究生为本书做出了直接的贡献. 本书第 1 章主要由孙剑撰写, 第 2 章和第 3 章主要由田野撰写, 孙剑和余荣杰参与了相关工作. 在第 4 章的研究工作中, 周东浩、蒙艺玮、李宇迪、张一豪、叶颖俊、邵英豪等学生做出了相应的贡献; 第 5 章是在马子安、刘启远、黄润涵等研究工作基础上, 叶颖俊、李逸昕、刘晗、张小卉、周东浩、张铎等同学研究成果基础上整理而得的; 在第 6 章, 张赫、周华骏、徐一鸣、陈秋冰、齐骁等学生提供了重要的研究成果; 第 7 章的研究, 齐骁、赵晓聪、黄奕、黄润涵等同学做出了关键性的贡献; 第 8 章是由余荣杰负责, 统筹第 2 章至第 7 章的研究成果而撰写的. 还要感谢课题组的其他成员, 他们也在本书的研究工作中发挥了积极的作用, 特别感谢张赫博士、刘懿如硕士协助完成全书的统稿与校核工作.

本书的编写得到了国家自然科学基金 (U1764261、52125208、52172391、51422812、52072262)、国家重点研发计划 (2018YFB1600505、2019YFB1600204、2018YFB1600805、2021YFB2501202)、上海市曙光计划 (18SG21) 等多项课题的

资助, 特此致谢.

本书紧密围绕理论知识与实践应用相结合, 对自动驾驶虚拟测试与评价技术进行了一些初步的探索. 限于作者水平, 书中难免存在不妥之处, 敬请批评指正.

孙 剑 田 野 余荣杰

2022 年 2 月

目　录

第 1 章 绪 论

1.1 智能汽车与自动驾驶

智能汽车, 通常又称为智能网联汽车、自动驾驶汽车等, 是指通过搭载先进传感器、控制器、执行器等装置, 运用信息通信、互联网、大数据、云计算、人工智能等新技术, 具有自动驾驶功能, 逐步成为智能移动空间和应用终端的新一代汽车. 智能汽车在保障交通安全、缓解道路拥堵、改善驾乘体验甚至颠覆出行模式上具有巨大潜力, 被世界各国视为未来交通的发展趋势及核心.

发展智能汽车, 是我国 "交通强国""人工智能""中国制造" 等多项国家重大战略的聚焦点; 也是我国汽车产业实现供给侧结构性改革、壮大经济增长新动能的发展机遇; 更是增进人民福祉, 确保人民享有美好出行服务的重要举措. 2017 年, 工业和信息化部、国家发展改革委、科技部联合印发《汽车产业中长期发展规划》, 计划 2025 年, 汽车驾驶辅助、部分自动驾驶、有条件自动驾驶新车装配率达 80%. 2020 年, 国家发展改革委、工业和信息化部等 11 个国家部委联合印发《智能汽车创新发展战略》, 进一步提出到 2025 年, 中国标准智能汽车的技术创新、产业生态、基础设施、法规标准、产品监管和网络安全体系基本形成, 并实现有条件自动驾驶的智能汽车达到规模化生产. 2021 年, 中共中央、国务院印发了《国家综合立体交通网规划纲要》, 要求加强智能化载运工具和关键专用装备研发, 推进智能网联汽车 (智能汽车、自动驾驶、车路协同)、智能化通用航空器应用. 以智能汽车、自动驾驶为主要特征的智能网联交通时代即将到来.

构建先进完备的智能汽车离不开先进制造、现代传感、移动通信、人工智能、智能设施等多领域技术的有机融合. 其中, 自动驾驶技术是智能汽车的灵魂, 是智能汽车区别于传统汽车最显著的特征. 智能汽车能否从本质上保障驾驶安全、便捷、高效、绿色, 主要取决于自动驾驶技术的能力水平, 其基础则有赖于对该项技术全面、有效的测试与评价.

考虑到自动驾驶技术在 "智能汽车" 中的核心地位, 同时, 自动驾驶技术可以应用于一切自主载运工具 (包括地面特种车辆、无人机、航行器等), 对自动驾驶技术测试与评价的讨论更具有普遍性和适用性. 全书将研究对象统称为 "自动驾驶". 试图通过系统、全面、创新的高等级自动驾驶测试、评价技术方法研究, 加速自动驾驶技术部署应用, 保障自动驾驶在交通系统中安全、高效运行.

1.2　自动驾驶发展历程与分级

1.2.1　自动驾驶发展历程

1984 年, 美国国防部高级研究计划局 (Defense Advanced Research Projects Agency, DARPA) 与陆军合作, 发起自主地面车辆 (ALV) 计划. 此后, 卡内基梅隆大学、斯坦福大学、麻省理工学院等积极开展了大量自动驾驶的研究工作. 为了推进自动驾驶技术更快、更好地发展, DARPA 于 2004 年、2005 年、2007 年举办了 3 届自动驾驶挑战赛. DARPA 挑战赛是世界上第一个自动驾驶汽车长距离比赛, 这项比赛也引发了一场自动驾驶技术的革命.

在第一届 DARPA 挑战赛中, 获胜的条件为自动驾驶汽车在完全无人控制的情况下, 在 10 小时内走完一条 230 公里长的沙漠赛道. 遗憾的是, 最终没有任何参赛团队完成比赛. 在第二届挑战赛中, 要求车辆完成一条 200 公里左右的野外道路, 最终共有 5 组参赛队伍完成比赛, 斯坦福大学改装的 Stanley 智能汽车 [1] 共用 7.5 小时到达终点, 获得第一名. 在城市道路环境中安全行驶是一项更富有挑战性的自动驾驶任务. 2007 年举办的第三届 DARPA“城市挑战赛” 即在城市道路环境中展开, 其中包含交叉口转向、高速公路上匝道汇入等驾驶任务, 同时, 参赛团队还被要求遵守加利福尼亚州当地的交通法规. 最终共有 6 组团队完成比赛, 卡内基梅隆大学的 Boss 智能车 [2] 获得第一名.

尽管三届 DARPA 挑战赛中所涉及的交通环境与驾驶任务均相对较为简单, 但 DARPA 挑战赛的比赛内容与参赛团队展示出的车辆智能化能力, 被认为是智能汽车技术发展的里程碑. 每一届获奖团队均采用新颖独特的定位、感知、规控硬件解决方案与算法解决方案, 极大地推动了自动驾驶技术发展. 获奖团队中涌现出的技术人才, 如 Sebastian Thrun 等, 之后也成了自动驾驶汽车领域的翘楚.

美国的自动驾驶研究起步较早, 技术积累十分雄厚. 但新的力量不断崛起, 联合加速世界范围内的自动驾驶科技进步. 近十年来, 通用、奥迪、福特、奔驰、沃尔沃、日产、宝马等众多汽车制造厂商在自动驾驶汽车领域进行了大规模布局. 特别地, 中国作为自动驾驶领域的后起之秀, 依托政策红利、人才资源、创新环境, 展示出强大潜力. 目前, 南至琼海, 北至黑河, 全国已布局数十家自动驾驶示范区和测试示范区. 上汽、一汽、广汽、长安、宇通等整车企业积极开展自动驾驶软硬件研发; 百度、华为、腾讯、阿里等科技公司进入市场庞大的汽车行业, 以信息通信技术为依托, 形成新的技术突破点; 蔚来、小鹏等造车新势力更是推出了商用化的低等级自动驾驶量产车, 在实际应用中不断提高车辆的自动驾驶能力.

1.2.2 自动驾驶技术分级

为了更加正确地引导自动驾驶汽车行业的发展, 国内外对自动驾驶技术的不同级别进行了详细的划分和定义. 不同分级系统关注从低等级到高等级自动驾驶技术的质变和挑战. 接下来以美国自动机工程师学会 (Society of Automotive Engineers, SAE) 分级体系和中国《汽车驾驶自动化分级》为例进行说明.

1.2.2.1 中美自动驾驶分级标准

国际自动机工程师学会 (SAE International) 制定了 J3016 自动驾驶分级标准, 将自动驾驶技术分为 L0~L5 共六个等级, 这是目前的行业主流标准. L0 代表没有自动驾驶功能的传统人类驾驶车辆, L1~L5 则随自动驾驶的技术配置和成熟程度进行了分级:

(1) L1 为 "驾驶辅助", 驾驶系统通过环境信息对方向和加减速中的一项操作提供驾驶支援, 其他的驾驶动作都由驾驶人进行操作;

(2) L2 为 "部分自动驾驶", 驾驶系统能够在某些特殊的交通工况下完成驾驶任务, 通过环境信息对方向和加减速中的多项操作提供驾驶支援, 其他的驾驶动作都由驾驶人进行操作;

(3) L3 为 "有条件自动驾驶", 自动驾驶系统能够完成所有的驾驶操作, 根据系统请求, 驾驶人提供适当的应答和干预;

(4) L4 为 "高度自动驾驶", 自动驾驶系统能够完成所有的驾驶操作, 特定情况下系统会向驾驶人提出响应请求, 驾驶人可以不做出应答;

(5) L5 为 "全自动驾驶", 自动驾驶系统能够完成所有交通环境中的驾驶操作, 不需要驾驶人介入.

在 SAE 自动驾驶分级中, L1~L2 级自动驾驶尽管具有一定的自主功能, 但驾驶人仍然在驾驶任务中扮演主要角色, 需要实时监控驾驶环境, 自动驾驶系统的错误感知和决策由驾驶人随时纠正. 在 L3 级及以上的高等级自动驾驶中, 驾驶人的重要性明显降低了, 甚至可以不参与驾驶过程, 车辆能够实现绝大部分路况的自动驾驶, 驾驶主要任务交由自动化系统进行监控与执行.

与 SAE 分级标准中的 L0~L5 类似, 我国《汽车驾驶自动化分级》也将自动驾驶分 0 级 ~5 级. 其中, 0 级并不表示没有自动驾驶功能, 而是表示 "可感知环境, 并提供报警、辅助或短暂介入以辅助驾驶人". 1 级和 2 级自动驾驶系统需要在驾驶人的协助下, 对车辆的方向或加减速进行控制. 3 级为 "有条件自动驾驶", 在规定的运行条件下, 驾驶系统能完成转向、加减速、路况探测和反应, 仅当系统遭遇不能处理的场景或者故障时, 需要驾驶人安全接管. 4 级为 "高度自动驾驶", 特定情况下系统会向驾驶人提出响应请求, 但驾驶者可以不做出应答. 5 级自动驾驶汽车和 4 级自动驾驶汽车能够实现的基本功能相同, 但 5 级自动驾驶汽车不再

有运行条件的限制 (商业和法规因素等限制除外), 同时自动驾驶系统能够独立完成所有的操作和决策.

中美分类标准本质上一致, 都以驾驶人在驾驶中需要承担的任务、汽车有无行驶限制条件、汽车出现故障时谁来负责接管为依据, 对汽车的驾驶自动化水平进行定义.

1.2.2.2　高等级自动驾驶技术跃变

无论是 J3016 自动驾驶分级还是我国《汽车驾驶自动化分级》, 都拥有一个共同之处, 即揭示了智能驾驶真正的挑战从 L3 级开始. 如表 1.1 所示, 低等级自动驾驶 (L0~L2) 到高等级自动驾驶 (L3~L5) 之间存在质变——借助高等级自动驾驶, 驾驶人无须时刻处于驾驶状态, 汽车的自动驾驶功能允许驾驶人释放双眼和双手, 驾驶人的角色从操作者变为监管者; 自动驾驶系统甚至可以对紧急的驾驶工况做出响应和处理, 彻底颠覆人类在驾驶环节的角色和功能. 相较于低等级自动驾驶, 高等级自动驾驶是目前业界和学界最为关注的领域.

表 1.1　J3016 自动驾驶分级及驾驶人要求 [3]

等级	形式	转向、加减速控制	对环境的观察	危险场景应对	应对工况
L0	人工驾驶	驾驶人	驾驶人	驾驶人	—
L1	辅助驾驶	驾驶人 + 机器系统	驾驶人	驾驶人	部分驾驶工况
L2	部分自动驾驶	机器系统	驾驶人	驾驶人	部分驾驶工况
L3	有条件自动驾驶	机器系统	机器系统	驾驶人	部分驾驶工况
L4	高度自动驾驶	机器系统	机器系统	机器系统	部分驾驶工况
L5	完全自动驾驶	机器系统	机器系统	机器系统	全部驾驶工况

1.2.3　自动驾驶功能模块组成

自动驾驶汽车的功能模块可分为环境感知系统、规划决策系统、控制执行系统. 环境感知系统可分为许多小的功能模块, 如车辆定位、路网匹配、移动物体检测、交通信号检测等. 规划决策系统亦可分为宏观路径规划、微观路径规划、轨迹预测、行为决策、运动规划等. 控制执行系统则包括加速器、制动器、转向系统等. 图 1.1 展示了一个常见的高等级自动驾驶汽车的功能架构.

智能驾驶环境感知系统的主要任务是利用激光雷达、毫米波雷达、摄像头等传感器精确感知周围动静态物体, 并精准定位本车位置, 然后将感知信息融合处理后的相对或绝对位置、速度等信息发送给规划决策系统.

规划决策系统包含全局规划和本地规划. 自动驾驶系统首先将通过全局规划功能得到从起点到终点的最优路径, 类似于目前流行的地图导航, 全局路径是在离线地图上一系列贯序的路径点的集合. 当获得全局路径之后, 基于智能驾驶感知系统传入的信息与交通规则等外在约束, 通过本地规划模块计算出到下一个时刻的最优行驶路径, 即在高精度地图上的一系列贯序的姿态集合, 从而避免与静态或动态障碍物碰撞. 因此, 本地规划也可理解为是短时的路径规划. 根据规划信息, 控制器通过汽车执行机构自主调整车辆方向、速度和加减速完成运动.

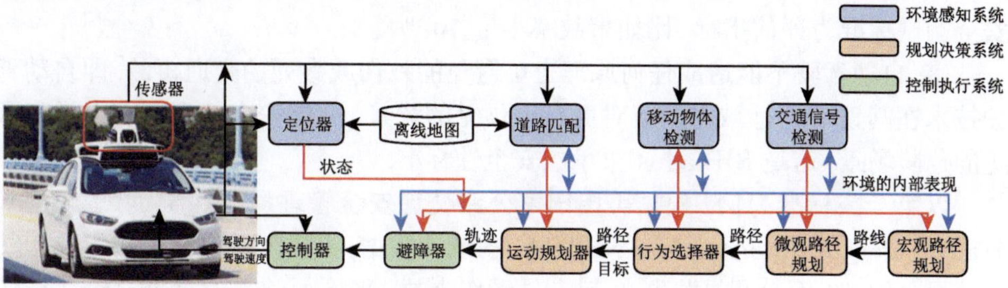

图 1.1 高等级自动驾驶汽车功能架构

1.2.4 高等级自动驾驶测试对象

自动驾驶技术作为下一代交通系统的核心, 公众对其安全性有着极高的要求和期待. 自动驾驶汽车的三大安全测试主题为功能安全、信息安全与预期功能安全. 功能安全是传统汽车时代最重要的安全标准之一, 与车辆的电子电气系统功能失效息息相关. 由于自动驾驶严重依赖与内外部系统的互联以及数据交互等, 信息安全主要针对网络安全和数据安全等的防护, 如保护数据隐私、抵御网络攻击等. 高等级自动驾驶汽车兼具运载工具和自主驾驶属性, 本书关注的重点是车辆在复杂驾驶环境中的预期功能安全 [4](Safety of the Intended Functionality, SOTIF) 以及与人类驾驶相比的"自主驾驶能力". 与传统车辆安全测试不同, 自动驾驶预期功能安全的测试对象与测试重点面临全新变化. 测试对象方面, 高等级自动驾驶运行时驾驶人不再始终拥有车辆的操作控制权, 测试对象由"车" (车辆本体性能) 转向"车+人"(驾驶能力). 测试重点从传统车辆的机械动力性能、碰撞安全性能测试转向于车辆在复杂驾驶环境中的行为安全. 新的自动驾驶测试需求引发全球技术进步新浪潮, 目前, AUTOPILOT、MOOVE、PEGASUS 等国内外 40 余项研究项目正在推进开展自动驾驶安全性测试研究工作.

在本书中, 我们关注自动驾驶预期功能安全, 包括自动驾驶的运行安全性、人机混驾交互的社会性以及对自动驾驶能力的测评. 由于感知系统和控制执行系统的测试需要高精度的物理仿真环境和实验装置, 因此, 我们更聚焦对自动驾驶规划决策关键功能模块和整车系统进行测试和评价. 具体又体现在自动驾驶车辆在交互场景中对驾驶速度、加速度、转向的合理规划、路径选择、运行稳定性和自主驾驶拟人化程度等进行测试和评价.

测试对象和测试重点的变化引发了新的测试挑战. 目前自动驾驶的安全性测试标准分三大类:

(1) 采用相对安全测试标准, 以驾驶人的平均事故率作为评估指标, 要求自动驾驶事故率显著低于人工驾驶事故率, 这也是 PEGASUS 秉承的安全性标准.

(2) 借鉴高安全性等级要求的自动化系统, 如航空航天、医疗设备等, 以绝对安全测试标准为评估指标, 比如事故率小于 10^{-9} 等.

(3) 自动驾驶不能造成任何原理上可避免的致伤或致死的交通事故, 即自动驾驶技术在其设计运行域内能应对所有可预见的场景, 并能安全处理所有人类可预防的危险场景, 这是 SIP-adus 秉承的安全性标准.

以第一类标准为例, 根据美国国家公路交通安全管理局 (National Highway Traffic Safety Administration, NHTSA) 的统计数据, 人类驾驶汽车平均行驶 43.6 万英里①(约 70 万公里) 发生 1 起人员受伤事故, 平均行驶 1 亿英里 (约 1.6 亿公里) 发生 1 起人员伤亡事故. 里程测试的规模可想而知. 兰德公司曾探究在现实交通环境中 “验证自动驾驶汽车的安全性需要多少里程”, 其统计学估计结果是: 至少需要进行 50 亿英里的公开道路测试才能证明自动驾驶比人类驾驶的安全性高出 20%, 相当于 100 辆车、全天候连续测试 225 年 (图 1.2).

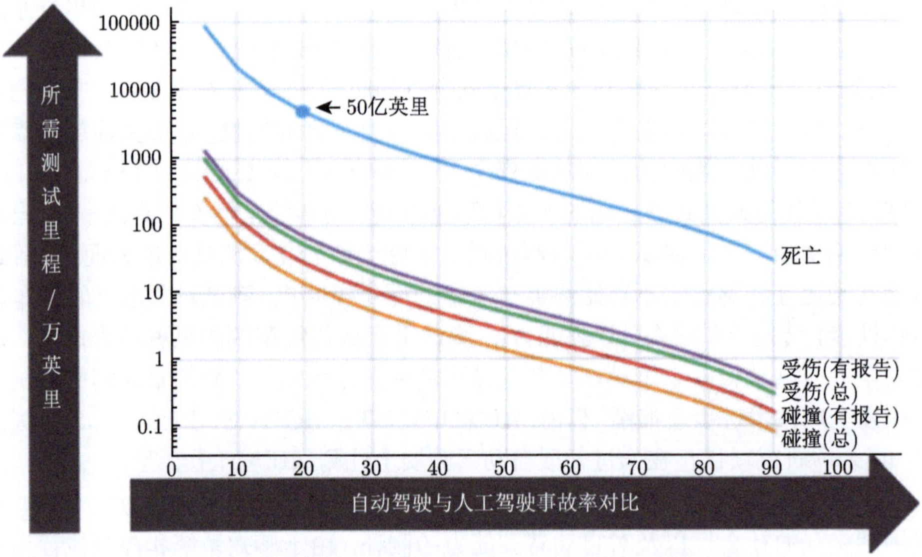

图 1.2 证明自动驾驶安全性优于人工驾驶所需测试里程 [5]

① 1 英里 ≈ 1.61 千米.

1.2.5 高等级自动驾驶测试手段

传统汽车的安全性测试主要是通过实地道路测试里程积累. 基于里程的安全性测试需要海量的测试积累和数据样本, 以使各种危险驾驶工况尽可能暴露. 但是, 基于里程的安全测试并不保证暴露在无限自然驾驶场景中所隐藏的全部自动驾驶安全隐患. 因此, 传统基于里程的车辆测试手段不仅成本极高, 而且需要极大的测试里程积累. 目前, 自动驾驶场景化测试成为主流思想. 场景化测试的核心在于定向构建高测试需求场景, 以解决公开道路测试中场景随机、大部分场景重复、边界场景难以覆盖等引发的超长测试周期难题 [6].

场景化测试可基于虚拟测试平台或封闭场地开展. 目前, 我国已有 20 余个城市开展自动驾驶汽车封闭场地测试. 但是, 封闭场地测试不仅功能场景数量有限, 而且面临两个根本性难题. 首先, 封闭场地测试需要依赖现实时间的流逝, 而自动驾驶需要面临的环境极其复杂, 交通场景动、静态要素众多, 各要素取值变化和相互组合将导致测试场景数量大爆炸, 在现实时间中测试效率极其低下. 其次, 危险场景测试是场景测试中重要的环节, 但危险驾驶工况对测试人员、测试设备存在潜在风险, 实车实地测试导致极限危险测试场景难以开展. 虚拟测试的出现使得这两个难题迎刃而解. 在虚拟测试中, 通过仿真时间加速、云平台并行计算、加速测试方法等, 能够显著降低自动驾驶测试和验证的时间成本, 将上百年的测试周期缩短至几十天; 而虚拟环境规避了对人、测试仪器、交通环境的物理伤害, 可以开展边缘场景的测试操作, 探索自动驾驶的能力边界和潜在风险. 基于场景的虚拟测试由于其测试场景可定制、测试数据全息、测试效率高, 已成为自动驾驶安全性测试的核心手段, 并成为国内外规范 (如《智能网联汽车生产企业及产品准入管理指南 (试行)》、世界汽车组织 (OICA)) 中对自动驾驶产品安全认证的三个支柱方法 (公开道路测试、场地测试、虚拟仿真测试) 之一.

因此, 完善虚拟仿真测试、场地测试和公开道路测试是自动驾驶系统研发、安全性评估的必由之路. 《智能汽车创新发展战略》中提出, 应 "重点研发虚拟仿真、软硬件结合仿真、实车道路测试等技术和验证工具, 以及多层级测试评价系统". 考虑高等级自动驾驶系统测试技术的发展现状与测试需求, 基于场景的虚拟测试方法论亟需系统化构建, 自主可控的虚拟测试技术也将成为抢占全球自动驾驶创新高地的关键. 高等级自动驾驶虚拟场景测试致力于解决海量测试里程、超长测试周期、边缘场景隐患等问题, 是目前学界和产业界共同关注的研究热点.

1.3 高等级自动驾驶测试流程

针对高等级自动驾驶的安全性测试需求, 各个国家都开展了很多研究. 比较典型的是德国 PEGASUS、V&V、Set Level 和日本 SAKURA、SIP-adus 等. PE-

GASUS 项目由德国联邦经济与能源发展部发起, 一共有 17 个合作企业及科研机构协同攻关, 目的是开发一套针对自动驾驶的测试标准、方法和流程, 以加快该技术的开发与落地. 日本 SAKURA 和 SIP-adus 都是以政府牵头推进的自动驾驶技术研发和应用项目, 聚焦于联合产业界、学术界以及政府机构, 促进自动驾驶技术和测试技术的发展推广. 作为自动驾驶测试的领航者, 他们建立了一系列标准化测试流程, 并获得了国际共识.

如图 1.3 所示, 德国 PEGASUS 的自动驾驶测试流程可以分为四大板块, 具体如下.

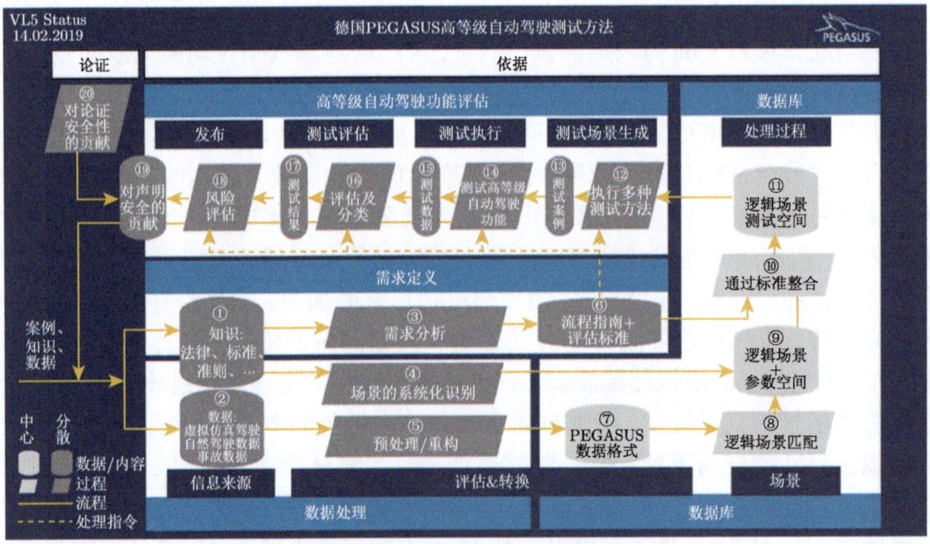

图 1.3　德国 PEGASUS 自动驾驶测试流程 [7]

(1) 测试需求分析.

将一些专家经验、标准、法规形式的共识转换成技术上需要的测试需求. 明确自动驾驶的安全性目标并进一步确定测试需要的功能场景及边界等, 在定义的功能场景中开展安全性目标的验证.

(2) 测试场景库构建.

PEGASUS 场景构建主要包含两条路线. 第一, 将专家经验、标准、法规等转换成场景语言; 第二, 将道路测试、场地测试、仿真模拟、自然驾驶等采集或生成的数据通过处理和重构变成标准结构的场景. 进一步通过场景分类、关键字过滤、排序等, 形成可执行的测试用例.

(3) 具体测试用例生成.

根据不同的测试目标、测试覆盖度要求, 利用统计学、优化、机器学习等方法生成具体的测试用例, 确保运行设计域内所有的具象场景都能被测试到或者从统计上能对自动驾驶安全性进行可信估计.

(4) 测试执行及评价.

利用各类测试工具 (包括虚拟仿真测试、场地测试、公开道路测试等), 在具体的场景中测试自动驾驶的功能模型, 然后根据运行结果进行安全评估.

日本 SAKURA 项目提出的自动驾驶测试流程与 PEGASUS 相似, 但其更强调全球通用自动驾驶测试流程的构建, 如图 1.4 所示. 包括自然驾驶数据的共享、场景格式和测试标准的通用、不同国家地区测试场景的差异化描述等. 其核心思想是自动驾驶技术在其运行设计域内能应对所有可预见的 (Foreseeable) 场景, 并能安全处理所有人类可预防的 (Preventable) 危险场景.

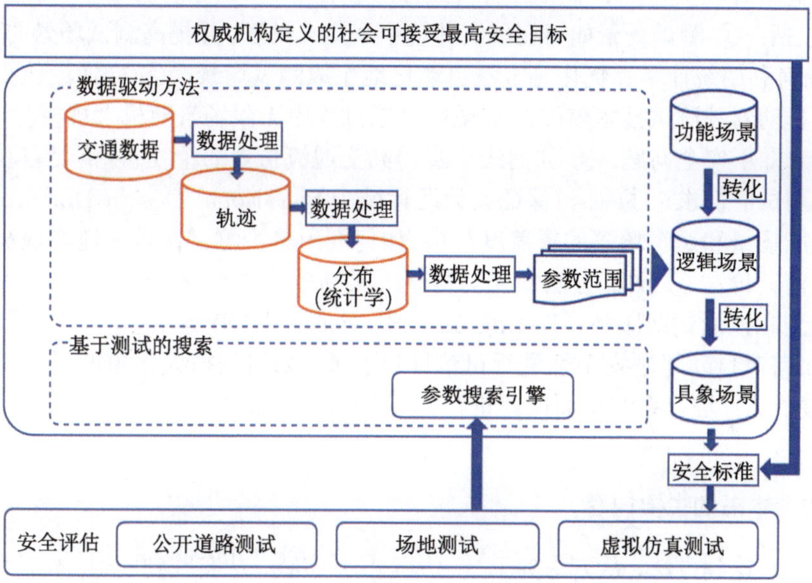

图 1.4　日本 SAKURA 项目提出的自动驾驶测试流程框架 [7]

1.4　本书的定位与主要内容

1.4.1　本书的定位

考虑到高等级自动驾驶催生的技术革新和测试方法论的颠覆性变化, 本书聚焦于自动驾驶虚拟仿真测试与评价. 纵观整个自动驾驶的研发需求, 自动驾驶虚拟仿真测试与评价技术已成为事关自动驾驶技术能否应用落地的关键问题.

无论是欧盟 Enable S3、PEGASUS、V&V 以及日本 SIP-adus、SAKURA 等国际自动驾驶测试研究项目, 还是国内外其他知名自动驾驶研发机构, 针对自动驾驶虚拟测试评价已经有了非常多的研究与讨论. 在测试层面, 针对感知定位,需要解决场景三维高精度标注方法、不同传感器仿真方法、定位与场景理解仿真等; 针对规划决策, 需要场景强化与批量衍化生成方法、高精度双向交互背景交通流生成方法、场景测试优化方法; 针对控制执行, 需要驱动/制动/转向一体化测试技术和车–路–云协同、交通在环数字孪生集成测试方法等. 在自动驾驶安全性和能力评价层面, 需要量化评价与指标体系构建方法、产品安全性认证标准、主客观一致性评价方法、自动驾驶与人类驾驶交互风险评估与量化评价方法、系统缺陷自动识别方法等.

我们聚焦对自动驾驶规划决策关键功能模块和整车系统进行测试和评价, 使用的测试工具主要基于模型在环和软件在环, 但研究方法可以进一步推广至硬件在环甚至驾驶员在环、整车在环 (又称车辆在环). 试图解答如下 10 个关键问题, 包括: ① 测试场景如何在现实环境中采集、处理, 并提高测试场景的可信度? ② 如何利用统计学、优化等方法自动化地生成测试场景? ③ 交通流仿真技术如何为自动驾驶测试技术赋能? 实现在虚拟世界中无限场景随机大规模测试, 发现更多未知不安全问题. ④ 如何进一步提高交通流仿真的精度, 以满足自动驾驶安全性测试的需求? ⑤ 如何保证设计运行域 (Operational Design Domain, ODD) 内功能场景和逻辑场景的覆盖度? ⑥ 如何利用最少测试次数加速实现测试结果的可信评价? ⑦ 测试方法如何与测试工具高效协作? ⑧ 如何实现从虚拟测试评价到虚拟测试即服务 (Testing as a Service, TAAS) 理念及实施方式的转变? ⑨ 如何对自动驾驶安全性进行可信评价? ⑩ 如何从拟人化角度对自动驾驶的“驾驶能力” 进行系统全面的评价? 避免因人类驾驶误判导致新的人机混驾交通事故.

1.4.2 本书的主要内容

从理论到方法、从方法到工具、从工具到实践、从实践到展望, 本书系统构建了自动驾驶虚拟测试与评价的理论、方法和技术体系, 主要内容结构如图 1.5 所示. 除第 1 章概述之外, 第 2~8 章可分为四大板块——自动驾驶虚拟测试工具链 (第 2 章)、虚拟测试方法论 (第 3 章)、具体技术方法 (第 4~7 章): 场景采集与生成、虚拟交通流仿真、测试优化、驾驶能力评价及虚拟测评技术发展趋势 (第 8 章).

第 2 章介绍虚拟测试工具链的选用方法. 对模型在环、软件在环、硬件在环、车辆在环等虚拟测试工具和影子测试、平行测试等业界新型测试工具进行了阐述, 总结异同及适用性.

第 3 章提出虚拟测试方法论. 总结国内外多家智能汽车研发及测试相关企业技术发展现状和未来发展趋势, 凝练面向自动驾驶虚拟测试自动化、快速化、一体化和协同化的应用需求, 并总结给出自动驾驶虚拟测试四大典型测试流程和案例.

第 4 章对如何构建自动驾驶虚拟测试场景库进行系统说明. 围绕场景如何定

义、描述、采集、生成和使用这几个关键问题展开; 介绍场景的识别重构算法、基于本体论和生成对抗网络的场景派生算法和标准化场景格式转换方式; 并结合作者团队与华为、腾讯、上汽等场景合作的研究成果给出相关案例.

第 5 章根据自动驾驶安全性测试对高精度交通流模拟的现实需求, 提出了面向自动驾驶虚拟测试的交通流仿真建模方法. 特别是针对自动驾驶测试对安全性能的特殊关注, 进一步提出了交通流干扰行为模型以及二维交通流模拟模型. 相关方法在 PreScan 与 VISSIM、VTD 与 TESS NG 的耦合中实现.

第 6 章从测试优化的角度出发, 介绍了三类面向不同目的的测试场景生成优化方法——面向危险场景检测的测试优化、面向危险率评估的测试优化以及面向覆盖率的测试优化. 构建统一的测试对象和场景环境进行方法对比. 从不同的测试目的、阶段、资源出发, 尝试建立了自动驾驶场景测试优化技术体系.

第 7 章基于第 4~6 章提出的测试方法, 从行驶安全、行为安全、系统安全三个维度构建了自下而上的综合评价体系, 并分别介绍了面向预期功能安全评价和面向行为安全评价的理论方法和应用案例.

第 8 章进一步总结目前自动驾驶虚拟测试存在的问题与不足, 对未来的虚拟测试工具、测试方法和评价体系进行了展望.

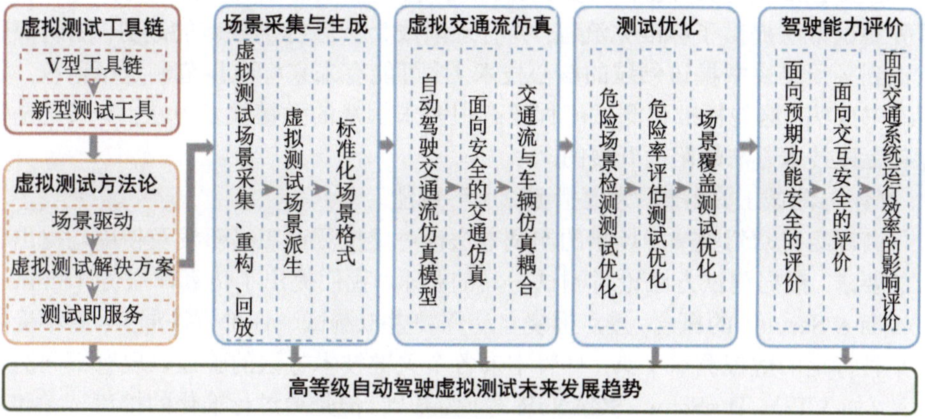

图 1.5　本书主要内容结构图

1.5　本书的特点

(1) 以行业重大需求为牵引, 确定核心攻关技术问题.

在本书执笔之前, 作者团队与百度、华为、上汽、腾讯、北汽、宇通、51VR、德国 PTV、德国大陆等十余家国内外自动驾驶研发相关企业持续地开展了 20 余项产学研合作课题, 并与国际自动驾驶测试领军企业和研究机构 (包括 UC Berkeley、

UMich、IKA、FZD、Intel、NVIDIA、博世、宝马等 20 余家机构) 开展了深度的学术交流, 在广泛了解自动驾驶虚拟测试的技术瓶颈和关键痛点基础上, 凝练了学术研究的方向和重点攻关领域. 我们认为高等级自动驾驶测试的核心痛点是超长周期安全性测试认证难题. 围绕以上核心问题, 经过近 5 年的系统研究, 本书形成了在测试场景生成、混杂交通流仿真、加速测试方法、综合评价技术、测试服务系统等方面的工作总结.

(2) 以关键科学问题为导向, 探索自动驾驶虚拟研究前沿.

高等级自动驾驶要求在 ODD 内应对现实各种交通场景的安全性挑战, 而现实交通的随机性、不确定性、自适应性导致了场景的无限性, 因此基于场景的测试方法论引出诸多新的前沿科学问题. 近年来, 作者团队围绕自动驾驶测试主题承担了 5 项国家自然科学基金、4 项国家重点研发计划课题. 基于以上课题研究, 本书重点对测试场景覆盖度 (包括功能场景、逻辑场景)、测试加速度 (即如何实现场景的加速测试)、测试可信度 (如何提高测试场景的可信度) 等做了初步的探索, 但仍有很多关键问题 (如测试效度、测试服务协同度等) 亟待进一步深入研究.

(3) 关键技术方法攻关与国际协同, 并有机融合.

近年来, 欧盟、日本开展了一系列自动驾驶测试创新研究, 典型项目包括 PEGASUS、Enable S3、V&V 以及 SIP-adus 等, 这些创新研究的开展为高等级自动驾驶测试方法提供了标准化流程, 并有逐渐成为国际标准规范的趋势, 团队深切意识到必须尽快掌握该领域的核心技术, 才可能有未来标准规范制定话语权. 截至本书成稿, 这些标准化测试流程还有很多未解决的关键技术方法, 本书正是为弥补上述技术方法缺陷而开展的.

(4) 与测试工具解耦, 为虚拟测试服务赋能.

高等级自动驾驶基于场景的测试方法论对虚拟测试工具研发及使用均提出了新的要求, 根据测试方法论对测试工具的要求, 我们提出了仿真即服务 (Simulation as a Servie) 的概念, 重点围绕自动驾驶虚拟测试、评价方法展开, 而不受限于某种特定的虚拟测试工具. 尽管本书各个关键技术方法的验证以现有不同测试工具 (如 VTD、PreScan、SCANeR 等) 为基础, 但是通过标准化的接口技术和软件在环、硬件在环技术, 可以很容易地移植到不同的测试工具中, 这样更有利于技术的转移和核心方法的持续创新.

(5) 跨界融合, 从智能汽车、自动驾驶与智能交通多视角分析.

智能汽车与自动驾驶不仅是载运工具的革新, 其在解决交通安全、道路拥堵以及改善驾乘体验上也具有巨大潜力, 甚至极有可能改变人类的出行模式. 因此, 对自动驾驶的测试评价不仅需要关注单车预期功能安全性, 还需要进一步评价其在人机混驾交通流中的适应性以及对整个交通系统的影响等. 团队成员有车辆工程、交通工程、人工智能等多学科交叉背景, 特别是在交通安全、仿真评价、驾驶行为、智能交通等领域的工作积累, 使得本书可从更多视角分析自动驾驶的安全性及其对未来交通的影响.

参 考 文 献

[1] Thrun S, Montemerlo M, Dahlkamp H, et al. Stanley: The robot that won the DARPA grand challenge. Journal of Field Robotics, 2006, 23(9): 661-692.

[2] Urmson C, Anhalt J, Bagnell D, et al. Autonomous driving in urban environments: Boss and the urban challenge. Journal of Field Robotics, 2008, 25(8): 425-466.

[3] SAEJ3016_201806. Taxonomy and Definitions for Terms Related to Driving Automation Systems for On-Road Motor Vehicles. 2018.

[4] ISO. Road vehicles – Safety of the intended functionality. ISO/PAS 21448: 2019.

[5] Kalra N, Paddock S M. Driving to safety: How many miles of driving would it take to demonstrate autonomous vehicle reliability? Transportation Research Part A: Policy and Practice, 2016, 94: 182-193.

[6] 余荣杰, 田野, 孙剑. 高等级自动驾驶汽车虚拟测试: 研究进展与前沿. 中国公路学报, 2020, 33(11): 125-138.

[7] PEGASUS. PEGASUS METHOD. 2019. https://www.pegasusprojekt.de/en/pegasus-method.

第 2 章　自动驾驶虚拟测试工具链

虚拟测试是汽车开发的必须流程, 也是自动驾驶开发的必由之路, 虚拟测试解决了百亿测试里程无法实现和极限危险测试场景难以开展等两个道路测试面临的难题. 按照被测物体虚实成分占比的不同, 虚拟测试工具链又可分为模型在环、软件在环、硬件在环、车辆在环等. 同时, 业界也涌现出诸如影子测试、平行测试等新型测试工具. 本章旨在展示不同虚拟测试工具链与测试工具的基本设定与发展历程, 并通过阐明不同工具之间的异同, 最终提出虚拟测试工具链的选用方法.

2.1　概　　述

从 20 世纪至今, 汽车的系统结构和组件一直在不断地发展和完善, 从发动机动力到底盘控制, 从电子控制系统到车载信息娱乐系统, 再到驾驶辅助系统 (ADAS), 以及高等级自动驾驶, 汽车系统结构越来越复杂, 迭代更新速度不断加快. 为了保证系统的稳定性和更新频率, 同时保证不同的系统组件, 尤其是涉及运行安全的功能组件的质量, 汽车行业诞生了一套先进的测试理论和流程来保证系统、组件研发的有效性和高效性, 这套流程被称为 V 字形开发流程或者 V 模型 [1].

V 字形开发流程在快速应用开发 (Rap Application Development, RAD) 模型基础上演变而来, 包括功能设计、快速控制原型、代码集成与测试、硬件在环测试以及实车标定. 不同于传统的正向开发过程, V 模型强调软件开发的协作和速度, 它将软件实现和验证有机地结合起来, 可以在保证较高的产品质量情况下缩短开发周期.

高等级自动驾驶汽车 (Highly Automated Vehicle, HAV) 技术迭代速率高、开发周期短, 对测试、验证与研发之间的实时协同有极高的要求, 传统 V 字形开发流程强调在软件生命周期中每一个开发活动都对应一个测试活动, 可以有效缩短产品开发周期, 但面对 HAV 超短开发周期压力, 仍然具有其局限性.

基于此, 结合驾驶模拟器技术以及实车商业化运营的数据采集能力, 业界与学界推出了诸如集群测试、影子测试、平行测试等新型测试工具, 以应对高等级自动驾驶测试带来的全新挑战. 这些测试方法不以被测物虚实形态作为区分, 而以测试环境构成形式作为区分, 如集群测试中, 测试环境由成集群的驾驶模拟器构成, 影子测试、平行测试等则强调虚拟的测试环境与物理驾驶环境之间的实时交互等. 此类新型测试工具能进一步缩短 HAV 产品开发周期.

综合来看, 现有的测试工具的划分多以被测物虚实形态以及测试环境虚实形态进行划分. 此类划分方法并未从工具功能特性角度出发, 从根本上划分测试工具. 基于我们与业界交流合作经验, 场景驱动的虚拟测试是目前针对 HAV 测试的主流方法. 在此类测试中, 往往需要整合车辆仿真、交通流仿真等仿真软件, 并搭配场景库工具、测试优化工具、评价工具等 [2]. 因此, 我们认为将测试工具链划分为场景库工具、仿真工具、测试优化工具、评价工具, 工具间有一定区分度, 且互相之间有机协调, 这一划分方法具有可操作性及现实意义.

本章旨在简述典型各类在环测试工具链以及针对测试环境的新型虚拟测试方法, 区分其异同, 并提出虚拟测试工具链的适用范围与选用方法. 在第 3 章中, 将深入探究场景驱动的虚拟测试以及与之对应的场景库工具、仿真工具、测试优化工具、评价工具.

2.2 自动驾驶测试 V 型工具链的构建

高等级自动驾驶技术是汽车行业发展的高级形态, 针对高等级自动驾驶的仿真测试同样需要满足汽车研发的 V 模型. 在 V 模型中, 根据被测对象虚实特性的不同, 业界常用的传统虚拟测试工具链包括模型在环 (Model-in-the-Loop, MiL)、软件在环 (Software-in-the-Loop, SiL)、硬件在环 (Hardware-in-the-Loop, HiL)、驾驶员在环 (Driver-in-the-Loop, DiL)、车辆在环 (Vehicle-in-the-Loop, ViL) 等, 且测试流程明确, 按照 MiL→SiL→HiL→ViL 的流程开展 [1] (图 2.1).

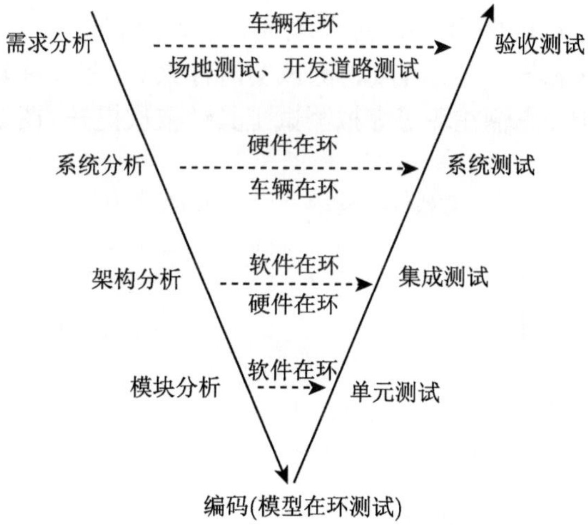

图 2.1　汽车 V 字形开发流程及测试工具链

传统的 V 型工具链仅在研发初期使用虚拟测试, 且只能通过测试结果离线反

馈到研发过程中 (表现为图 2.1 中的单向箭头模式); 而利用虚拟仿真测试场景自动加载、数据全息和被测对象与环境双向交互等特征, 可实现仿真技术在产品全生命周期发挥作用, 而且通过虚实工具链融合, 提高场景复用率, 加速安全性测试过程, 并能够在测试中通过深度强化学习等实现训练优化. 因此, 传统 V 型工具链在 HAV 测试研发中仍然适用, 然而其线性流转的既定流程需要被打破重塑 (表现为图 2.2), 研发与测试可同步进行, 测试场景可继承, 同一开发程度的产品可采用不同虚拟测试工具进行测试, 总体形成测试工具链网状有机结合的结构 [3].

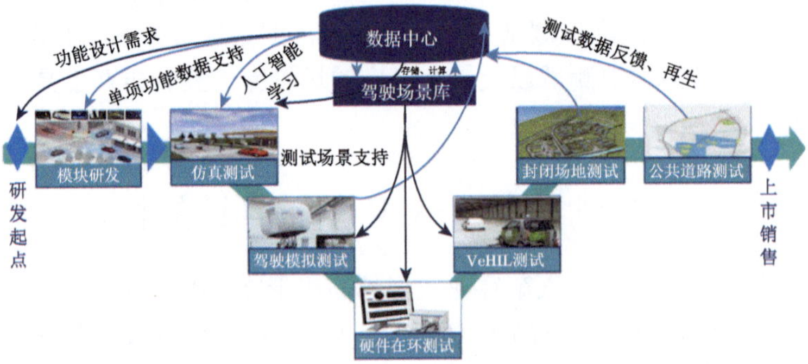

图 2.2　高等级自动驾驶汽车 V 字形开发流程及测试工具链

针对工业级 HAV 的虚拟测试, 需要具备覆盖模型在环、软件在环、硬件在环、驾驶员在环、车辆在环全流程验证的能力. 除了通过纯软件方式接入感知、决策、控制系统或者端到端系统完成闭环测试, 还需要依托虚拟仿真环境, 结合实体硬件系统甚至实车进行测试, 进而验证软硬件兼容性和功能完整性. 从被测物体真实程度、测试环境真实程度、测试实时性来看, 模型在环、软件在环、硬件在环、驾驶员在环、车辆在环等虚拟测试工具链依次提升 (图 2.3). 在本书中, 我

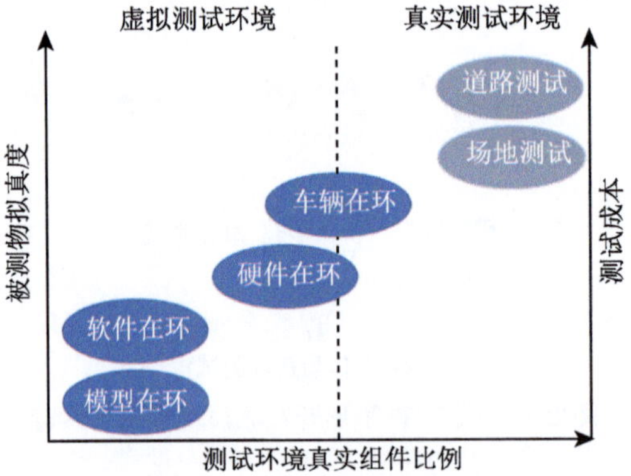

图 2.3　仿真工具链虚实特性

们认为所有测试环境组件或被测物组件含有一定虚拟仿真的测试工具链, 即仿真工具链, 以下我们将就以上各个仿真工具链展开具体叙述.

2.2.1 模型在环/软件在环

模型在环与软件在环相似, 其被测对象以及测试环境中没有任何的现实元素, 区别在于模型在环的被测对象是原型模型, 而软件在环的被测对象则是实际软件代码 [4,5].

在模型在环测试环境中, 原型模型作为测试对象, 其具有良好的可读性, 并未针对具体软硬件进行编译. 为了使测试人员可以运行和测试这些原型模型, 需要构建一个虚拟测试环境, 测试模型本身将在与车辆运行环境相似的虚拟测试环境中被测试. 被测模型嵌入闭环虚拟测试环境中, 即成为模型在环测试. 环境模型会随着测试项目的功能范围的增加而变得日益复杂. 对于现实和环境因素的模仿也非常复杂, 因此, 模型的计算时间也会不成比例地增加.

测试对象通过接口与虚拟测试环境进行连接. 模型在环测试在计算机上进行, 除此之外模型在环测试不需要其他任何硬件支持. 计算机需要搭载虚拟测试软件工具, 软件工具则为被测对象与测试环境提供访问接口以及访问点. 测试人员可以通过虚拟测试环境中的访问点观察测试对象在不同环境刺激下的相应反应行为.

模型在环的最大优势在于测试人员可以随时暂停虚拟测试, 以对被测模型进行详细的分析和评估, 即测试人员可以从内部对被测模型进行观察.

相较于模型在环, 软件在环的测试对象为经过编译封装的自动驾驶实际软件代码, 即测试对象已经针对软件在环测试环境进行了编译, 但并未集成到硬件平台上. 因此, 在软件在环测试中, 测试人员仍然可以随时暂停虚拟测试, 然而不同于模型在环测试, 测试人员在软件在环测试中只能在特定的访问点对被测软件代码进行观察, 即测试人员只能从外部对软件代码进行观察. 访问点的数量和位置受接口以及测试对象限制. 同时, 相较于硬件在环以及车辆在环, 模型在环和软件在环可以在开发初级阶段, 以不涉及硬件接入的极小的成本代价, 即可检测出大量系统问题.

2.2.2 硬件在环/车辆在环

如果测试对象可以作为样品使用或已经开发完成, 那么测试人员可以使用硬件在环测试环境进行测试. 在硬件在环测试中, 测试环境仍然由虚拟测试软件实现, 因此, 硬件在环测试最根本的问题是解决被测硬件对象与虚拟测试环境 (软件) 之间的实时通信连接问题, 具体来说, 需要解决仿真效率、实时性、同步性等具体问题. 硬件在环测试环境可用于组件测试, 使用集成测试和系统测试 [6,7].

硬件在环测试也需要搭配相应的虚拟测试环境, 与之前提到的模型在环与软件在环的虚拟测试环境相比, 硬件在环虚拟测试环境由于组件众多, 因此更为复杂. 同时, 其真实成分也相对较多, 如常常使用视频暗箱、雷达模拟器等模拟感知子系统输入. 与之前的测试环境不同的是, 硬件在环测试环境的仿真时间永远是实时的. 一个关键原因是, 被测硬件是在实际运行中的. 在硬件在环测试进行过程中, 暂定或者停止是不可以的. 因此, 硬件在环测试环境必须含有一台能够完成所有任务的实时计算机, 以便及时记录和操作所有的相关信号. 因此, 往往需要基于实时模拟机、工控机等搭建实体测试台架. 图 2.4 展示了同济大学搭建的硬件在环测试解决方案, 其中由仿真软件提供虚拟测试环境, 模拟感知器基于虚拟仿真环境生成车辆定位、周围车辆运动轨迹等信息, 对实体硬件的规划决策模块进行测试; 规划决策模块生成车辆运动轨迹, 并回传给虚拟测试环境. 虚拟测试环境中的虚拟车辆基于本车轨迹进行相应的行为交互.

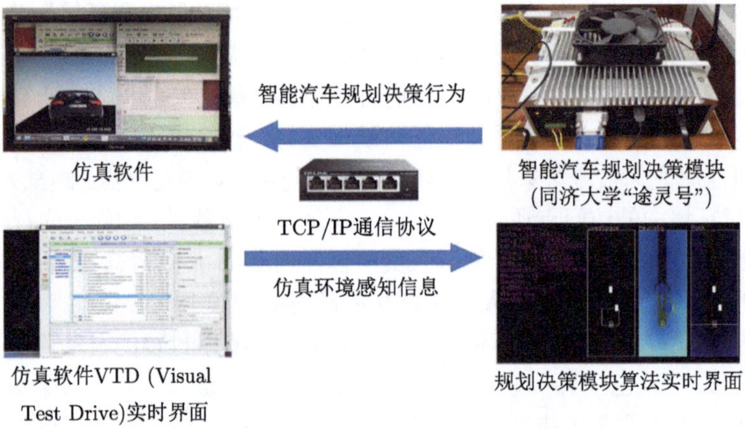

图 2.4 同济大学硬件在环测试解决方案示例

硬件在环测试环境使得不同的集成级别都可以被分析. 如果测试对象是单个的控制单元, 那么就是组件硬件在环. 如果测试对象与其他控制元件相连, 那便是系统硬件在环. 如果测试人员使用组件硬件在环, 那么测试的是控制单元的功能. 如果使用系统硬件在环, 测试重点便会放在测试控制单元之间的数据交换以及对整体系统的系统测试. 在自动驾驶领域, 系统硬件在环也可以理解为车辆硬件在环, 即将所有控制元件集成的车辆作为被测对象的在环测试.

车辆在环测试工具链是智能汽车系统设计和开发不可缺少的一环. 该工具链可处理任何组合的系统硬件和模拟模块, 以生成组合的现实和虚拟系统或交通环境.

车辆级硬件在环虚拟测试, 可重现道路测试中存在安全隐患的试验场景, 并在不同虚拟或真实场景中测试智能驾驶功能. 实际道路或试验场测试前, 进行整车级测试, 可对智能驾驶中的感知系统、控制策略、执行机构等关键环节进行综合验证与评估. 同时, 车辆在环亦可连接至虚拟仿真工具, 以对乘员受伤、预碰撞测试、先进的智能汽车系统设计和评估以及高级辅助驾驶系统开发和验证进行模拟. 车辆在环可基于转鼓台架进行测试, 也可基于实车实地测试. 图 2.5 展示了同济大学搭建的车辆在环虚拟测试环境, 其中由交通流仿真软件提供背景交通流信息, 车载实体传感器采集实际驾驶环境信息, 并通过数据融合将虚拟背景交通流与实际驾驶环境信息进行感知融合, 将感知信息传递给规划控制单元; 规划控制单元生成车辆运动轨迹, 并驱动车辆行驶, 车辆行驶轨迹回传给背景交通流软件, 与背景交通流进行行为交互.

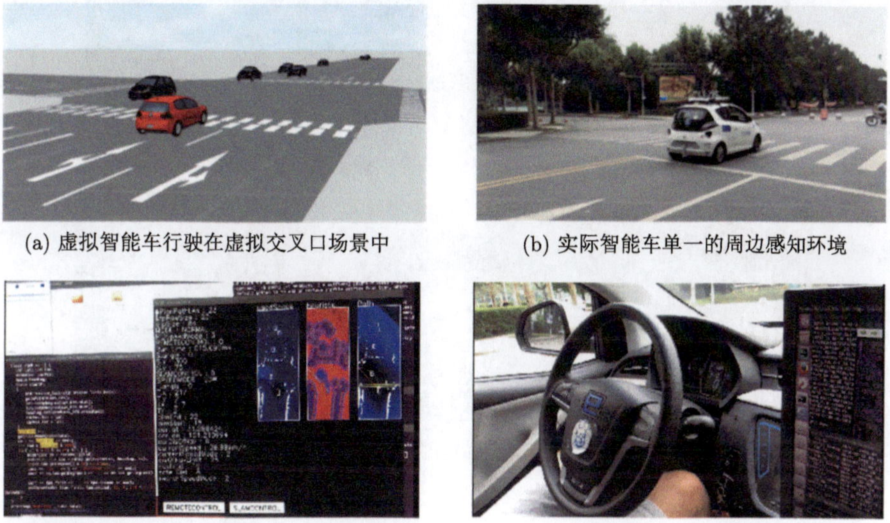

(a) 虚拟智能车行驶在虚拟交叉口场景中　(b) 实际智能车单一的周边感知环境

(c) 智能车根据虚拟场景作出规划决策动作　(d) 智能车作出控制执行

图 2.5　车辆在环虚拟测试解决方案示例

德国 dSPACE 公司参与自动驾驶整条 V 型工具链的开发, 其中也包括硬件在环及车辆在环. 依托 dSPACE 公司自研的车辆动力学仿真模型 (Automotive Simulation Models, ASM), 已分别开展针对感应设备和功能 (摄像头、雷达、图像处理 ECU 等)、网联设备和功能的硬件在环测试 [8]. 荷兰 TASS 公司基于自动驾驶仿真软件 PreScan 开发了硬件在环与车辆在环服务, 其车辆在环测试在台架上开展, 并采用有轮移动机器人扮演背景车辆, 为被测车辆的感知系统提供移动交通背景 [9].

2.2.3 驾驶员在环

驾驶员在环 (Driver-in-the-Loop, DiL) 测试系统是用于研究、测试、分析和重现 “人–车–路–环境” 在实际车辆驾驶中的相互作用的新型虚拟测试系统 [10]. 系统基于实时仿真技术开发，结合真实驾驶员的实际行为，可以实现对车辆和新技术的开发测试及主客观综合评估. 在驾驶员在环测试中，仍然由仿真软件提供虚拟测试环境，通过动态驾驶员模拟器 (驾舱)、环境视听模拟设备及相关人车检测设备，将驾驶员置于虚拟测试环境中. 驾驶员在环系统出现的历史很久，但受制于仿真效果的真实性和系统重构的完整度，其真正产生技术意义和商业价值在近年才开始在自动驾驶的热潮下逐渐体现，并逐渐成为 V 型工具链的重要一环. 图 2.6 展示了同济大学驾驶员在环测试示例.

图 2.6 同济大学驾驶员在环 (人在环路) 测试示例

驾驶员在环系统主要对自动驾驶系统的功能安全和极限性能、人机交互 (如人机界面设计、人机协同共驾)、人机工程 (如自动驾驶 [11] 系统舒适性) 等方面开展研究和评价. 由于自动驾驶的测试对于安全员 (驾驶员) 和测试环境的安全极具挑战，存在风险较大，同时场景的构建成本和测试成本也很高，所以 DiL 系统作为自动驾驶的测试验证是一个非常有技术柔性和商业价值的开发测试平台.

2.3 HAV 新型测试方法

V 型在环测试工具链能满足大部分高等级自动驾驶算法/模型/系统/硬件的测试需求，但其中仍然存在一定的功能缺陷，导致测试结果泛化性不强、可信度不高等问题. 如在常规的驾驶员在环测试中，参与驾驶员仅为一人，其交通交互对象均由虚拟工具生成，无法针对多个被测对象进行协同测试；又如整车在环测试与实地测试之间存在较大虚实差距，整车在环的驾驶环境为仿真生成，而实车测试中驾驶环境较为逼真，缺少介于整车在环与实车测试之间的中间测试方法形态.

基于以上常规在环测试工具链的缺陷, 业界与学界推出了诸如集群测试、影子测试、平行测试等新型测试方法, 以应对高等级自动驾驶测试带来的全新挑战.

2.3.1 集群测试

常规的驾驶员在环测试往往仅将一名驾驶员置于交通环境中与背景车辆进行交互, 无法捕捉复杂多驾驶员交互行为. 集群测试是一种将多个驾驶模拟器进行实时连接, 同时置入同一驾驶环境进行实时交互的新型测试方式, 可以有效捕捉复杂多驾驶员在人机混驾环境下的交互行为; 也可针对多个人类驾驶员与自动驾驶软件、硬件之间的交互行为进行细致观察, 集群测试工具是一种可以将虚实组件进行有机融合的测试工具.

图 2.7 展示了同济大学集群测试平台的技术框架, 可以看到, 所有驾驶模拟器通过分控制台, 采用传输控制协议/互联网协议 (TCP/IP) 协议与主控制台进行数据传输; 主控制台同时嵌套微观交通流仿真器用以生成背景交通参与者. 图 2.8 展示了同济大学集群测试平台的实验场地与仿真平台截屏.

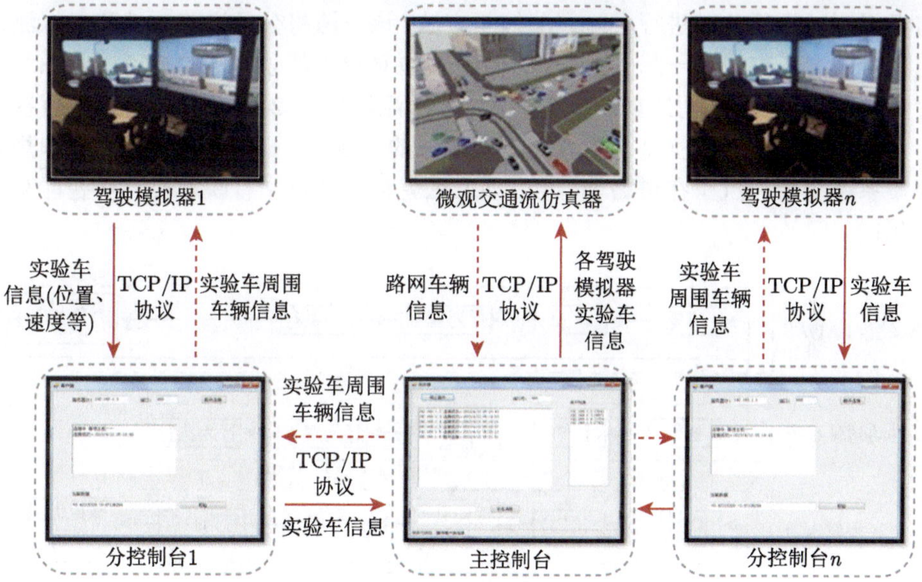

图 2.7 同济大学集群测试平台的技术框架

然而为了搭建集群测试环境, 仍需解决以下挑战: ① 需对参与者体感时间与逻辑时间进行同步, 并解决不同参与者行为输入的逻辑时间前后判别问题; ② 在常规驾驶员在环测试中, 场景中除主车外均为背景车辆, 测试场景可控, 而在集群测试中, 存在多个人类驾驶员驾驶的车辆, 导致测试场景不可控; ③ 由于测试场景不可控, 在集群测试中容易导致驾驶员眩晕; ④ 需要采用精密的抽样方法, 防止在集群测试中存在样本群体差异.

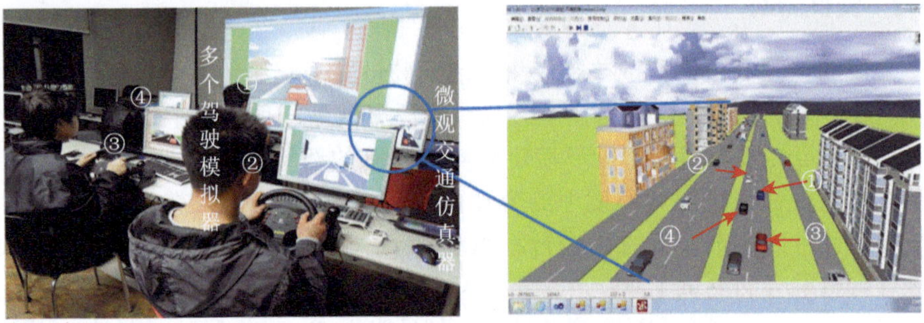

图 2.8 同济大学集群模拟器测试平台

2.3.2 平行测试

平行测试是一种自动驾驶汽车在有人驾驶的状态下在公开道路行驶过程中, 与虚拟测试平行映射进行实验评测的新方法, 该方法将公开道路测试和虚拟测试两种测试方式整合在一起, 通过平行映射实验对自动驾驶汽车的自动驾驶系统进行测试和评估, 基本思路如图 2.9 所示, 方法流程如图 2.10 所示. 该方法解决了公开道路测试存在的安全隐患和测试效率低的问题, 只要配备了环境感知和规划决策系统的智能汽车在道路上行驶, 该方法就可以通过平行映射实验对智能车进行测试.

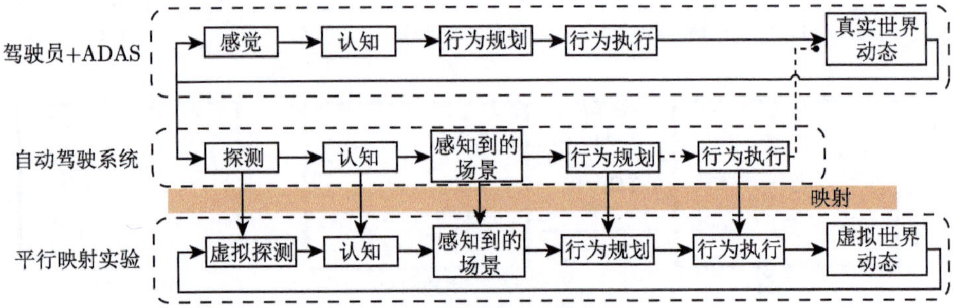

图 2.9 平行测试基本思路图

该方法的具体步骤如下.

(1) 采集智能汽车的自动驾驶系统生成的行驶轨迹、感知信息及规划行驶轨迹.

采集驾驶员在公开道路上驾驶配备了自动驾驶系统给出的行驶轨迹, 包括具有时间戳的车辆位置坐标、速度和转向角等信息; 采集智能汽车的感知信息, 包括周围车流信息和环境信息等; 采集智能汽车通过感知模块和规划决策模块生成的规划行驶轨迹, 包括短期规划的车辆位置坐标、速度和转向角等信息.

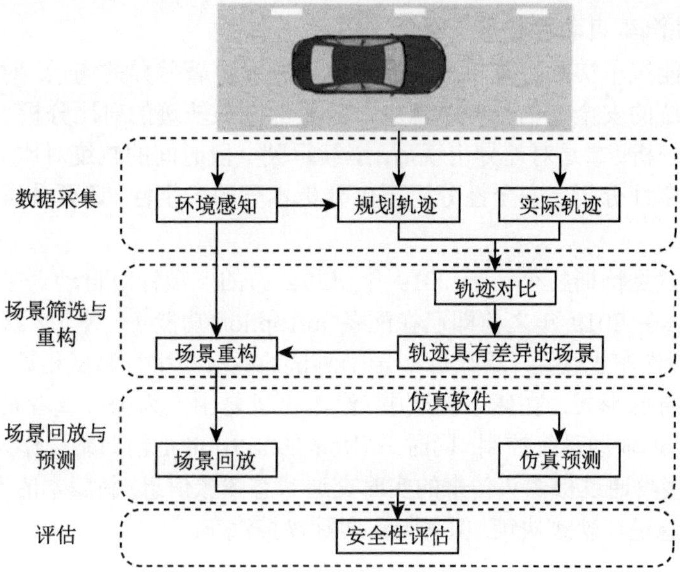

图 2.10 平行测试方法流程图

(2) 对比智能汽车的自动驾驶系统生成的行驶轨迹和规划行驶轨迹, 搜索两条轨迹存在显著差异的场景.

在某时刻 t 存在以下任意一种情况时, 认为两条轨迹存在显著差异:

两条轨迹车辆的纵向距离 d 大于阈值;

两条轨迹车辆的横向距离 s 大于阈值;

两条轨迹车辆的速度差 Δv 大于阈值.

(3) 场景回放和仿真预测.

对于步骤 (2) 中智能汽车的规划行驶轨迹信息和自动驾驶系统给出的行驶轨迹存在显著差异的场景, 进行场景重构, 即由于智能汽车的环境感知模块有一定的感知范围, 同时也可能存在感知盲区, 为尽可能保证重构场景与现实场景保持一致, 对在 t 时刻存在显著差异的场景, 通过车辆的感知模块在一个时间段内感知到的环境信息, 对车辆周围的场景进行重构.

场景重构完成后, 对该时间段内智能汽车的实际行驶轨迹和规划轨迹进行回放, 检验两条轨迹是否出现与障碍物的碰撞事件, 并计算智能汽车行驶的安全指标, 同时, 通过交通流仿真软件, 对推演时段内智能汽车及其他交通参与者的行为进行仿真; 基于交通流仿真软件生成的交通环境信息, 通过智能汽车的自动驾驶系统生成规划行驶轨迹，并形成自动驾驶系统规划的轨迹与交通流仿真软件中交通流的实时闭环交互；然后，计算推演时段内，智能汽车实际行驶轨迹与规划行驶轨迹的安全指标.

(4) 智能汽车自动驾驶系统安全评估.

基于智能汽车实际行驶轨迹与规划轨迹存在显著差异的场景，对于智能汽车自动驾驶系统的安全评估分两个部分：一是对回放轨迹的对比分析，即回放时段内的安全性分析；二是对差异出现后，继续行驶一段时间的轨迹对比分析，即推演时段内的安全性分析. 安全性分析不仅分析本车的安全性，还要分析对后面车队的影响.

影子测试是特斯拉公司于 2019 年正式公布的一项针对自动驾驶的新型测试工具，该方法在 2019 年之前即已在配备 autopilot 功能 (一种 L2 级自动驾驶系统) 的特斯拉汽车上使用 (图 2.11). 影子测试的概念与平行测试相近，可视为平行测试的一种特殊形式. 在影子测试中，汽车可以是由人为操控或者是由现有旧版本的 autopilot 辅助系统控制. 同时，新版本的 autopilot 辅助系统作为待测的“影子”也同时接收通过摄像头传来的实时交通状态图像信息，新版本的“影子”可以根据感知信息进行轨迹决策，但其无法实际操控汽车.

图 2.11 特斯拉影子测试

当新版本的“影子”做出的决策与人类驾驶员或者现有旧版本的 autopilot 的决策产生偏差时，研发人员将会对该偏差进行溯源，并评估该偏差是否会对行驶安全造成重要影响. 通过周而复始的影子测试，新版本的 autopilot 会不断学习人类驾驶员的驾驶行为. 截至 2020 年，特斯拉已积累了超过 50 亿公里的影子测试里程 [12].

在影子测试中，主要采用场景回放测试，即无交通流仿真模型模拟主车与背景车之间的交互, 背景车按照原定轨迹运行; 而在平行测试中, 既可以采用类似于影子测试的完全场景回放测试, 也可以采用交通流仿真对交通状态进行预测, 考虑主车与背景车之间的交互. 因此, 可认为影子测试是平行测试的一种特殊形式, 平行测试包含影子测试.

2.4 虚拟测试方法比较

虚拟测试是汽车开发流程的必然要求, 也是自动驾驶开发的必由之路. XiL (X-in-the-Loop) 测试技术通过对自动驾驶硬件模型化、自动驾驶环境数字化、自动驾驶场景参数化等手段, 使针对自动驾驶系统的虚拟测试验证成为可能. 结合现代强大的虚拟现实还原技术, 绝大多数的自动驾驶系统测试可以被搬到计算机虚拟世界中进行, 并加速进行, 从而节省了海量验证测试的时间和测试构建成本. XiL 测试技术以及影子测试、集群测试、平行测试等新型测试工具在仿真部分的占比中存在较大不同, 如表 2.1 所示, 当在仿真环境中采用仿真方法模拟其中的不同部分时, 分别对应不同的虚拟测试工具链与测试方法.

表 2.1 虚拟测试工具链虚实性比较

组件	工具链					
	MiL	SiL	HiL	DiL/集群测试	ViL	影子测试/平行测试
驾驶员	仿真	仿真	仿真	真实	真实	真实
驾驶环境	仿真	仿真	仿真	仿真	仿真	真实
传感器	仿真	仿真	部分真实部件	部分真实部件	部分真实部件	真实
决策控制器	算法	算法	真实部件	真实部件	真实部件	部分真实部件
车辆	仿真	仿真	仿真	真实车辆	真实车辆	真实
仿真设备	个人计算机/云计算	个人计算机/云计算	实时仿真机/视频暗箱/雷达回波模拟器	实时仿真机/转鼓实验台	可移动实时仿真机	后端实时仿真机

以上的在环测试工具链/新型虚拟测试方法与自动驾驶功能研发流程息息相关. 如图 2.12 所示, 无论是汽车行业还是航空航天或者其他需要电控系统的传统工业领域, 一般会先设计模型, 然后基于模型编译生成控制器可以使用的代码, 最后将代码写入控制器, 也就是电子控制单元 (Electronic Control Unit, ECU). 因此, 针对开发过程中的模型、代码、代码集成后的硬件, 以及车辆本身 (各个硬件的集成), 分别有上述四种在环测试工具链, 在研发的各个阶段对其功能以及安全性进行测试.

因此, 在传统的汽车功能测试中, 面对不同测试阶段的被测对象, 我们应该选用不同的虚拟测试工具链进行测试. 如被测对象仅仅是开发阶段的算法, 使用简单的 MiL/SiL 即可满足测试需求; 如被测对象已集成为硬件, 则需一套 HiL 设备进行测试, 建议搭配如视频暗箱、雷达回波模拟器等感知模拟设备. 当被测对象已与实车进行集成时, 建议采用车辆在环、影子测试、平行测试等测试方法, 在测试被测对象功能与性能的同时, 也针对被测对象与车辆本身耦合之后的综合能力进行评价.

在自动驾驶各类测试方法中, 普遍使用了各类虚拟测试仿真工具, 用以构建测试环境, 表 2.2 展示了常用的虚拟测试仿真工具, 包括传统汽车仿真工具、互联网企业仿真工具, 以及交通流仿真工具等. 由表 2.2 可得, 传感器仿真与车辆动力学仿真往往可集成于一款仿真软件中, 而交通流仿真功能与传感器仿真以及车辆动力学仿真功能之间较为独立. 表 2.2 中所列主流虚拟测试仿真工具, 可为表 2.1 中各类测试环境为 “仿真” 的自动驾驶虚拟测试方法提供仿真形式的测试环境.

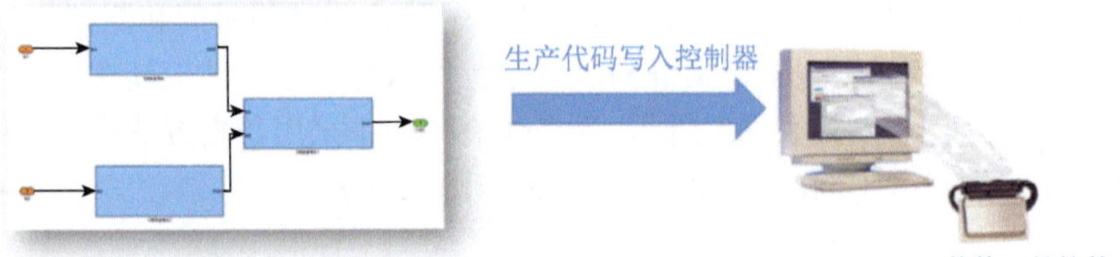

图 2.12　自动驾驶功能基本开发流程

表 2.2　既有虚拟测试仿真工具功能列表

仿真工具类型	仿真工具	所属公司	传感器仿真	车辆动力学仿真	交通流仿真
传统汽车仿真工具	PreScan™ [13]	TASS	√	√	×
	CarMaker™ [14]	IPG	√	√	×
	VTD™ [15]	VIRES	√	√	×
互联网企业仿真工具	CARLA™ [16]	Intel, Toyota	√	√	×
	CarCraft™	Waymo	√	×	√
	AirSim™ [17]	Microsoft	√	√	×
	Apollo™ [18]	Baidu	√	√	×
	PanoSim[19]	PanoSim	√	√	×
	Cognata[20]	Cognata	√	√	×
交通流仿真工具	VISSIM™[21]	PTV	×	×	√
	SCANeR™[22]	OKTAL	×	√	√
	SUMO[23]	DLR	×	×	√
	TESS NG[24]	上海济达	×	×	√

注: “√” 表示有此功能; “×” 表示无此功能.

传统的 V 型工具测试链仅在研发初期使用虚拟测试, 且只能通过测试结果离线反馈到研发过程中; 然而, 目前 HAV 已成为一个由环境感知、规划决策、控制执行三大模块交互构成的复杂系统, 测试过程需要与开发过程有机融合, 甚至需要实现测试中的在线开发. 因此, 包括 SiL、HiL、ViL 等传统虚拟测试工具链在内的工具在产品开发的各个阶段 (HAV 产品全生命周期) 均需发挥作用. 因此, 在 HAV 测试中, 除了需要考虑被测对象形态以外, 测试人员还需根据表 2.3, 考虑测试资源、测试目的、测试沉没成本等约束条件, 选择合适的虚拟测试工具.

表 2.3 虚拟测试工具链成本/效果比较

效果	工具链					
	MiL	SiL	HiL	DiL/集群测试	ViL	影子测试/平行测试
测试结果准确性	低	低	较低	一般	较高	较高
测试时间成本	快	快	较快	一般	较低	一般
测试经济成本	低	低	较低	较高	高	高
反馈研发速度	极快	快	一般	较慢	慢	快
场景调整灵活度	高	高	较高	较高	较低	低
测试结果可重复性	高	高	较高	较高	一般	较高

除了按照被测物以及测试环境的虚实形态进行划分以外, 虚拟测试工具, 尤其是针对场景驱动的虚拟测试, 还可根据工具的具体业务功能, 划分为场景库工具、仿真工具、测试自动化工具、评价工具等. 第 3 章将按照业务功能进行划分的工具的选取与协同进行深入探讨.

2.5 本 章 小 结

结合驾驶模拟器技术、实车商业化运营的数据采集能力, 业界与学界推出诸如集群测试、影子测试、平行测试等新型测试方法, 集群测试极大程度地丰富了被测物与人类驾驶混驾、共驾环境下的多目标交互行为刻画; 影子测试则充分利用了实地测试路采数据, 将路采数据传回后端供开发阶段的新版本的功能模块进行测试, 在节省场景采集资源的同时, 可实现多个被测物的高并发测试; 平行测试采用与影子测试类似的思想, 相较于影子测试中采集场景为现实简单重现的情况, 平行测试同时具有模拟虚拟被测物与虚拟交通参与者在虚拟时间中的交互行为的能力, 更大程度上提升了测试环境的真实性. 面对丰富多样的测试工具链, 测试人员因充分参考被测试开发阶段、可用测试资源、测试需求等约束条件, 选用最为适宜的虚拟测试工具.

当然, 仅仅依据被测物与测试环境的虚实属性来划分测试工具, 具有一定的局限性. 本书提出按照工具业务功能对虚拟测试工具进行划分的新思路, 将虚拟测试工具划分为虚拟仿真工具、场景库工具、测试自动化工具、评价工具, 四大工具形成虚拟测试工具链.

参 考 文 献

[1] ISO. Road Vehicles-Functional Safety. 2018.
[2] 中国电动汽车百人会, 腾讯自动驾驶, 中汽数据有限公司. 中国自动驾驶仿真蓝皮书. 2020.
[3] 余荣杰, 田野, 孙剑. 高等级自动驾驶汽车虚拟测试：研究进展与前沿. 中国公路学报, 2020, 33(11): 125-138.
[4] Plummer A R. Model-in-the-loop testing. Proceedings of the Institution of Mechanical Engineers, Part I: Journal of Systems and Control Engineering, 2006, 220(3): 183-199.
[5] Demers S, Gopalakrishnan P, Kant L. A generic solution to software-in-the-loop // MILCOM 2007-IEEE Military Communications Conference. IEEE, 2007.
[6] Gehring J, Schütte H. A Hardware-in-the-loop test bench for the validation of complex ECU Networks // SAE Technical Paper, 2002.
[7] Bacic M. On hardware-in-the-loop simulation // Proceedings of the 44th IEEE Conference on Decision and Control. IEEE, 2005.
[8] Patil K, Molla S K, Schulze T. Hybrid vehicle model development using ASM-AMESim-Simscape co-simulation for real-time HIL applications // SAE Technical Paper, 2012.
[9] Gietelink O J, Verburg D, Labibes K, et al. Pre-crash system validation with PRESCAN and VEHIL // IEEE Intelligent Vehicles Symposium, IEEE, 2004.
[10] Riener A, Jeon M, Alvarez I, et al. Driver in the loop: Best practices in automotive sensing and feedback mechanisms // Automotive user interfaces, 2017: 295-323.
[11] 朱冰, 张培兴, 赵健, 等. 基于场景的自动驾驶汽车虚拟测试研究进展. 中国公路学报, 2019, 32(6): 1-19.
[12] Kalra N. Challenges and Approaches to Realizing Autonomous Vehicle Safety. Santa Monica: RAND, 2017.
[13] TASS International. PreScan. 2021 [cited 2021 9/21]. https://tass. plm. automation. siemens. com/prescan.
[14] IPG Automotive. IPG CarMaker. 2021 [cited 2021 9/12]. https://ipg-automotive. com/products-services/simulation-software/carmaker/.
[15] Franke K. Volkswagen Group: Leveraging VIRES VTD to Design a Cooperative Driver Assistance System. Volkswagen AG, 2018. https://mscsoftware.com/sites/default/files /volkswagen-Group.pdf.
[16] Simulator C. CARLA Simulator. 2021 [cited 2021 9/12]. https://carla. readthedocs. io/en/latest/.
[17] Shah S, Dey D, Lovett C, et al. AirSim: High-fidelity visual and physical simulation for autonomous vehicles // Field and service robotics. New York: Springer, 2018.
[18] Fan H, Zhu F, Liu C, et al. Baidu apollo em motion planner. arXiv preprint arXiv:1807. 08048, 2018.
[19] Zhang L, Du Z, Zhao S, et al. Development and verification of traffic confrontation simulation test platform based on panoSim // 2020 IEEE 4th Information Technology, Networking, Electronic and Automation Control Conference (ITNEC). IEEE, 2020.
[20] Cognata. Cognata. 2021 [cited 2021 9/21]. https://www. cognata. com/.

[21] Fellendorf M, Vortisch P. Microscopic traffic flow simulator VISSIM. Fundamentals of Traffic Simulation, 2010: 63-93.

[22] Hood D, Joseph D, Rakotonirainy A, et al. Use of brain computer interface to drive: Preliminary results. Proceedings of the 4th International Conference on Automotive User Interfaces and Interactive Vehicular Applications, 2012.

[23] Lopez P A, Behrisch M, Bieker-Walz L, et al. Microscopic traffic simulation using SUMO // 2018 21st International Conference on Intelligent Transportation Systems (ITSC), 2018.

[24] 刘启远, 孙剑, 田野, 倪颖. 机非交互路段非机动车越线超车行为建模与仿真. 同济大学学报 (自然科学版), 2019, 47(11): 1585-1592, 1599.

第 3 章　高等级自动驾驶虚拟测试方法论

针对高等级自动驾驶汽车 (指具备 L3 级及以上能力的自动驾驶汽车, HAV) 的安全性测试是其规模化应用的基本保障. 鉴于 HAV 测试对象与测试标准的变革, 服务于传统汽车机械性能以及低等级自动驾驶功能的基于里程的车辆测试方法论不再适用, 基于场景的虚拟测试正成为验证 HAV 安全性的核心方法. 我们针对国内外多家 HAV 虚拟测试工具及平台研发机构的工作成果开展调研, 凝练了基于场景的虚拟测试方法现阶段面临的关键技术问题; 在此基础上, 面向 HAV 虚拟测试自动化、快速化、一体化和协同化的应用需求, 提出了 HAV 虚拟仿真测试即服务 (Testing as a Service, TAAS) 的系统架构, 明确了 HAV 安全性诊断分析、系统自主优化训练和面向系统快速迭代升级的测试方法等 TAAS 重点研究挑战.

3.1　概　　述

针对传统的汽车整车以及高等级自动驾驶辅助系统 (ADAS) 等的测试, 往往采用基于里程的测试方法. 然而, 鉴于被测对象面临的复杂环境, 且由于交通事故的小概率、偶发特征, 为了证明高等级自动驾驶汽车比人类驾驶者的安全性能高, 需进行海量公开道路里程测试.

新型的场景驱动的测试 (Scenario-based Testing) 正成为验证 HAV 安全性的主流思想.

场景化测试可基于虚拟测试平台或实地道路场地开展. 作为自动驾驶行业的领头羊, 截至 2020 年 1 月, Waymo 的道路实测仅积累 2000 万英里, 而虚拟测试则达到 100 亿英里. 我们有理由认为虚拟测试 (包括模型在环、软件在环、硬件在环、驾驶员在环、整车在环中的虚拟仿真部分) 由于其测试场景可定制、测试数据全息、测试效率高等特点, 已成为 HAV 安全性验证的核心手段, 是国内外测试标准制定机构以及 HAV 安全认证机构普遍认同的对 HAV 进行安全性验证的主要测试步骤.

大量软件公司纷纷推出各类 HAV 场景驱动虚拟测试组件工具, 其中包括车辆动力学仿真软件、交通流仿真软件、场景分析软件、测试自动化软件等. 依托以上各类工具之间的协同连接以及各自测试资源优势, 国内外知名整车厂商 (如上汽、奔驰、宝马、大众等) 纷纷提出相应的虚拟测试解决方案.

典型 HAV 场景化虚拟测试的流程如图 3.1 所示, 包含 HAV 测试需求分析、测试场景获取、测试方法研究、虚拟测试工具构建等阶段. 其中, 场景获取基于 HAV 设计运行域 (Operational Design Domain, ODD) 开展测试需求分析, 并结合多源数据开展测试场景的提取与重构, 形成测试场景库. 测试优化方法针对海量场景的快速测试难题, 通过测试场景参数化建模, 提高场景测试效率, 保障测试场景覆盖度. 虚拟测试工具则面向 HAV 整车系统级的安全性验证需求, 围绕 HAV 的环境感知、规划决策和运动执行等功能模块, 构建一体化、高可信仿真平台, 并自动加载测试场景, 执行测试. 最终, HAV 在各测试场景中的行为表现将汇总于测试结果数据库, 用于 HAV 安全性评价.

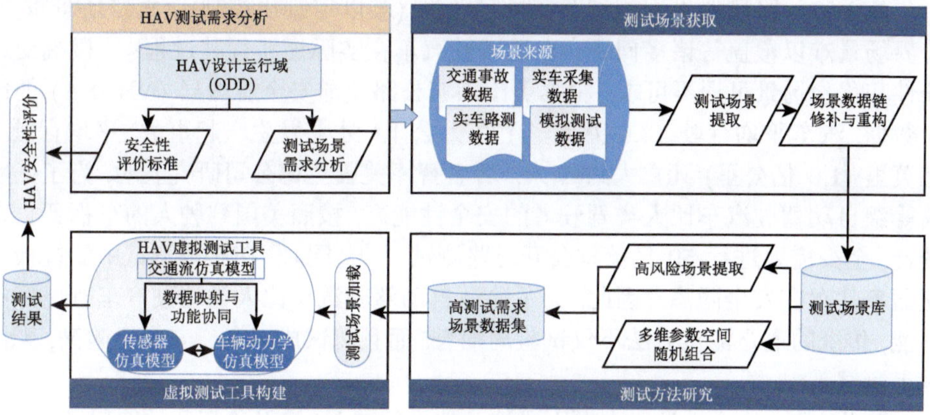

图 3.1 HAV 场景化虚拟测试流程图

我们在与国内外多家智能汽车相关企业 (包括整车厂商上汽、北汽, ICT 公司百度、华为、腾讯, 虚拟测试企业德国 PTV、51VR 等) 的 HAV 场景化虚拟测试合作中初步践行了上述测试流程, 但深切感受到该领域仍在测试场景、测试方法和测试工具等方面存在诸多悬而未决的技术难点和学术问题. 如各测试软件间协同性较差, 整体测试并未形成闭环; 又由于缺少 100%覆盖场景样本背书, 测试场景覆盖率难以衡量; 再如由于复杂测试场景参数爆炸, 测试自动化工具难以寻优等.

本章旨在围绕基于场景的 HAV 虚拟测试的工程实践与前沿挑战展开综述, 并在分析基于场景的 HAV 虚拟测试核心科学问题以及应用难点的基础上, 提出 HAV TAAS 理念及其系统架构, 该服务系统与仿真工具解耦, 为仿真工具赋能, 能充分整合并释放仿真工具测试能力.

3.2　场景驱动的自动化虚拟测试

3.2.1　HAV 安全性虚拟测试

针对传统的汽车整车以及高等级自动驾驶辅助系统 (ADAS) 的测试, 尤其是针对其安全性及耐久性的测试, 往往采用基于实际路测的里程测试方法. 然而, 鉴于被测对象面临复杂的道路环境、交通环境、天气环境以及电磁环境, 且由于交通事故的小概率、偶发特征, 以当前路测效率来说, 仅仅依靠基于实际路测的里程测试方法已无法满足 HAV 安全性测试需求. 本小节将探讨基于实际路测的里程测试方法的弊端, 进而揭示虚拟测试的重要性.

基于实际路测的里程测试存在场景随机 (难以定制化控制)、大量场景重复、边界场景难以覆盖等诸多问题. 自动驾驶汽车在实际道路行驶过程中, 极端交通条件和危险场景可遇不可求. 根据美国国家公路交通安全管理局 (NHTSA) 的统计数据, 汽车平均行驶 43.6 万英里 (70 万公里) 才会发生一起事故, 平均行驶 1 亿英里 (1.6 亿公里) 死亡大约 1 人. 著名智库美国兰德公司研究表明, 为了证明高等级自动驾驶汽车比人类驾驶者的安全性能高, 按照美国驾驶人的车祸死亡率统计, 至少需要进行 50 亿英里公开道路测试 [1,2]. 同时, 在实地测试中复现极端交通条件存在安全隐患. 因此, 为了验证自动驾驶汽车比人类驾驶汽车有更好的性能, 传统的道路测试方法不仅试验周期长, 而且测试成本大、安全风险高, 无法满足测试需求.

除此之外, 安全性这一命题不只涉及技术问题, 还涉及伦理和法律问题. 自动驾驶相应交通法规的缺失, 尤其是对事故责任划分、保险理赔机制等的缺失, 制约了自动驾驶汽车路测的大范围开展. 由于自动驾驶汽车尚不能保证绝对安全, 我国政府对开放自动驾驶道路测试保持谨慎的态度, 仅依靠部分开放道路以及智能网联测试区进行路测, 难以满足自动驾驶汽车安全性的测试需求.

随着虚拟现实技术的发展, 运用计算机三维建模的方式构建出虚拟的街道、城乡、高速公路等作为测试环境, 并在虚拟环境中加入所需的测试用例, 测试用例中, 除以上重要静态要素及其附属设施以外, 还包含天气、背景交通流等动态要素, 这种虚拟测试方法可大幅缩短自动驾驶技术的研发周期. 测试场景用例可以来源于有人类驾驶汽车的交通事故、自然驾驶数据以及以往测试中人类接管案例和对特殊场景进行模拟的试验数据, 也可通过人工智能、本体论等自动生成或者模拟方法生成.

相较于实地路测, 虚拟测试的优势主要体现在以下三个方面.

1) 快速实现测试里程积累

自动驾驶安全性测试面临着路测数据不足的挑战, 如截至 2020 年 1 月,

Waymo 仅完成 2000 万英里道路实测, 然而在仿真环境中 Waymo 已完成 100 亿英里的虚拟仿真测试, 已超过安全性认证所需里程. 随着仿真技术水平的提高及其应用的普及, 正如国际知名专家 Huei Peng 教授所言, 自动驾驶测试应在仿真工具中完成 99%的测试量, 最后 1%在场地测试和道路测试中实现, 以期使自动驾驶汽车研发达到更高效、经济的状态.

2) 快速寻找高测试需求的特殊场景

鉴于虚拟测试中场景的可定制性, 在虚拟环境中可以基于路采数据学习派生出大量符合自然驾驶分布规律的派生场景, 进而可在较高覆盖率情况下快速寻找高测试需求场景. 其中, HAV 高测试需求场景包括高风险场景 (Known Unsafe Scenarios)、能力边缘场景 (Edge Case) 和未知风险场景 (Unknown Unsafe Scenarios) 等 [3]. 若能在封闭场地测试中顺利通过这些高测试需求场景的测试, 则可提升 HAV 安全性认证效率.

3) 结合分布式架构, 运用云端计算进一步加速仿真效率

随着场景内容的增加, 单个计算机的性能很快成了瓶颈, 一个计算节点不可能独立完成仿真任务. 这就需要使用一种机制将仿真任务分配到多个机器上, 并且让所有机器协同工作, 这样做能够降低单个机器的性能需求, 从而使大规模仿真任务得以实现. 相较于封闭场地测试与实地道路测试, 仿真环境可变可控, 并能够整合先进云端计算技术实现虚拟场景分布式计算, 或将不同的仿真场景通过云端指派到不同的计算机上进行并行计算.

鉴于上述优点, 虚拟仿真测试已经成为自动驾驶安全性测试的必备环节, 但这并不意味着虚拟测试能够完全取代场地测试和道路测试. 虚拟测试面临着仿真逼真度的挑战, 即无论虚拟环境的逼真度多高, 其与现实场景永远存在失真现象. 同时, 虚拟测试面临可复现性的挑战, 即仿真结果存在噪声, 表现在采用同一个场景时, 重复运行多次, 评价指标值存在一定的波动. 鉴于上述原因, 虚拟环境下测试结果的泛化能力较差, 即仿真所得评价指标值与实地路测所得存在差异. 当然, 未来测试方向一定是以虚拟测试为主, 经过虚拟测试发现 99%的问题, 剩下的 1%的问题只有在真实场景下才能暴露, 往往这 1%的问题是最难解决的问题.

3.2.2 场景驱动的虚拟测试

相较于里程驱动以及功能驱动的虚拟测试, 场景驱动的测试具有以下优点.

1) 避免大量测试冗余

场景是对自动驾驶路测数据的一种总结, 是发挥数据价值必须且高效的途径之一, 它属于整个仿真架构的输入端. 目前里程驱动的测试中, 存在大量冗余场景, 如大量测试资源被消耗在测试车辆跟驰或自由行驶等难度较低的场景中, 如前后车距离较大的跟驰场景. 场景驱动的测试能将 HAV 置于难度较高的高测试需求

场景中进行测试, 进行定制化靶向测试, 大大节省了测试资源.

2) 较可靠地评价测试覆盖度

虚拟测试场景的可控、可定制性有效解决了 HAV 公开道路测试场景随机、高风险场景小概率等造成的超长周期测试难题. 然而, 如何保障场景的最大化覆盖是 HAV 虚拟测试的核心问题之一. 在场景驱动的虚拟测试中, 可将场景要素提取后进行参数化及离散化处理, 进而针对离散后的场景要素进行正交实验, 通过对已测试参数组合占总参数组合的比例, 可实现较可靠的测试覆盖度评价.

本小节将讨论 HAV 虚拟测试中场景的定义及生成方式. 当前社会各界对 HAV 测试场景的定义尚未统一. 工业界方面, Waymo 围绕 HAV 的基本驾驶能力和典型事故场景避险能力构建测试场景 [4]. 其中, 基本驾驶能力测试场景由美国 NHTSA 推荐测试场景和 Waymo 自主设定测试场景组成, 共 47 项; 典型事故场景则基于 NHTSA 构建的 37 类事故前场景 (Pre-crash Scenario)[5] 构建.

测试场景定义的多样性不利于构建标准化 HAV 虚拟测试流程, 且无法保障测试场景的覆盖度. 为构建统一、通用式的测试场景定义规则, 德国 PEGASUS 项目提出按场景信息的抽象程度划分为功能场景 (Functional Scenario)、逻辑场景 (Logical Scenario)、具象场景 (Concrete Scenario)[6], 如图 3.2 所示. 三个维度的场景相互关联映射, 共同支撑构建高覆盖度保障的测试场景库: 其中, 功能场景抽象度最高, 以文字术语描述为主, 用于开展 ODD 工况场景的驾驶任务划分; 逻辑场景针对各功能场景进行表征、细化, 通过场景关键要素的分布特征构建各功能场景的多维测试参数空间; 具象场景则是逻辑场景的多要素变量参数组合, 是 HAV 虚拟测试的最小基本单元. 目前, PEGASUS 的场景划分及定义方式已被广泛接受和应用.

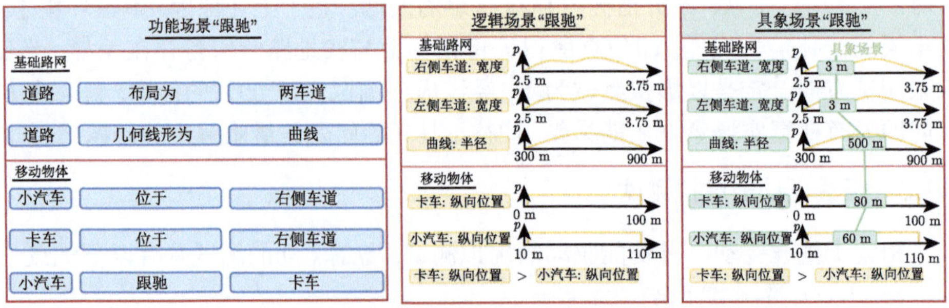

图 3.2　PEGASUS 项目 HAV 测试场景分类图 [7]

早期 HAV 测试场景主要基于交通事故数据开展高风险运行工况的还原、重构. 典型代表如欧盟 ASSESS 项目, 其基于德国交通事故深入研究数据库 (German In-depth Accident Study, GIDAS), 提取典型车辆事故、行人事故场景以生成自动驾驶汽车的测试场景 [8]. 然而, 基于事故数据的测试场景生成存在背景交通参与者信息有限、车辆运动特征等关键数据精确度低等缺陷. 装载先进环境感知设备 (如雷达、高清摄像头等) 的实车采集数据 (包括自然驾驶实验 (Naturalistic Driving Study, NDS) 和场地运行测试 (Field Operation Test, FOT) 等) 成为当前 HAV 虚拟测试场景的主要来源, 是国际标准 ISO/PAS 21448-2019、德国 PEGASUS 项目等推荐的测试场景数据来源. 支撑测试场景生成的数据采集项目如欧盟 UDRIVE[9]、美国公路战略研究计划二期 (SHRP2)、英国的 CATAPULT 项目和中国上海自然驾驶实验 [10] 等.

以上基于 NDS/FOT 开展的数据驱动型的测试场景采集技术仅可在虚拟测试环境中实现真实驾驶工况的回放 (Replay), 而此类基于回放的、无交互的测试方法在 HAV 安全性测试中已经无法满足测试需求. 自动驾驶公司和相关验证机构应该致力于创建一个具有高度覆盖率的场景库. 除了进行逻辑场景参数化以及场景回放测试以外, 新一代仿真工具也应该专注于如何快速派生大量的新的场景, 这些场景也需要实现被测对象与背景交通流中动态要素的双向交互, 并能够证明新产生的场景是有意义的.

3.2.3 场景测试技术挑战

真实驾驶环境存在道路设施复杂性、驾驶行为异质性和气象环境时变性等, HAV 测试场景无法穷尽采集. 面向测试场景覆盖全面性的要求, 一方面以 HAV 未部署应用的当前交通运行条件为背景, 需研究 "自上而下" 的测试场景自主划分与自动生成; 另一方面以 HAV 规模化应用后的未来交通运行条件为背景, 需研究未知风险场景的搜寻与泛化. 本小节将讨论基于场景的虚拟测试, 尤其是针对测试场景的技术挑战, 具体而言有如下几点.

(1) 功能场景自动划分方法与覆盖度收敛.

车辆行驶时会遭遇各类人–车–路–环境–信息的任务组合, 按照 PEGASUS 的定义, 这些任务组合可由各类功能场景拼接而成. 作为 HAV 安全性验证的评估基础, 需首先针对 ODD 的复杂驾驶环境开展功能场景划分. 当前功能场景划分依赖主观经验, 无法保障测试场景的覆盖度; 功能场景全覆盖自动划分方法成为当前场景研究的首要挑战.

(2) 测试场景自动化虚拟生成.

基于真实驾驶环境回放的测试场景生成方式数量有限, 且难以覆盖 ODD 中的边界场景 (Corner Case), 包括高风险场景、能力边缘场景、高复杂度场景等, 在仿真环境开展测试场景的自动化生成是提升场景覆盖度的有效途径 [11]. 研究需求包括: ① 基于逻辑场景关键表征要素及其分布特征的边界场景定义及测试场景

重要度评价方法 [12]; ② 基于逻辑场景多维参数空间的自动化具象场景初始状态生成方法; ③ 基于 HAV 与背景交通参与者行为双向交互的长时序驾驶情景仿真推演方法.

(3) 不确定性条件下的未知风险场景搜寻与泛化技术.

自动驾驶系统中大量人工智能、深度学习算法的应用导致其输出结果呈概率分布, HAV 驾驶能力边界存在不确定性, 导致 HAV 的高风险场景与现有人类驾驶员的危险场景不完全一致 [11]. 另一方面, HAV 规模化应用后交通系统运行工况的变化模式同样存在不确定性 [13]. 针对上述不确定性条件引发的 “暗物质问题”[14], 获取未知风险场景是提升场景覆盖度和 HAV 虚拟测试结果可信度的关键. 该方向的研究重点包括：① 基于实车测试、虚拟仿真测试的 HAV 未知风险场景定义与提取技术; ② 应用小样本学习方法、深度学习模型的未知风险场景衍化生成方法; ③ 基于平行试验的未知风险场景预估与运行风险诊断方法.

3.3 虚拟测试解决方案

3.3.1 解决方案综述

当前, 用于虚拟测试技术的仿真平台有很多种, 有的依托已有软件系统, 有的则独立开发完成. 几乎所有自动驾驶公司或涉及相应业务的公司都已开展虚拟测试技术相关研发工作. 一个良性的虚拟测试技术体系是一个标准的系统工程, 贯穿 HAV 的开发、测试、落地以及运营等整个流程. 本小节将首先以整车厂商 (OEM) 为例, 综合评述依托已有软件工具的虚拟测试解决方案, 继而简述自动驾驶仿真相关初创科技公司提供的独立完成的虚拟仿真解决方案.

3.3.1.1 OEM 解决方案

OEM 是自动驾驶研发的主要参与者, 目前全世界各大 OEM, 包括中国、美国、日本的相关厂商, 均已投入大量人力、物力用于自动驾驶研发以及测试. 以德国知名 OEM 为例, 大众公司于 2019 年 10 月成立自动驾驶研发部门 (Volkswagen Autonomy, VWAT), 并于 2020 年 6 月以 26 亿美元价格收购自动驾驶初创公司 Argo AI, 发展自动驾驶技术是德国大众公司拟定的未来核心竞争力之一.

根据 PEGASUS 研究报告 [15], 德国大众的虚拟仿真测试平台 (软件在环平台) 采用了 “场景–测试优化–仿真–结果评估” 的四步骤整合方案, 其中采用了 fka 公司的场景库解决方案, 测试优化方法中采用大众自主研发的测试控制方案以及布伦瑞克工业大学的自动控制研究所 (IFR) 的测试缩减随机模型, 仿真工具则采用 Vires VTD, 结果评估采用自主研发算法, 如图 3.3 所示.

图 3.3 大众公司虚拟仿真测试解决方案 [15]

戴姆勒公司 (奔驰母公司) 正在大力推动自动驾驶卡车的研发, 卡车在其自动驾驶版图中的地位已经越来越重要. 2020 年 10 月, 戴姆勒公司宣布与 Waymo 建立合作伙伴关系. 本次合作中, 戴姆勒和 Waymo 将联合打造 L4 级自动驾驶卡车. 戴姆勒公司采用的虚拟测试解决方案与大众类似, 也采用 "场景–测试优化–仿真–结果评估" 的四步骤整合方案. 但在测试自动化模块以及结果评估模块中均采用了 QTronic 公司 (现被 SYNOPSYS 公司收购) 开发的 TestWeaver 软件, 如图 3.4 所示.

图 3.4 戴姆勒公司虚拟仿真测试解决方案 [15]

德国宝马公司拟推出的 iNEXT 量产车型具备 L3 级自动驾驶能力, 2021 年推出之前, 宝马集团已完成 500 万公里的实际道路测试, 以及 2.4 亿公里的模拟测试, 加强对多样化路况的适应能力. 同时, 宝马公司致力于根据我国实际需求研发出更加符合本土市场的自动驾驶技术和产品. 宝马公司的虚拟测试解决方案也采用 "场景–测试优化–仿真–结果评估" 的四步骤方案. 其中各个模块的具体工具选用与大众及戴姆勒有一定偏差, 如宝马采用了自研的测试自动化模型以及结果评价模型, 并采用了 dSPACE 作为仿真工具, 如图 3.5 所示.

图 3.5　宝马公司虚拟仿真测试解决方案 [15]

3.3.1.2　大型科技公司

相较于 OEM 公司, 科技公司在自动驾驶测试领域相对起步较晚, 但拥有明显的数据优势, 且软件开发能力较强. 相较于传统汽车, 针对自动驾驶的仿真测试对软件的需求更大, 自动驾驶仿真测试已成为国内各大科技公司的主要业务增长点.

目前, 国内的大型科技公司, 包括百度、腾讯、华为、阿里等, 均有涉足自动驾驶虚拟仿真测试领域, 并推出了相应的测试产品. 如腾讯开发的自动驾驶仿真平台 TAD Sim (Tencent Autonomous Driving Simulator) 结合了专业车辆游戏引擎和虚实一体化交通流技术, 可实现仿真场景的几何还原、逻辑还原和物理还原. 同时, TAD Sim 内置高精度地图, 可以完成感知、决策、控制算法等实车上全部模块的闭环仿真验证, 其场景展示如图 3.6 所示.

图 3.6　TAD Sim 场景展示 [16]

另外, 百度在 Apollo 开源平台中提供了仿真测试服务, 并自主研发了增强现实的自动驾驶仿真 (Augmented Autonomous Driving Simulation, AADS) 系统, 华为推出了自动驾驶云服务 Octopus, 阿里达摩院推出了自动驾驶 “混合式仿真测试平台", 英伟达于 2018 年推出基于云服务的 Drive Constellation, 微软推出跨平台仿真引擎 AirSim.

总体而言, 大型科技公司在自动驾驶仿真测试领域的主要参与方式是研发仿真引擎与仿真平台, 为整车厂商以及自动驾驶测试解决方案商提供平台支持和数据支持.

3.3.1.3 自动驾驶测试解决方案商

OEM 以及大型 ICT 公司作为自动驾驶技术的集成者, 在汽车制造与软件开发领域有深厚的技术积累, 对自动驾驶研发与测试具有得天独厚的优势. 然而术业有专攻, 由上节可知, 除去一部分自研模型以外, OEM 依赖的虚拟测试方案仍然需要依托大量专业软件公司开发的虚拟测试工具, 其中包含传统软件公司 (如汽车仿真软件以及交通流仿真软件等), 以及初创企业产品. 依靠雄厚的资金和人才集聚力, 初创企业在自动驾驶仿真软件研发方面有望迅速崛起. 本小节中我们将重点介绍 Cognata、Foretellix 以及 Metamoto 等三家初创企业的虚拟测试解决方案.

Cognata 成立于 2016 年, 是一家为 HAV 开发人员提供完整的产品生命周期仿真解决方案的以色列公司. 大规模仿真是 Cognata 的核心, Cognata 基于商业化部署的解决方案为 HAV 开发人员提供了一个可靠的仿真平台, 能够进行真实的场景建模并具有极强的可拓展性, 可创建数十亿英里的虚拟路况和自定义的驾驶场景, 从而安全地训练和测试其开发的自动驾驶技术. 在虚拟场景中, 可加入基于人工智能模拟的背景交通参与者 (包括行人、非机动车、机动车等). 与实地测试相比, 借助该仿真平台, 只需花费很少的时间和费用, 便可达到较高仿真精度的测试结果.

Foretellix 是一家为 ADAS 和 HAV 研发安全验证软件的公司, 该技术打造了一个安全性测量平台, 可利用数亿个场景创建自动驾驶汽车的构建标准. 该公司通过部署其 Foretify 软件来帮助确定车辆的功能. 该软件可以在早期阶段测量到车辆功能的缺陷, 从而减少昂贵的召回事件以及缩短车辆部署时间.

Metamoto 成立于 2016 年, 是硅谷一家提供自动驾驶虚拟测试服务的公司, 它提供基于云的、可扩展的仿真即服务, 可以将所有的自动驾驶系统组件放到云端环境中, 测试独特的边缘场景, 从而在物理环境测试的基础上, 增加系统的可靠性. Metamoto 按使用模拟服务的时长进行收费, 类似于使用 AWS 的云计算服务. 目前, Metamoto 已经被 Foretellix 公司收购. 在被收购之后, 该公司的一些技术会被集成至 Foretellix 的解决方案, 从而有助于加快实现 Foretellix 的路线图. Foretellix 将不再提供自己的仿真器, 并将继续专注于研发其不依赖仿真器的平台, 为行业领先供应商提供支持.

3.3.2 测试工具变革

HAV 是由环境感知、规划决策、控制执行三大模块交互构成的复杂系统, 因此, 虚拟测试工具首先需具备环境感知–规划决策–控制执行的一体化虚拟测试能力. 其次, 作为代替人类驾驶员的自动驾驶系统, 其测试重点在于 HAV 与其他交通参与者交互过程中的驾驶能力和行为安全性. 因此, HAV 与背景交通参与者 (常规人类驾驶车辆、行人、非机动车等) 双向行为交互的高可信模拟是虚拟测试工具的重要需求 [17]. 此外, 除实现虚拟测试环境的仿真工具以外, 在仿真工具外围, 还需实现诸如测试场景自动生成、交通流注入、测试场景选取、能力评价等功能. 因此, 传统的在环测试工具划分方法已无法满足 HAV 测试的需求.

按照工具的业务功能划分, 虚拟测试工具可划分为基础的虚拟仿真工具 (包含环境感知仿真、车辆动力学仿真、交通流仿真等工具), 以及为其赋能的场景库工具、测试自动化工具等. 本节主要探讨按照业务功能划分的既有 HAV 虚拟测试工具的应用现状、功能缺陷和当前研究热点. 其中, 将重点介绍虚拟仿真工具以及测试自动化工具, 场景库工具将在第 4 章详细介绍, 评价工具将在第 7 章详细介绍.

3.3.2.1 虚拟仿真工具

面向 ADAS 的虚拟仿真工具 (如 PreScan、dSPACE、VTD 等) 主要用于车辆动力系统及辅助驾驶安全的测试与验证, 无法满足 HAV 虚拟测试需求 (其功能缺陷如图 3.7 所示). 近年来, 互联网巨头纷纷自主研发虚拟测试工具以支撑 HAV 的研发, 典型代表如微软的 AirSim、英特尔的 CARLA、百度的 Apollo、腾讯的 TAD Sim 等. 上述仿真平台均具备了传感器和车辆动力学的仿真功能, 但其主要功能是基于深度学习等人工智能技术开展的 HAV 算法研发测试.

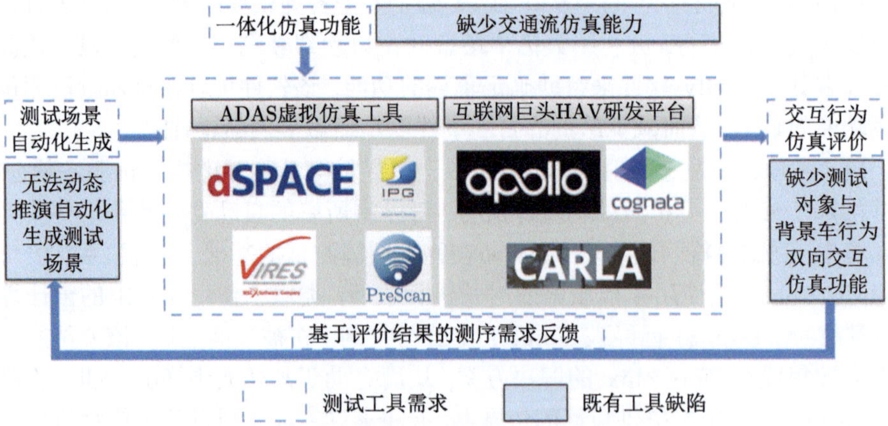

图 3.7 既有虚拟仿真工具功能缺陷

此外, 传统交通流仿真软件 (如 VISSIM、SUMO、TESS NG 等) 仅包含交通流仿真模型, 缺乏自动驾驶汽车的传感器和车辆动力学仿真能力, 同样无法直接应用于 HAV 的虚拟测试 (表 2.2 列出了既有不同类型虚拟测试工具的仿真功能). 构建具备传感器仿真、车辆动力学仿真、交通流仿真的自动驾驶汽车一体化虚拟测试工具是当前首要的研究重点.

3.3.2.2 虚拟仿真工具前沿研究方向

虚拟测试工具的研发重点在于构建高可信的 HAV 仿真环境, 前沿研究方向包括 HAV 一体化仿真测试工具、面向 HAV 安全性测试的深度交通流仿真方法和基于物理模型的传感器仿真技术等. 具体而言, 有如下几点.

1) HAV 一体化仿真测试工具

既有单一仿真工具无法满足 HAV 虚拟测试的需求. 研究人员开展了不同仿真能力的多虚拟测试工具协同应用. 其中, Pereira 和 Rossetti[18] 提出了自动驾驶汽车综合仿真测试架构, 通过微观交通流仿真 (SUMO) 与机器人仿真 (USARSim) 的融合和双向数据传输, 实现自动驾驶汽车与背景交通车辆的行为交互. Schiller 等 [19] 提出了多分辨率的智能汽车测试仿真框架, 耦合应用了微观交通流仿真 (SUMO) 与车辆仿真 (VTD). Garzon 和 Spalanzani 则开展 Gazebo (机器人仿真系统) 和 SUMO 的联合应用以实现 HAV 测试中交通参与者的仿真 [20]. 我们则通过 PreScan (内置传感器仿真、车辆动力学仿真)、MATLAB/Simulink(规划决策控制算法) 和 VISSIM (背景交通流仿真) 的融合, 构建了自动驾驶汽车 "感知–规划–执行" 一体化虚拟测试仿真工具 [21].

2) 面向 HAV 安全性测试的深度交通流仿真方法

现有交通流仿真模型是面向交通系统运行效率评估, 无法完全满足面向安全性测试 HAV 虚拟测试需求. 具体问题如下: ① 既有交通流仿真模型以车辆的运动物理状态作为建模基本单元, 假设所有车辆沿车道 (Lane) 中心线行驶, 是基于车道的一维行为仿真, 违背了自动驾驶汽车规划决策算法的二维空间假设 [22]; ② 当前交通流仿真模型均基于 "安全驾驶" 的假设, 即按照模拟逻辑规则 "仿真交通流" 不会发生交通事故, 无法复现复杂交通环境中的风险驾驶行为、冲突事件等.

因此, 亟需研发面向 HAV 安全性测试与未知风险场景提取的深度交通流仿真方法, 包括: ① 构建二维交通流仿真模型, 在精细化二维空间描述车辆的自主驾驶与多主体交互行为 [23]; ② 开展突然插入、压线行驶、违法占道、违章过街等随机性非常态驾驶行为的建模仿真研究 [24]; ③ 针对人机共驾、人机混驾、智能网联新型混合交通流, 研究新的交通流模拟模型与仿真方法 [25].

3) 基于物理模型的传感器仿真技术

激光雷达、摄像头等单一传感设备的环境感知算法和多传感器融合算法是

HAV 理解其周边驾驶环境的关键. 当前传统传感器仿真模型多在数字层面构建, 仅模拟各传感器的感知高度、角度及距离等, 基于虚拟传感器覆盖范围反馈数字信号. 然而, 不同传感设备其感知机理、感知精度影响因素等存在较大差别; 基于数字化仿真模型的 HAV 虚拟测试结果可信度低. 研发具备物理性能的传感器仿真模型成为提升 HAV 虚拟测试工具可信度的关键, 是该方向的研究重点 [26]. 以摄像头仿真模型为例, 需基于摄像头的物理成像原理, 建立包含光源、镜头及成像器件的仿真架构, 并基于此需求构建虚拟驾驶仿真模型, 以真实还原 HAV 摄像头对光谱、光强度等的感知过程, 提升环境感知算法的测试可信度 [27]. 此外, 鉴于不同传感设备的物理原理差异性, 需单独针对毫米波雷达、激光雷达、定位等构建仿真技术. 在单一传感器仿真模型的基础上, 如何基于开放式系统互连 (OSI) 构建标准化的接口, 开展多传感器的融合仿真则对虚拟测试工具提出了更高要求.

3.3.3　测试自动化工具

由于驾驶环境的复杂性, HAV 功能场景动静态要素众多, 逻辑场景的要素取值变化和相互组合将导致具象测试场景数量大爆炸 [28] (图 3.8), 无法进行全覆盖的遍历式测试. 以变道插入的功能场景为例：若仅考虑动态 (测试车辆速度、横向加速度、变道插入间距、后车速度)、静态 (车道宽度) 的 5 个关键要素, 当各关键要素取 10 个参数值时, 具象测试场景将达 976 万余个 ($5^{10} = 9765625$). 若单个具象场景测试 1 分钟、虚拟测试加速比为 6 时, 该功能场景的遍历式测试共需 3 年 ($5^{10}\div$ (60 分钟 $\times$24 小时 $\times$365 天 $\times$6 加速比) $\approx$ 3 年). 因此, 如何在保障测试场景参数组合覆盖度的基础上开展高效、快速测试是 HAV 虚拟测试自动化的研究重点.

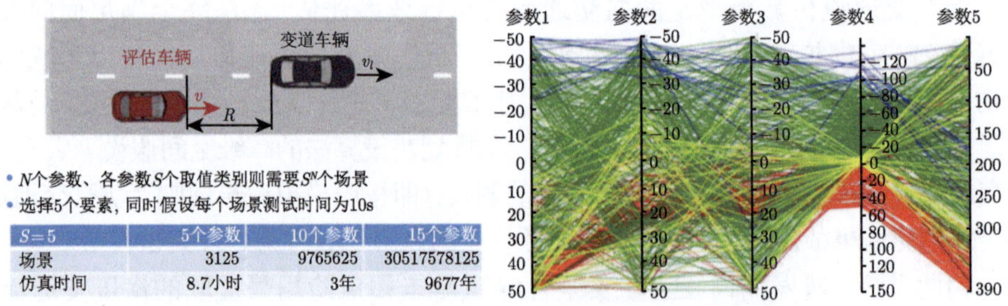

S=5	5个参数	10个参数	15个参数
场景	3125	9765625	30517578125
仿真时间	8.7小时	3年	9677年

图 3.8　测试场景参数组合“大爆炸”示意图

解决以上快速测试的问题, 是一个经典的实验设计 (Design of Experiment, DOE) 问题. 实验设计已广泛运用到从航天业到一般生产制造业的产品质量改善、工艺流程优化甚至已运用到医学界. 通过对产品质量、工艺参数的量化分析, 寻找关键因素, 控制与其相关的因素. 根据实际需求, 判别与选择不同的实验设计种类, 设计最优的实验步骤, 发现如何控制各种影响因素, 以最少的投入, 换取最大的收益, 从而使产品质量得以提升, 工艺流程最优化. DOE 问题亦可称为测试自动化问题 (Test Automation, TA), 即自动化管理测试流程. 针对 HAV 的安全性的测试自动化问题, 已成为一大研究热点, HAV 测试自动化工具应运而生, 是为一种重要的 HAV 虚拟测试工具.

具体到 HAV 安全性测试, 需要以 DOE 问题为框架, 设计合理的实验流程, 在场景参数空间中搜寻待测试场景, 以满足① 高测试覆盖率; ②寻找危险场景; ③快速计算碰撞率、危险率等三个目的. 本小节将讨论 HAV 安全性测试自动化方法发展现状及其研究前沿.

3.3.3.1 HAV 安全性测试自动化发展现状

QTronic 公司 (近日被 SYNOPSYS 公司收购) 开发的 TestWeaver 是一款被广泛用于 HAV 仿真测试的测试优化软件. 如根据 PEGASUS 项目报告, 戴姆勒公司采用 TestWeaver 作为测试优化软件对虚拟测试整体流程进行管理. TestWeaver 可以通过接口文件 (预设的 Python 文件) 与仿真器和控制器连接, 进而实现大规模工况测试的需求. 在设置好仿真需求判定 (通过设定参数阈值确定工况的危险程度) 后, 运行一部分个人手写工况案例, 过程中可以产生多个指标参数, 根据需求判定可以对工况的危险程度进行判断, 其工作流程如图 3.9 所示.

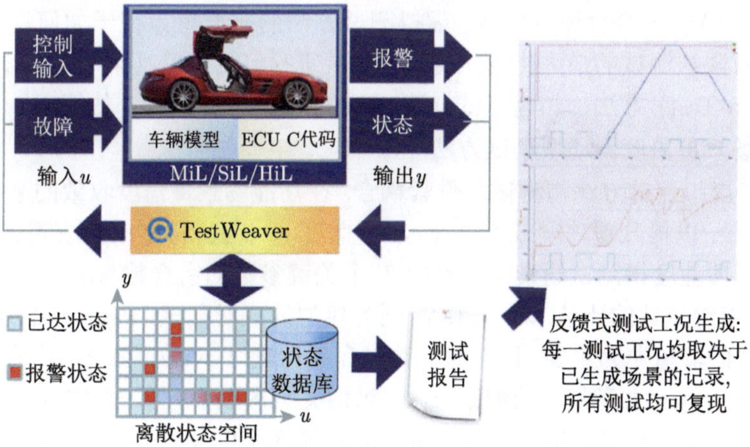

图 3.9 TestWeaver 工作流程示意图

在保证测试场景代码覆盖率的前提下, 针对较为危险的工况, TestWeaver 中采用基于博弈论的 DOE 算法, 通过博弈的方法不断生成更为 "危险" 的测试场景, 即快速寻找最差场景或者高危场景, 进而检测被测控制器算法的有效性 [29].

ECU-TEST 是由位于德国德累斯顿的 TraceTronic 公司开发的一款用于嵌入式系统测试验证的软件工具. 自从 2003 年首次发布 ECU-TEST[30], 该软件成为汽车 ECU 开发的标准工具之一, 同时也逐步成为工业自动化开发的标准工具之一. 该软件起源于一个控制单元的系统化测试的项目研究, 从而为从德累斯顿工业大学脱离出来的 TraceTronic 公司奠定了基础. ECU-TEST 旨在完成测试案例的规范化、评估、求解和归档. 该软件包含大量的测试优化方法使得测试案例的所有必要功能如创建、求解和评估功能得以顺利达到.

ECU-TEST 提供清晰的接口用以扩展和集成现有的测试和验证程序, 其默认支持大量的测试软硬件. 用户也可以通过插件和 Python 脚本轻松地将其他工具与 ECU-TEST 集成到一起, 通过特定的用户–服务器架构, 可以解决分布式测试环境下软件工具在不同计算机上的问题. 使用一个 COM 接口, 可以集成其他工具如 "需求管理"、"校正控制" 和 "基于模型的测试". ECU-TEST 支持与 dSPACE、QTronic Silver 等仿真器的整合.

尽管用户体验较好, 然而由于市售测试优化软件售价普遍相对较高, 各大虚拟测试业主单位以及高校科研机构纷纷针对测试优化功能开展自我研发. 如 Zhao 等 [31,32] 提出重要度抽样方法快速计算事故率, Feng 等 [33] 以及 Sun 等 [34] 提出自适应搜索方法快速选取高测试需求场景.

3.3.3.2 HAV 安全性测试自动化研究前沿

面向 HAV 安全性验证需求, 虚拟测试方法的研究重点在于如何针对逻辑场景, 实现有限次测试的最大化场景覆盖. 前沿研究包括覆盖度驱动型测试 (Coverage Driven Test) 方法、加速测试方法、HAV 多目标测试与评估等.

(1) 场景覆盖度驱动型测试方法.

HAV 虚拟测试方法与测试场景紧耦合. 在功能场景覆盖度收敛的基础上需面向逻辑场景, 以提升覆盖度或以 T-wise 覆盖度 [35] 为目标定向生成测试场景. 其中 T-wise 覆盖度指测试场景中已测的 T 个关键参数的组合数与所有可能的 T 个参数的可能组合数的比值. 若 T 取 2, 则为典型的成对测试 (Pairwise). T-wise 覆盖度中 T 的取值尤为重要, 目前业界针对自动驾驶 T-wise 测试中 T 的建议取值为 6~10[14]. 现有大量常用的测试方法 (包括美国密歇根大学 M-City 团队的虚拟测试方法 [33]) 在选取测试场景时仅考虑场景暴露率以及挑战性指标, 并未考虑所选场景的覆盖度. 而覆盖度驱动型的测试方法需首先基于逻辑场景的多维测试参数空间, 构建场景覆盖度评估技术. 然后研究闭环反馈式测试场景搜寻技术, 应用优化方法 [37]、极值理论 (Extreme Value Theory)、深度强化学习 [38]、T-wise 测试方法 [14] 开展高测试需求场景的靶向生成, 有效提升场景覆盖度或 T-wise 覆盖度. 此外, 上述研究仅在主观设定的参数空间内提升场景覆盖度, 如何衡量 HAV

测试场景的整体覆盖度目前尚无通行标准, 这是自动驾驶仿真测试方法的重要前沿课题.

(2) 高风险场景加速测试方法.

针对 HAV 测试场景的多维参数空间和驾驶能力的非单调变化特征, Zhao 等 [39] 提出了"加速测试"的理念: 其基于测试场景关键参数的获取和分布特征拟合 (如跟驰场景中的碰撞时间 (Time to Collision, TTC)), 采用重要度抽样理论对高测试需求场景进行提取, 实现 HAV 的加速测试. 基于该加速测试方法框架, HAV 虚拟测试方法的研究重点在于如何对测试场景相关联的关键参数进行分布拟合和高风险场景的重要度抽样方法等 [40]. 此外, 在获取高风险测试场景的基础上, 基于故障注入 (Fault Injection, FI) 的仿真测试被证明可有效提升自动驾驶安全性测试效率: 伊利诺伊大学厄巴纳–香槟分校研发了基于机器学习的故障注入引擎 (Drive FI), 其通过高风险场景的挖掘定向分析自动驾驶功能的鲁棒性, 研究人员在 4 小时内发现了 HAV 的 561 个故障 [41].

(3) 多目标测试与评价.

HAV 场景化虚拟测试的评价角度多维、标准各异. 评价角度方面, HAV 不仅要基于虚拟测试评估其车辆运行安全的风险等级, 同时需关注其驾驶行为对周边交通流运行和宏观交通系统安全性的影响 [42]. 即在于满足预期功能安全 (SOTIF) 等事故率标准的同时, 需建立 HAV 驾驶行为的测试评价方法. HAV 评价标准方面包括绝对能力和相对能力, 绝对能力即依托 HAV 脱离/接管事件发生概率, 基于交通冲突理论构建评估指标及评价阈值 [43]; 相对能力则需以"拟人化"视角 [44], 在测试场景分类、复杂度分级的基础上, 对比 HAV 驾驶行为和人类驾驶员的行为规律, 其难点包括多样化驾驶任务的评价指标构建和驾驶行为特征相似性的度量方法等.

3.4 从虚拟测试工具到测试即服务

3.4.1 HAV 虚拟测试共性特点

由上可知, 目前自动驾驶虚拟测试领域参与者类型丰富多样, 且跨度极广, 既有 OEM 厂商、ICT 公司, 也有传统仿真软件公司以及初创自动驾驶虚拟测试解决方案公司等. 总体而言, 各家公司均认可虚拟测试是 HAV 安全性认证不可或缺的重要一环, 并围绕仿真工具展开了不同的探索和扩展. 各家虚拟测试方案呈现出以下几个共性特点.

(1) 强调测试工具协同.

围绕仿真工具本身, 衍生出三个重要扩展方向, 即测什么、怎么测以及评价什么, 进而由这三个扩展方向产生三种软件业务模块, 即场景生成工具、测试优化工具以及结果评测工具. 四类工具业务流程如图 3.10 所示. 因此, 除车辆仿真、交通流仿真、传感器仿真等仿真工具自身的协同以外, 虚拟测试方案也重点强调仿真工具与场景生成工具、测试优化工具以及结果评测工具等衍生工具之间的协同. 目前测试优化工具往往仅与结果评测工具强耦合, 如 TestWeaver、ECU-TEST 等工具均能同时提供这两种功能, 但与场景生成工具、仿真工具等还有待进一步融合.

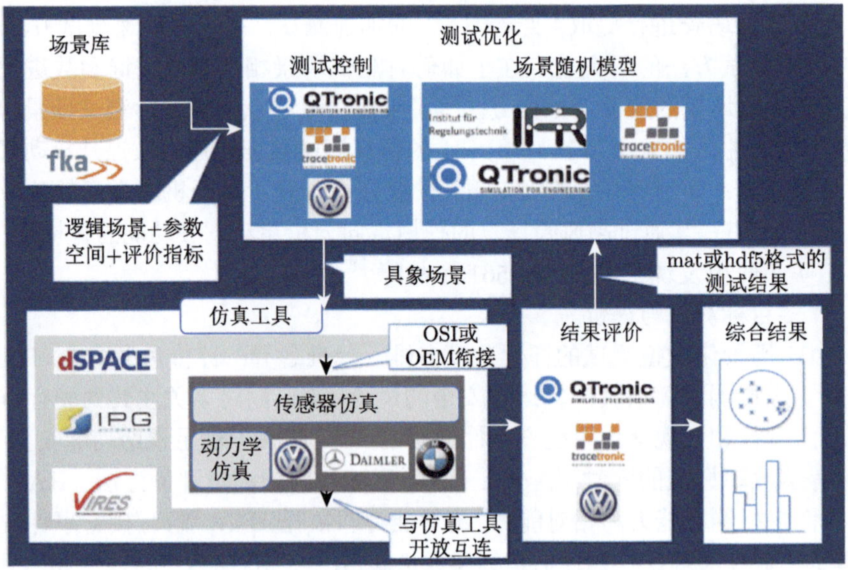

图 3.10　虚拟仿真工具协同

(2) 交通流模型耦合强度较低.

尽管真实交通流模型是提升 HAV 安全性测试难度的重要组成部分, 但现有汽车仿真软件和交通流仿真软件的耦合强度较低, 如 Vires VTD 软件自带的交通流模型真实度较低, 而现有的汽车仿真工具与交通流仿真工具之间, 如 PreScan 和 VISSIM、VTD 和 SUMO 等, 其实现路网同步、轨迹同频同步的步骤极为烦琐, 实现难度较大. 更为重要的是目前的交通流仿真对安全性测评的精度要求还有一定的差距.

(3) 通过云端计算解决参数爆炸问题.

大量初创企业创建于 2016 年前后, 正值云计算、云服务井喷的历史时期, 初创公司的虚拟测试解决方案往往依托云计算方案解决 “参数爆炸” 问题, 即在云上同时运行多个仿真场景. 如云计算是 Metamoto、Cognata 等初创公司的业务模式亮点之一. 然而, 简单采用云计算并不能完全解决参数爆炸问题, 需结合合理的测试自动化/测试优化方法进一步提升测试速度.

(4) 对人机混驾安全性/交通网络效率关注度不足.

现有结果评价指标均面向车辆安全行车测试, 对人机混驾状态下的安全性, 或称交互社会性评价不足, 如现有大量 HAV 事故多为人类驾驶员误解 HAV 意图所致; 同时, 对 HAV, 尤其是带有网联功能的 HAV 对交通路网本身带来的运行效率方面, 以及排放能耗方面的影响, 并未详细刻画.

3.4.2 HAV 虚拟测试服务体系构建

为解决 HAV 虚拟测试应用难点, 我们提出 HAV 虚拟测试自动化、快速化、一体化和协同化的 "四化" 能力需求. 其中, 自动化旨在构建闭环虚拟测试流程, 减少人工参与度; 快速化面向 HAV 加速测试需求, 自动优化测试方案, 提升测试效率; 一体化则通过构建传感器、车辆、交通流和路网环境的一体化仿真工具, 提升测试工具可信度; 协同化面向 HAV 迭代升级以及不同测试手段, 构建研发、校核、认证等多阶段的协同测试方法.

为满足 HAV 虚拟测试的 "四化" 能力提升需求, 我们提出基于仿真测试即服务 (TAAS) 理念, 构建 HAV 虚拟测试仿真服务系统 (HAV-TAAS). 该 TAAS 中的 T 与软件即服务 (SAAS) 中的 S 表征不同的意义, 仿真测试即服务 (TAAS) 指将仿真工具作为一种服务呈交给业主单位, 而软件即服务指将软件工具作为服务呈交给业主单位.

如图 3.11 所示, HAV 虚拟测试仿真服务系统共有三层架构, 分别是构件层、操作层和应用层. 其中, 构件层包含开展 HAV 虚拟测试的各独立功能模块, 如测试场景库、商业化车辆仿真测试软件、交通流仿真模型、测试优化方法等. 操作层则基于云服务架构, 为不同需求的虚拟测试用户提供个性定制化的 HAV 虚拟测试构建组合及流程. 各功能模块基于标准化文件格式交互和通用式数据接口相连, 支持虚拟测试的 "四化" 需求. 应用层则为 HAV 虚拟测试结果提供安全性评价、风险行为诊断、算法优化建议等增值测试能力.

图 3.11 中操作层构建了典型 HAV 虚拟测试流程, 共包含四大功能模块：测试场景库、测试自动化、一体化虚拟测试仿真工具、加速测试方法. 其中, 测试场景库针对 HAV 的设计运行区域, 基于测试场景的采集与结构化存储输出各功能场景的测试参数空间. 在测试自动化模块中通过测试场景自动化仿真重构技术、基于加速测试方法的高测试需求场景提取技术等, 向一体化虚拟测试仿真工具输出标准化格式的测试场景. 加速测试模块则基于加速测试方法, 结合 HAV 虚拟测试结果开展高测试需求场景的搜寻, 提高测试效率. 此外, 根据不同测试需求可在操作层构建多样式的 HAV 虚拟测试流程, 并可保存操作流程提升测试可重复性.

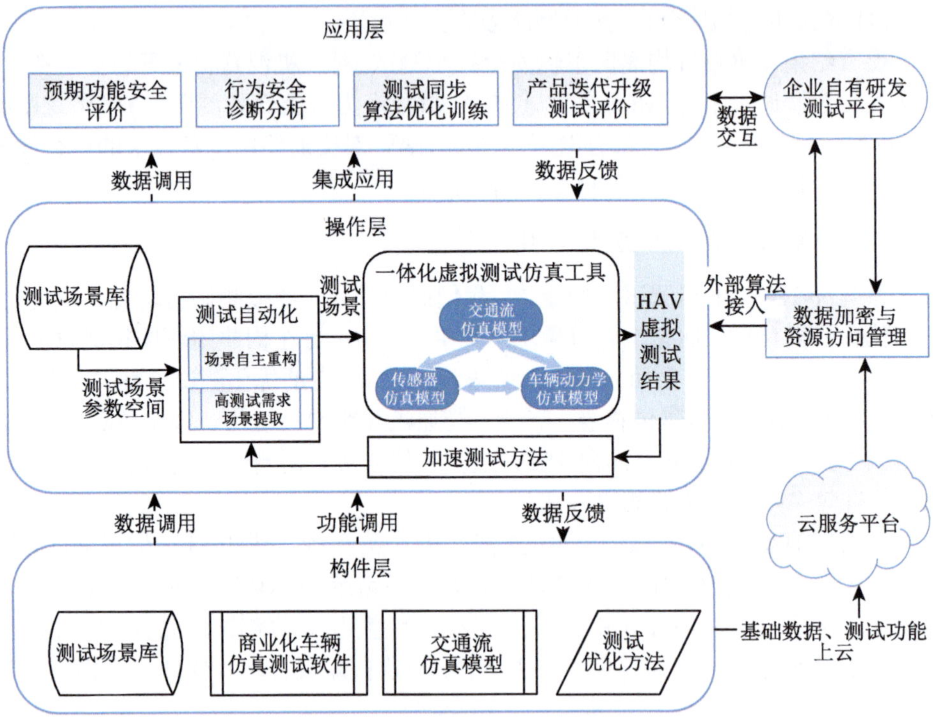

图 3.11　HAV-SAAS 框架

3.4.3 HAV 虚拟测试服务应用

基于 HAV 测试研发人员测试需求以及 TAAS 的理念, 我们初步探索研发了四类虚拟测试工具：场景库工具 (i-Scenario) 可完成场景采集、重构、注入等相关功能; 交通流仿真工具 (i-Traffic) 可以自动化生成各类高精度模拟交通流, 满足 HAV 安全性对高精度交通流建模的需求; 测试优化工具 (i-Optimization) 可以根据用户需求完成相关的测试优化工作; 评价工具 (i-Evaluation) 可以对 HAV 测试结果进行分析、诊断与评价. 四大工具可以进行自由的组合并与现有的仿真工具 (如 VTD、PreScan 等) 相互协同, 按照 HAV 研发不同阶段、不同测试资源以及测试目的, 可实现四大服务应用方案 (图 3.12)：① 现实场景再现测试; ② 仿真环境无限测试; ③ 优化方法加速测试; ④ 预期功能安全认证测试.

对于不同的服务应用方案, 其实现方法和测试需求略有不同. 本书后续章节将重点对以上四类工具背后的理论、方法与技术进行阐述.

(1) 现实场景再现测试.

基于自然驾驶数据, 重构现实背景交通参与者轨迹, 利用仿真环境对现实场景进行再现, 将待测 HAV 置于回放环境中进行测试. 本应用的目的是测试 HAV

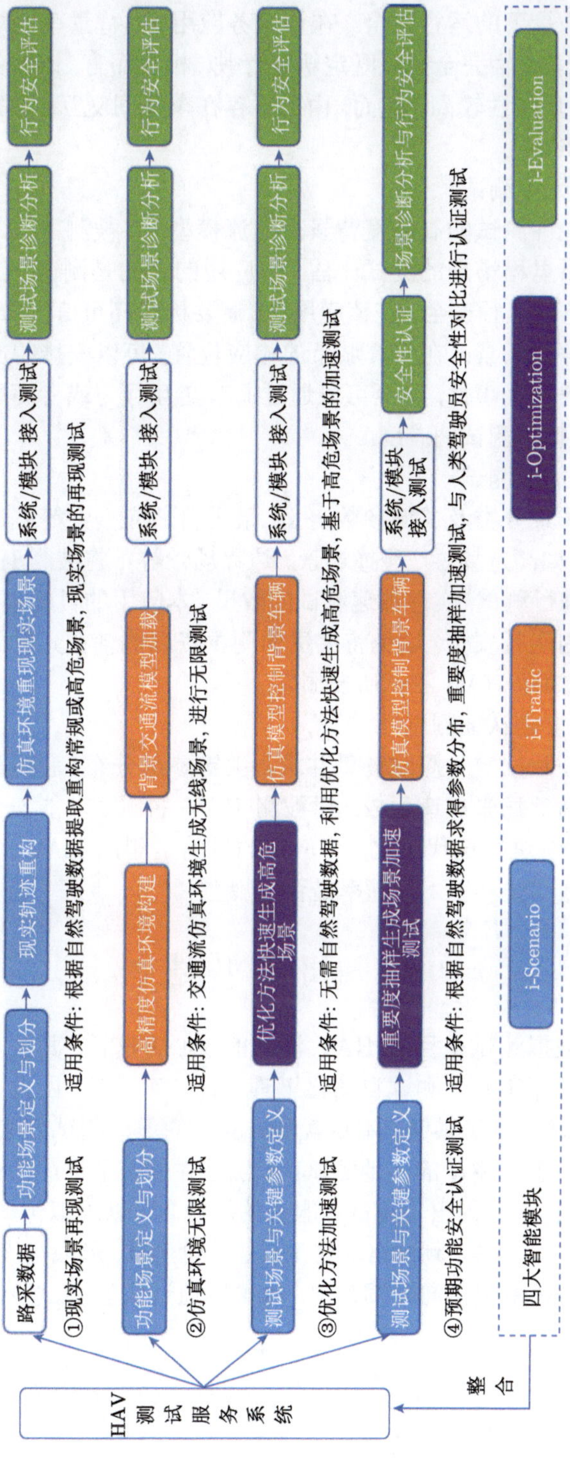

图 3.12 HAV 虚拟测试服务系统

在已提取的真实场景下的运行安全. 在该服务应用中, 背景车辆与驻车之间不存在交互行为, 即背景车辆完全按照既定轨迹行驶. 相对而言, 该服务应用的设定较为简单, 仿真场景真实性较高. 然而, 由于不存在车辆间交互, 仿真场景中无法对背景车行为进行推演.

(2) 仿真环境无限测试.

建立面向安全性测试的高精度背景交通流模型, 将被测 HAV 置于模拟交通流环境中进行无限里程场景的测试评估. 本应用的目的是测试 HAV 在仿真环境生成的海量场景下的运行安全. 在该应用中, 需要构建高可信度仿真城市, 而不仅限于构建简单的片段场景. 在仿真城市的相应位置, 可以安排相应的交通参与者与主车展开既定的交互事件, 甚至可以通过调节交互行为或者高风险交互行为的出现频率, 来调整整体测试的难度.

(3) 优化方法加速测试.

基于对测试场景分类及关键参数定义, 采用自适应搜索等方法快速寻找高测试需求测试场景 (如高危场景、碰撞场景、边界场景等), 将被测 HAV 置于高测试需求测试场景中进行测试, 实现加速测试的效果. 本应用的目的是测试 HAV 在高测试需求场景下的运行安全, 避免将宝贵的测试资源消耗在冗余的、无风险的测试场景中, 进一步缩短 HAV 测试研发周期.

(4) 预期功能安全认证测试.

根据自然驾驶数据定义测试场景并求得关键参数分布, 利用重要度抽样等方差缩减方法实现高危场景加速生成. 对被测 HAV 的预期功能安全进行快速认证测试, 可对被测系统进行迭代优化. 本应用的目的是测试 HAV 的预期功能安全, 验证被测物在自然驾驶环境下碰撞率是否合规.

3.5 本章小结

场景驱动的虚拟测试是目前 HAV 测试的核心方法论, 其技术实现包含了虚拟仿真工具、场景库工具、测试自动化工具、评价工具等, 四大工具整合可形成面向 TAAS 的测试服务工具链. 本章就场景驱动的虚拟测试方法论开展探讨, 罗列了该方法相较于里程驱动的实地测试的优点, 并总结了目前工业界对场景驱动虚拟测试应用现状, 继而提出了测试即服务的新理念：以虚拟仿真工具为核心, 在其上有机整合场景库工具、测试自动化工具、评价工具, 形成全流程解决方案. 借助该解决方案, 提高系统正向开发效率, 也可以通过快速测试验证提高产品落地效率.

参考文献

[1] Kalra N, Paddock S M. Driving to safety: How many miles of driving would it take to demonstrate autonomous vehicle reliability? Transportation Research Part A: Policy and Practice, 2016, 94: 182-193.

[2] Ampountolas K, Carlson R C. Optimal control of motorway tidal flow // 2019 18th European Control Conference (ECC), 2019.

[3] Wachenfeld W, Junietz P, Wenzel R, et al. The worst-time-to-collision metric for situation identification // 2016 IEEE Intelligent Vehicles Symposium (IV), 2016.

[4] Waymo. Waymo safety report: On the road to fully self-driving. 2017.

[5] Wassim G N, Yanagisawam S J D. Pre-crash scenario typology for crash avoidance research. NHTSA: Washington DC, 2007.

[6] Winner H, Lemmer K, Form T, et al. PEGASUS: First Steps for the Safe Introduction of Automated Driving // Lecture Notes in Mobility. Cham: Springer International Publishing, 2018.

[7] Menzel T, Bagschik G, Maurer M. Scenarios for development, test and validation of automated vehicles // 2018 IEEE Intelligent Vehicles Symposium (IV), 2018: 1821-1827.

[8] Fagerlind H, Heinig I, Viström M, et al. Analysis of accident data for test scenario definition in the ASSESS project. Hannover, Germany, 2010.

[9] Barnard Y, Utesch F, van Nes N, et al. The study design of UDRIVE: The naturalistic driving study across Europe for cars, trucks and scooters. European Transport Research Review, 2016, 8(2): 14.

[10] 同济大学新闻中心. 国内首个“自然驾驶研究项目”在我校启动, 2012.

[11] Mullins G E, Stankiewicz P G, Hawthorne R C, et al. Adaptive generation of challenging scenarios for testing and evaluation of autonomous vehicles. Journal of Systems and Software, 2018, 137: 197-215.

[12] Gold C, Naujoks F, Radlmayr J, et al. Testing Scenarios for Human Factors Research in Level 3 Automated Vehicles // Advances in Intelligent Systems and Computing Transportation. Cham: Springer International Publishing, 2018.

[13] Junietz P, Wachenfeld W, Klonecki K, et al. Evaluation of different approaches to address safety validation of automated driving // 2018 21st International Conference on Intelligent Transportation Systems (ITSC), 2018.

[14] Amersbach C, Winner H. Defining required and feasible test coverage for scenario-based validation of highly automated vehicles // 2019 IEEE Intelligent Transportation Systems Conference, New Zealand, 2019.

[15] PEGASUS. SOFTWARE-IN-THE-LOOP. 2017.

[16] 中国电动汽车百人会, 腾讯自动驾驶, 中汽数据有限公司. 中国自动驾驶仿真蓝皮书, 2020.

[17] Gagliardi D, Tkachenko P, Re L. Outcome oriented evaluation of autonomous driving functions // 2018 IEEE Conference on Decision and Control (CDC), 2018: 6970-6975.

[18] Pereira J L, Rossetti R J. An integrated architecture for autonomous vehicles simulation // Proceedings of the 27th Annual ACM Symposium on Applied Computing, 2012.

[19] Schiller M, Dupius M, Krajzewicz D, et al. Multi-resolution traffic simulation for large-scale high-fidelity evaluation of VANET applications // Simulating Urban Traffic Scenarios, 2019: 17-36.

[20] Garzón M, Spalanzani A. An hybrid simulation tool for autonomous cars in very high traffic scenarios // 2018 15th International Conference on Control, Automation, Robotics and Vision (ICARCV), 2018: 803-808.

[21] 孙剑, 黄润涵, 李霖, 等. 智能汽车环境感知与规划决策一体化仿真测试平台. 系统仿真学报, 2020, 32(2): 236-246.

[22] Sun J, Ma Z, Li T, et al. Development and application of an integrated traffic simulation and multi-driving simulators. Simulation Modelling Practice and Theory, 2015, 59: 1-17.

[23] Ma Z, Sun J, Wang Y. A two-dimensional simulation model for modelling turning vehicles at mixed-flow intersections. Transportation Research Part C: Emerging Technologies, 2017, 75: 103-119.

[24] Sun J, Liu H, Ma Z. Modelling and simulation of highly mixed traffic flow on two-lane two-way urban streets. Simulation Modelling Practice and Theory, 2019, 95: 16-35.

[25] Calvert S, Mahmassani H, Meier J N, et al. Traffic flow of connected and automated vehicles: Challenges and opportunities //Road Vehicle Automation 4. Cham: Springer, 2018: 235-245.

[26] Mitra P, Choudhury A, Aparow V R, et al. Towards modeling of perception errors in autonomous vehicles // 2018 21st International Conference on Intelligent Transportation Systems (ITSC). IEEE, 2018.

[27] Stefan F, Chevalier A M R, Marbaix M, et al. Method for modeling a motor vehicle sensor in a virtual test environment. Google Patents, 2019.

[28] Gao F, Duan J, He Y, et al. A test scenario automatic generation strategy for intelligent driving systems. Mathematical Problems in Engineering, 2019: 1-10.

[29] Junghanns A, Mauss J, Tatar M. TestWeaver: A tool for simulation-based test of mechatronic designs // 6th International Modelica Conference. Bielefeld, Germany, 2008.

[30] Gehring J, Schütte H. A Hardware-in-the-loop test bench for the validation of complex ECU Networks. SAE Technical Paper, 2002.

[31] Zhao D, Huang X, Peng H, et al. Accelerated evaluation of automated vehicles in car-following maneuvers. IEEE Transactions on Intelligent Transportation Systems, 2018, 19(3): 733-744.

[32] Zhao D, Lam H, Peng H, et al. Accelerated evaluation of automated vehicles safety in lane-change scenarios based on importance sampling techniques // IEEE intelligent transportation systems, 2016, 18(3): 595-607.

[33] Feng S, Feng Y, Yu C, et al. Testing scenario library generation for connected and au-

tomated vehicles, part I: Methodology IEEE Transactions on Intelligent Transportation System, 22(3): 1573-1582.

[34] Sun J, Zhou H, Zhang H, et al. Adaptive design of experiments for accelerated safety evaluation of automated vehicles // 2020 IEEE 23rd International Conference on Intelligent Transportation Systems (ITSC). IEEE, 2020.

[35] Grindal M, Offutt A J, Andler S F. Combination testing strategies: A survey // Software Testing, Verification & Reliability, 2005, 15(3): 167-199.

[36] Dalal S R, Mallows C L. Factor-covering designs for testing software. Technometrics, 1998, 40(3): 234-243.

[37] Junietz P, Bonakdar F, Klamann B, et al. Criticality metric for the safety validation of automated driving using model predictive trajectory optimization // 2018 21st International Conference on Intelligent Transportation Systems (ITSC). IEEE, 2018.

[38] Koren M, Alsaif S, Lee R, et al. Adaptive stress testing for autonomous vehicles // 2018 IEEE Intelligent Vehicles Symposium (IV). IEEE, 2018.

[39] Zhao D, Lam H, Peng H, et al. Accelerated evaluation of automated vehicles safety in lane-change scenarios based on importance sampling techniques. IEEE Transactions on Intelligent Transportation Systems, 2016, 18(3): 595-607.

[40] Huang Z, Lam H, LeBlanc D J, et al. Accelerated evaluation of automated vehicles using piecewise mixture models. IEEE Transactions on Intelligent Transportation Systems, 2017, 19(9): 2845-2855.

[41] Jha S, Banerjee S, Tsai T, et al. Ml-based fault injection for autonomous vehicles: A case for bayesian fault injection // 2019 49th Annual IEEE/IFIP International Conference on Dependable Systems and Networks (DSN). IEEE, 2019.

[42] Rösener C, Hennecke F, Sauerbier J, et al. A traffic-based method for safety impact assessment of road vehicle automation // Uni-DAS eV 12. Workshop Fahrerassistenzsysteme und automatisiertes Fahren, 2018.

[43] Hillenbrand J, Spieker A M, Kroschel K. A multilevel collision mitigation approach: Its situation assessment, decision making, and performance tradeoffs. IEEE Transactions on intelligent transportation systems, 2006, 7(4): 528-540.

[44] Mariani R. An overview of autonomous vehicles safety // 2018 IEEE International Reliability Physics Symposium (IRPS). IEEE, 2018.

第 4 章　自动驾驶虚拟测试场景采集与自动生成

基于场景的虚拟测试已经逐渐成为自动驾驶汽车测试的共识, 因此场景在自动驾驶测试过程发挥至关重要的作用. 然而场景本身是一个信息量巨大、来源多样、结构复杂的信息载体, 场景的描述、采集、生成和使用是学术界与工业界共同面临的挑战. 本章在综述国外几个相关场景项目研究的基础上, 对场景进行了系统的介绍, 围绕场景如何定义、描述、采集、生成和使用这几个关键问题展开, 并结合我们与华为、腾讯、上汽等公司场景合作的研究成果给出了相关案例.

4.1　概　　述

基于场景的虚拟测试具有可定制、可加速等优点, 已成为自动驾驶汽车测试的主流技术路线. 然而, 车辆在行驶时面对的是包含人、车、路、环境等多要素共同作用下的复杂交通系统, 这也导致测试场景的多样性、时空交互性和随机性. 多样性指测试场景是多样变化的, 场景内各元素的种类、对象属性、属性取值的变化灵活; 另外, 不同元素种类、对象属性、属性取值的组合也导致场景的多种多样. 时空交互性体现在测试场景是一个动静结合的复杂系统, 首先静态元素间存在密切的联系, 道路自身的组成元素间相互影响, 交通设施、标志标线的含义应与道路匹配, 属性会受其他对象影响; 此外, 交通参与者处于连续的时变的过程, 且交通参与者有着密切的交互关系. 场景的随机性, 体现为各对象、各属性取值的组合并不是简单的排列组合, 而是符合一定统计分布, 且参数间不是独立的而存在密切的联系. 因此, 如何结构化地描述海量的场景信息, 如何基于采集的原始数据 (常常带有大量噪声和误差信息) 构建场景库, 如何标准化地存储和使用场景, 是学界和业界广泛关注的问题.

日本车辆制造商和交通安全专家在日本经济、贸易和工业部的支持下会定期交流, 商定全面的基于场景的自动驾驶安全认证流程. 目前已就 SAEL 3+ 级高速公路自动驾驶的整体安全保证过程以及开发自动驾驶测试方案的方法达成共识 [1]. 图 4.1 总结了日本开发自动驾驶测试场景的技术方法, 包括自动驾驶车辆安全保证的量化参数范围. 首先, 通过对交通干扰进行系统分析和分类, 并考虑驾驶环境和周围环境, 编制交通场景结构, 分为驾驶环境和周边环境, 其中驾驶环境包括道路几何和自主车辆行为, 周边环境包括周边车辆位置、周边车辆运动. 对于每个结构化场景, 参数和场景的变化范围在考虑可预见性条件和可预防性条件下, 基于真实世界采集的数据确定. 结构化场景的完整性可通过比较其涵盖事故的能力进行评估, 例如对比德国 GIDAS 数据库中出现的场景. 这种比较的基本假设是, GIDAS 中包含和分类的事故代表交通环境中所有可预见的情景, 而 GIDAS 涵盖的是人类驾驶员发生事故的场景, 包含大量人类心理、生理机能缺陷 (如疲劳、分心、视线模糊) 导致的事故, 对自动驾驶车辆有一定的借鉴意义, 但不能完全涵盖自动驾驶安全性测试所需的全部场景.

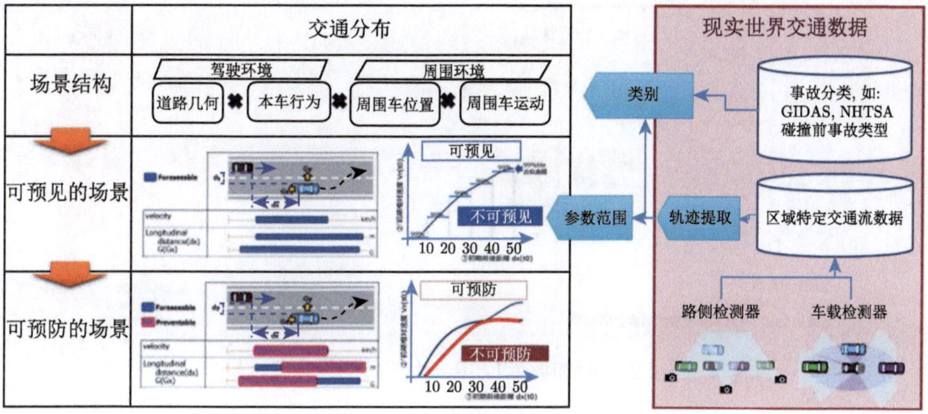

图 4.1 日本开发自动驾驶测试场景的技术方法 [1]

新加坡 CETRAN 项目 [2] 建议使用选定的测试用例, 通过虚拟和现实的安全验证对自动驾驶汽车安全性进行定量评估. 图 4.2 为场景所包含元素的示意图. 基于真实世界的驾驶数据描述道路上的不同情况, 包括交通参与者的策略、道路和基础设施要素的典型布局以及天气和照明条件. 考虑了两个不同的抽象级别, 第一个级别定性地描述场景, 第二个级别使用参数和模型定量地描述场景. 由于场景的收集需要涵盖自动驾驶车在现实世界中可能遇到的各种情况, 因此, 场景被划分为不同的场景类别以定性地描述, 场景类别可以被视为定量场景的抽象或语义描述. 基于自然驾驶数据和事故数据, 在交通参与者类型、道路结构、策略类型等方面对场景进行推断, 得到了 67 个场景类别. 当然, 这些场景是不完备的, 仍需随测试的推进不断添加.

这两个项目在场景描述、场景生成上仍存在一定的不足. 首先, 日本项目提出了从内容上对场景分层, 考虑了道路、环境等要素, 但是由于针对的 ODD 为高速路、快速路, 层次丰富性较欠缺, 比如对交通设施的考虑较少. 新加坡 CETRAN 项目提出了从抽象到具体的描述方法, 抽象定性的描述确定测试场景的功能, 定量的描述确定具体的测试案例. 但是其关注交通参与对象间的动态关系较多, 对道路、环境、设施等静态元素关注较少. 因此, 两者在结构化描述场景这一块还有所欠缺. 此外从公布的报告来看, 两者在数据采集、场景生成、场景格式标准化上研究不多.

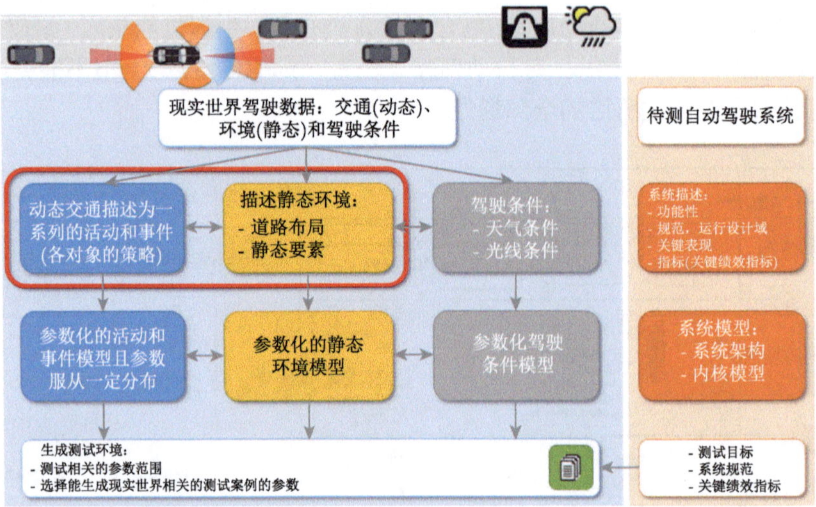

图 4.2 新加坡 CETRAN 项目场景定义 [2]

德国的 PEGASUS 项目 [3] 是目前在基于场景的自动驾驶汽车测试上研究得最成熟、最完整的项目. 本章将基于 PEGASUS 的理念, 结合我们在实际研究中的经验总结, 在场景结构化描述、数据采集与场景生成、场景派生、场景格式标准化四个方面展开介绍. 本章的技术路线如图 4.3 所示, 首先我们结合现有研

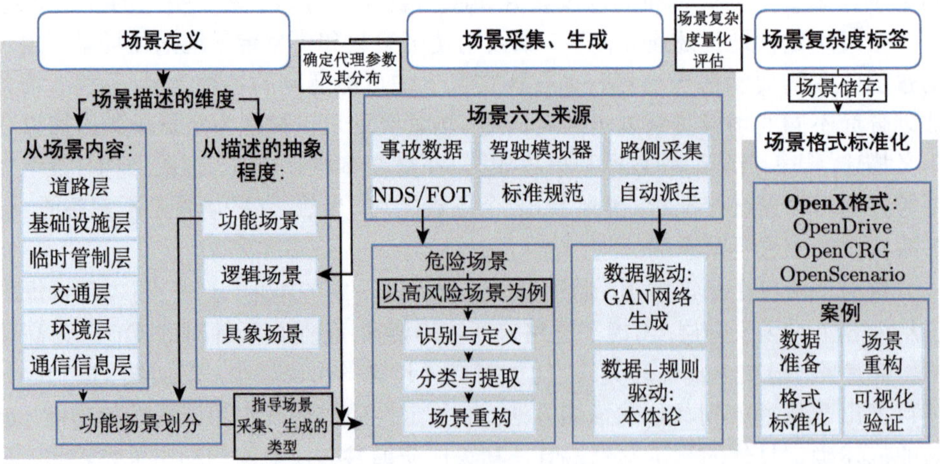

图 4.3 本章技术路线

究, 总结提出了场景的定义, 并将其与场面、情景这几个相似的概念区别开来; 并从场景内容和描述的抽象程度两个维度展开对场景的介绍. 接着分别从两条路线介绍场景的来源：其一是通过数据采集手段, 收集现实场景, 处理由于检测不准产生的问题, 重构得出更可信的测试场景; 其二是基于规则或数据驱动自动派生场景. 进一步地, 为了能将场景复杂度标签化, 提出了基于场景数据量化评估复杂度的方法. 最后, 得到的场景数据需要格式标准化地存储, 这里介绍了 OpenX 场景格式的相关内容.

4.2 场景定义与场景分类

4.2.1 场景定义

场景 (Scenario) 目前已被广泛使用在仿真、测试以及驾驶辅助系统的功能描述中. 场景的定义为：待测对象 (如自动驾驶系统、规划决策模块等) 的时序发展的场面, 描述本车 (自动驾驶汽车) 和其他车 (其他交通参与者) 的动作及引起的事件.

场景的概念与场面密切相关, 因此我们这里先探讨场面的定义. 场面 (Scene) 指描述周围环境的快照, 主要包含静态元素和动态元素的信息, 其中静态元素信息包括道路基础设施, 如车道、道路高程、弯道曲率等, 以及环境情况, 如路面的湿滑情况、可视条件、路上障碍等; 动态元素信息包括本车和其他参与对象的类型、位置、速度、方向角、刹车灯亮灭情况等信息. 典型的场面案例如图 4.4 所示, 场面既可以服务于环境感知模块, 又可以服务于规划控制模块.

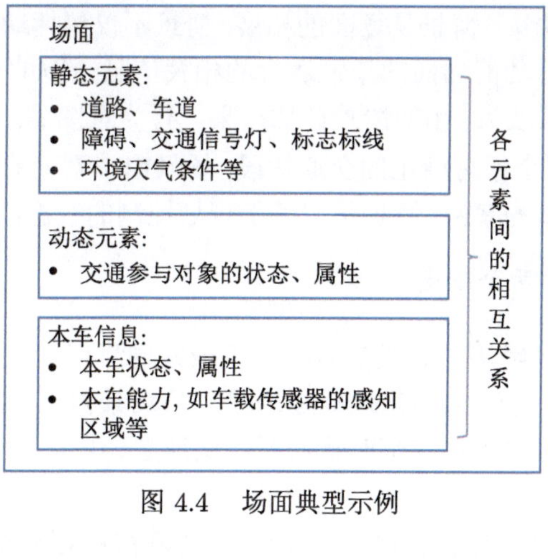

图 4.4 场面典型示例

与场面相比, 场景增加了本车和其他车的动作和事件, 并有较明确的目标功能和用途, 如图 4.5 所示. 场景可以理解为一系列场面的发展变化过程. 每一个场景都由一个初始的场面开始, 一系列时序的场面描述了各交通参与对象的时序动作和引发的事件. 比如某一汇入场景下, 本车跟着前方车辆行驶 (动作), 其右前方车辆换道至本车道 (动作), 实现了汇入 (事件).

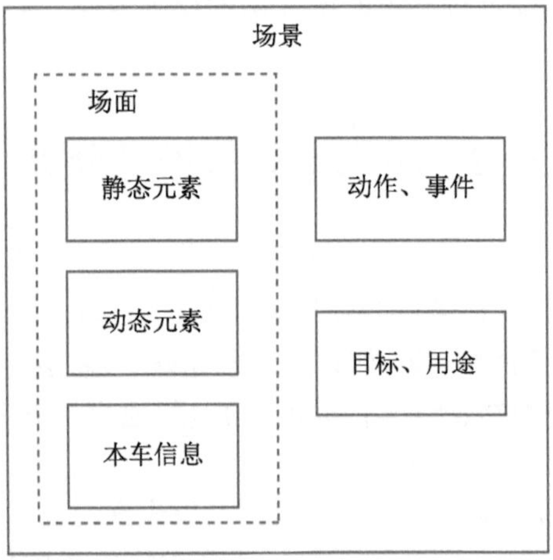

图 4.5 场景与场面的关系

除场面与场景外, 还有一个相关概念, 即情景. 关于情景 (Situation) 的定义则更多样且更不明确. 这里我们采用 Ulbrich 等 [4] 的定义, 认为情景是在一个特定时间点选择合适的行为模式所需要的全部环境信息, 其中包括了所有与行为相关的条件、选择和决策. 情景是场面的拓展, 情景不仅包括动静态元素的信息, 也包括基于系统目标、功能导向的车辆运行的相关信息, 比如车辆任务、管理手段, 以及特定功能的情景要素, 比如情景评估结果、行为意图等, 如图 4.6 所示.

总之, 场面是一个相对静止的交通片段; 场景由一系列的时序的场面组成, 是常作为功能模块测试的案例; 情景是服务于规划控制的数据载体.

4.2.1.1 场景描述的两个维度

现实世界中车辆经历的场景是多要素组成共同作用的结果, 我们首先需要确定场景包含要素的内容, 结构化地描述场景. 从场景内容的维度来看, 场景可以划分为道路层、基础设施层、临时管制层、交通层、环境层和通信信息层六个层次 [5], 如图 4.7 所示.

第一层：道路层, 包括几何线性、标线、道路拓扑关系等.

第二层：基础设施层, 包括道路隔离带、交通标志、交通信号灯等.

第三层：临时管制层, 描述道路的短时的有计划的管制, 比如道路施工、重大活动导致的车道或路段临时禁行等.

第四层：交通层, 描述场景中动态的交通参与对象, 如机动车、非机动车、行人的位置、速度、方向角等状态信息.

第五层：环境层, 描述测试场景所处的环境信息, 包括天气、光照等.

第六层：通信信息层, 描述车用无线通信技术 (Vehicle to Everything, V2X), 车车通信 (Vehicle to Vehicle, V2V) 等通信信息.

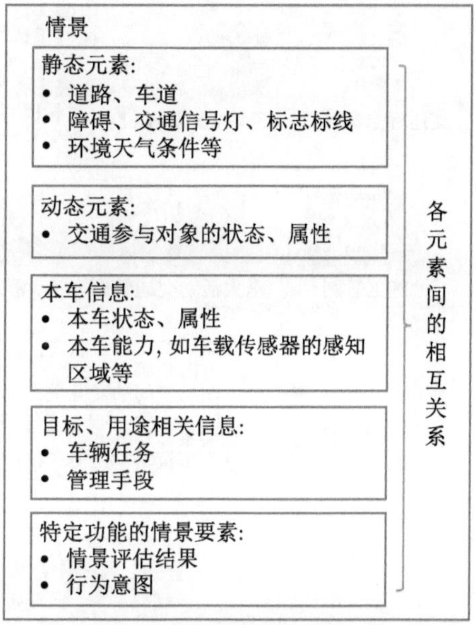

图 4.6 情景典型示例

第一层和第二层描述固定的道路布局和交通设施等信息, 可视为静态层, 称为静态场景; 第三、五、六层描述的信息虽然不是恒定值, 但第三层描述的临时管制是有计划可预期的, 第五层环境信息变化范围相对固定, 第六层描述的通信信息也相对稳定, 因此可以视为准动态; 第四层描述的交通参与对象及其状态信息取值时变化多样, 对象间交互变化复杂, 因此可视为动态层, 称为动态场景.

一个完整的场景通常是包含着六个层次信息的. 实际测试中, 通常也会根据测试需求专注于场景的几个层次, 比如测试自动驾驶汽车在快速路上被汇入时的规划控制表现, 可以只关注第一、四、六层; 测试自动驾驶汽车传感器识别交通标志的表现, 可以关注第一、二、五层.

基于内容分层的描述将场景映射到一个高维的参数空间中, 将这个大参数空间限制在测试对象的设计运行域 (ODD) 中, 可以提供完备的测试空间. 然而由于现实世界场景元素的多样性、复杂性、随机性, 这个空间并不容易完备地描述. 因此提出从抽象到具体的描述方法以应对这一问题.

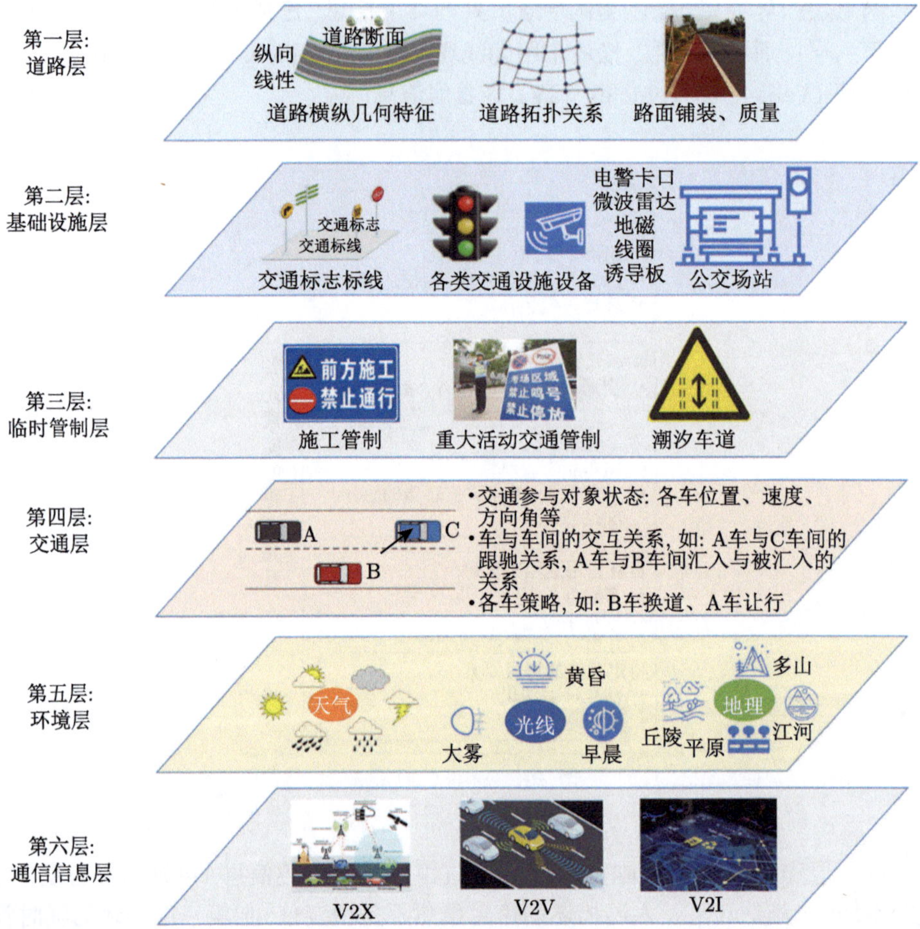

图 4.7　场景内容的六层次

从场景按不同的抽象程度描述场景的概念, 将场景分为功能场景、逻辑场景和具象场景, 如图 4.8 所示. 功能场景最为抽象, 是基于语义对一类场景的概括, 比如跟驰、换道、超车、汇入等, 用于在概念阶段确定高层次的场景测试需求. 针对某一功能场景的测试逻辑场景较功能场景更具体一些, 会确定该场景下的关键参数和参数范围或分布, 指导我们找出合理的现实中可能出现的场景, 用于在系统开发阶段确定场景参数的整体范围或分布. 具象场景则是在逻辑场景的基础上进一步确定出各参数的具体数值, 用于验证和确认.

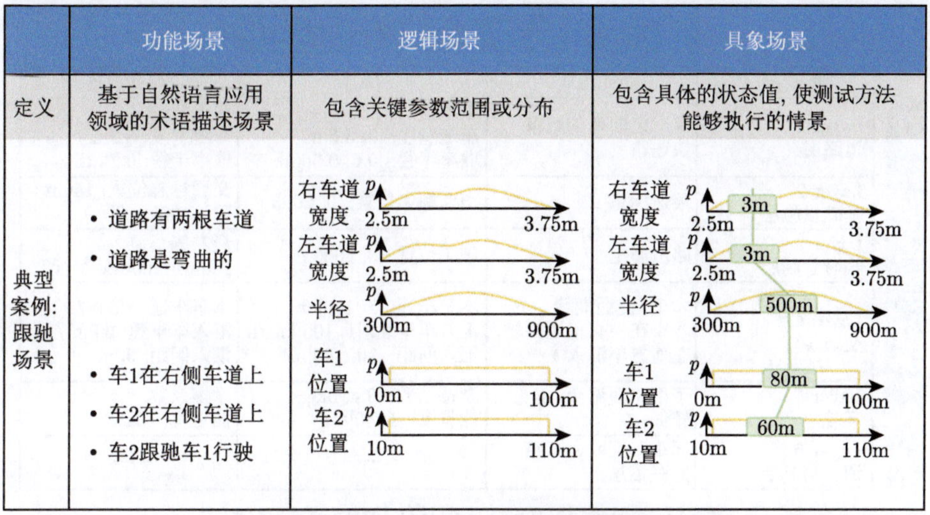

图 4.8 场景按描述的抽象程度分类

基于从抽象到具体的场景描述方法可以确定测试空间完备性. 首先基于被测的目标功能确定功能场景, 然后定义逻辑场景, 其中场景模型的一些参数是固定的, 一些参数是可变的. 比如在第四层使用可参数化的、分离的交通参与对象. 此外, 逻辑场景描述了第一、二、三、五、六层的相关场景参数的完整空间, 以及交通参与对象的参数空间. 因此, 利用第四层的参数空间中采样, 对完全测试空间的整个参数空间逐步采样测试. 从而在所有逻辑测试空间内的“所有”逻辑场景, 相当于在完整的测试空间中实现测试.

以 L3 级的某自动驾驶车辆为例进行场景描述介绍. 首先确定该车的 ODD. 每个自动驾驶系统运作的前提条件及适用范围可能都不太一样. 只有当全部条件都满足时该自动驾驶才能保证正常运作. 相反, 欠缺任何一个前提条件, 该系统都有可能出现故障, 这种情况下就要采取紧急停车措施或是驾驶人手动接管. 该 L3 级的自动驾驶车辆 ODD 为: ① 行驶在高速公路上或者带有中央隔离带和护栏的两车道以上的机动车专用公路上; ② 所在车道和周边车道的车间距离在较近即在堵车状态下; ③ 车的行驶速度不超过 60km/h; ④ 在传感器可检测到的范围内没有信号灯也没有行人; ⑤ 相应的行驶的公路条件和速度条件.

然后确定需要测试的目标功能, 比如要测试此车在雨天能见度较低条件下前车车辆汇入时的表现, 即得到了功能场景. 接着基于功能场景, 从六个内容层次展开, 确定各层内容涉及的参数及其范围或分布, 得到参数空间, 如图 4.9 所示. 最后在参数空间采样, 得到大量具体场景以供测试.

三层抽象场景细分

六层模型定义场景参数

参数层	功能场景	逻辑场景	具体场景
Layer 1 道路层	有一定曲率的城市快速路	车道数: 1, 2, 3 车道宽度: [3, 3.5]m 曲率半径: [0.6, 0.9]km	车道数: 3 车道宽度: 3.2m 曲率半径: 0.7km
Layer 2 基础设施层	限速标志	交通标志位置: [0, 200]m	交通标志位置: 150m 限速100km/h
Layer 3 临时管制层	路段施工	施工位置: [0, 1000]m	最左侧车道, 100m至200m处禁行
Layer 4 交通层	本车, 交通拥堵 本车在中央车道行驶, 左前方车汇入	本车车速: [1, 100]km/h 汇入车车速: [1, 100]km/h 汇入间距: [10, 100]m	本车车速: 50km/h 汇入车车速: 60km/h 汇入间距: 30m
Layer 5 环境层	下雨路面湿滑, 能见度较低	摩擦系数: [0.4, 0.6] 能见度: [1, 50]km	摩擦系数: 0.4 能见度: 50km
Layer 6 通信信息层	无车车互联、车路互联信息	—	—

图 4.9 针对 ODD 内某个具体功能场景描述案例

4.2.1.2 功能场景划分

功能场景通常按照系统的组合方法生成, 定义了各层次场景所有可能涉及的元素及其组合. 其中第一、二、三、五、六层的内容如前文所述, 是静态或准静态的, 即参数范围确定, 在一个场景中无变化或变化范围不大, 元素间关联关系不强, 参数多是可离散化、可遍历的, 因此结合相关领域知识, 很容易定义出第一、二、三、五、六层的功能场景. 而第四层中各交通对象的状态参数在一次场景中变化范围大, 元素间关联性强, 交互关系复杂, 参数多是连续的不易遍历的, 因此我们更关心的是交通层中需要测试的功能场景.

交通层的功能场景确定目前并无一个明确的标准, 基本思路为前期里程测试分析结合专家经验得到的对自动驾驶汽车能力要求高的场景, 这也导致各家提出的功能场景均有所不同. 这里主要介绍美国 NHTSA、Waymo 公司和德国 PEGASUS 项目提出的被测场景. 其中 NHTSA 和 Waymo 公司提出的虽未明确采用功能场景的概念, 但其本质内涵类似, 因此也归类为功能场景在此介绍.

NHTSA 定义了 37 类事故前场景 [6], 场景提出的依据为以往发生事故的典型场景, 如表 4.1. 其优势在于从以往数据出发得到的高频地发生事故的场景, 对确定自动驾驶的功能场景有一定参考价值. 但注意到这里还是针对人类驾驶员收集到的数据, 包含了常见的已发生事故场景但不完整, 其中人类驾驶员才会出现的分心、激进等造成的部分场景并不应直接迁移至自动驾驶汽车测试中.

表 4.1 美国 NHTSA 提出的事故前场景 [6]

序号	NHTSA 推荐的事故前场景
1	车辆故障
2	伴随前车动作时本车失控
3	无前车动作时本车失控
4	闯红灯
5	忽视停车标志
6	伴随前车策略时本车越过道路边界
7	无前车策略时本车越过道路边界
8	倒车时越过道路边界
9	伴随前车动作时本车与动物碰撞
10	无前车策略时本车与动物碰撞
11	伴随前车动作时本车与行人碰撞
12	无前车策略时本车与行人碰撞
13	伴随前车动作时本车与自行车骑行者碰撞
14	无前车动作时本车与自行车骑行者碰撞
15	倒车撞到另一辆车
16	车辆转弯——相同方向
17	车辆换停车位——相同方向
18	车辆换道——相同方向
19	车辆飘移——相同方向
20	车辆做决策——相反方向
21	车辆不做决策——相反方向
22	后车决策
23	前车加速
24	前车匀低速运动
25	前车减速
26	前车停车
27	信号交叉口无保护左转
28	信号交叉口车辆右转
29	无信号交叉口无保护左转
30	无信号交叉口直行通过
31	无信号交叉口转向
32	伴随前车策略的闪避动作
33	无前车策略的闪避动作
34	无碰撞事件
35	伴随前车策略时对象碰撞
36	无前车策略时对象碰撞
37	其他

美国 NHTSA 提出了 28 个自动驾驶汽车应具备的行为能力, Waymo 公司将其补充为 47 个行为能力 [7], 如表 4.2 所示, 但是针对的是自动驾驶汽车是否具备某项行为能力, 如低速换道的能力、泊车能力、转向能力. 由于场景是由六层因素共同组成的, 具备某个能力并不能保证在这些场景中的安全性. 此外, 如何测试这些能力仍需要依赖相应的场景.

表 4.2　美国 NHTSA 提出的行为能力和 Waymo 的补充 [7]

序号	NHTSA 推荐的行为能力
1	检测并响应限速变化和速度推荐
2	高速汇入 (如：快速路)
3	低速汇入
4	驶出通行车道和停车位
5	检测并响应来车侵犯
6	检测可通行或不可通行区域并执行通过策略
7	跟驰行驶 (包括走走停停)
8	检测并响应停下的车
9	检测并响应换道
10	检测并响应路径中的静止障碍物
11	检测交通信号和停车/让行标志
12	响应交通信号和停车/让行标志
13	交叉口巡航和转向
14	环形交叉口巡航
15	停车场巡航和定位
16	检测并响应通行限制 (单向、禁止转向、匝道等)
17	在未规划和规划事件下检测并响应工作区域和交警指挥的交通
18	做出恰当的路权决策
19	遵守当地的和州的法律
20	遵从警察/急救员的交通控制 (超控或充当交通控制装置)
21	遵从施工区工人的交通控制方案 (慢行/停车标志持有人)
22	撞车后能听从人指挥行驶
23	检测并响应临时交通管制装置
24	检测并响应突发事件
25	在十字路口、交叉口和其他交通管制情况下，为执法、急救、消防和其他应急车辆让行
26	在交叉口和人行横道为行人和自行车让行
27	与路侧车辆、行人、自行车保持安全距离
28	检测/响应交通模式中的迂回和/或其他临时变化
序号	Waymo 测试的其他行为能力示例
29	在现有行车道不可能的情况下，移动至最低风险状态
30	执行换道
31	检测和响应前车
32	检测和响应换道车
33	检测并响应道路中 (未通过十字路口或人行横道) 的行人
34	与 (有或无自行车道的) 道路上行驶的自行车保持安全距离
35	检测并响应动物
36	检测并响应自行车
37	检测并响应校车
38	绕过突发的封闭道路 (例如车道、十字路口等)
39	铁路交叉口巡航
40	进行适当的倒车操作

序号	Waymo 测试的其他行为能力示例
41	检测并消除车辆失控 (例如减少的道路摩擦)
42	检测并响应涉及车辆、系统或部件级故障或故障的条件 (例如故障、传感故障、传感障碍、计算故障、故障处理或响应)
43	检测并响应超出车辆能力范围的意外天气或照明条件 (例如暴雨)
44	检测并响应意外照明条件 (例如停电)
45	检测并响应非碰撞安全情况 (例如车门微开)
46	检测并响应褪色或缺失的道路标记或标志
47	检测并响应道路上停车的车辆

PEGASUS 提出了一个在某一 ODD 下功能场景的案例，如图 4.10 所示. 首先确定 ODD 为：① 快速路或与快速路类似的道路，包括道路标线; ② 考虑车辆的换道; ③ 速度范围为 0~130km/h; ④ 考虑自动驾驶汽车跟驰走走停停的车队; ⑤ 考虑自动驾驶汽车紧急刹车和避障; ⑥ 不考虑施工情况; ⑦ 排除自动驾驶汽车从地面道路上高速的情况; ⑧ 排除自动驾驶汽车下高速的情况; ⑨ 排除极端天气情况下的自动驾驶.

功能场景
- 对一类场景作语义或图片形式的描述
- 粗糙的参数范围(如需要约束)
- 可以包括离散变量
- 适用: 高层的规范明确
- 案例: 汇入、汇入再汇出、换道、超车等

功能场景列表
- 自由行驶
- 跟驰
- 换道
- 汇入
- 离开车道
- 汇入再汇出
- 慢速交通
- 走走停停
- 交通拥堵
- 违背车道行驶
- 事故交通
- 面对错向行驶车辆
- 面向故障
- 事故环境

图 4.10 PEGASUS 功能场景案例

在这一 ODD 下提出了 15 类功能场景，包括自由行驶、跟驰、换道、超车、汇入、离开车道、汇入再汇出 (cut-through)、高密度交通、走走停停、交通拥堵、应对背离车道方向或功能行驶的车、应对突发事故、应对障碍物、应对走错路的车、应对突发环境. 可以看出，这 15 类功能场景主要针对快速路未考虑交叉口、对象过街等城市道路常见的场景. 另外，场景划分的颗粒度明显不均一，分布场景划分颗粒度粗，比如跟驰、换道、超车、汇入不够具体.

国内外基于危险场景进行功能场景划分的思路也有重要的参考意义，图 4.11 和图 4.12 分别展示了 NHTSA 根据事故损失排序的预碰撞场景和国内对 China-FOT 自然驾驶项目危险场景的统计. 两者对于几类重点关注的危险场景比较一致，即车辆在这些场景下的高交互会引发一定的风险性，是值得测试的功能场景.

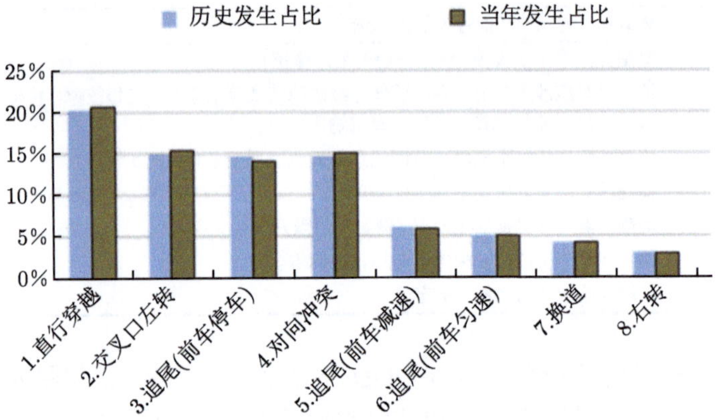

图 4.11　NHTSA 根据事故损失排序的预碰撞场景

<table>
<tr><th colspan="4">危险类型</th><th>数量</th><th>百分比</th><th>总计</th><th>百分比</th></tr>
<tr><td rowspan="19">车车危险</td><td rowspan="4">追尾危险</td><td colspan="2">测试车辆接近前方制动车辆</td><td>281</td><td>78.93%</td><td rowspan="4">356</td><td rowspan="4">44.89%</td></tr>
<tr><td colspan="2">测试车辆接近前方低速/加速车辆</td><td>24</td><td>6.74%</td></tr>
<tr><td colspan="2">测试车辆接近前方静止车辆</td><td>35</td><td>9.83%</td></tr>
<tr><td colspan="2">前方慢速车辆变道驶入本车所在车道</td><td>16</td><td>4.49%</td></tr>
<tr><td rowspan="2">切入危险</td><td colspan="2">其他车辆切入本车车道</td><td>172</td><td>92.47%</td><td rowspan="2">186</td><td rowspan="2">23.45%</td></tr>
<tr><td colspan="2">本车切入其他车辆车道</td><td>14</td><td>7.53%</td></tr>
<tr><td rowspan="3">迎面危险</td><td colspan="2">本车接近逆行车辆</td><td>13</td><td>43.33%</td><td rowspan="3">30</td><td rowspan="3">3.78%</td></tr>
<tr><td colspan="2">本车逆行接近前方车辆</td><td>7</td><td>23.33%</td></tr>
<tr><td colspan="2">道路过窄</td><td>10</td><td>33.33%</td></tr>
<tr><td rowspan="2">前车调头危险</td><td colspan="2">本车接近前方调头离开本车道的车辆</td><td>6</td><td>54.55%</td><td rowspan="2">11</td><td rowspan="2">1.39%</td></tr>
<tr><td colspan="2">本车接近前方调头驶入本车道的车辆</td><td>5</td><td>45.45%</td></tr>
<tr><td rowspan="8">道路连接区域(路口)危险</td><td rowspan="6">第一类</td><td>车辆路口直行与侧向直行车辆冲突</td><td>10</td><td>11.11%</td><td rowspan="8">90</td><td rowspan="8">11.35%</td></tr>
<tr><td>车辆路口左转与对向直行车辆冲突</td><td>17</td><td>18.89%</td></tr>
<tr><td>车辆路口左转与侧向直行车辆冲突</td><td>23</td><td>25.56%</td></tr>
<tr><td>车辆路口右转与侧向直行车辆冲突</td><td>30</td><td>33.33%</td></tr>
<tr><td>车辆路口右转与转弯车辆冲突</td><td>3</td><td>3.33%</td></tr>
<tr><td>车辆路口左转与转弯车辆冲突</td><td>1</td><td>1.11%</td></tr>
<tr><td colspan="2">第二类(Y型路口、封闭道路匝道口)</td><td>4</td><td>4.44%</td></tr>
<tr><td colspan="2">第三类(环形交叉口)</td><td>2</td><td>2.22%</td></tr>
<tr><td colspan="4">行人危险</td><td colspan="3">21</td><td>2.65%</td></tr>
<tr><td colspan="4">动物危险</td><td colspan="3">3</td><td>0.378%</td></tr>
<tr><td colspan="4">骑车人危险</td><td colspan="3">83</td><td>10.47%</td></tr>
<tr><td colspan="4">障碍物危险</td><td colspan="3">12</td><td>1.51%</td></tr>
<tr><td colspan="4">其他危险</td><td colspan="3">1</td><td>0.13%</td></tr>
<tr><td colspan="4">总计</td><td colspan="4">793</td></tr>
</table>

图 4.12　国内对 China-FOT 自然驾驶项目危险场景的统计

由于百分比数据存在四舍五入, 因此百分比累加之后近似 100%

我们综合了现有的功能场景划分, 重点借鉴 PEGASUS 的划分方法, 确定了几个典型道路类型下的典型场景; 同时根据自然驾驶危险场景的统计, 将危险场景类别的划分粒度加细, 提出了 9 大类 32 小类的功能场景, 见表 4.3.

表 4.3 自动驾驶功能场景划分建议

功能场景 分类		需测试的场景 (32 种)	静态道路类型
自由行驶		高速过弯 车道标线不清晰	基本路段
跟驰	跟驰行驶	前车减速	基本路段
	走走停停	前车停车	基本路段
	拥堵	前车刚启动又突然减速	基本路段
换道	单次换道 连续换道 超车 掉头	换道时本车道前车突然减速 目标车道前车突然减速 目标车道后车突然加速	基本路段、匝道汇入汇出区 基本路段、匝道汇入汇出区 基本路段、匝道汇入汇出区 基本路段、匝道、交叉口
其他车侧向汇入汇出	汇入	间隙过小的侧向插入	基本路段、匝道汇入汇出区
	汇入再汇出	侧向插入后减速	基本路段、匝道汇入汇出区
	离开车道	前车减速换出本车道 前车换出本车道失败又返回本车道	基本路段、匝道汇入汇出区
对向冲突		与对向车间距较小 相对速度较大	无中央护栏的一块板 无中央护栏的一块板
通过交叉口	信号交叉口	左转 前车突然减速 直行 前方突然有车汇入 右转 本车直行与其他车(左转、右转) 合流冲突 冲突对象闯黄灯 信号灯突然变化 无保护相位时本车左转与对向直行对象冲突	交叉口
	无信号交叉口	左转、直行 本车左转与其他车(直行、右转) 合流冲突 右转 本车右转与其他车(直行、左转) 合流冲突 冲突对象未按让行规则让行 本车左转与对向直行对象冲突 本车左转与横向直行对象冲突	
与过街行人、非机动车冲突		对象从视野盲区突然出现 对象在过街中途停下	基本路段、交叉口
前方有障碍物		障碍被前车遮挡 障碍物位于视野盲区	基本路段、交叉口
泊车		路侧泊车 停车场低光照条件时巡航 停车场无车道线时巡航	基本路段、停车场

可以看出, 我们划分的功能场景类别主要依据为横向的参考与对比, 即参考目前自动驾驶汽车相关项目的行为能力或关键场景, 同时考虑基于自然驾驶数据统计得到的危险场景分类, 结合我们的经验对多交互情况复杂的场景进一步细分. 需要强调的是, 我们划分的功能场景类别只是起点, 但绝不是终点, 还需要从纵向的维度, 随着自动驾驶测试研究的深入, 进一步完善当前的功能场景类别.

此外, 大千世界到底有多少个功能场景, 每个功能场景下又有多少具象场景, 其中需要测试多少功能场景以及具象场景以保证完备性, 这既是工业难题, 也是一个科学问题. 有关功能场景的完备性问题, 我们认为场景的自动化派生方法可能有解决这一问题的潜力, 即通过在 ODD 内自动派生场景以试图全覆盖功能场景. 我们将在 4.4 节介绍一些初步的探索, 但这一问题仍需要业内人士进一步研究. 有关每个功能场景下具象场景覆盖度的探索, 将在第 6 章场景测试自动化中讨论.

4.2.2 场景重要度表征

现实世界场景无限, 在功能场景划分的基础上, 为提升测试质量、综合评价采集获取场景数据的有效性, 在场景化测试框架的基础上支撑测试优化方法的应用, 需定量刻画、表征具体场景的重要度. 具体场景的重要度表征可从多个角度开展, 包括场景暴露特征、风险度、复杂度、边角场景 (Corner Case) 等. 以上各类场景重要度表征目的简述如下.

(1) 场景暴露特征.

自动驾驶算法商业化应用要求厂商在其设定的 ODD 内开展完整性测试, 即需对测试场景的覆盖度进行有力保障. 因此, 针对由多维参数组合构成的具体测试场景, 需建立其暴露特征的定量刻画方法, 以量化已测试场景相对于 ODD 的覆盖度.

(2) 场景风险度.

安全性是自动驾驶算法测试验证的核心目标之一. 遵循预期功能安全 (Safety of the Intended Functionality, SOTIF) 测试标准 (ISO 21448) 的要求, 自动驾驶算法在已知风险场景中的测试表现是关注重点. 然而, 鉴于交通事故是小概率、偶发事件, 仅基于交通事故场景开展预期功能安全测试远远不够. 因此, 基于海因里希法则 (Heinrich Rule), 如何在交通事故致因机理分析的基础上, 借鉴交通冲突及安全替代指标 (Safety Surrogate Measures, SSM) 等相关理论, 刻画测试场景的风险度, 成为开展预期功能安全测试的关键.

(3) 场景复杂度.

自动驾驶汽车场景测试中动态要素 (如交通参与者行为)、静态环境 (如基础设施、道路线形) 以及自然条件 (如光照、路面条件) 等的不同组合, 带来自动驾驶汽车行为决策和控制执行难易度的差异. 随着测试场景复杂度的提升, 其对自动驾驶汽车的 “驾驶” 能力和运算等能力均提出更高要求. 在风险度的基础上, 量化测试场景的复杂度可丰富场景重要度的表征维度：场景可划分为高风险高复杂度场景、高风险低复杂度场景、低风险高复杂度场景和低风险低复杂度场景.

(4) 边角场景.

边角场景的测试是部署和提升自动驾驶汽车决策水平的关键步骤. 其通常定义为发生概率极小、在正常操作范围以外的情形, 由于在自动驾驶相关算法训练时很难覆盖边角场景, 导致其容易引发自动驾驶汽车运行安全隐患. 此外, 鉴于边角场景的产生通常是因为多个场景要素均处于小概率发生状态 (如非标准化的道路设计参数、异常驾驶行为等), 若通过实车测试的方式积累边角场景难以满足自动驾驶汽车测试需求. 因此, 如何在对复杂交通系统认知的基础上, 开展边角场景的辨识及其自主生成方法的探究正在成为研究重点.

4.3 场景来源与采集手段

测试场景是自动驾驶研发测试的核心和源头, 建立自动驾驶场景库势在必行. 为保证测试场景类型的多样性, 需要采集大量的典型场景数据, 并从中提取具有测试意义的场景, 构建自动驾驶测试场景库.

4.3.1 场景采集手段

为实现定制化的自动驾驶测试场景, 需要采集丰富的典型场景构建测试场景库, 因此场景数据采集是建立场景以及库的前提. 目前, 很多国家和地区都已积极投身于构建自动驾驶测试场景库, 如中国的上海汽车城和同济大学等一起发起的"昆仑计划"、德国的 PEGASUS、美国的 NHTSA 自动驾驶测试项目等.

现有的测试场景数据来源和主要的采集手段主要包括事故数据、驾驶模拟器、NDS/FOT 数据、路侧交通流和 V2X 检测数据、国内外标准规范以及自动派生. 以上 6 类场景来源简述如下.

1) 基于事故数据的场景

事故数据场景是依托现有的道路事故数据, 还原事故场景, 从而为自动驾驶测试服务. 为分析事故成因, 提升道路交通安全, 很多国家和组织都建立了事故数据库, 如中国的 CIDAS (China In-depth Accident Study)[8]、德国的 GIDAS (German In-depth Accident Study)[9] 等.

CIDAS 调查区域已覆盖吉林长春、北京、山东威海等全国七个城市及地域, 覆盖地形包括高速公路、快速路、城市道路和乡村道路等多个道路类型. 事故数据的采集主要包括三个阶段: ① 原始数据采集及处理, 经过现场调查, 简要分析事故过程, 确认人员损伤和车辆损伤情况以及事故过程的再次确认; ② 事故重建, 对事故过程制作 CAD 图, 并核对事故现场环境信息; ③ 典型事故场景提取, 对事故场景进行分类, 统计场景频次和伤亡程度, 进一步提取典型场景.

但是, 事故数据采集过程中采集到的交通参与者数量有限, 且很难完整还原驾驶工况发生的全过程, 采集广度较差, 无法满足自动驾驶汽车安全性测试的大部分需求.

2) 驾驶模拟器采集场景

基于高仿真的驾驶模拟器, 获取未来自动驾驶/智能网联环境下的自动驾驶车辆与人工驾驶车辆的交互, 开展典型场景、边缘场景测试, 提取 "人–车–路" 全息场景.

基于驾驶模拟器的场景采集通过在仿真环境下生成典型场景, 然后在驾驶模拟器中进行模拟实验, 可以实现危险工况与边缘场景的测试. 中国同济大学、清华大学, 美国密歇根大学等均利用驾驶模拟器采集了大量的场景数据, 并在此基础上开展了有关自动驾驶测试的研究. 图 4.13 展示了同济大学驾驶模拟器及其开展模拟驾驶实验时司机和模拟场景的画面.

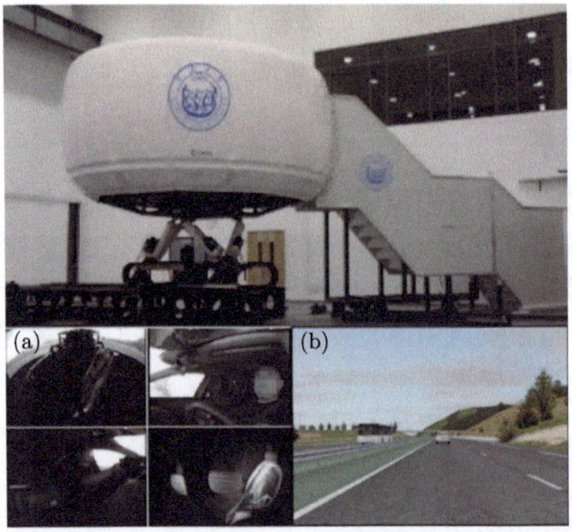

图 4.13　同济大学驾驶模拟器

相比道路测试, 驾驶模拟器测试更为安全、高效, 且可重复性较好. 但是, 驾驶模拟器提供的驾驶环境与实际场景有差异, 且受限于人在环路, 采集规模受限.

3) NDS/FOT 采集场景

NDS/FOT 是重要的场景数据采集方法, 该方法能够采集到更多周围交通参与者的信息, 且所有交通场景都来自真实驾驶环境.

自然驾驶实验采用真实车辆和 GPS、摄像头、雷达等高精度设备, 招募自然驾驶人, 在车辆正常行驶过程中采集全息自然驾驶数据. NDS/FOT 的采集工况涵盖跟驰、换道、汇入、穿越等典型场景. 目前 NDS/FOT 已在欧美国家广泛开展, 采集了大量驾驶环境视频数据以支持 ADAS 和 HAV 测试, 如美国的 SHRP

2 NDS 项目 [10], 始于 2010 年, 共有 2600 名参与者; 欧洲的 UDRIVE 项目, 于 2012~2017 年开展, 记录小时数达到 100000 小时.

由同济大学、通用汽车、美国弗吉尼亚理工大学交通研究中心三方合作开展的中国首个自然驾驶项目于 2012 年 9 月 12 日启动. 该自然驾驶项目是通过在乘用车辆上安装数据采集设备, 全天候地获取驾驶人实际的驾驶过程. 现阶段, 驾驶行为的数据量已经初具规模, 累计采集的有效出行次数达 3.54 万次, 数据规模还在逐年递增, 其场景采集如图 4.14 所示. 同时, 同济大学也与华为、上汽、沃尔沃、宇通等开展了不同数据规模的自然驾驶数据采集, 已形成超过 200 名驾驶人、百万车公里、涵盖乘用车、公交车、商用车等不同车型的自然驾驶数据集.

图 4.14 上海自然驾驶项目场景采集界面

基于 NDS/FOT 的驾驶数据采集可以真实地反映交通工况发生时的交通运行状态, 能够实现定制化测试并减少测试的成本及风险.

4) 路侧交通流和 V2X 检测场景

路侧交通流和 V2X 检测场景数据是对事故场景数据和基于 NDS/FOT 采集数据的场景信息的良好补充. 由于交通事故的发生具有偶然性, 属于小概率事件, 受 "人–车–路–环境" 等多方面因素的影响. 除微观驾驶人行为、车辆操作等影响因素外, 交通运行环境也是交通事故发生的主要致因之一. 路侧交通流监控设备及车路通信信息不仅提供了交通冲突参与主体的运动参数, 还可准确获取交通流运行特征, 如图 4.15 所示, 为典型交通事故、交通冲突场景提取提供了一个可行途径.

根据采集设备的不同, 场景采集方式包括毫米波雷达和视频监控相结合的采集方法、基于激光雷达的采集方法、单一视频监控的采集方法以及线圈和视频监控相结合的采集方法等. 其中毫米波雷达和视频监控相结合或者基于激光雷达的采集方法将是未来的一种重要的手段. 基于不同监控设备进行冲突判别和风险识别, 可针对地面道路、快速道路提取典型交通冲突场景.

基于交通流监控设备进行场景提取的关键技术包括：基于视频/雷达采集的车辆运动轨迹重构、交通方式划分、交通参与者之间冲突事件判别 (冲突严重程度、可能碰撞角度) 等, 以上技术可以协助实现场景的快速提取与运动参数的精准捕捉.

图 4.15　利用监控设备进行路侧交通流轨迹数据采集

由于基于监控数据的场景提取样本量大, 且冲突类型丰富, 但目前路侧交通流监控设备的布设不以进行场景内容提取、冲突观测等为目的. 因此, 为实现场景的快速提取并满足场景重建的数据精度要求, 需在设备布局优化与现有设备复用、车辆运动参数融合提取等方面进行技术、方法的创新.

5) 国内外标准规范场景

为保证 ADAS 产品性能和安全收益, 已有大量组织机构针对产品功能、工作原理和失效原理设计了详尽的测试工况并进行测试. 针对常见的 ADAS 功能, 包括 ACC、AEB、BSD、FCW、LDW 等, ISO、NHTSA、EuroNCAP 等机构组织制定了一系列的测试标准或法规, 涵盖了 50 多个测试场景. 如 EuroNCAP 针对 AEB 功能一共模拟了四种测试情况：① 接近一辆静止的车辆; ② 接近一辆慢速移动的车辆; ③ 前车缓慢减速; ④ 前车突然急刹.

针对 ADAS 设计的测试场景, 基于现实的出现比例, 能够有效地检验 ADAS 产品的有效性, 因此可将这些场景列入高等级自动驾驶场景数据库中作为补充.

6) 自动派生场景

在真实的驾驶过程中, 场景的数目是无限的, 使用上述介绍的方法获得的驾驶场景是有限的, 因此需要使用有限的数据库生成无限的驾驶场景.

自动派生场景需要以真实的驾驶场景作为基础, 使用上述 5 类场景数据采集方法获得的数据, 将场景的不同类别属性值进行组合 (本车、道路、交通参与者、环境等要素), 最终得到覆盖测试对象整个输入域的测试用例. 考虑到实际驾驶过程中, 某些要素之间存在约束关系而不能同时出现, 因此需要根据交通规则、交通法规、交互社会性等约束条件进行约束.

自动派生场景通过解构和重构形成场景循环, 理论上可实现"无限场景". 有关场景自动派生研究详见 4.4 节.

4.3.2 高风险场景定义与提取

在自动驾驶测试场景中, 危险场景是自动驾驶汽车测试过程中进行控制策略验证的关键部分. 危险场景可以用于诊断自动驾驶汽车的功能缺陷, 检测自动驾驶汽车的性能优化效果. 因此, 验证自动驾驶车辆在危险场景下的驾驶功能是保障其安全性和可靠性的必要步骤.

危险场景按危险等级主要可以分为高风险场景、安全边界场景、碰撞场景、最差场景等, 这几类场景的区别会在第 6 章进行详细的介绍. 其中, 高风险场景是指场景风险级别达到一定阈值的场景. 由于真实碰撞事件发生概率极低, 分析高风险场景可以在较大可能性及较大样本数下对风险进行溯源. 因此, 本节仅以高风险场景为例介绍识别和重构危险场景的方法, 但场景重构的方法同样适用于其他类型的危险场景.

1) 高风险场景识别与定义

在现有研究中, 通常是对高风险场景的风险时刻进行识别. 识别方法主要有确定性算法和概率性算法两大类方法. 概率性算法通过计算本车与不同目标发生碰撞的概率分布来估算危险程度, 该方法适用于复杂的交通环境, 能够考虑多个目标之间的相互作用, 其中最常用的算法是采用图像识别技术, 根据前置摄像头图像来估计实时风险度, 但计算量巨大, 识别正确率在 70%~80%, 对于如何提高识别精度仍处在研究之中. 确定性危险估计算法中, 主要采用替代风险指标来量化行车风险, 最常用的指标是纵向减速度, 此外还包括加速度、车头时距 (Time Headway, THW)、碰撞时间 (Time to Collision, TTC) 等.

目前对于驾驶场景危险程度的分级没有明确的标准, 但国外一些研究机构已经尝试根据已有场景数据, 使用 SSMs 制定了一系列对场景危险度进行判别的标准. 如弗吉尼亚理工交通研究中心的 100-Car 自然驾驶实验选取横向加速度、TTC、跟驰距离作为危险判断的关键指标 [11]; 美国国家公路交通安全管理局在发布的整车安全系统自然驾驶 (IVBBS-FOT) 报告中, 将车辆的纵向加速度、制动踏板踩下时间、横向加速度、横向距离作为危险事件发生的标志 [12].

但因为数据采集环境不同、国内外驾驶人行为存在显著差异, 直接照搬国外的研究结果可能造成风险事件提取的偏差. 因此, 我们参考已有的判别方法, 认为针对中国驾驶数据比较合理的高风险场景识别方式是: 首先基于主体车辆驾驶人的剧烈操作筛选出潜在的风险事件, 再根据 THW、TTC 等交互性指标做进一步提取.

结合前期国内外驾驶场景安全性评价文献调研结果, 我们以横/纵向减速度作为主体车辆剧烈操作行为的主要考虑依据, 并结合转向角速度定义风险事件. 同时, 我们在调研过程中发现, 过去对于近事故场景的定义, 都是不区分速度采用统一的减速度标准, 而实际驾驶数据的分布表明, 在不同速度下驾驶人的行为特征实际上是不同的. 所以, 采用统一的标准去衡量不同行车速度下的风险程度是不合理的. 因此, 我们提出应当以行车速度为重要参考, 对不同速度区间采用不同的 SMMs 评判标准, 来更加精确全面地识别危险事件.

需要说明的是使用 SMMs 确定临界场景的方法所完成的只是对于潜在高风险场景的初步筛选, 由于受到诸如道路局部出现明显起伏、转向和强制性换道的目的性减速、部分激进型驾驶人的加减速行为比较剧烈等情况, 采用上述方法得到的场景虽然已经剔除了大部分的低风险场景, 但仍存在部分场景并非真正的 “高风险” 场景. 因此, 为排除误检需要结合视频再做进一步验证.

2) 高风险场景分类提取

考虑到自动驾驶测试主要是为了使自动驾驶车辆能够应对不同的驾驶任务, 如在交通流环境中完成跟驰、换道、转向等任务. 因此, 我们在完成高风险场景的识别后, 将高风险场景按典型的驾驶任务进行分类提取, 便于后续对各类典型高风险场景的测试. 同时, 对高风险场景进行分类提取, 能够进一步分析不同类型场景的数据特征, 精细化冲突关系, 提高高风险场景的识别效果.

根据 NHTSA 事故损失排序的近事故场景, 前五类分别为无信号交叉口的直行穿越、左转冲突、对向冲突、追尾和换道 [13]. 由于国内外交通道路环境存在显著差异, 同济大学汽车学院的廖茂竹在对国内采集的自然驾驶数据进行统计后, 总结出的最常见的五类危险工况为追尾、车辆插入、交叉口转向、骑车人危险和迎面危险 [14]. 为验证国内最常见的风险场景, 我们统计了 100 例真实高风险场景, 最终确定了 5 类最常见的场景：追尾、紧急换道、冲突对象突然出现、交叉口转向以及对向冲突.

在进行高风险场景分类过程中, 为了精细化冲突关系, 我们主要应用的指标包括车头时距 (THW)、碰撞时间 (TTC) 等. 虽然这些指标已经有比较专业性的定义, 考虑到不同应用场景及数据格式的不同, 为了消除可能存在的误解, 我们仍然对这些概念进行详细说明：THW 是指同向行驶的车流中, 前后两辆车通过车道上同一断面的时间间隔; TTC 是指如果冲突双方保持当前速度、方向不变, 将要发生碰撞的时间, 广泛应用在描述冲突过程中事件的严重时刻, TTC 最小值时刻通常被认为是冲突过程中最危险的时刻; 间隙时间 (Gap Time, GT) 是指如果冲突双方保持速度、方向不变, 一方离开冲突区域与另一方到达冲突区域的时间差.

由于目前对于各类场景尚无明确的定义, 特别是一些非结构化道路, 比如对于没有标线的道路如何定义处于跟驰范围内的前车. 尤其是如何仅从数据上区分车辆的运动状态, 车辆是否处于转向过程、周围车辆的移动方向等. 因此, 我们进行场景分类提取步骤为：首先, 根据经验对各类场景的边界条件进行初步定义, 然后, 结合视频验证筛选结果的正确性, 并通过调整条件阈值以正确率较优的参数作为临界阈值; 最终, 根据所选阈值对各类典型场景进行提取.

(1) 紧密跟驰.

追尾事故在世界各国都是最主要的交通事故. 这类事故通常是驾驶人专注度不足或者跟驰距离过近前车发生紧急制动导致的. 在许多研究中, 包括驾驶人培训项目 (美国国家安全委员会 [15]、田纳西安全局 [16] 等) 都建议驾驶人保持 2s 以上的安全车头时距, 因此我们通过本车与前车的车头时距作为识别紧密跟驰场景的主要依据. 紧密跟驰场景示意图如图 4.16 所示.

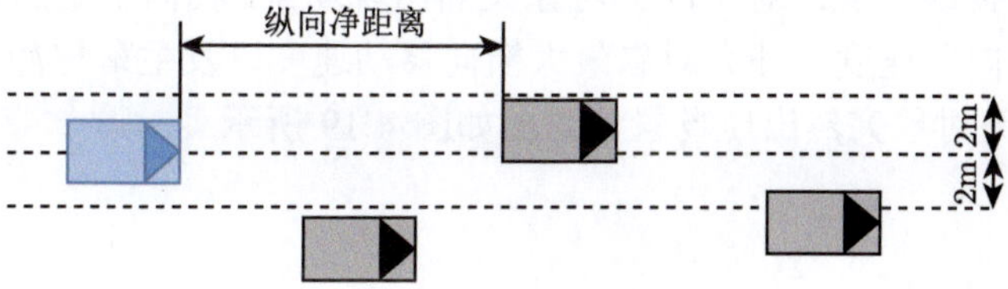

图 4.16　紧密跟驰场景示意图

(2) 本车换道.

驾驶人行车最常见的两个任务就是跟驰和换道. 由于跟驰对象基本固定, 对自动驾驶汽车来说该驾驶任务难度不大; 而换道过程中, 车辆交互环境会发生显著变化, 在本车换道过程中产生的高风险行为, 对智能驾驶提出了更高要求. 我们在提取本车换道风险场景时, 主要考虑的参数是本车横向位移、转向角速度以及本车与冲突对象的最小车头时距或最小碰撞时间. 本车换道场景示意图如图 4.17 所示.

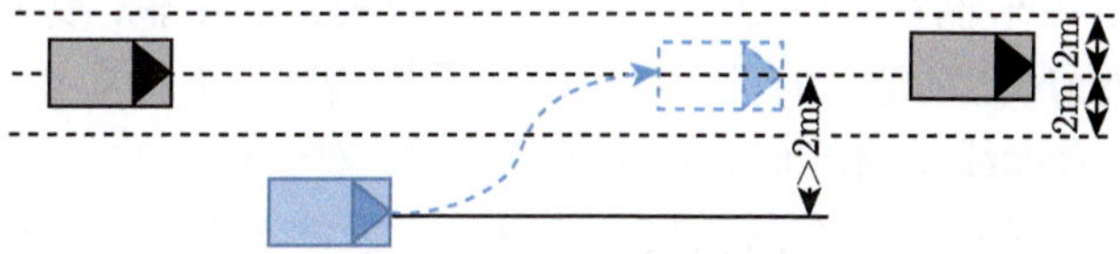

图 4.17　本车换道场景意图

(3) 前车插入.

前车插入与本车换道场景有相似之处, 车辆的交互环境都会发生显著变化, 前车插入场景也易发生高风险行为. 类似地, 我们将冲突车辆的横向位移、本车转向角速度以及本车与冲突对象的最小车头时距或最小碰撞时间作为前车插入风险场景提取的标准. 前车插入场景示意图如图 4.18 所示.

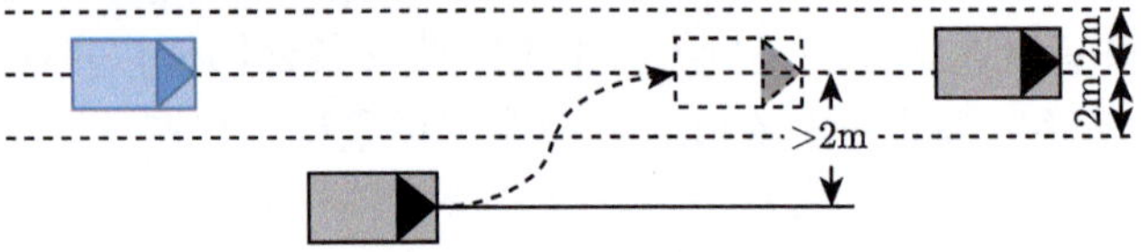

图 4.18　前车插入场景示意图

(4) 冲突对象突然出现.

我们将车辆在正常行驶过程中冲突对象突然出现在视野内定义为冲突对象突然出现, 这类场景通常是带有横向速度进入的. 发生的原因多为视距不足或者其他原因导致的视线较差. 对于冲突对象突然出现场景, 我们主要的提取指标包括本车的最大转向角速度、冲突对象最大横向移动速度以及主车与冲突车辆的最小间隙时间. 冲突对象突然出现场景示意图如图 4.19 所示.

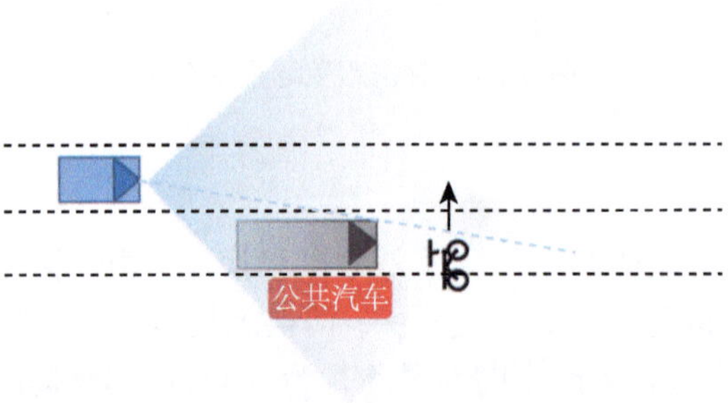

图 4.19　冲突对象突然出现场景示意图

(5) 对向冲突.

对向冲突是指车辆在行驶过程中, 遇到迎面驶来的车辆, 受制于横向空间不足, 为避免事故而产生的避让行为. 常出现在无标线的双向两车道道路、无信号交叉口直行穿越、有标线道路的借道超车等行为中. 对于对向冲突场景, 我们将本车与冲突车辆的纵向速度、本车最大转向角速度以及本车与冲突车辆的最小碰撞时间作为提取标准. 对向冲突场景示意图如图 4.20 所示.

(6) 转向冲突.

转向冲突是指车辆在转向过程中 (多处于无信号交叉口), 与其他方向的车辆存在时空冲突的情况. 对于转向冲突场景, 我们以本车转向角速度和本车与冲突对象的最小间隙时间作为提取标准. 本车转向冲突场景示意图如图 4.21 所示.

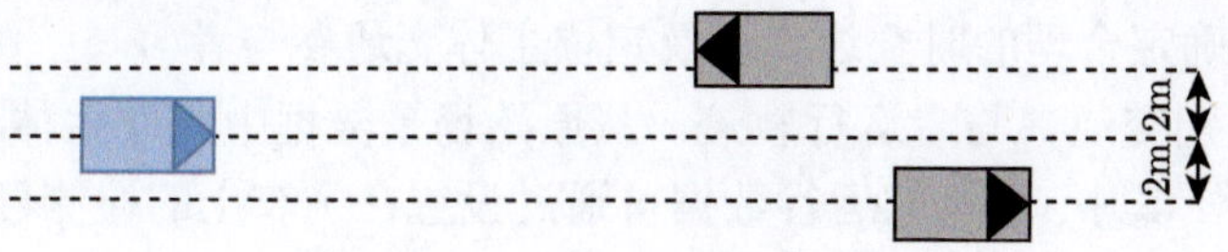

图 4.20 对向冲突场景示意图

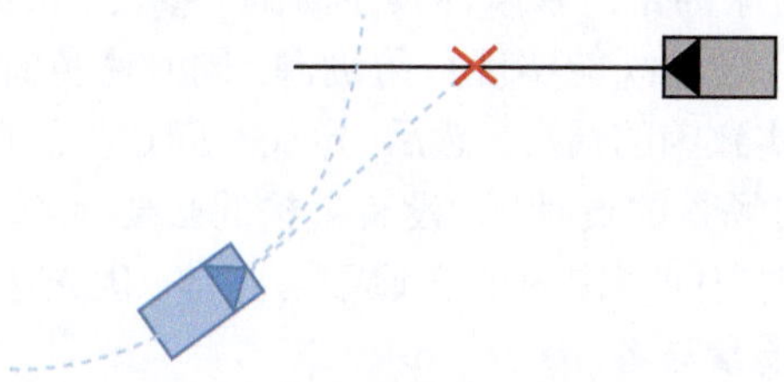

图 4.21 本车转向冲突场景示意图

4.3.3 高风险场景重构

对于自动驾驶测试而言, 完整的测试场景应当包含道路、基础设施、交通参与者等要素, 能够反映一定时间和空间范围内的环境与驾驶行为. 如何根据采集到的场景数据实现测试场景的精确复现是保证自动驾驶测试有效性的关键步骤. 其中, 交通运行状态包含了交通参与者之间复杂的交互行为, 是测试自动驾驶车辆能否正确识别并准确响应各类驾驶任务的关键. 因此, 对交通参与者运动状态的高精度复现是最具挑战性的.

同时, 由于车辆之间的交互是一个动态的过程, 驾驶场景应该包含一定时间和空间范围内的环境和驾驶行为信息. 尤其是对自动驾驶更具挑战性的高风险场景, 是一个包含多交通对象的复杂交互过程, 为了实现危险的溯源, 有必要实现对危险工况发生过程中交通运行状态的全时空复现. 这里, 我们将交通参与者在一定时空范围内的运行状态数据定义为事件链数据, 某场景中所有交通参与者的事件链数据可描述该交通事件发生的完整过程.

但由于场景采集过程中检测设备、通信系统、环境因素以及采集周期较短等原因, 采集到的原始场景事件链数据往往存在一定程度的错误和问题, 不能直接用于测试. 为了获得准确可靠的测试场景, 需要根据原始事件链数据存在的问题进行针对性的数据修复. 我们将这个从原始场景数据中提取一定时空范围内的交通参与者事件链数据, 并从中发现问题、修复问题到实现高精度场景复现的过程定义为场景重构. 具体包含了以下关键步骤.

(1) 交通参与者事件链数据提取.

场景重构往往基于自然驾驶数据展开, 由于原始场景数据中的长事件链数据时间跨度过大, 空间范围广, 无法准确定位交通参与主体, 无法直接用于测试, 因此, 首先需要确定合理的时空边界以及定位主体交通参与者.

首先, 识别交通参与者运行轨迹. 从原始场景数据中获取主体车辆和周围车辆的行驶数据, 其中, 主车的运行数据可通过设置在主车上的检测器直接获得, 而周围车运行数据只能通过雷达获取关于主车的相对运行状态. 因此, 为了更好地区分, 我们需要对周围车辆进行标记. 其次, 定义时间边界. 为了获取完整的场景发生过程, 我们采用的原则是：以事件发生时刻为参照, 根据危险致因, 确定长事件链数据的时间边界, 这样既能实现危险溯源, 同时避免时间跨度过大导致多危险并存而无法确定真实致因的情况. 然后, 定义空间边界. 由于场景中一些交通参与者与主车交互少, 对场景的贡献低, 没有重构的必要, 因此我们基于长事件链数据, 确定主车周围一定空间范围内的交通参与主体, 优先选择与主车存在交互且数据较完整的周围交通参与者.

(2) 原始事件链数据问题检测.

由于自然驾驶传感器数据往往存在一定程度的错误、缺失和噪声等问题, 这些问题的存在影响了场景的效果, 所以我们需要设计针对性的解决方案. 我们分析了不同机构和企业采集得到的自然驾驶数据, 总结出普遍存在的关键数据问题. 由于主车与周围车的数据格式存在一定差异, 下面, 我们对二者的数据检测问题分别进行讨论, 汇总情况如表 4.4 所示.

表 4.4　自然驾驶数据检测问题汇总表

检测对象	数据检测问题
主车	主车速度数据缺失 (纵向位移) 主车车道线数据缺失 (横向位移) 数据精度不够
周围车辆	雷达盲点造成数据丢失 数据链数据缺失率高 数据精度不够 同一个目标多次检测

(3) 原始事件链数据处理修复.

针对主车和周围车辆的原始事件链数据存在的问题, 我们提出采用数据驱动与模型驱动有机融合的混合修复方法对事件链数据进行修复, 实现单一修复方法无法实现的功能.

数据驱动的修复方法主要包括数据填补、平滑等, 可以处理检测问题少、缺失率低的数据. 比如对于主车的数据问题, 更多的是由环境和检测器噪声导致的, 通常数据缺失率不高, 故采用数据驱动的修复方法处理即可. 一些周围车数据确实较少的, 也可以采用数据修复的方法进行修复. 但更多情况下, 由于周围车辆的数据 (包括车辆速度、位置等) 都是通过雷达采集的, 而雷达的布设角度范围有限,可能存在检测盲区, 造成车辆丢失, 并且车辆间的相互遮挡也会带来周围车辆的大面积数据缺失. 针对以上情况, 单一的数据驱动的修复方法无法很好地处理, 需要结合模型驱动的修复方法.

模型驱动的修复方法主要是使用智能驾驶员模型 (Intelligent Driver Model, IDM) 及其逆模型来修复缺失率较高的事件链数据, 运用动力学的方法来研究前车运动状态变化所引起跟驰车的相应行为. 模型驱动的修复方法不仅对缺失率高的数据链有较好的补齐效果, 且符合车辆运动学和微观交通流相关特征. 此外, 如果存在局部轨迹大量异常以及检测对象类别不明确等问题, 某些场景需要进一步对照视频进行人工校对, 手动修复.

综上, 单一的数据驱动修复或模型驱动修复都无法对事件链数据进行完整的重构, 需要实现二者的有机融合.

(4) 场景复现.

结合事件链数据的修复和手动调整, 重构得到的场景数据能够真实还原自然驾驶环境下高风险场景事件发生的全过程, 实现对真实交通场景的高精度复现.

4.3.4 场景采集与修复案例研究

4.3.4.1 基于上海自然驾驶数据的高风险场景重构

为研究中国交通环境下的微观交通流特征和驾驶人行为特征, 同济大学、通用汽车和美国弗吉尼亚理工交通研究中心 (Virginia Tech Transportation Institute, VTTI) 合作在上海市开展了中国自然驾驶实验. 该项目通过 6 辆装备有 SHRP2 Next Gen 数据采集系统 (包括 GPS 定位系统、三轴加速度计、雷达系统、事件按钮、4 个同步高清摄像头以及数据集成记录器等) 的乘用车辆, 在上海市实际道路上全天候地采集真实交通环境下的日常驾驶数据. 该项目已采集 60 多位驾驶人驾驶超过 50 万公里的行驶数据, 采集区域覆盖了各等级的高速公路、城市快速路、主次干路以及各支路, 相关轨迹 GPS 如图 4.22 所示.

图 4.22 上海自然驾驶数据轨迹分布

实验数据采集系统的采集频率在 1~20Hz, 部分关键参数说明如表 4.5 所示. 数据采集系统实时获取驾驶人心理及行为数据、车辆动力学数据以及周围车辆实时位置数据. 传感器的布设及相应采集参数如图 4.23 所示. 通过四路摄像头可以分别监测驾驶人的面部、车辆前方道路、车辆后方道路以及驾驶人手部操作. 由于仅配置了前向雷达 (一个长距离雷达和一个中距离雷达), 对周围车的数据采集仅包含前方雷达检测范围内的车辆.

表 4.5　上海自然驾驶数据参数说明

变量名称	单位 (精度)
横向加速度	g (1e−4)
纵向加速度	g (1e−4)
Z 轴 (转向) 角速度	(°)/s (1e−6)
车联网样本速度	m/s (1e−6)
前方目标车辆的横/纵向距离 (最多 8 个)	m (1e−3)
前方目标车辆的横/纵向接近速度 (最多 8 个)	m/s (0.1)

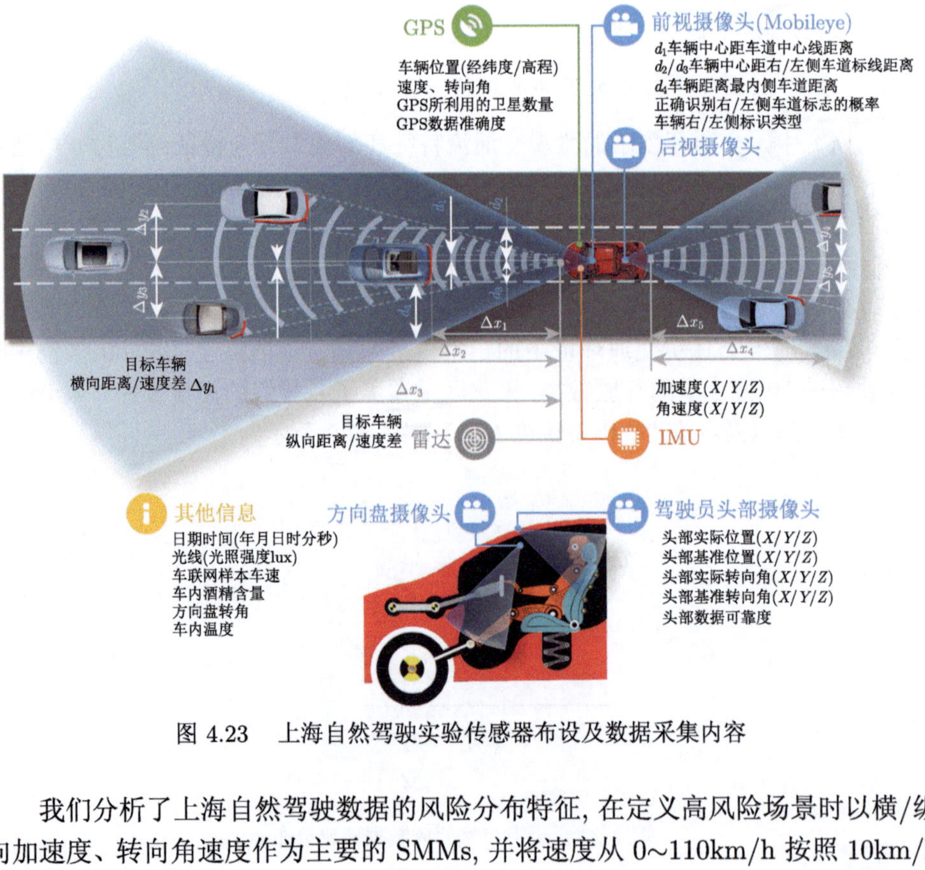

图 4.23　上海自然驾驶实验传感器布设及数据采集内容

我们分析了上海自然驾驶数据的风险分布特征, 在定义高风险场景时以横/纵向加速度、转向角速度作为主要的 SMMs, 并将速度从 0~110km/h 按照 10km/h

等间隔分割, 对每个速度区间定义高风险的边界值, 最终得到的高风险场景定义标准如表 4.6 所示.

表 4.6 高风险场景定义标准

判定依据	速度 v 区间	边界条件
1-纵向减速度高风险时刻判定依据	0~10km/h	$\pm 0.6(g)$
	10~110km/h	$0.002v-0.317(g)$
2.1-横向加速度低概率事件判定依据	0~10km/h	$\pm 0.4(g)$
	10~40km/h	$\pm(0.0034v-0.317)(g)$
	40~90km/h	$\pm(0.0005v-0.199)(g)$
	90~110km/h	$\pm(-0.0030v+0.117)(g)$
2.2-转向角速度低概率事件判定依据	0~10km/h	$\pm 35((°)/s)$
	10~35km/h	$\pm(-1.10v+46.39)\ ((°)/s)$
	35~110km/h	$\pm(-0.044v+8.82)\ ((°)/s)$
2.3-纵向上明显制动判定依据	0~10km/h	$\pm 0.4(g)$
	10~110km/h	$0.0014v-0.212(g)$

我们按照上述标准初步筛选得到高风险场景, 并通过精细化冲突关系, 从原始自然驾驶数据中分类提取高风险场景, 获得了各类高风险场景的原始事件链数据. 在定义事件链数据时空边界时, 我们以交通事件的发生时刻为参考点, 选取参考点前 10s、后 5s 作为事件链的长度, 选取与主车存在交互且数据链较为完整的周围车辆作为周围交通参与者. 进而, 统计得到上海自然驾驶数据中主车和周围车辆的检测问题汇总如表 4.7 所示.

表 4.7 上海自然驾驶数据检测问题汇总

数据对象	数据检测问题	问题定量描述	问题说明
主车 (装载检测器车辆)	H1: 速度、角速度数据缺失	速度缺失 2.9%角速度缺失 9.7%	用于确定主车纵向位置、转向
	H2: 车道线数据缺失	本车距道路两侧车道线距离缺失 5.7%	用于定位车辆相对车道线横向位置
	H3: 数据精度不够		车道线数据存在波动
	H4: 主车转向角数据精度不够		三次样条插值
周围车辆 (雷达检测车辆)	S1: 雷达盲区造成数据丢失		由于雷达检测范围有角度, 侧前方有检测盲区
	S2: 同一个目标多次检测	发生于同向周围车	检测目标离开雷达范围再次进入, 会造成同一个目标多次检测的问题
	S3: 数据缺失率高	同向前方周围车平均缺失率达 70.8%	包括上述盲区、多次检测以及未知原因的检测数据缺失问题
	S4: 数据精度不够		横/纵向距离检测误差

以图 4.24 为例, 我们发现主车的事件链数据较为完整, 存在的检测问题较少, 主要表现为数据部分缺失、修复难度较低. 因此, 我们采用数据驱动的修复方法进

行修复. 更具体地, 我们对主车的轨迹样本缺失值运用分段线性插值进行填补, 对于轨迹中的异常值, 先后运用滑动四分位法和方差法进行剔除, 然后用分段线性插值进行填补, 最后对数据进行平滑处理. 针对周围车的事件链数据, 由于数据缺失率高, 同时还存在重复检测等问题, 无法简单通过单一的数据驱动的修复方法修复, 因此需要加入模型驱动的修复方法推断车辆运行轨迹. 对于同一目标重复检测的问题, 在完成所有车辆事件链数据的修复后, 判断任意两条轨迹之间是否存在高度重合, 若重合度过高, 则可认为这两条轨迹属于同一辆车, 可删除其中一条轨迹. 最终, 修复完成后得到的主车与周围车的事件链数据如图 4.25 所示.

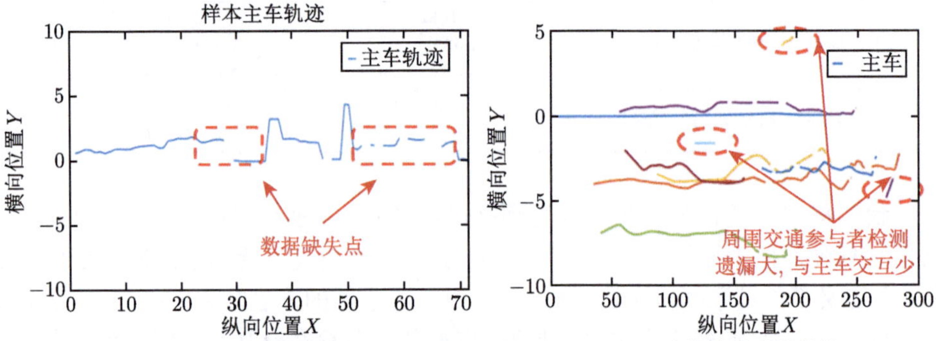

(a) 主车事件链数据 (b) 周围车事件链数据

图 4.24 上海自然驾驶数据检测问题示意图

除主车及其轨迹用蓝色线表示外, 其他颜色线均表示周围车及其轨迹

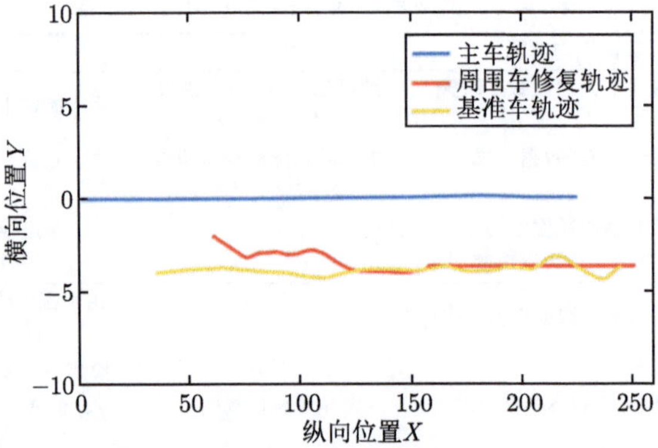

图 4.25 修复结果

结合数据预处理和视频对照手工调整得到的场景数据能够真实地还原自然驾驶环境, 图 4.26 是驾驶人前视视角不同时刻的对比界面, (a) 为真实场景视频数据; (b) 为原始事件链数据, 可以看到原始数据存在轨迹不匹配、碰撞等情况, 与真实场景存在一定差异; (c) 为修复后的事件链数据, 可以看到在各个时刻, 均能

比较真实地还原真实场景事件的全过程. 由于视角广角的差异, 车辆的长度有细微的差别.

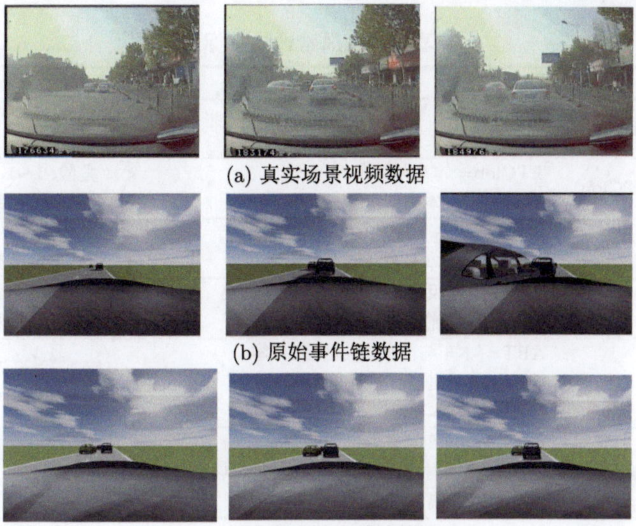

(a) 真实场景视频数据

(b) 原始事件链数据

(c) 修复后的事件链数据

图 4.26 事件链重构效果展示

4.3.4.2 基于图像识别的高风险场景重构

近年来, 各企业致力于研发更先进的自然驾驶数据采集系统. 随着采集得到的自然驾驶数据质量的提升, 场景的识别和提取的精度也得到了进一步的提高. 同时, 视频数据质量的提升使得图像识别方法在冲突对象识别的过程中发挥了重要作用. 下面, 我们将针对某企业采集的自然驾驶数据, 结合结构化数据和视频非结构化数据, 进行高风险场景的识别与重构.

首先, 在进行高风险识别的过程中, 我们依据主体车辆的剧烈操作进行高风险场景的初步筛选, 主要运用的指标为主车的横/纵向加速度; 其次, 为了精确定位冲突对象, 我们结合图像识别的方法, 使用 Yolo 算法提取冲突对象; 最后, 通过表 4.8 中的风险评估指标进一步辅助判定高风险场景.

提取得到高风险场景后, 我们进一步对周围交通参与者进行筛选, 剔除对场景没有贡献度的交通参与者, 如与主车交互时间过短、横/纵向距离过远、数据缺失率过高的交通参与者. 考虑到数据来源的多样性, 我们对保留的核心交互者的多元轨迹数据进行融合, 进一步提升轨迹质量. 具体地, 融合过程主要基于数据完整度展开, 以完整度最高的数据为主, 计算其他数据源相对主要数据源的皮尔逊相关系数, 相关系数高的数据源可用于辅助融合. 如图 4.27 (a) 中雷达监测轨迹

(IBEO) 与通过视频追踪得到的对象轨迹 (Track) 吻合度高, 且 IBEO 数据较为完整, 因此该案例中, 采用的轨迹融合策略是以 IBEO 为主, Track 为辅. 最终融合效果如图 4.27(b) 所示.

表 4.8 风险评估指标

评估指标	计算公式	评估标准
车头时距 (THW)	THW= 本车与前车车头间距/本车速度	<0.6s 危险; 0.6~1.1s 严重冲突; 1.1~2s 轻度冲突; >2s 安全
前向碰撞时间 (TTClon)	TTClon= 本车与前车纵向间隙/本车相对前车速度	<1s 危险; 1~1.5s 严重冲突; 1.5~2s 轻度冲突; >2s 安全
侧向碰撞时间 (TTClat)	TTClat= 本车与侧方车横向间隙/本车相对侧方车速度	<1s 危险; 1~1.5s 严重冲突; 1.5~2s 轻度冲突; >2s 安全
最小安全距离 (RSS)	RSS= 本车反应距离 + 本车刹车距离 − 前车刹车距离	0.422~0.843m 冲突; >0.843m 严重
可用反应时间 (ART)	ART=(本车与前车纵向间隙 − 本车减速至前车同速时的行驶距离)/本车速度	<0.7s 危险; 0.7~1.5s 冲突; >1.5s 安全
最大协作加速度 (a)	$a = 2\times$ (本车与前车纵向间隙 + 换道时间内, 前车相对本车纵向行驶距离)/换道时间平方	$<-3\text{m/s}^2$ 危险; $-3\sim-1\text{m/s}^2$ 冲突; $>-1\text{m/s}^2$ 安全

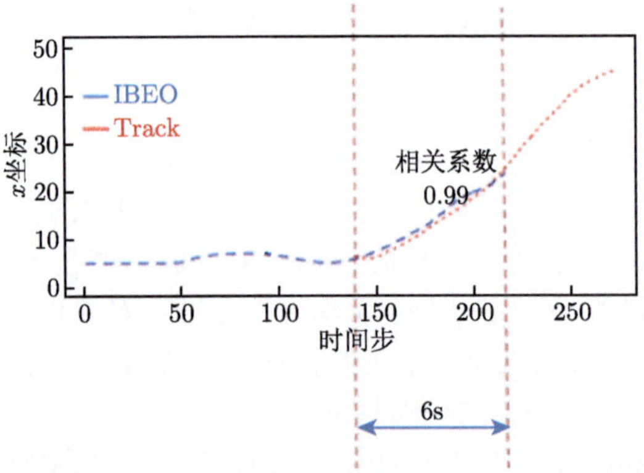

(a) 融合案例

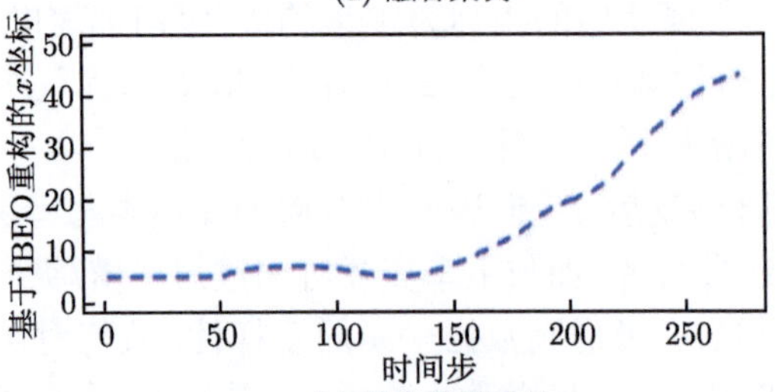

(b) 融合效果展示

图 4.27 多元轨迹融合分析

为提升重构轨迹质量，保证场景中的对象具有测试价值，我们分别从时间维度和空间维度对轨迹进行筛选．首先，从时间维度出发，只筛选在一定时间范围内出现过的轨迹；其次，从空间维度出发，只保留距离主车一定范围内的静止物体以及最近的若干个运动对象．

经过上述步骤后，重构得到的场景数据及其效果展示如图 4.28 所示．其中，(a)，(b) 分别为重构前后的车辆轨迹；(c) 为真实场景的视频数据 (驾驶人视角)；(d) 为重构后的场景数据 (全局视角)．可以看到，重构后的场景轨迹更为平滑，且精准复现了各时刻车辆间的相对位置关系，还原了事件发生的完整过程．

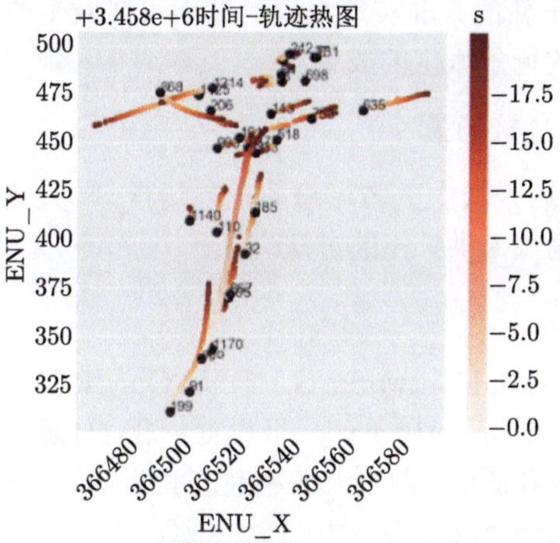

(a) 原始轨迹数据

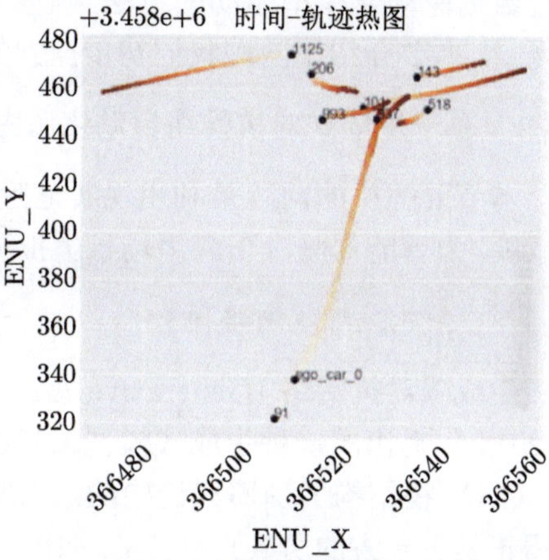

(b) 重构轨迹数据

(c) 真实场景

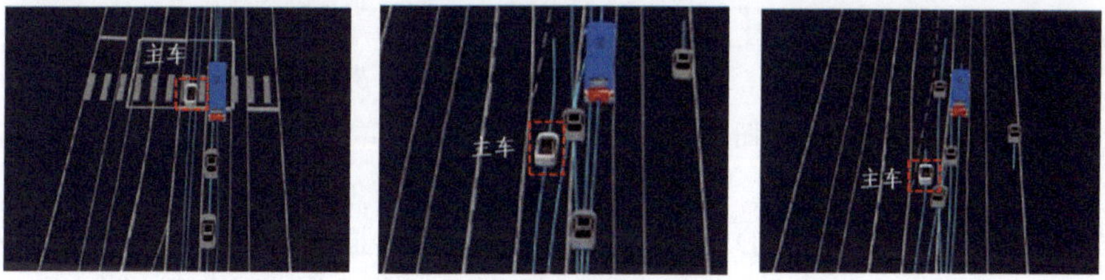

(d) 重构后场景

图 4.28　基于图像识别融合方法的重构效果展示

4.4 场景自动化派生方法

为了生成虚拟场景, 一条路线即如 4.3.3 节所介绍的, 基于交通事故数据或现实采集的数据开展高风险运行场景的还原、重构, 这类场景的测试逻辑是回放现实中发生的场景, 将主车替换成自动驾驶汽车, 测试自动驾驶汽车能否应对这一场景. 但是, 这一路线需要基于已有的采集数据, 并不能从根本上扩大测试场景的数量, 如要扩大场景数量必须不断增加数据采集的量. 因此本节提出了另一条场景生成的路线作为场景生成的补充: 场景派生, 即学习现有的场景数据、知识等, 通过数据驱动或模型驱动的方法, 派生出新的、非实地采集到的但可能发生的合理场景. 本节介绍了两种我们初步探索的场景派生的成果.

4.4.1 基于生成式对抗网络自动化派生危险场景

本节要解决的问题是利用现实危险场景派生更多可靠的危险场景, 扩大测试场景库, 为智能驾驶汽车应用场景虚拟测试提供扩充的方法.

4.4.1.1 生成式对抗网络简介

生成式对抗网络 (Generative Adversarial Network, GAN) 是 Goodfellow 等在 2014 年提出的一种生成式模型, 目前已广泛应用于计算机视觉、语言处理等领域. GAN 在结构上受博弈论中的二人零和博弈 (即二人的利益之和为零, 一方的所得正是另一方的所失) 的启发, 如图 4.29 所示, 系统由一个生成器 (Generator) 和一个判别器 (Discriminator) 构成. 生成器捕捉真实数据样本的潜在分布, 并生成新的数据样本; 判别器是一个二分类器, 判别输入是真实数据还是生成的样本. GAN 的优化过程是一个极小极大博弈问题, 优化目标是达到纳什均衡, 使生成器估测到数据样本的分布.

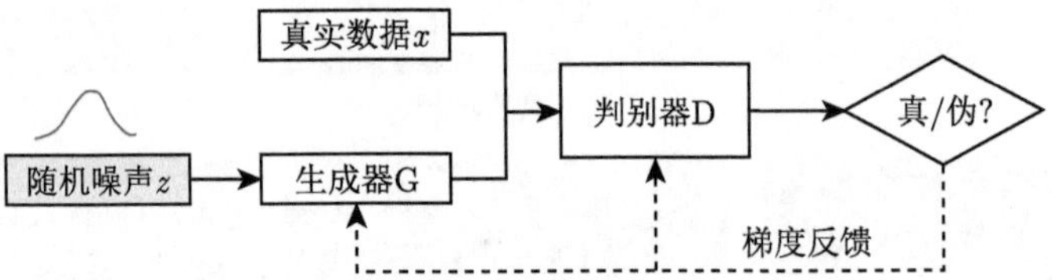

图 4.29 GAN 的计算流程与结构

生成器 G 和判别器 D 本质上都是函数. 生成器 G 的目标是学习到输入数据的分布从而生成非常真实的样本, 而判别的目标是正确辨别出真实样本和 G 生成的样本直接的差异. 生成器 G 和判别器 D 均可以采用目前研究火热的深度神经网络, 包括但不限于卷积神经网络 (Convolutional Neural Network, CNN)、

循环神经网络 (Recurrent Neural Network, RNN)、长短时记忆神经网络 (Long Short-Term Memory Network, LSTM)、图卷积神经网络 (Graph Convolutional Network, GCN) 以及一种或多种组合和变体. 两者都具有各自的网络结构和不同的输入, 其中生成器 G 的输出, 即生成样本也是 D 的输入之一, 而判别器 D 则会为 G 提供梯度来进行权重的更新. 这两个网络通过不断改善和优化来提高自身网络的生成能力和判别能力.

在机器学习领域, GAN 有能力生成真实感图像, 这也意味着 GAN 具有生成高置信度数据的潜力, 且灵活性和隐私性更强. 然而, 利用简单的 GAN 结构生成高置信度数据具有一定挑战, 首先场景数据为时间序列数据, 而时间序列与其相关属性之间的复杂相关性, 现有的 GAN 结构不能很好地学习这种相关性. 此外时间序列有较强的自相关性, 现有的 GAN 很难产生自相关时间序列. 针对上述挑战, 我们提出一种新的 GAN 结构, 将时间序列按照特征属性解耦, 作为生成器的输入, 并对生成器、判别器和损失函数做相应的修改.

基于 GAN 网络派生场景技术路线如图 4.30 所示. 算法使用 TensorFlow 框架, 基于 Python 语言搭建危险场景派生平台, 在已有的危险场景周围利用 GAN 生成更多符合车辆交互规则的危险场景数据, 并进行误差验证. 最后运用 PreScan 对场景进行 3D 可视化复现, 检查派生场景是否属于指定的危险场景类型、是否符合车辆交互规则和物理限制约束. 最终生成大量可靠的危险场景, 服务于智能驾驶场景库的构建.

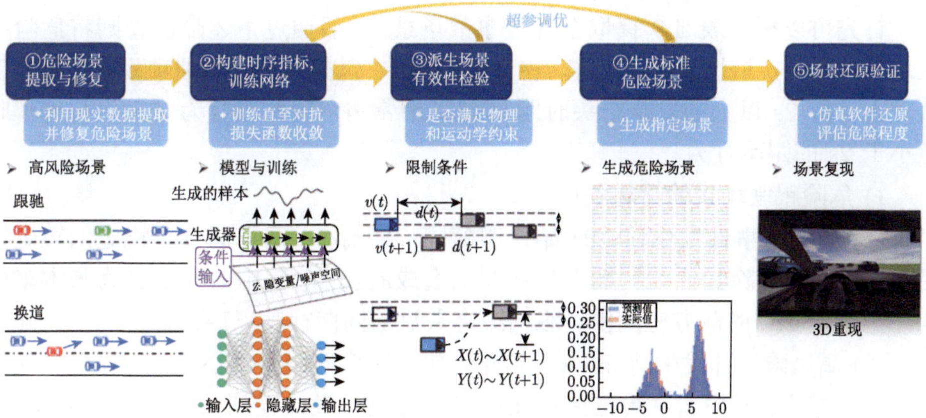

图 4.30 基于 GAN 网络派生场景的技术路线

4.4.1.2 训练数据获取

基于自然驾驶实验, 通过设置在主体车辆上的检测器采集自然状况下的驾驶数据, 获取主体车辆及周围交通参与者的行驶数据, 定义一定的时空边界, 将交通场景下交通参与者的行驶数据还原为一定时长的事件链数据, 使用数据修复方法解决原始事件链数据中存在数据缺失、数据精度不足等检测问题.

跟驰和换道是现实世界中最常见的两类场景, 因此, 以这两类场景为例进行研究. 考虑以横、纵向减速度、转向角速度为依据, 并结合车头时距 (THW)、碰撞时间 (TTC)、间隙时间 (GT) 等定义危险场景, 确定各参数阈值.

由于本书使用的自然驾驶数据中不包含事故场景, 因此, 我们提取的危险场景为近事故场景 (Near Crash). 采用基于不同速度区间定义近事故场景的规则, 即在不同的速度区间采用不同的线性函数作为分界线, 详细定义标准如表 4.9 所示.

表 4.9　近事故场景定义标准

依据	速度 v 区间	边界条件
1-纵向减速度高风险时刻判定依据	0～10km/h	$\pm 0.6(g)$
	10～110km/h	$0.002v - 0.317(g)$
2.1-横向加速度低概率事件判定依据	0～10km/h	$\pm 0.4(g)$
	10～40km/h	$\pm(0.0034v - 0.317)(g)$
	40～90km/h	$\pm(0.0005v - 0.199)(g)$
	90～110km/h	$\pm(-0.0030v + 0.117)(g)$
2.2-转向角速度低概率事件判定依据	0～10km/h	$\pm 35((°)/\mathrm{s})$
	10～35km/h	$\pm(-1.10v + 46.39)((°)/\mathrm{s})$
	35～110km/h	$\pm(-0.044v + 8.82)((°)/\mathrm{s})$
2.3-纵向上明显制动判定依据	0～10km/h	$\pm 0.4(g)$
	10～110km/h	$0.0014v - 0.212(g)$

首先可以根据表 4.9 提取全部近事故场景, 然后通过下述筛选规则将危险跟驰场景、危险换道场景提取出来. 在许多研究中, 包括驾驶人培训项目 [17] 都建议驾驶人保持 2s 以上的安全车头时距, 因此, 通常将危险跟驰行为定义为与前车时距小于 2s 的跟驰行为.

1) 危险跟驰场景的筛选条件

(1) 高风险事件发生前 10s 始终跟随同一辆前车 (两车间具有稳定的跟驰前后车关系, 可排除其他车辆插入后再制动造成的影响, 其中前车定义为与本车横向距离小于 2m 的前方空间内、纵向距离最近的同向行驶车辆).

(2) 高风险事件发生前 5s 内与前车的纵向车头时距始终小于 2s (排除车辆的排队停车情况, 其中雷达检测到的距离多为雷达布设位置到前车车尾的长度, 在计算车头时距时用 (纵向净距离 + 本车长度)/本车速度来获得).

2) 危险换道的筛选条件

(1) 本车在高风险时刻的前后各 5s 内的横向位移超过 2m, 与冲突对象的横向间距大于 2m (本车发生了明显横移);

(2) 本车在高风险时刻前 5s 的转向角速度大于 2(°)/s (本车处于换道状态);

(3) 本车在高风险时刻前 2s 内与冲突对象的最小车头时距小于 2s 或者最小碰撞时间小于 2.7s (保证存在风险事件).

4.4.1.3 场景派生 GAN 网络结构

GAN 的核心思想来源于博弈论的纳什均衡, 主要结构包括一个生成器 G 和一个判别器 D, 即让判别器尽力分辨生成器伪造的样本, 生成器尽力制作一个伪造样本使判别器无法分辨的博弈过程.

1) 特征解耦

采用 STL (Seasonal-Trend Decomposition Procedure based on LOESS) 方法将多维时间序列分为属性特征和时序特征. 属性特征包括趋势 (主要运动对象特征在较长一段时间呈现出来的持续向上或向下的变动)、周期差 (主要反映运动对象特征变化的周期性) 和残差 (去除趋势和极值后的随机波动).

STL 是时间序列分解最常用的方法. 基于该方法能将时间序列 Y 分解成趋势分量 T、周期分量 S 和残差分量 R:

$$Y_u = T_u + S_u + R_u$$

STL 分为内循环 (Inner Loop) 与外循环 (Outer Loop). 其中内循环主要为趋势拟合和周期分量计算. 假定 T_u^k, S_u^k 分别为内循环第 $k-1$ 次结束时的趋势分量和周期分量. 内循环具体步骤如下:

(1) 初始化 $T_u^0 = 0$.

(2) 去除上一轮结果的趋势分量, $Y_u - T_u^k$.

(3) 周期子序列平滑. 对每个子序列进行 LOESS (参数 $q = n_s, d = 1$) 回归, 并向前后各延展 1 个时间戳, 组合得到的长度为 $N + 2np$. 平滑结果组合得到长度为 $N + 2n_p$ 的时间序列 C_u^{k+1}, 其中 $u = -n_p + 1, \cdots, -N + n_p$.

(4) 周期子序列的低通量过滤. 对 C_u^{k+1} 分别进行长度为 n_p, n_p, 3 的滑动平均, 再进行一次局部加权回归 (LOESS, 参数 $q = n_l, d = 1$), 得到长度为 N 的时间序列 L_u^{k+1}, 去除周期性差异.

(5) 去除平滑周期子序列趋势, $S_u^{k+1} = C_u^{k+1} - L_u^{k+1}$.

(6) 去除周期分量, $Y_u - S_u^{k+1}$.

(7) 趋势平滑, 对于去除周期之后的序列作 LOESS (参数 $q = n_t, d = 1$) 回归, 得到趋势分量 T_u^{k+1}.

(8) 判断是否收敛. 若收敛, 得到 T_u, S_u, R_u, 结束循环; 否则, 跳回第 (1) 步.

其中, n_p 为一个周期的样本数, n_s, n_l, n_t 分别为三次 LOESS 的平滑参数. 外循环主要用于调节鲁棒性权重 (Robustness Weight). 每一次迭代的内循环中, 在 LOESS 回归时, 邻域权重需要乘以鲁棒性权重, 以减少异常值对回归的影响.

通过 STL 方法, 将每个时间序列特征进一步分解为趋势分量、周期分量和残差分量, 作为补充的属性特征.

2) 生成器

采用 LSTM+CNN 组合结构的生成器：LSTM 可以捕捉时间序列长依赖关系, CNN 可以获得多维特征图中空间相关关系. 生成器使用 2 次反卷积和 1 次 LSTM, 卷积核大小分别为 $3*3*3, 2*2*2$, 卷积核数分别为 256, 128. LSTM 核数为 64. 通过卷积最终由输入的一维数据变为三维数据, 以作为判别器的输入.

3) 判别器

研究提出了判别器加辅助判别器的结构. 辅助判别器用来判断输入的属性特征真假, 判别器用来判断时序特征真假. 判别器依然使用 LSTM+CNN 的模型结构, 捕捉生成数据的时空特征. 判别器的结构与生成器类似, 将生成器生成的数据和训练数据作为输入, 使用 2 层卷积, 数据通过卷积后被展开为一维数据向量, 连接至全连接隐藏层中, 最终通过输出层生成判别结果 (真或假).

4) 损失函数

完成神经网络的训练过程中的反向反馈过程需要使用损失函数计算损失, 用以评价网络性能的优劣. 根据以上网络结构, 需要对生成器和判别器设计适宜的损失函数, 使网络参数能够较快地收敛, 训练效果更贴近预期.

Wasserstein 损失已被广泛应用于提高训练稳定性和减轻模态崩溃, 使用梯度惩罚来替代梯度裁剪, 且 Wasserstein 损失在生成分类变量方面优于原始损失. 原始损失函数为

$$\min_{G}\max_{D}\mathbb{E}_{x\sim p_x}\left[\log D\left(x\right)\right]+\mathbb{E}_{z\sim p_z}\left[\log\left(1-D\left(G\left(z\right)\right)\right)\right]$$

WGAN 损失函数为

$$-\mathbb{E}_{x\sim p_x}\left[D\left(x\right)\right]+\mathbb{E}_{x\sim p_g}\left[D\left(x\right)\right]+\gamma\mathbb{E}_{z\sim p_z}\left[\nabla_x D\left(x\right)-1\right]^2$$

为了同时训练两个判别器, 可以采用权重法结合两个判别器, 故最终的损失函数为

$$\min_{G}\max_{D1,D2}L\left(G,D1\right)+\alpha L\left(G,D2\right)$$

4.4.1.4 派生场景检验

验证派生场景是否符合车辆交互规则和物理限制约束. 由于 GAN 是从随机噪声中生成场景片段的, 再加上神经网络的随机性, 生成的 “危险场景” 存在很大波动或异常情况, 不符合真实驾驶环境下的运动规则和约束条件, 故需要通过制定一系列约束予以修正.

(1) 跟驰场景物理约束.

主车和前车的速度大于 0m/s, 否则修正为相邻时间戳的均值.

前后车距离始终大于 0.5m, 否则修正为相邻时间戳的均值.

将指标由 10Hz 平滑为 1Hz (均值), 降低异常波动引起的干扰.

(2) 换道场景物理约束.

计算纵向坐标差 $\Delta x>0$, 否则用上一时间戳的值修正.

计算横向坐标差 Δy 全正或全负, 否则用上一时间戳的值修正.

(3) 车辆动力学模型约束.

对加速度大于 10m/s^2 的轨迹点, 采用三次样条插值法重新计算其前后 1s 的车辆位置, 并用低通滤波器平滑速度.

对加速度大于 5m/s^2 的轨迹点, 采用五次多项式插值对轨迹进行平滑, 再次应用低通滤波器平滑速度.

使用双样本柯尔莫哥罗夫–斯米尔诺夫 (K-S) 检验, 检验生成的轨迹曲线是否符合车辆运动学公式. 使用的车辆动力学公式为

$$v_t = v_{t-1} + a_{t-1}t$$

$$x_t = x_{t-1} + \frac{v_t + v_{t-1}}{2}t$$

为了检验修正后的危险场景的有效性, 我们在 PreScan 中进行道路高风险驾驶场景建模和场景复现, 可以直观判断场景是否正确、主车运动是否正常、与周围车交互是否合理等. 若满足要求, 该场景将被放入最终的生成场景库中, 供智能汽车仿真环境下加速测试.

为了加快操作进程, 我们编写了 shell 脚本, 批量导入生成的危险场景, 依次在软件中重构出车辆轨迹, 若情景合理 (场景正确、无异常波动、无异常运动状态), 则转换成 JSON 格式存入本地 MySQL 数据库, 否则予以删除.

以跟驰场景为例展示算法生成效果. 从上海自然驾驶数据中提取出 1000 个危险跟驰片段, 经初步筛选, 共获得 898 个可用危险跟驰场景片段. 按照 3:1 的比例将数据集分为训练集和测试集. 经过一定轮次的训练后, GAN 生成的时序数据如图 4.31 所示. 从上到下, 从左到右训练轮数等间隔递增. 可以看到, 最后生成的数据已经基本可以拟合真实数据的分布形状.

经过误差修正后, 真实的场景和生成场景的指标分布如图 4.32 所示. 两者基本重叠, 误差较小, 说明该算法能很好地捕捉时空关联, 学习时间序列的分布特征, 进而批量生成符合测试需要的危险场景. 重构后的场景通过 PreScan 还原以人工检测其运行情况是否出现危险特征, 如图 4.33 所示.

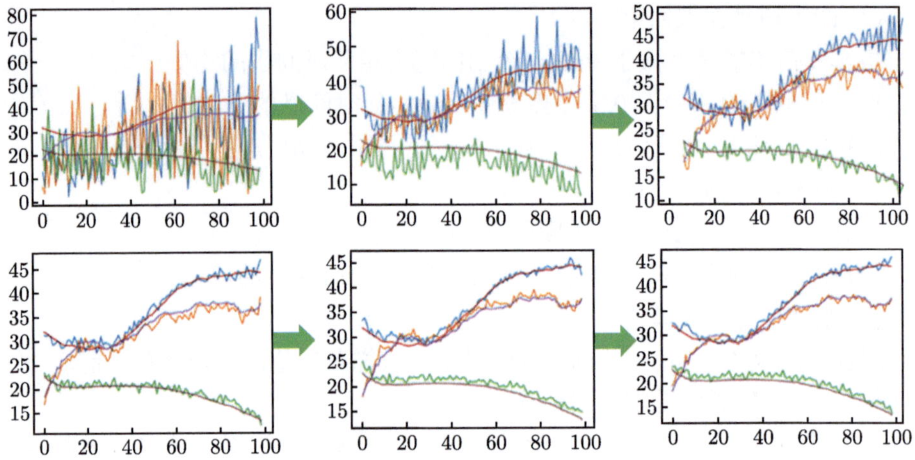

图 4.31　数据生成效果

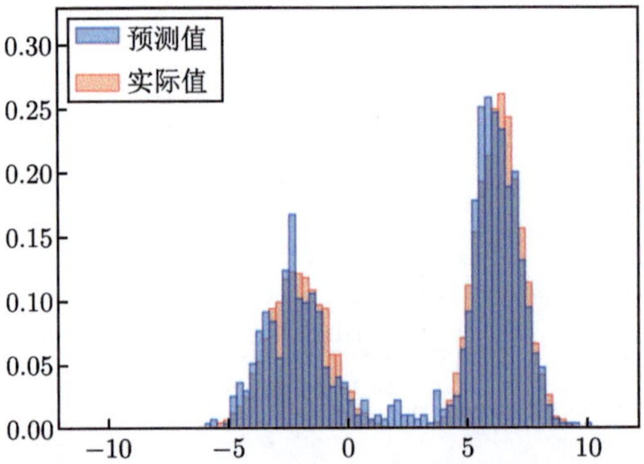

图 4.32　真实场景与生成场景指标分布差异

图 4.33　真实跟驰危险场景和 PreScan 重构生成跟驰危险场景

总之, 本节基于生成对抗网络, 自动生成真实世界中不存在的危险场景, 能够基于现实中有限的危险场景, 派生出更多可靠的危险场景, 从数据增强的角度满足大规模虚拟测试的要求. 该方法使用自然驾驶实验的实测数据, 适用任何数据结构的危险场景派生, 具有较高可迁移性. 此外, 该方法在生成过程中增加物理条件限制, 及时将错误场景从生成数据集中剔除, 这样会大大提高训练精度, 有助于智能汽车在不同工况下生成较高标准的测试数据.

4.4.2 基于本体论自动化派生场景

4.4.2.1 本体论生成场景概述

如 4.1 节所述, 场景存在多样性、时空连续交互性和随机性. 在多样性、交互性和随机性作用下, 生成场景面临着诸多挑战. 其中最大的挑战是难以保证场景的合理性, 即该场景在现实世界中是可能发生的、自动驾驶汽车可能遇见的. 保证场景合理性需要在描述场景时不仅关注对象, 还需关注对象间的联系, 包含以下内容:

(1) 场景内的静态元素间必须相互适配, 比如某些快速路上的标志标线不能出现在城市次干路上, 或某些次干路上出现的线型、设计不能出现在快速路上;

(2) 保证场景内动态元素间的交互是合理的, 即动态元素状态的组合必须是现实中可能出现的、自动驾驶汽车可能遇到的情况;

(3) 保证场景内动态元素与静态元素间的匹配. 动态交通参与者的运动受到静态元素的制约, 尤其是要考虑静态元素表达的语意.

为快速生成大量、合理的场景, 我们探索了一种基于本体论虚拟测试场景的描述方式, 在描述场景时不仅关注包含什么对象, 还关注对象间的关系. 将人的领域知识以本体的形式输入计算机, 使机器拥有判断场景是否合理的能力, 以便于大量生成合理的场景.

本体是一种基于语意的表达领域知识的形式. 它是由描述对象的类/集合的层次概念构建的, 可以表示这些对象和公理之间的关系和角色组成. 公理则进一步描述概念或角色并设置约束. 本体最大的优势之一可以同时被人和计算机理解, 即人机间的知识共享. 人类可以直接阅读本体的结构, 包括用自然语言表达的层次结构和公理. 对于计算机, 则是通过描述逻辑来表示本体, 一般将领域的每个概念转换为一阶逻辑以供计算机理解.

本方法的思想是在模型描述框架的基础上, 将人在测试场景内的领域知识, 通过本体这种规范的建模语言, 模型化地描述场景的内容, 包括场景对象、对象的属性、对象间的关系和动态对象的运动. 同时, 这一模型化的描述方法是可以被计算机理解的, 这使计算机拥有判断场景是否合理的能力, 以便于大量测试场景的生成.

万维网联盟 (World Wide Web Consortium, W3C) 定义的网络本体语言是本体领域中常见的声明性语言. 网络本体语言语法主要包含三个层面：本体、属性和个体. 静态场景本体的构建逻辑参照此标准, 按本体四个主要内容：类、类间关系、类的数据属性、规则依次进行定义静态场景描述. 为了在论证方法论有效性的基础上, 使案例尽可能地简洁易懂, 这里以基本路段为例论述构建本体方法.

4.4.2.2 静态场景本体

本节介绍静态场景本体的构建, 主要内容如下.

1) 类

类是本体的核心点, 描述领域中的概念. 例如, 一个道路类代表所有的路. 特定的一条路就是这个路的类的实例. 类可以有子类, 这些子类表示的概念比超类更具体. 例如, 可以将所有路分为城市道路和公路, 或把所有的路按等级分为快速路、主干路、次干路、支路. 基于此概念, 可以在一个测试场景的静态和准静态层中按层次依次列出. 场景作为最顶层的类, 包含场景五层的所有类. 下面列出来各层需要关注的基本的类. 存在的类包括：中央分隔带、车道、交通标线、路侧分隔带、交通标志、临时管制和天气. 用户可以结合自动驾驶汽车的感知和决策实际情况, 添加其他对自动驾驶汽车存在影响的需要关注的类.

2) 类的对象属性

类的对象属性关系指一个类到另一个类的映射关系, 其定义域和值域均为已定义好的类. 类的对象属性描述了层间和层内各变量密切的相互联系, 考虑到不同自动驾驶汽车关注的对象各异, 不能一概而论.

表 4.10 所示案例仅列出部分类的对象属性作为示意.

表 4.10 部分类的对象属性示意案例

类的对象属性	说明	定义域	值域
HasRightNeighbor/ HasLeftNeighbor	第一层内的各类的相邻关系	车道、中央分隔带、路侧分隔带、交通标线	车道、中央分隔带、路侧分隔带、交通标线
HasSuccessor/ HasProdessor	第一层内的各类的前后连接关系	车道、中央分隔带、路侧分隔带、交通标线	车道、中央分隔带、路侧分隔带、交通标线
Contain (IsPartOf)	各类的包含与被包含关系	路段	车道、中央分隔带、路侧分隔带、交通标线
HasSign/SignIsOn	第一、二层间标志在哪个路段上	路段	标志
HasTempManag/ TempManagIsOn	第一、三层间临时管制与路段的关系	路段	临时管制
HasWeather	测试场景所处天气	场景	天气

3) 类的数据属性

类的数据属性指每个类中可用数值描述的属性及其取值，表 4.11 案例仅列出了以上部分类的一些数据属性作为示意.

表 4.11 部分类的数据属性示意案例

类	数据属性
路段	路段长度：500m 道路等级：快速路、主干路、次干路、支路 设计速度：20～100km/h (与道路等级相关)
车道数据属性	车道宽：3.25～4m (最小值与设计车速有关) 车道数：1～5
分隔带	种类：无、交通标线、绿化带、柔性护栏、刚性护栏路肩等 宽度：0.3～0.6m (标线分隔时), 2.75m:0.25m:3.75m (物理分隔时)
交通标线	种类：无、单实线、单虚线、双黄实线等 宽度：0.3m (单线时), 0.6m (双线时)
交通标志	种类：无、路中标志、路侧标志 横向位置 (相对道路中心线的横向位置)：0 (位于中心线), 0m～路段宽度 (位于车道上方), 路段宽度 + 预留值 0.5m (位于路侧) 纵向位置 (相对道路起点的纵向位置)：0～1m: 路段长度
临时管制	种类：无、禁行
天气	种类：晴、雨

类的数据属性及取值并不是只根据标准规范和专家经验进行简单划分范围和确定取值间隔，还需要考虑结合类间的关系，输入领域知识. 比如确定交通标志的横向位置时，若仅采用取值范围加取值间隔确定，会出现路段不存在中央分隔带但交通标志却位于路中，或指路标志位于路侧分隔带等问题.

4) 公理

公理定义了本体层面的本质的、不受个体取值影响的相互关系，比如：

(1) 道路必须包括中央分隔带、路侧分隔带、车道、路肩;

(2) 道路的宽度为中央分隔带宽度、所有车道宽度、路侧分隔带宽度的和;

(3) 严格遵守左右相邻规则，从中心线向外依次为中央分隔带、车道、路肩、路侧分隔带;

(4) 车道间标线为虚线，车道与分隔带间标线为实线;

(5) 当不存在路中分隔带时，标志不能位于路中央.

5) 定义规则

规则定义了个体层面的受个体取值影响的相互关系. 规则的制定是决定场景生成是否合理的关键. 当类在不同的取值导致类间关系和其他类的取值发生变换时，需要通过规则来描述这些规律.

静态与准静态场景层的规则主要关注道路设计中的公理，保证静态场景的合理性. 比如如下规则可用于简单描述基本路段：

(1) 当中央、路侧分隔带类型为标线时, 宽度取值为 0.6m; 当中央、路侧分隔带类型为物理分隔时, 宽度取值为 3.25~4m;

(2) 当标线单线时, 其宽度为 0.3m; 当标线双线时, 其宽度为 0.6m;

(3) 单向车道数小于 2 时的道路不使用中央隔离带, 而使用标线分隔;

(4) 路中标志位于道路上方, 路侧标志位于路侧;

(5) 当标志位于路中时, 其横向位置取值为 0m~ 路段宽度; 当标志位于路侧时, 横向位置取值为路段宽度 + 预留值 0.5m;

(6) 当道路首尾端存在的临时管制为禁行时, 路段首尾端添加禁行标志.

公理和规则将转换为二阶逻辑表达, 如规则 (6) 表达如下.

```
Road(?r), TempManag(?tm), Sign(?s), HasTempManag(?r, ?tm), equal(?tm, 'Banned') -> HasSign(?r,?c), isEqual(?s,'NoEntry')
Road(?r), TempManag(?tm), Car(?c),HasTempManag(?r, ?tm), equal(?tm, 'Banned') -> not isOn(?c,?r)
```

4.4.2.3 动态场景本体构建

对于第四层交通参与对象模块, 在定义的静态场景本体的基础上, 进一步考虑交通参与对象的运动状态, 构建动态场景本体. 分为三个模块：初始状态模块、交通流仿真模块和功能场景标签化模块.

初始状态模块需要结合人类驾驶数据、责任敏感安全 (Responsibility-Sensitive Safety, RSS) 等驾驶规则确定场景各交通参与对象的初始状态.

功能场景标签化模块, 是基于各交通参与对象的运动, 结合一定的量化指标, 对测试场景作标签化的处理, 以对测试场景有一个预期的认知, 比如场景的功能分类、场景的危险程度.

交通流仿真是动态场景本体构建的关键部分. 交通流仿真是联系静态场景和动态场景的桥梁. 交通流仿真是在静态场景上, 对交通参与对象运动的推演, 可以考虑交通对象与静态场景间的交互, 即车辆需要在静态道路的基础上, 在标志标线的约束下运行. 交通流仿真也是联系初始状态模块和场景功能标签化模块的桥梁. 考虑到动态对象在交互环境下复杂的时变特性, 仅依靠初始状态无法完全表征动态场景的特性, 因此需基于交通流仿真确定的交通参与对象运动规则, 对场景测试功能有一定的预期.

动静态场景的本体与交通流仿真的耦合关系如图 4.34 所示, 静态场景描述了道路基础设施、交通设施等静态元素, 动态场景本体在静态本体的基础上扩充知识领域, 引入初始状态模块确定场景内的动态交通参与对象和对象的初始运动状态、运动策略, 结合交通流仿真模块以描述交通参与对象的运动规则, 最后加入场景功能标签化模块旨在对测试场景有一个预期的判断, 贴上标签.

1) 初始状态信息

动态场景本体的初始状态包含两方面的内容：初始运动状态和运动策略. 初始运动状态指车辆的运动参数, 如：位置、速度、方向角、加速度等. 运动策略指车辆在本次场景中采取的策略, 在快速路和基本路段上的策略包括：自由行驶、跟驰、换道. 各车不同初始运动状态和运动策略的组合可以得到一系列功能场景, 如：跟驰行驶、本车换道、掉头、超车、其他车汇入汇出、对向冲突等. 这里功能场景和初始状态中的运动策略有所区别. 运动策略是某个车在场景较长一段时间内的运动目标, 是车辆的决策. 功能场景体现了场景内各车在不同运动状态和拓扑关系下产生的各种交互类型, 需要根据各车的运动情况确定.

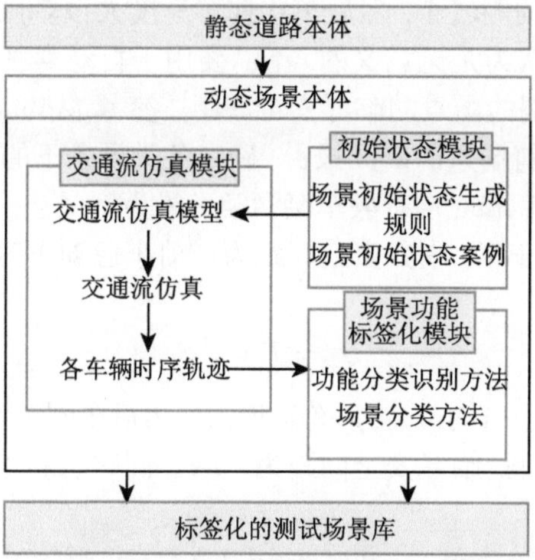

图 4.34 动静态场景的本体与交通流仿真的耦合关系

由于本体是一种便于扩充和重复利用的描述方法, 因此在静态本体的基础上, 可以很方便地进一步考虑动态层关注的对象, 比如：机动车 (也可根据需求细分为小汽车、公交车、货车等)、自行车、行人等, 可以得到动态场景本体的初始状态模块.

(1) 添加类的对象属性, 如表 4.12 所示.

表 4.12 动态场景本体新加类的对象属性

对象属性	说明	定义域	值域
isOn/hasCar	车与车道的关系	Car	Lane
LCIntendedLane	车换道的目标车道	Car	Lane
Follow/followed	车与车间的跟驰关系	Car	Car

(2) 添加类的数据属性. 类的数据属性指每个类中可用数值描述的属性, 同样也要囊括交通流仿真时所考虑的重要中间变量, 如表 4.13 所示.

表 4.13 动态场景本体新加类的数据属性

类	数据属性	参考取值范围
Car	所在车道 ID	⩽ 车道数
	纵向坐标	⩽ 道路纵向长度
	速度	0km/h：10km/h：120km/h
	换道动机	0, 1

(3) 添加关注初始状态本体的规则, 规则为车辆初始状态需要满足责任敏感安全间距. RSS 模型的思想是基于人类的驾驶规则, 定义出危险场景的边界, 确定自动驾驶汽车能够应对极端事件的临界值, 划分清责任边界. 若某个场景十分极端 (比如前后两车间距较小, 但后车比前车速度大很多), 以至于无法避免发生事故, 则这个场景可认为是无意义的, 不需要用于自动驾驶汽车测试. 应用 RSS 规则, 可定义不同类别的场景的临界安全间距. 参考 Mobileye 基于 RSS 模型对 NHTSA 调查的事故前场景的研究报告, 确定各类场景下的临界安全间距 [18], 下面仅以同向行驶的车辆和对向行驶车辆两类场景为例.

对于同向行驶的车辆, 临界安全间距为：前车急刹车时后车也能安全刹车停下的极限距离, 即

$$S_d = T_r v + S_b$$

其中, T_r 为后车的反应时间; v 为后车速度; S_b 为后车刹车距离.

对于对向行驶车辆, 临界安全间距为：两车同时急刹车刚好未发生碰撞的临界距离, 即

$$S_d = T_r^1 v_1 + S_b^1 + T_r^2 v_2 + S_b^2$$

其中, T_r^1 为前车的反应时间, T_r^2 为后车的反应时间, v_1 为前车速度, v_2 为后车速度, S_b^1 为前车刹车距离, S_b^2 为后车刹车距离.

2) 基于交通流仿真确定动态对象运动规则

由于动态对象在交互环境下的时变特性, 若仅依靠初始状态无法完全表征动态场景的时变、交互特性. 商业软件中, PreScan 利用车辆轨迹描述车辆运动, 是一种无交互的测试, 但获取轨迹的方式仍依靠外部的输入. 另外, 背景交通流的各车沿轨迹运行会导致自动驾驶汽车测试成为无交互的测试, 即自动驾驶汽车可对背景车做出反应, 但背景车只能沿轨迹运行而无法对自动驾驶汽车的行为做出反应. Vires 公司的 Visual Test Driving (VTD) 采用比较普遍的 OpenDRIVE 格式存储场景, 是半交互的测试, 其在描述车辆运动时有两种方式：第一种规定各车的路径, 各车速度可以对交互车动作做出反应, 但车辆必须沿着规定路径行驶; 第二

种规定了动作类型和其触发方式, 比如车辆到达某个位置后开始换道, 这种动作和触发方式具有强制性, 比如汽车不管换道条件是否适合完成换道, 且各车在不预先规定动作的情况下也不会自发地产生换道动机.

鉴于以上方法在描述动态场景时变、交互特征上的不足, 在进行动态场景构建时, 本书提出了耦合交通流仿真的思路. 根据静态场景本体提出的各个类、属性的初始状态, 将交通流模型作为背景车流的运动规则, 是背景车流具有自主交互运动的能力. 在各场景的测试时, 由初始状态模块确定各车的初始运动参数 (如位置、速度) 和策略参数 (如是否换道、目标车道等), 背景车流的运动由仿真控制, 对自动驾驶汽车的动作能做出实时的反应. 因此, 即使不同类型的自动驾驶汽车在同一测试场景下测试, 各背景车也会因自动驾驶汽车运动的不同出现不同的运动轨迹.

跟驰模型、换道模型为针对快速路仿真的核心模型, 将在第 5 章详细论述.

4.4.2.4 基于本体生成场景案例

为验证本体方法在静态场景方面的效果, 以曲线道路为例进行测试. 曲线道路是一种最常见的道路, 可体现道路在平面线型上的变化. 曲线路段关注道路的弯曲情况, 因此, 这里忽略人行道和非机动车道、交通标志、临时管制及环境天气要素. 在确定数据属性取值时, 大量参考《城市道路工程设计规范》[19], 仅选取一般值或最小值以体现方法有效性.

本体的建立以规范为主要依据, 类、对象属性、数据属性的选取以最简洁的涵盖规范提及的元素为主, 公理和规则的确立主要依据规范在设计、取值方面的约束. 在本体确定的参数范围内, 生成了 2.32×10^7 条路段, 与无规则的弯曲依靠遍历的测试矩阵相比, 筛除了 81.0%不合理 (不符合规范约束) 的场景.

动态场景以插车场景为例, 插车场景是指插入车从自动驾驶汽车前方相邻车道进入自动驾驶汽车所在车道的场景. 插入车在原车道开始侧移准备变道的时刻为开始变道时刻, 插入车侧移至中心线的时刻为变道时刻. 开始变道时刻中确定了三个核心参数: 插入车速度 v_1、自动驾驶汽车 (被插入车) 速度 v_2 和间距 R. 变道时刻中确定了三个核心参数插入车速度 v_1、自动驾驶汽车速度 v_2 和距离碰撞时间.

在上海自然驾驶数据中提取出 69000 个插车场景, 开始插车时刻的三个参数分布如图 4.35 所示.

由图 4.36 可以看出, 插车时刻的实采场景与测试场景参数分布并不一致, 其原因主要是一维常态的仿真模型还不能完全表征真实车辆的驾驶行为. 一方面, 追求统计参数 (如行程时间等) 最大相似的参数标定方法并未考虑微观行为的一致性, 因此微观行为参数会表现出差异性; 另一方面, 仿真模型未考虑不同驾驶人驾驶行为的异质性. 尽管如此, 从场景生成的角度看, 测试场景的参数区间基本能覆盖实采场景的参数区间, 且参数变化的趋势相近, 因此生成的测试场景对自动驾驶汽车测试是存在重要意义的.

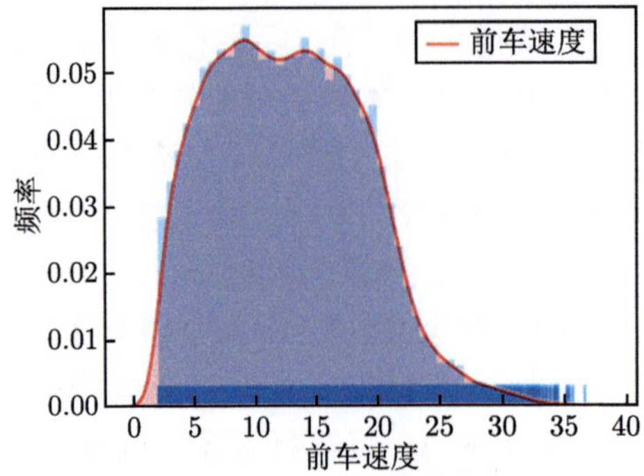

(a) 前车速度分布

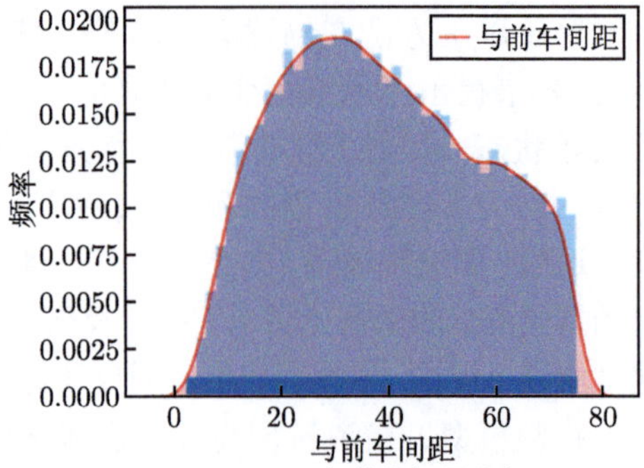

(b) 与前车间距分布

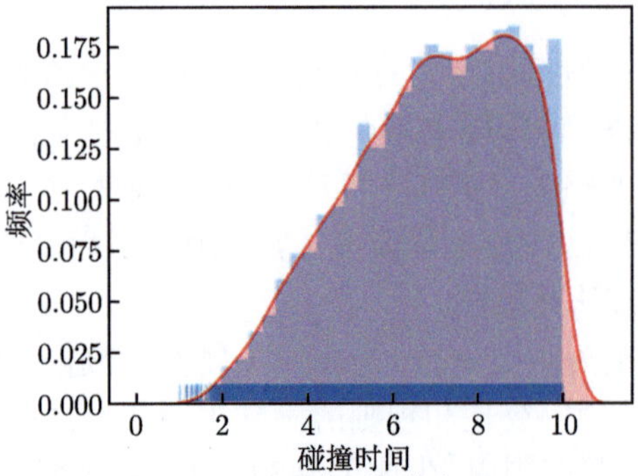

(c) 碰撞时间分布

图 4.35　开始插车时刻的三个参数分布

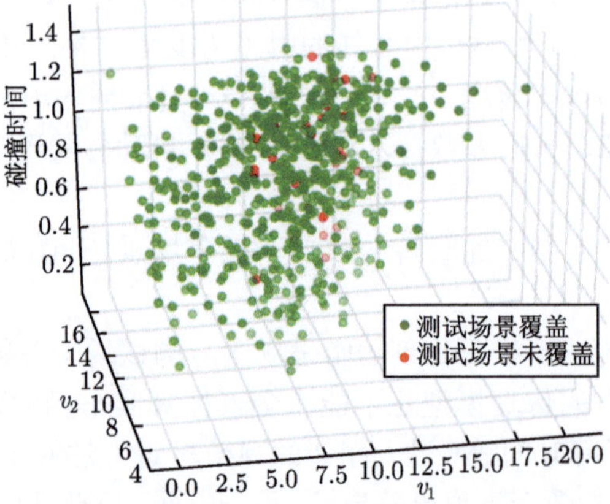

图 4.36　测试场景覆盖的实际危险工况场景

4.5 场景复杂度量化评估

研究表明, 高复杂度场景的提取有助于提高自动驾驶汽车安全性的测试效率. 传统研究往往依赖于人工方式辨识场景复杂与否, 评判标准主观且无法应用于海量的实车采集数据. 本节前期研究构建的符合驾驶人体感的场景复杂度量化评估模型.

4.5.1 场景复杂度定义

场景复杂度是本车所在的外部驾驶环境给驾驶人车辆操控或自动驾驶算法带来的工作负荷的客观描述. 根据既有研究, 影响场景复杂度的因素可以分为三类: ① 动态交通因素 (如环境车辆、行人等); ② 静态交通因素 (如车道数、平纵曲线等); ③ 环境因素 (如天气、路面情况、能见度等). 因此, 本节按照以下三部分对场景复杂度进行量化: 场景动态复杂度、场景静态复杂度和环境修正系数. 其中, 场景动态复杂度, 是指由本车交互对象带来的工作负荷, 主要描述背景交通流和本车交互关系的复杂程度; 场景静态复杂度, 是指道路基础设施由于线形设计等带来的车辆操控的工作负荷; 环境修正系数, 是指天气、光照、路面条件等容易变化的外部环境因素对驾驶场景复杂度的修正.

$$C = f(D, S, E) = (D + S) \times E$$

其中, C 表示场景复杂度, D 表示场景动态复杂度, S 表示场景静态复杂度, E 表示环境修正系数.

4.5.2 场景动态复杂度量化

广义的系统复杂度通常从以下三个方面进行描述: ① 基本元素的数量; ② 元素的多样性; ③ 元素间的关系. 针对场景动态复杂度量化, 选取背景交通流车辆数量作为基本元素; 从背景交通流的异质特征描述元素的多样性, 通过车辆间的时空交互关系来描述元素间的关系.

场景动态复杂度量化选取车对 (Vehicle-Pair) 作为基本研究单元. 每一个车对是由本车和一辆背景车组成, 如图 4.37. 具体的量化过程可以概括为三步: ① 影响场景动态复杂度的空间范围确定 (基本元素数量确定); ② 车对复杂度计算 (综合考虑元素的多样性和元素间的关系); ③ 所有车对复杂度集计, 得到场景动态复杂度.

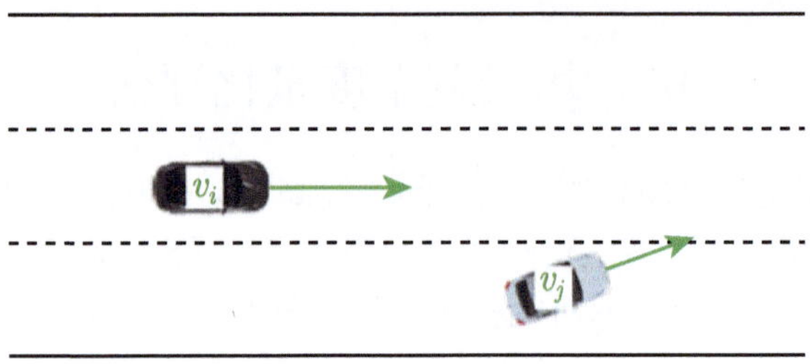

图 4.37　车对示意图 (其中, v_i 是本车, v_j 是环境车)

4.5.2.1　影响范围确定

在驾驶过程中, 并非所有的环境车辆都对本车的场景动态复杂度有影响, 因此, 有必要确定一个影响范围, 如图 4.38. 随着本车行驶状态的变化, 该影响范围的位置和大小也在动态变化. 其中, 横向范围包括本车所在车道以及相邻的两个同向车道 (如果有); 纵向范围可以根据车辆追尾事故责任认定来设置, 具体通过 RSS 理论计算得到, 如图 4.39, 即以本车所在位置为起点, 沿着车流方向的一段距离.

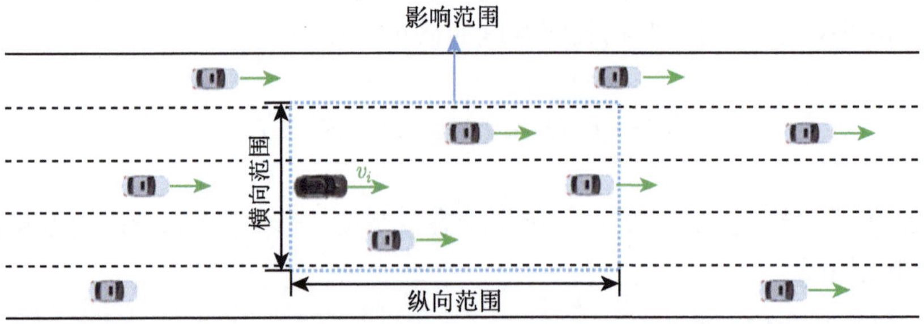

图 4.38　影响范围示意图 (其中, v_i 是本车)

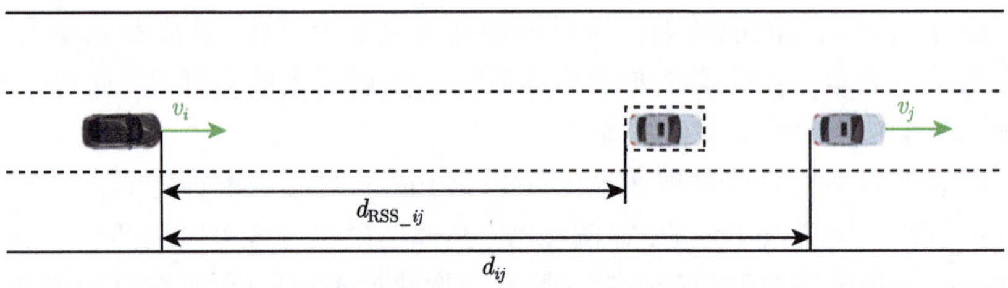

图 4.39　基于 RSS 理论的纵向最小安全距离示意图 (其中, v_i 是本车)

$$d_{\mathrm{RSS}\_ij} = v_i\rho + \frac{a_{i\_\max,\mathrm{accel}}\rho^2}{2} + \frac{(v_i + a_{i\_\max,\mathrm{accel}}\rho)^2}{2a_{i\_\min,\mathrm{brake}}} - \frac{v_j^2}{2a_{j\_\max,\mathrm{brake}}}$$

$$\text{纵向范围} = \min\left\{d_{ij}, d_{\text{RSS\_}ij}\right\}$$

其中, v_i 和 v_j 分别表示本车和前车的初始速度, $a_{i\_\text{max,accel}}$ 和 $a_{i\_\text{min,brake}}$ 分别表示本车的最大加速度和最大减速度, $a_{j\_\text{max,brake}}$ 表示前车的最大减速度, ρ 表示反应时间.

4.5.2.2 车对复杂度计算

基于车辆间时空交互关系, 计算车对复杂度. 车辆间时空交互关系的量化主要考虑以下三个影响因素: 相遇角度 θ_{ij}、相对速度 v_{ij} 和相对距离 d_{ij}, 如图 4.40. 车对复杂度 C_{ij} 的量化函数为

$$C_{ij} = \varPsi\left(\theta_{ij}, v_{ij}, d_{ij}\right) = f_1\left(\theta_{ij}\right) \times f_2\left(v_{ij}\right) \times f_3\left(d_{ij}\right)$$

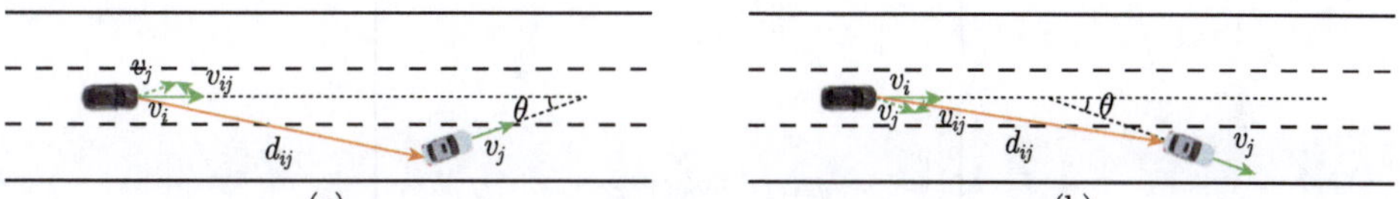

图 4.40 车对的相遇角度、相对速度、相对距离示意图 (其中, v_i 是本车)

人类驾驶员对驾驶风险存在非线性感知特征. 以相对距离为例, 当相对距离线性减小时, 碰撞的风险是非线性变化的, 尤其是当相对距离很小的时候, 碰撞的风险是激增的. 因此, 本节在描述车对复杂度和相遇角度、相对速度、相对距离的关系时, 都选用了非线性变化模型.

其中, 车对的相遇角度与复杂度的关系, 参考航海领域被广泛认可的最小安全距离 (Minimum Distance to Collision, MDTC) 研究, 如图 4.41(a), 同时考虑到航海领域中船对碰撞和道路系统中车对碰撞的异同, 对既有研究结果进行修正, 如图 4.41(b), 计算公式如下

$$f_1(\theta_{ij}) = \frac{1}{2}\left[1 - \cos\left(\frac{\theta_{ij}\pi}{101.25} + \frac{\pi}{10}\right)\right], \quad \theta_{ij} \in [0, 90]$$

对车对的相对速度与复杂度的关系、相对距离与复杂度的关系进行量化时, 参考了信息熵理论, 如图 4.42. 该理论可以很好地刻画当横向相对靠近的速度很大 (即相对远离的速度很小), 以及纵向相对距离很小时, 碰撞风险的剧烈变化趋势. 因此, 车对的相对速度与复杂度的关系如图 4.43, 车对的相对距离与复杂度的关系如图 4.44.

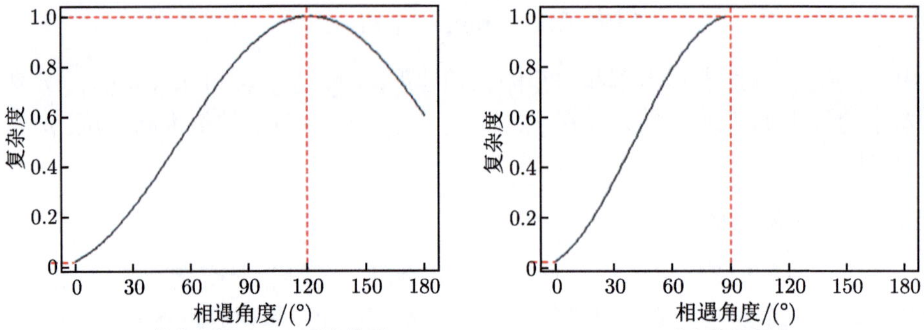

(a) 航海领域MDTC研究结果　　(b) 修正版本

图 4.41　相遇角度与复杂度的函数关系

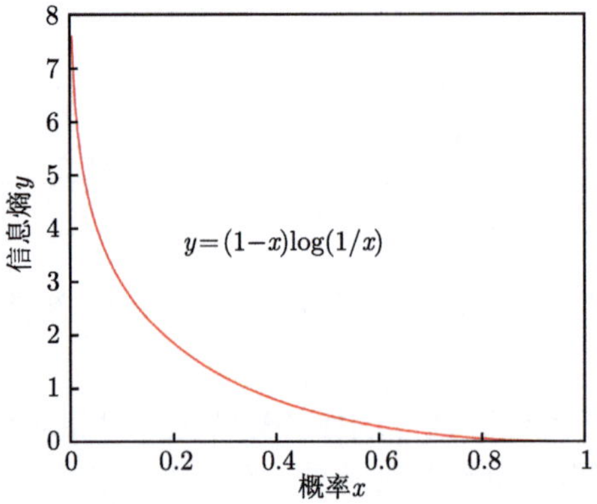

图 4.42　信息熵理论

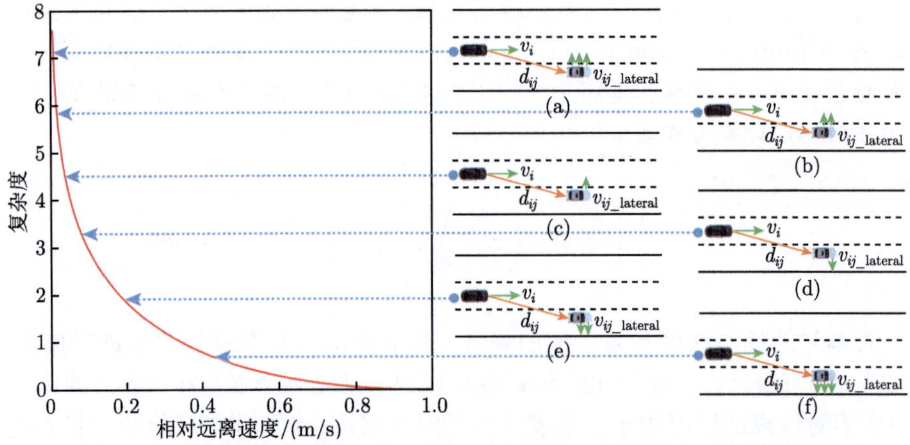

图 4.43　相对速度与复杂度的关系 (其中，v_i 是本车)：随着相对远离的速度递增，从 (a) 到 (f)，复杂度非线性递减

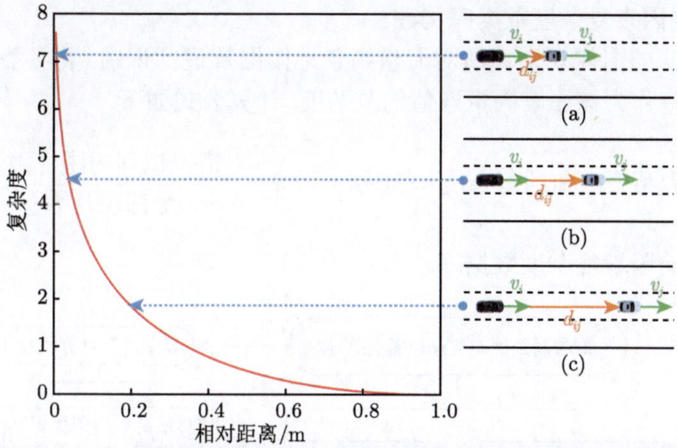

图 4.44　相对距离与复杂度的关系 (其中, v_i 是本车)：随着相对距离递增, 从 (a) 到 (c), 复杂度非线性递减

4.5.2.3　动态复杂度集计和平滑

通过对所有车对复杂度集计, 得到场景动态复杂度. 此外, 考虑到人类驾驶员的反应时间, 选择适当的时间窗口, 对场景动态复杂度进行平滑很有必要.

$$C_i' = \sum_{j=1}^{n} w_{ij} C_{ij}$$

$$C_i = \frac{1}{m}\sum_{k=1}^{m} C_i'$$

其中, C_i' 是集计后 (平滑前) 的场景动态复杂度, n 表示影响范围内车对的数量, w_{ij} 表示车对 VP_{ij} 的权重, C_{ij} 表示车对 VP_{ij} 的复杂度, m 表示平滑窗口的长度.

4.5.3　场景静态复杂度量化

场景静态复杂度量化主要包括三个步骤：① 静态场景信息获取; ② 影响因素复杂度数据库构建; ③ 场景静态复杂度集计. 具体流程, 如图 4.45.

(1) 静态场景信息获取.

基于车载定位信息, 获取本车准确的位置信息, 再基于高精度地图, 获取本车所处静态场景信息 (包括道路类型、同向车道数、车道宽度、中央隔离形式、机非隔离形式、标志标线、交通信号灯).

(2) 影响因素复杂度数据库构建.

利用开源的图像识别算法对海量街景地图图片进行识别, 将各影响因素取值的识别错误率作为该影响因素取值的复杂度, 计算公式如下

$$\text{影响因素某个取值的复杂度} = \text{识别错误率} = \frac{\text{错误识别的图片数}}{\text{全部图片数}} \times 100\%$$

进而构建影响因素复杂度数据库.

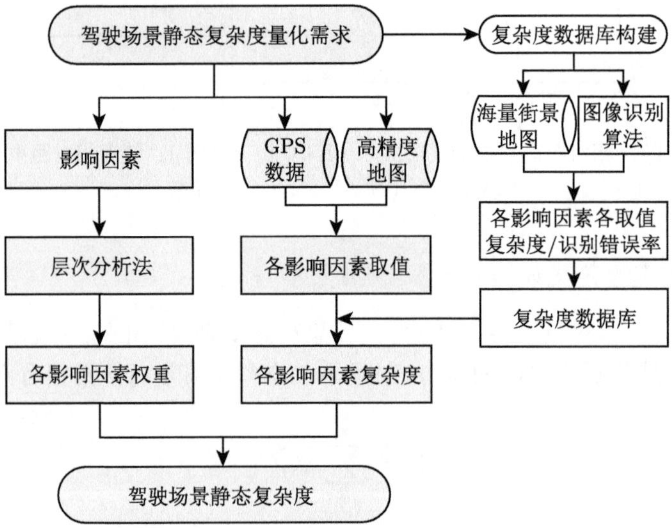

图 4.45　驾驶场景静态复杂度量化流程图

(3) 场景静态复杂度集计.

利用层次分析法, 根据各影响因素对静态复杂度的贡献大小, 确定影响因素权重. 在车辆运行中, 基于实时 GPS 数据和高精度地图, 获取各影响因素取值, 参考复杂度数据库, 确定各影响因素复杂度取值, 影响因素加权求和, 得到驾驶场景静态复杂度.

4.5.4　环境修正系数确定

基于车载传感器摄像头和模式识别算法, 获取驾驶环境信息 (包括光照、天气、路面情况). 将驾驶环境为白天、晴天、路面干燥设定为最优驾驶环境, 各个影响因素取值都量化为 1, 其他驾驶环境视情况增加量化值. 基于乘法原理, 将各个影响因素取值的量化值相乘, 得到环境修正系数.

最后, 基于场景复杂度量化的理论框架: 场景复杂度 =(场景动态复杂度 + 场景静态复杂度)× 环境修正系数, 得到场景复杂度.

4.5.5 场景复杂度量化结果验证

为验证上述场景复杂度量化评估结果是否符合驾驶人对驾驶环境复杂程度的主观判断，开展定量评估结果与驾驶人判断结果的一致性统计分析．采用评分者之间可靠度 (Inter-Rater Reliability, IRR) 进行验证，其中组内相关性系数 (Intra-Class Correlation, ICC) 是一种常用于序数变量的 IRR 统计，ICC 值越高，表明一致性越好．通过对比上述场景复杂度量化评估模型与不同驾驶人主观评分，如表 4.14，可以看出量化结果具有较高的可信度，符合驾驶人对复杂度的主观体感．

表 4.14 复杂度量化评估模型与驾驶人主观评分的一致性检验

序号	模型及驾驶人	评分者数量	ICC	P 值	95%置信区间
1	驾驶人 1∼3	3	0.908	1.69e−14	(0.832, 0.953)
2	该模型 & 驾驶人 1	2	0.838	2.32e−06	(0.660, 0.923)
3	该模型 & 驾驶人 2	2	0.930	1.04e−10	(0.854, 0.967)
4	该模型 & 驾驶人 3	2	0.957	1.87e−13	(0.910, 0.980)
5	该模型 & 驾驶人 1∼3	4	0.944	1.64e−25	(0.902, 0.971)

4.6 场景格式标准化

所有测试场景最终都需要进行数字化和结构化描述，存储为计算机能够理解的文件格式后，方能被各类自动驾驶汽车仿真测试软件加载与执行．在早期的自动驾驶汽车测试生态中，并没有一种统一规范的场景文件标准．各大测试平台如 PreScan、VTD 等均需要在各自的软件中完成地图绘制、路网搭建、场景构建等工作，将整个工程项目按照其独有的标准格式编码存储．各个平台之间的场景文件互相之间并不通用．直到 2018 年，VTD 平台所属的德国 VIRES 公司将其制定的 OpenX 系列文件格式标准委托给自动化及测量系统标准协会 (Association for Standardization of Automation and Measuring Systems, ASAM) 进行后续开发，OpenX 系列标准开始正式成为自动驾驶汽车仿真测试行业的主流文件格式标准，目前正在不断地更新迭代中．

目前发布的 OpenX 系列标准主要包括 OpenDRIVE、OpenCRG、OpenSCENARIO 等三大标准．OpenDRIVE 为路网的静态描述定义了一种存储格式，通过与 OpenCRG 结合使用，可以将非常详细的路面描述添加至路网当中．需要注意的是，OpenDRIVE 和 OpenCRG 仅包含静态内容，若要添加动态内容，则需要使用 OpenSCENARIO．这三个标准的结合则提供包含静态和动态内容、由场景驱动的对交通流模拟的描述，其关系如图 4.46 所示．本节将分别对其主要内容进行介绍．

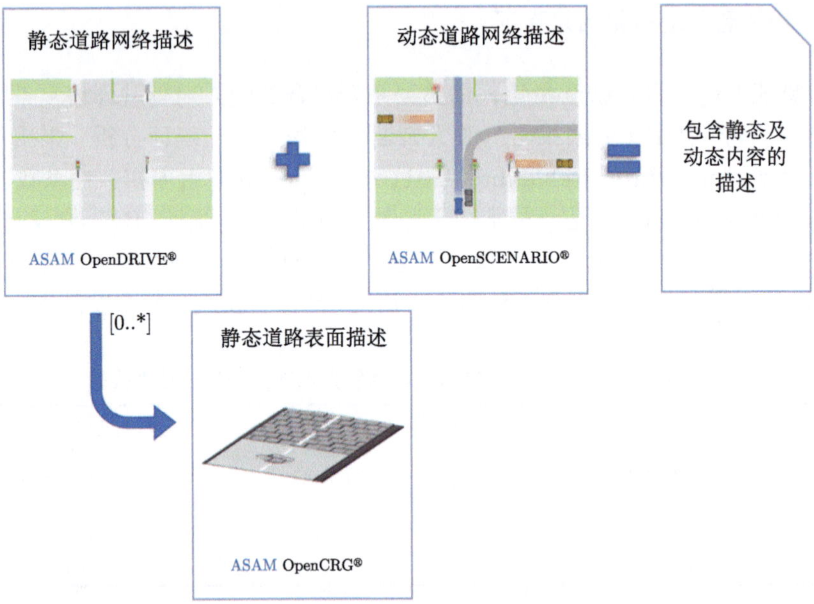

图 4.46 OpenDRIVE、OpenCRG 以及 OpenSCENARIO 之间的关联 [20]

在对数量繁多的仿真场景进行格式化之后, 可构建出一个便于复用与验证的智能车虚拟仿真测试工业场景库. 将场景库中的不同场景导入智能车虚拟仿真平台 (如 VTD) 中进行回放测试, 便可对智能车的各类指标进行评价与分析, 测试不同自动驾驶算法的效果.

4.6.1 OpenDRIVE：路网标准文件格式

OpenDRIVE[20] 为精确描述道路网络定义了一种文件格式. 与通常用于导航系统的其他路网文件格式不同, OpenDRIVE 主要用于仿真应用程序领域, 这些应用程序需要精确的道路几何描述, 包括表面特性、标记、路标和逻辑特性 (例如车道类型和方向). 道路数据可以由道路网络编辑器手动创建, 或通过地图数据转换, 也可以来自现实道路的转换扫描. 图 4.47 展现了 OpenDRIVE 中一条道路的三大组成部分.

在 OpenDRIVE 中路段由参考线 (Reference Line)、车道 (Lanes)、特征 (Features) 这三个部分构成. 其基本原理如下：首先定义参考线 (也称为锚定线或道路中心线), 然后将各种属性附加到该参考线上, 最终在 3 个维度上定义精确的道路信息. 参考线本身由数学元组构成, 用作其他属性的容器, 如高程、横向轮廓和车道记录; 车道具有宽度、标记、材料等属性; 路段的特征包括路标、交通信号灯、表面轮廓、铁路元素、隧道、桥梁和其他道路物体. 整个道路网是通过将路段直接连接到前任和后继路段或路口而创建的. 图 4.48 至图 4.51 展示了 OpenDRIVE 中各种车道类型.

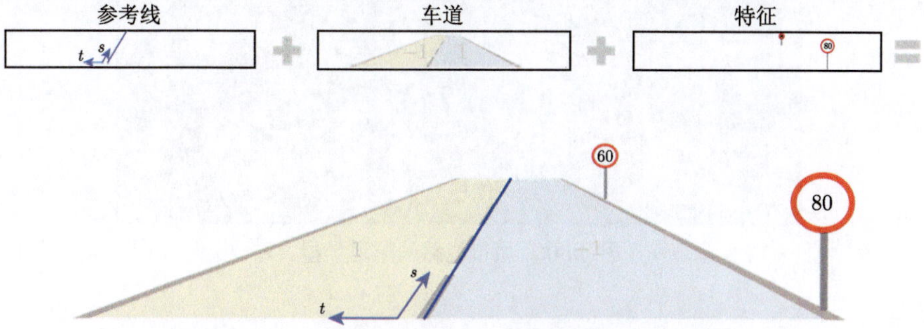

图 4.47 OpenDRIVE 中一条道路的三大组成部分

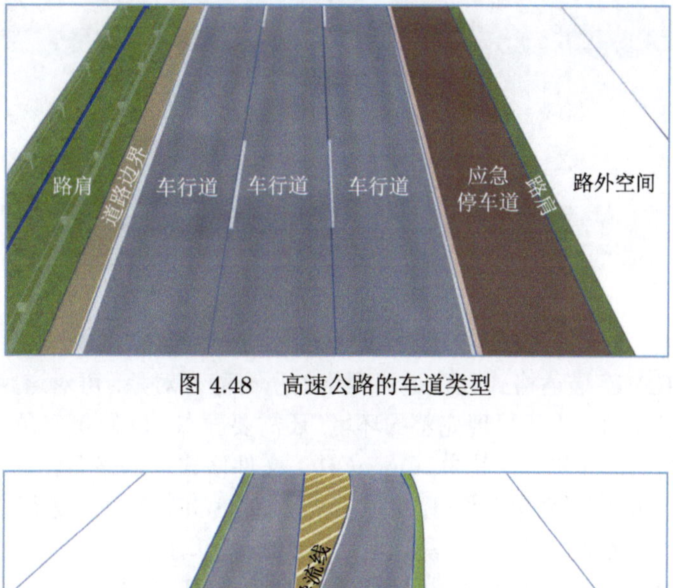

图 4.48 高速公路的车道类型

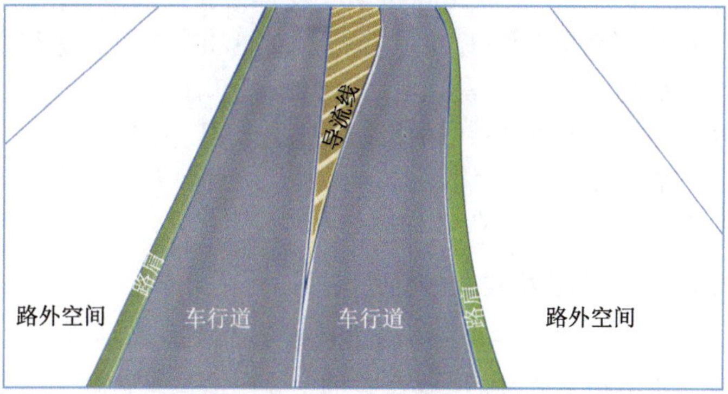

图 4.49 乡村公路的车道类型

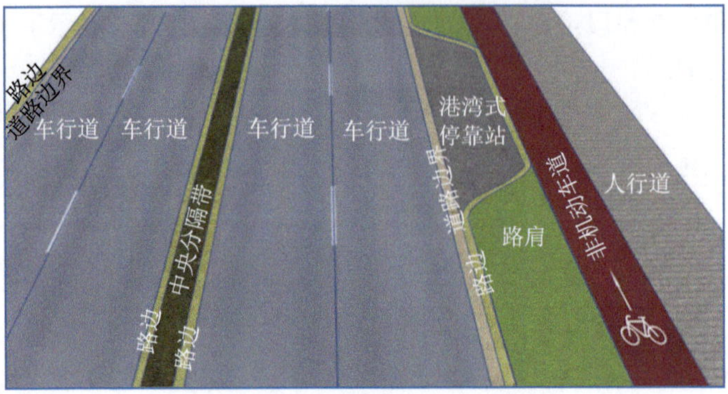

图 4.50　城市道路的车道类型

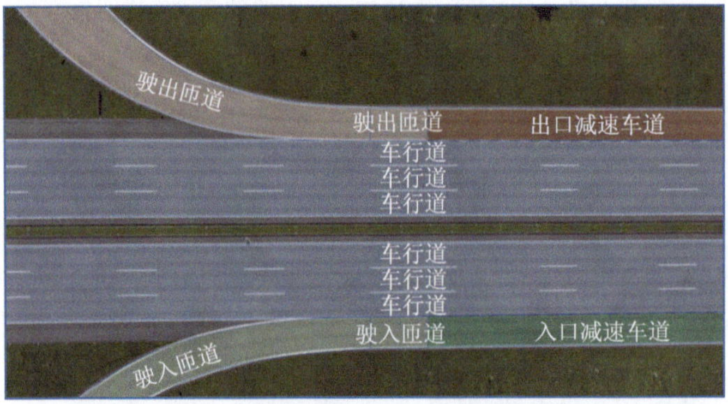

图 4.51　高速公路入口和出口的车道类型

OpenDRIVE 描述格式包含道路网络的所有静态对象, 可对道路上行驶的车辆进行逼真的仿真. 为了呈现完整的环境, 还需要静态 3D 路侧对象 (例如树木和建筑物) 的其他描述格式. 其中, OpenCRG 文件格式包括路面轮廓, 而驾驶仿真的动态内容 (例如车辆操纵等) 则可以使用 OpenSCENARIO 进行描述. 这三个标准互为补充, 涵盖了车辆仿真测试应用中的静态和动态内容.

OpenDRIVE 的数据以分层结构组织, 并以 XML 文件格式序列化, 该 XML 文件可以很容易地进行验证、编辑、导入和导出. 目前, 各种现成的自动驾驶汽车仿真测试平台都支持 OpenDRIVE 作为导入和导出格式.

4.6.2　OpenCRG：路面标准文件格式

OpenCRG[21] 定义了用于描述路面信息的文件格式. 它最初是为存储路面扫描中的高精度高程数据而开发的. 该数据的主要用途是轮胎研究、震动评估和行驶仿真. 其精确的仰角数据可以对车辆部件或整车进行真实的耐久性仿真. 在驾驶模拟器中, 它可以实现对路面的逼真 3D 渲染, 如图 4.52 所示. 该文件格式也可用于其他类型的道路表面特性, 例如摩擦系数等. 图 4.53 为一个标准 OpenCRG 路面描述文件的可视化结果.

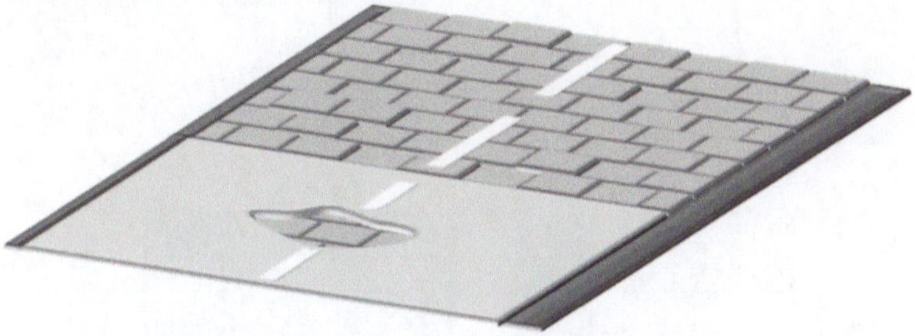

图 4.52 CRG 文件中定义的道路表面

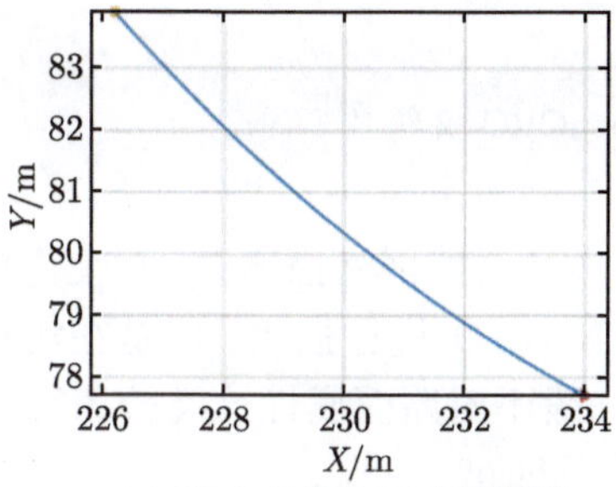

(a) CRG 参考线 XY概览图形

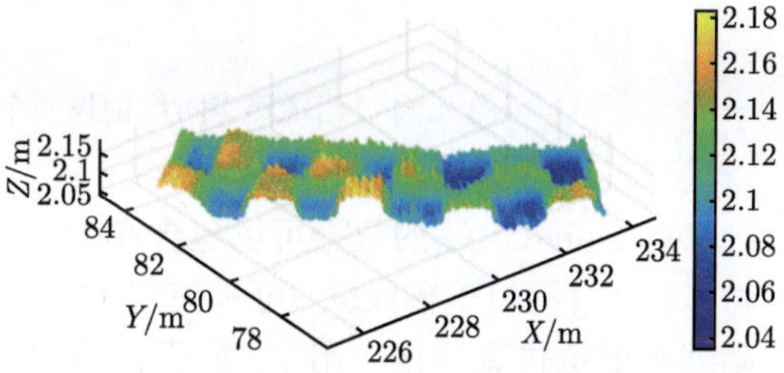

(b) CRG 道路在曲线的 XY网格下XYZ 图形

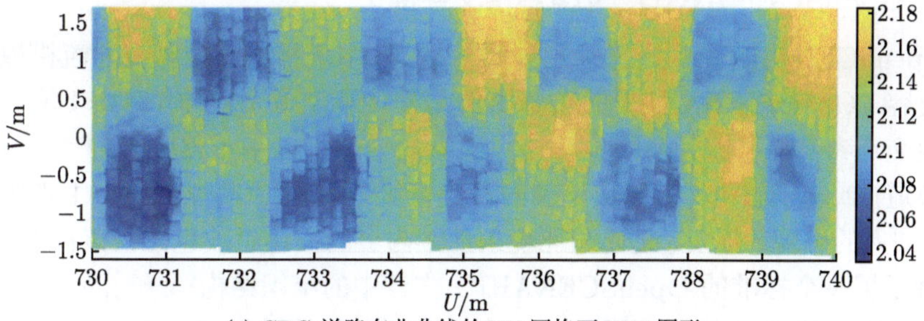

(c) CRG 道路在非曲线的UV 网格下 UVZ 图形

图 4.53 使用 UV 坐标和 XY 坐标的 OpenCRG 文件可视化结果

该标准描述了一种在特定布局中存储数据的方法, 称为"弯曲规则网格"(简称 CRG). 该方法的优点是存储效率高、在仿真工具中文件生成和数据处理所需的计算时间短以及将数据定位到道路网络上的准确性高.

描述路面的基本原理是将数据沿道路参考线铺设到网格中, 如图 4.54 所示.

线段由起始位置和航向角描述. 网格是由沿连续线段的纵向切口 (列) 和横向切口 (行) 产生的. 此网格中的每个单元都有一个值 (通常是高程). 道路中心线还包括终点位置, 该终点位置可用于检测和校正道路上数据放置的潜在漂移.

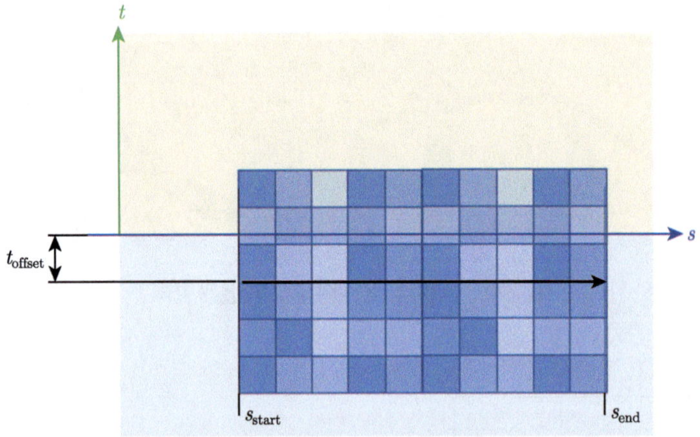

图 4.54 沿道路参考线铺设一个 OpenCRG 文件 [21]

来自 OpenCRG 的数据可以包含在 OpenDRIVE 道路网络描述中. 驾驶仿真的动态内容 (例如车辆操纵) 可以使用 OpenSCENARIO 进行描述. 但是在实际自动驾驶虚拟仿真测试应用中, 如无特别要求, 一般不对路面属性这类较为微观的参数进行特别设置, 使用默认的路面属性配置文件即可.

4.6.3 OpenSCENARIO：场景标准文件格式

OpenSCENARIO[22] 定义了一种文件格式, 用于描述驾驶和交通流模拟器的动态内容. OpenSCENARIO 的主要用例是描述涉及多个实体 (例如车辆、行人和其他交通参与者) 的复杂同步动作. 操纵的描述可以基于驾驶人的动作 (例如执行换道) 或基于轨迹 (例如从记录的驾驶操纵中得出). 其他诸如自主行驶的车辆、驾驶人的外观、行人、交通和环境条件等内容的描述也被包括在该标准中. 图 4.55 展示了一个标准的 OpenSCENARIO 文件中的组织结构.

该标准在情节提要 (Storyboard) 中描述了车辆的操作 (Maneuvers), 情节提要分为情节 (Stories)、行为 (Acts) 和序列 (Sequences). 一个情节可以描述单个车辆的驾驶操作, 也可以指定多个实体的动态行为 (如一旦车辆到达特定位置, 它们就会执行换道). 情节由一些行为组成, 这些行为在满足特定条件时触发, 例如超过定义的速度、达到与前方车辆定义的距离或驶出路段. 通过使用序列的概念, 该标准允许定义多个车辆响应. 一辆汽车的操纵可能是改变车道, 超越另一辆汽车或在堵车的同时为应急车辆创建空隙. 通过事件 (Events, 即何时发生?) 和动作

(Actions, 即发生什么?) 来描述车辆的详细驾驶行为. 动作可能与一辆车有关, 并且可以包括速度变化、车道变化或行驶到指定位置; 文件中也可以定义车辆应遵循的路线和轨迹. 另外, 动作也可能与环境有关, 并且可能包括交通信号灯的变化或交通拥堵的发生.

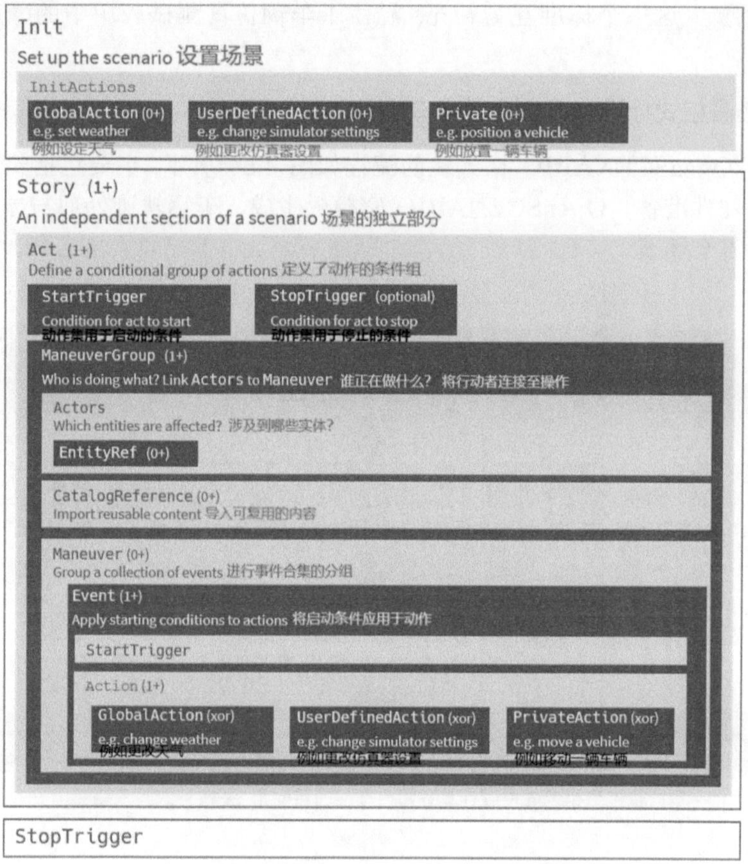

图 4.55 OpenSCENARIO 文件结构展示 [22]

行为、动作、轨迹和其他元素可以组织在文件目录中并可以进行参数化. 此外, 整个测试场景方案也支持参数化, 从而无须创建大量方案文件即可实现测试自动化.

OpenSCENARIO 中用于车辆行为描述的数据以分层结构组织, 并以 XML 文件格式序列化, 该 XML 文件可以很容易地进行验证、编辑、导入和导出.

车辆行为是自动驾驶汽车测试、验证和认证驾驶人辅助系统和自动驾驶汽车安全性的重要组成部分. 业界、认证机构和政府机构共同致力于车辆行为库的定义, 可用来确保此类系统的安全运行. OpenSCENARIO 是一个公开开发且独立于各类汽车厂商的标准, 非常适合此目的. 但需要指出的是, 尽管 OpenSCENARIO 通过标准化格式进行了清晰明了的车辆行为描述, 但可能在不同的仿真平台上的模拟结果会有差别.

该标准与 OpenDRIVE 的道路网络描述一起使用, 并且可以使用 OpenCRG 的路面轮廓. 这三个标准互为补充, 涵盖了车辆仿真测试应用中的静态和动态内容.

4.6.4 场景格式标准化案例：前方车辆插入

整个 OpenSCENARIO 格式化的流程如图 4.56 所示, 主要包括轨迹数据准备、道路文件准备、OpenSCENARIO 空模板生成、车辆轨迹处理与导入、可视化验证这五个环节.

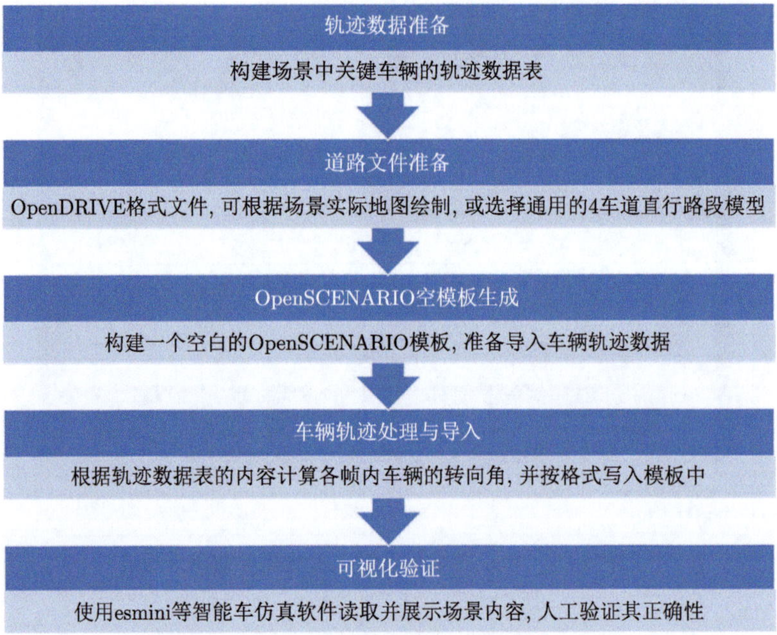

图 4.56 OpenSCENARIO 格式化的流程

以下案例将展示以一段 15s 的车辆轨迹数据为基础 (场景中包含 1 辆主车与 4 辆周围车), 生成标准格式的 OpenSCENARIO 场景文件的过程. 该场景主要展示了前侧方车辆插入的过程, 如图 4.57 所示.

图 4.57 前侧方车辆插入场景

1) 轨迹数据准备

前期准备工作已将场景中的主要车辆 (1 辆主车与 4 辆周围车) 的轨迹坐标进行提取与修复, 各车辆的轨迹数据记录在如图 4.58 所示结构的数据表中.

帧序号	车辆ID	X 坐标/m	Y 坐标/m
0	0	···	···
1	0	···	···
···	0	···	···
300	0	···	···
0	1	···	···
1	1	···	···
···	1	···	···

图 4.58 场景中关键车辆的轨迹数据表

2) 道路文件准备

该步骤可选用实际场景地图中的道路文件, 但往往绘制对应的 OpenDRIVE 地图是一件费时费力的事, 需要前期有相应的数字地图资源积累. 目前, 比较通用的方法是使用一段 4 车道的路段文件作为模板, 直接将场景中的车辆摆放至对应的车道中. 图 4.59 展示了案例选用的道路模型.

图 4.59　案例选用的 4 车道道路模型

3) OpenSCENARIO 空模板生成

完成上述准备工作后, 开始正式进入 OpenSCENARIO 标准化环节. 根据 OpenSCENARIO V1.0 版本的文件格式要求, 构造如图 4.60 所示的空白模板. 该模板内容共有 45 行, 其中第 11 行 <RoadNetwork> 部分定义了场景使用的 OpenDRIVE 文件路径以及车辆模型文件路径. 其中第 24 行定义了场景开始运行的条件, 即 "当仿真时间大于 0s 时" 场景中的车辆便开始运行; 第 33 行定义了场景运行结束的条件, 即 "当仿真时间大于 15s 时" 场景就会结束.

4) 车辆轨迹处理与导入

上一步的空模板中已经包含了 OpenSCENARIO 格式要求的大部分规定内容, 仅缺少对场景中车辆的声明及其运动轨迹的定义. 由于该场景中一共包含 5 辆车, 故需要在模板中第 15 行 <Entities> 节点中对这 5 辆车进行声明, 定义各车的名称、车型、颜色等参数, 如图 4.61 所示. 其中名为 Ego 的车辆是主车, 名为 Car1~Car4 的车辆为周围车.

完成场景车辆的声明之后, 需要在空模板中第 23 行 <Act> 节点下为每一辆车添加一个 <ManeuverGroup> 子节点, 各个 <ManeuverGroup> 之间是并列的关系, 以下以主车的 <ManeuverGroup> 为例详细介绍具体添加的内容.

<ManeuverGroup> 用于定义场景中单个车辆行为的节点, 需要声明其 <Actors> 子节点, 以便告知解析器该 <ManeuverGroup> 中的参与车辆. 图 4.62 展示了一个完整的 <ManeuverGroup> 应该包含的所有内容.

本案例中车辆的运动是按照轨迹点之间的平滑连接来进行的, 由解析器自动根据各轨迹点的坐标与时间差进行车辆速度的计算. 车辆轨迹需要按照 <Shape> 的格式进行声明, 如图 4.63 所示.

```xml
<?xml version="1.0" encoding="utf-8"?><OpenSCENARIO>
    <FileHeader author="TOPS" date="2020-06-23T10:00:00" description="Basic trajectory test." revMajor="0" revMinor="9"/>
    <ParameterDeclarations/>
    <CatalogLocations>
        <RouteCatalog/>
        <VehicleCatalog>
            <Directory path="../xosc/Catalogs/Vehicles"/>
        </VehicleCatalog>
        <ControllerCatalog/>
    </CatalogLocations>
    <RoadNetwork>
        <LogicFile filepath="../xodr/e6mini.xodr"/>
        <SceneGraphFile filepath="../models/e6mini.osgb"/>
    </RoadNetwork>
    <Entities>
    </Entities>
    <Storyboard>
        <Init>
            <Actions/>
        </Init>
        <Story name="Story">
            <ParameterDeclarations/>
            <Act name="Act">
                <StartTrigger>
                    <ConditionGroup>
                        <Condition delay="0" edge="rising" name="StartCondition">
                            <ByValueCondition>
                                <SimulationTimeCondition rule="greaterThan" value="0"/>
                            </ByValueCondition>
                        </Condition>
                    </ConditionGroup>
                </StartTrigger>
                <StopTrigger>
                    <ConditionGroup>
                        <Condition delay="0" edge="rising" name="StopCondition">
                            <ByValueCondition>
                                <SimulationTimeCondition rule="greaterThan" value="15"/>
                            </ByValueCondition>
                        </Condition>
                    </ConditionGroup>
                </StopTrigger>
            </Act>
        </Story>
    </Storyboard>
</OpenSCENARIO>
```

图 4.60 案例使用的 OpenSCENARIO 空模板文件内容

```xml
<Entities>
    <ScenarioObject name="Ego">
        <CatalogReference catalogName="VehicleCatalog" entryName="car_white"/>
    </ScenarioObject>
    <ScenarioObject name="Car1">
        <CatalogReference catalogName="VehicleCatalog" entryName="car_blue"/>
    </ScenarioObject>
    <ScenarioObject name="Car2">
        <CatalogReference catalogName="VehicleCatalog" entryName="car_blue"/>
    </ScenarioObject>
    <ScenarioObject name="Car3">
        <CatalogReference catalogName="VehicleCatalog" entryName="car_blue"/>
    </ScenarioObject>
    <ScenarioObject name="Car4">
        <CatalogReference catalogName="VehicleCatalog" entryName="car_blue"/>
    </ScenarioObject>
</Entities>
```

图 4.61 场景中的车辆声明

每个轨迹点包含的信息有：当前时刻 (Time) 与车辆的世界坐标 (World Position). 在 OpenSCENARIO 标准中, 世界坐标点由航向角 (Heading Angle, 单位：弧度)、俯仰角 (Pitch Angle, 单位：弧度)、滚动角 (Roll Angle, 单位：弧度)、横向位置 (x, 单位：米)、纵向位置 (y, 单位：米)、竖直位置 (z, 单位：米) 这六个要素构成. 一般俯仰角与滚动角取 0 即可, 航向角需要根据前后两个轨迹坐标点之间的相对位置来计算获得.

```xml
<ManeuverGroup maximumExecutionCount="1" name="Sequence0">
    <Actors selectTriggeringEntities="false">
        <EntityRef entityRef="Ego"/>
    </Actors>
    <Maneuver name="Maneuver0">
        <Event name="MoveEvent0" priority="overwrite">
            <Action name="Action0">
                <PrivateAction>
                    <RoutingAction>
                        <FollowTrajectoryAction>
                            <Trajectory closed="false" name="Trajectory0">
                                <Shape>
                                    <Polyline>
                                        <Vertex time="0.05">
                                            <Position>
                                                <WorldPosition h="1.57079632679" p="0" r="0" x="8.0" y="0.841796875" z="0"/>
                                            </Position>
                                        </Vertex>
                                        ......
                                        <Vertex time="15.0">
                                            <Position>
                                                <WorldPosition h="1.57079632679" p="0" r="0" x="8.0" y="254.25" z="0"/>
                                            </Position>
                                        </Vertex>
                                    </Polyline>
                                </Shape>
                            </Trajectory>
                            <TimeReference>
                                <Timing domainAbsoluteRelative="relative" offset="0.0" scale="1.0"/>
                            </TimeReference>
                            <TrajectoryFollowingMode followingMode="position"/>
                        </FollowTrajectoryAction>
                    </RoutingAction>
                </PrivateAction>
            </Action>
            <StartTrigger>
                <ConditionGroup>
                    <Condition edge="rising" delay="0" name="StartCondition0">
                        <ByValueCondition>
                            <SimulationTimeCondition rule="greaterThan" value="0"/>
                        </ByValueCondition>
                    </Condition>
                </ConditionGroup>
            </StartTrigger>
        </Event>
    </Maneuver>
</ManeuverGroup>
```

图 4.62　ManeuverGroup 节点中的所有必须内容

```xml
<Shape>
    <Polyline>
        <Vertex time="0.05">
            <Position>
                <WorldPosition h="1.57079632679" p="0" r="0" x="8.0" y="0.841796875" z="0"/>
            </Position>
        </Vertex>
        ......
        <Vertex time="15.0">
            <Position>
                <WorldPosition h="1.57079632679" p="0" r="0" x="8.0" y="254.25" z="0"/>
            </Position>
        </Vertex>
    </Polyline>
</Shape>
```

图 4.63　Shape 节点中车辆轨迹的声明

根据以上要求将所有的车辆轨迹按格式写入模板中, 即构成了一个标准的 OpenSCENAIRO 场景文件.

5) 可视化验证

在完成场景文件的标准化处理之后, 往往还需要依靠人工对该场景文件进行正确性检验, 以确保输出内容与实际场景并无较大差别. 本案例中使用开源的 OpenSCENAIRO 文件解析器 esmini 对上一步获得的 ".xosc" 文件进行可视化展示, 如图 4.64 所示. 具体操作方法可见 esmini 的 GitHub 主页[①].

(a) (b) (c) (d)

图 4.64 使用 esmini 进行可视化验证

可视化结果显示, 场景文件中主车前侧方车辆插入的过程与实际视频中基本一致, 故可认为该场景文件标准化操作是成功的. 如果经人工校验发现可视化结果与实际视频具有较大出入, 则需要重新验证第一步中车辆轨迹提取结果的可靠性.

在获取到 OpenSCENAIRO 格式的场景文件后, 便可将场景导入到智能车虚拟仿真平台 (如 VTD) 中进行回放测试, 对智能车的各类指标进行评价与分析, 测试不同自动驾驶算法的效果.

4.7 本章小结

本章从场景定义、分类、采集、危险场景提取、自动派生、存储格式标准化几个方面展开对场景的介绍. 首先, 确定了场景的定义, 并将场景与易混淆的两个概念：场面和情景区别开来. 考虑场景的组成元素, 按内容对场景分层为道路层、基础设施层、临时管制层、交通层、环境层和通信信息层六个层次; 考虑不同的需求导向, 提出了按描述的抽象程度划分场景为功能场景、逻辑场景、具象场景, 并分析了现有国内外项目、机构的功能场景, 总结提出了新的功能场景划分方法. 然后, 介绍了场景采集的几种手段, 重点关注通过自然驾驶路采数据提取危险场景, 确定了替代风险指标和几类典型的危险场景, 并介绍了原始路采事件链数据可能

① https://github .com/esmini/esmini.

存在的问题和处理方法, 以两个具体案例展示从原始路采事件链数据转换为场景的过程. 接着, 介绍了不完全依靠路采数据的场景自动化派生方法, 介绍了我们两个探索性的研究：基于 GAN 网络和基于本体论的场景自动派生方法. 最后, 介绍了场景格式标准化——OpenX 格式的相关内容, 并给出从路采数据处理成标准格式化场景整个过程的操作实例.

参 考 文 献

[1] Jacobo A M, Nobuyuki U, Kunio Y, et al. Development of a safety assurance process for autonomous vehicles in Japan. Proceedings of ESV Conference, 2019.

[2] de Gelder E, den Camp O O, de Boer N. Scenario Categories for the Assessment of Automated Vehicles. 2020. CETRAN: Online: http://cetran. sg/wp-content/uploads/2020/01/REP200121_Scenario_Categories_v1. 7. pdf.

[3] Center G A. PEGASUS-Project. 2019. Online: https://www. pegasusprojekt. de/en/home.

[4] Schuldt F, Ulbrich S, Menzel T, et al. Defining and substantiating the terms scene, situation, and scenario for automated driving // IEEE International Conference on Intelligent Transportation Systems, 2015: 982-988.

[5] Bagschik G, Menzel T, Maurer M. Ontology based scene creation for the development of automated vehicles // IEEE Intelligent Vehicles Symposium (IV), Changshu, China, 2018.

[6] Najm W G, Smith J D, Yanagisawa M. United State: National Highway Traffic Safety Administration. Pre-Crash Scenario Typology for Crash Avoidance Research, 2007.

[7] Waymo. On the road to fully self-driving // Waymo Safety Report. 2018. Online: https://assets. ctfassets. net/sv23gofxcuiz/1xAGjnH0kTxD2Vmvqsv3eS/7da216660cbd9ee7b35eefcac1b28a2f/waymo-safety-report-2018. pdf.

[8] 张珊, 王蕾, 郭魁元, 等. 基于交通事故的自动驾驶虚拟测试方法研究. 中国汽车, 2020, 338(5): 36-41.

[9] Agamennoni G, Nieto J I, Nebot E M. Estimation of multivehicle dynamics by considering contextual information. IEEE Transactions on Robotics, 2012, 28(4): 855-870.

[10] Campbell K L. The SHRP 2 naturalistic driving study. TR News, 2012(282): 30-35.

[11] Klauer S, Dingus T, Neale T, et al. The impact of driver inattention on near-crash/crash risk: An analysis using the 100-car naturalistic driving Study Data. NHTSA, 2006: 594.

[12] Dingus T A, Klauer S G, Lewis V L, et al. The 100-car naturalistic driving study: Phase II – results of the 100-car field experiment. United States, Department of Transportation, National Highway Traffic Safety Administration, 2006.

[13] Najm W G, Toma S, Brewer J. Depiction of priority light-vehicle pre-crash scenarios for safety applications based on vehicle-to-vehicle communications. United States, National Highway Traffic Safety Administration, 2013.

[14] 廖茂竹, 朱西产, 孙晓宇, 等. 中国道路典型危险工况的自动分类方法研究 // 第十三届 INFATS 国际汽车交通安全学术会议, 2016.

[15] Michael P G, Leeming F C, Dwyer W O. Headway on urban streets: Observational data and an intervention to decrease tailgating. Transportation Research Part F: Traffic Psychology & Behaviour, 2000, 3(2): 55-64.

[16] Shrestha D, Chang G L. A monitoring and alert system for tailgating behavior of drivers // IEEE Vehicular Technology Conference, 2006.

[17] Department of Motor Vehicles, New York State. Driver's manual & practice tests. Chapter8: Defensive Driving. 2011. https://dmv. ny. gov/about-dmv/chapter-8-defensive-driving.

[18] MOBILEYE. Implementing the RSS model on NHTSA pre-crash scenarios. 2018. Online: https://static.mobileye.com/website/corporate/rss/rss_on_nhtsa.pdf.

[19] 中华人民共和国住房和城乡建设部. 城市道路工程设计规范. 北京: 中国建筑工业出版社, 2012.

[20] ASAM. ASAM OpenDRIVE V1.6.0 User Guide. 2020 [cited 2020. 1.24]. https://www.asam.net/standards/detail/opendrive/.

[21] ASAM. ASAM OpenCRG. 2020 [cited 2020.9.30]. https://www.asam.net/standards/detail/opencrg/.

[22] ASMA. ASAM OpenSCENARIO. 2020 [cited 2020.5.13]. https://www.asam.net/ standards/detail/openscenario/.

第 5 章　面向自动驾驶虚拟测试的交通流仿真建模方法

基于场景的测试方法是对固定场景进行"回放"测试, 仅能实现单向交互, 并且还存在场景数据难以采集等问题, 在自动驾驶测试中愈发体现出其固有的局限性. 近年来, 通过模拟现实交通环境生成虚拟交通流的测试方法受到越来越多的关注, 但目前自动驾驶虚拟测试平台均不具备高逼真度交通流的仿真能力. 因此, 本章首先介绍了两种交通流接入方法：基于现有交通流仿真软件的方法、基于自研交通流仿真模块的方法. 然后, 针对自动驾驶测试对安全性能的特殊关注, 进一步提出干扰行为模型以及面向面域的二维交通流仿真模型. 最后, 探讨了利用现有交通流仿真系统以及自研的面向安全的交通流模型与自动驾驶虚拟测试工具整合, 提升自动驾驶虚拟安全性测试的可信度和有效性.

5.1　概　　述

由于具有成本低、场景可控、绝对安全等特点, 虚拟测试在自动驾驶汽车的初期开发阶段已成为必不可少的测试手段. 而随着自动驾驶汽车智能水平的不断提高, 对自动驾驶汽车的测试已从单一功能的独立测试变为多功能甚至整车集成的测试和安全性认证. 前述的场景库生成方法, 无法覆盖自动驾驶汽车所面临的全部情况, 也无法满足 HAV 安全验证巨量里程测试需求, 更为重要的是基于场景库的回放测试, 背景车流无法实时对测试车的行为进行响应, 属于单向交互测试. 基于交通流仿真生成虚拟驾驶环境, 进行无限里程测试已成为目前业界公认的重要解决方案.

然而, 纵观国内外用于自动驾驶汽车开发与虚拟测试的主流平台, 无论是集成性开源仿真测试平台 (如微软 AirSim 平台、英特尔 CARLA 平台、百度 Apollo 平台等), 还是非开源的商用仿真软件 (如 CarSim, PreScan, VTD 等), 均侧重对传感器仿真、车辆动力学仿真以及场景中各类物体的三维建模仿真. 对于交通测试场景的生成, 大多仅支持背景车辆轨迹的离线导入, 少部分 (如 VTD) 虽然提供了内置的交通流模块, 但其生成的交通流不够真实, 缺乏高逼真度的能够模拟车辆间双向交互, 尤其是与测试主车交互的交通流环境. 而与冲突对象的交互博弈是自动驾驶汽车规划决策模块的难点问题, 也是决定自动驾驶汽车安全性和智能水平的关键. 目前, 仅有 Waymo 汽车自研的 CarCraft 平台具备交通流仿真能力, 但由于技术封锁, 该平台并未对外开放.

针对交通流环境缺失的问题, 业界常用的解决方法之一是通过交通流仿真软件接入交通流. 在交通工程领域, 交通流仿真软件通过虚拟化生成交通流环境, 来模拟评价各种交通管控措施的预期效果. 交通流仿真软件关注模拟车辆之间的真实交互过程, 它以车辆个体为对象, 通过构建车辆交互模型模拟车辆在不同道路和交通条件下的运动状态, 因此也可作为自动驾驶测试的背景交通流. 目前, 面向 ADAS 的虚拟测试工具 (如 CarSim、PreScan 等) 大多采用该方法实现. 但由于涉及 ADAS 测试工具和交通流仿真软件之间的内部数据传输, 并且两个软件使用的路网格式不同、需要做路网匹配, 这些涉及接口方面的工作需由软件商配合完成. 受制于接口的开放程度, 第三方用户的可操作性非常有限, 无法满足开源仿真测试平台的需求.

另一方面, 现有的交通流仿真软件都是在基于规则的逻辑框架下, 通过将车辆之间的交互过程划分为跟驰、换道、合流、分流等基本交互行为, 分别构建模型. 这种基于规则的仿真模型都是面向交通效率评价的, 对自动驾驶汽车的安全性测试意义有限, 具体表现为:

(1) 目前交通流仿真系统中采用的均是基于车道的一维模型, 即假设车辆是沿着车道中心线行驶的, 较少考虑车辆间的横向影响, 因此仅适用于低密度、有限交互条件下、车道划分明确的结构化道路. 而在例如交叉口内部、乡村道路等非结构化道路乃至高密度条件下的结构化道路中, 存在各种高度交互、复杂干扰行为, 基于车道的模型过分简化了交互平面二维空间中复杂的交互作用, 难以满足交通安全评价需求.

(2) 现有交通流仿真模型基于 "安全驾驶" 的假设, 即仿真对象均属于循规驾驶人, 缺少对违规、违章行为的关注, 无法验证自动驾驶汽车在特殊干扰场景下的安全能力. 上述问题对应的场景正是自动驾驶汽车在实际驾驶环境下面临巨大挑战的场景, 因此面向自动驾驶的交通流仿真必须具备对上述现象的模拟能力.

为此, 近年来另外一种解决方法受到越来越多的关注, 即尝试开发交通流仿真模块, 实现与测试平台的无缝对接. 该方法通过自定义接口, 可根据需求任意指定数据交互内容; 基于标准化路网的交通流建模, 省去了路网匹配的工作; 同时, 由于交通流模型可以自定义, 通过进一步自研面向自动驾驶安全测评的交通流模型, 可以弥补交通流仿真软件内置模型的缺陷. 该方法的难点在于需要具备一定交通流仿真相关的知识基础以实现交通模块的接口定义, 以及对面向安全测评的仿真模型构建.

本章将首先对这两种解决方案的关键技术问题进行介绍. 随后在商业交通流仿真软件接入方面, 说明交通流仿真系统开发的基本原理, 并简要介绍现有的主流交通流仿真软件, 对比不同软件的优势; 在交通流仿真模块开发方面, 介绍了从 TESS NG 提取出的适用于常态交通流仿真的基础模型, 并给出建议的接口定义内容. 随后针对现有交通流模型均基于车道、“安全驾驶” 假设的缺陷, 对应地提出能够模拟各类违章、复杂干扰的驾驶行为模型以及基于面域的面向自动驾驶安全测试的二维仿真模型. 最后, 给出不同的案例将现有自动驾驶测试工具分别与交通流仿真软件以及自研面向安全测试的交通流仿真模块进行整合, 证明解决方案的有效性. 本章的技术路线如图 5.1 所示.

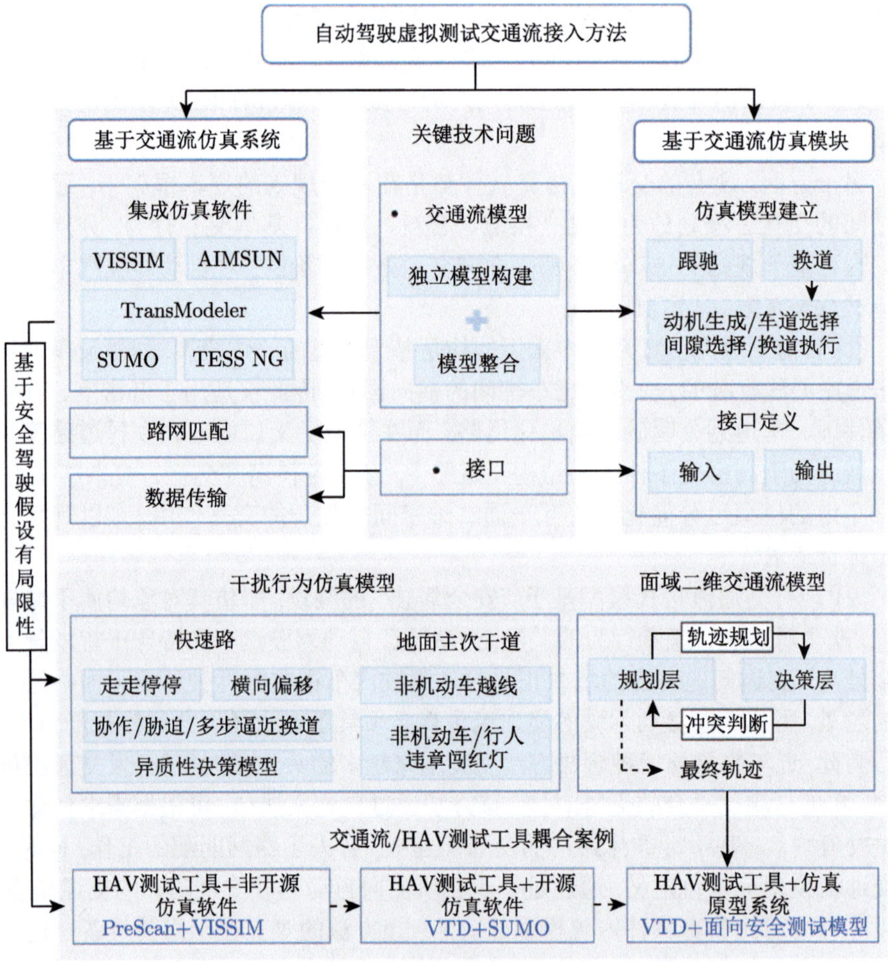

图 5.1 自动驾驶虚拟测试交通流接入方法技术路线

5.2 自动驾驶虚拟测试背景交通流接入方法

结合我们对 HAV 测试的调研和长期使用经验，目前可有效实现高逼真度交通流在 HAV 测试工具中的接入主要有两种方式：① 直接利用商业交通流仿真软件生成交通流; ② 面向定制化测试需求自主开发交通流仿真模块.

将交通流仿真软件中的交通流接入 HAV 测试工具，其原理就是实现 HAV 测试工具和交通流仿真软件的同步仿真，并将交通流仿真软件中的交通流和 HAV 测试工具中的测试主车实现相互映射. HAV 测试工具和交通流仿真软件是独立运行的两部分，通过时间同步使两部分仿真保持在相同的状态 (图 5.2). 在仿真开始前将高精度地图转为交通流仿真软件中的仿真地图，仿真开始后在每一个时间同步帧，将测试主车的状态由 HAV 测试工具发给交通流仿真软件，并且仿真软件将背景车辆更新之后的状态返回到 HAV 测试工具. 交通流仿真信息 (包括仿真路网、交通流) 仍然保存在交通流仿真软件中，HAV 测试工具只需要同步每个更新步长后的交通流车辆的状态信息即可. 传统汽车仿真测试软件 (包括 PreScan, CarSim 等) 均采用这种方式，官方给出了具体连接方法，降低了用户的使用难度.

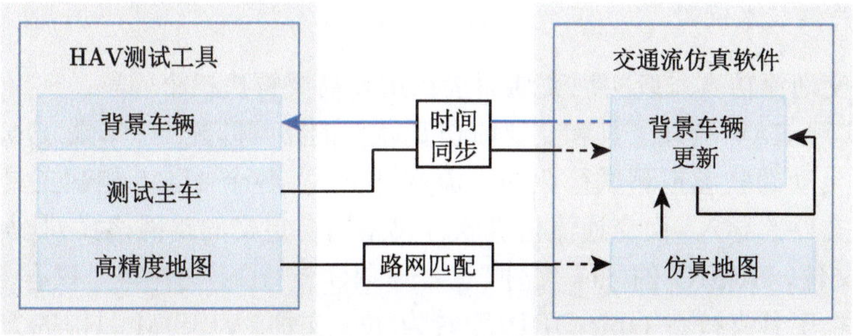

图 5.2 基于交通流仿真软件的交通流接入方法

而基于交通流仿真模块则需要开发一套交通流状态更新算法，仿真模块作为 HAV 测试工具的一部分，在每个更新时间间隔，HAV 测试工具调用该仿真模块，输入当前时刻的背景车辆状态信息、测试主车状态信息以及路网信息，返回下一时刻更新后的交通流车辆状态信息 (图 5.3). 交通流仿真信息保存在 HAV 测试工具中，交通流仿真模块只负责对每个时间间隔的交通流车辆的状态信息进行更新. 由于具有更好的独立性和开放性，目前，互联网企业开发的开源自动驾驶虚拟测试平台大都采用该方法.

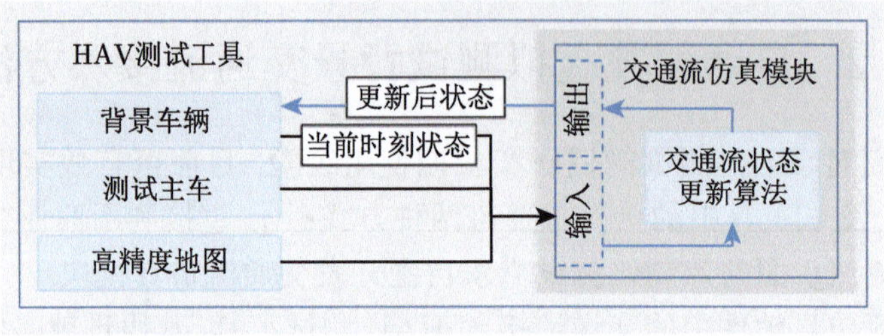

图 5.3　基于交通流仿真模块的交通流接入方法

下面将分别对这两类方法进行介绍.

5.2.1　基于交通流仿真系统的交通流接入方法

交通流仿真软件关注交通参与者个体之间的交互行为, 采用基于规则的模型并结合参数标定, 可以比较真实、高效地模拟现实的交通流特性, 并已覆盖各种静态道路类型 (包括城市主次干道、换道、高快速路等) 和动态交通管控措施 (包括交通信号灯、限速标牌、地面标志标线等), 足以满足一般情况下的自动驾驶测试场景构建.

5.2.1.1　关键技术问题

基于交通流仿真系统实现交通流接入主要需要解决三个问题:

(1) 实现 HAV 测试工具和交通流仿真软件的路网匹配. 近年来, OpenDRIVE 开始成为自动驾驶虚拟测试行业的主流文件格式, 各个 HAV 测试工具均逐步提供该格式文件的导入. 而交通流仿真软件仍采用自定义的路网格式 (比如 VISSIM 的 .inpx 文件、SUMO 的 .net 文件、TESS NG 的 .tess 文件等), 仅有 SUMO 提供路网转换工具支持将 OpenDRIVE 转为 .net 文件. VISSIM 目前的方案是基于 HAV 测试工具的路网为底图, 在 VISSIM 内手工绘制 .inpx 路网; 这种方法的路网匹配度较低, 无法满足自动驾驶测试高精度路网的需求, 并且手工绘制的方式也无法适用大规模路网. 另外一种可尝试的方法是自行编写路网转换工具, 因为交通流仿真软件的路网大多基于 XML 语言编写, 具有统一的语法规范和明确的标签解释, 理论上可基于对 OpenDRIVE 路网内容的解析按照交通流仿真软件的路网格式进行重新编写.

(2) 实现 HAV 测试工具和交通流仿真软件的数据交互. 具体来说就是要将交通流中的车辆以及 HAV 测试工具中的测试主车实现相互映射, 保持时间同步, 并且交通流中的车辆要能对测试主车的行为做出反应. 相互映射主要是实现数据在两者间的传输, 但是严重依赖 HAV 测试工具和仿真软件为用户提供的现成二次开发接口, 无论是在数据传输内容、开发编程语言、工具/软件的自动化操作等方面都受到接口开放程度的约束. 为方便用户使用, 部分软件商之间通过合作, 已开发出实现软件间数据交互的接口, 比如 PreScan/CarSim 都已集成与 VISSIM 连接的交通流模块、VTD 提供了与 SUMO 的接口文件, 在 5.5.1 节/5.5.2 节中分别有相关案例. 对于没有现成接口的软件之间要自行编写程序, 实现两个软件之间接口的数据传输, 操作较为复杂.

(3) 如何选择交通流仿真软件? 部分 HAV 测试工具已经提供了官方适配的交通流仿真软件及其接口. 对于具有特殊需求且开发能力较强的用户, 可以在自行开发接口的基础上, 参考 5.2.1.3 节中主流交通流仿真软件的介绍和对比进行选择. 另外, 除了基于现成交通流仿真软件实现整合, 用户也可自行构建交通流仿真原型系统来实现交通流仿真软件的功能, 从而无须受制于仿真软件的接口、模型、路网格式等限制, 前提是需要有比较完整的关于交通流仿真系统、仿真模型的知识体系, 在 5.5.3 节中将提供自建交通流仿真系统的实现案例.

5.2.1.2 交通流仿真系统

交通流仿真将每一辆车视为离散的个体, 对系统内人、车、路、环境等多要素建模, 采用仿真模型解析各要素间的相互作用和驾驶行为产生机理, 如图 5.4 展示了一个完整的微观交通流仿真原型系统, 其中交通流模型是决定仿真性能的关键. 根据驾驶行为的持续时长和空间范围从大到小, 通常将驾驶行为划分为战略级、战术级和运行级三个层次, 分别对应路网中的 "路径-路段-车道", 后来也发展成为结构化的建模范式. 基于这样一个假设, 研究人员分别为每一种驾驶行为单独建模, 从而形成了庞大的模型体系, 如图 5.5 展示了交通流仿真核心模型的结构.

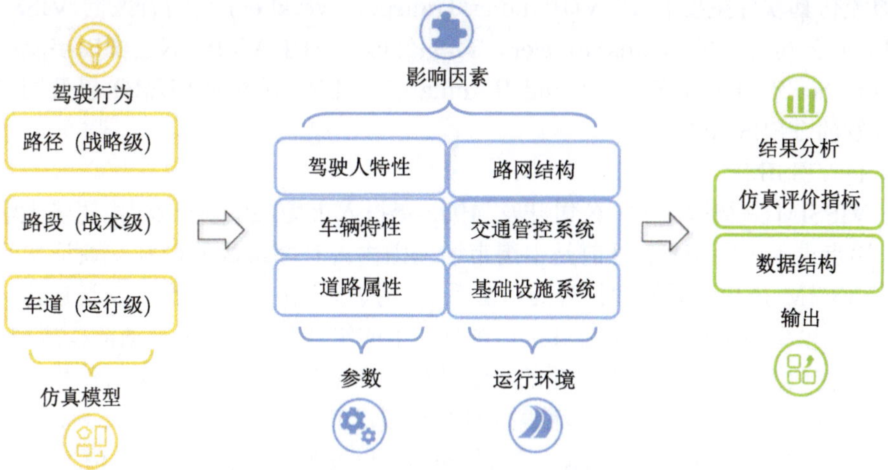

图 5.4　微观交通流仿真原型系统

在三个层次中都存在众多模型, 其模拟的侧重点也不尽相同, 战略级的行为模型主要关注的是出行起点到出行终点路径选择问题, 在中、宏观仿真中起重要作用, 而微观仿真更偏向于战术级和运行级的驾驶行为的建模.

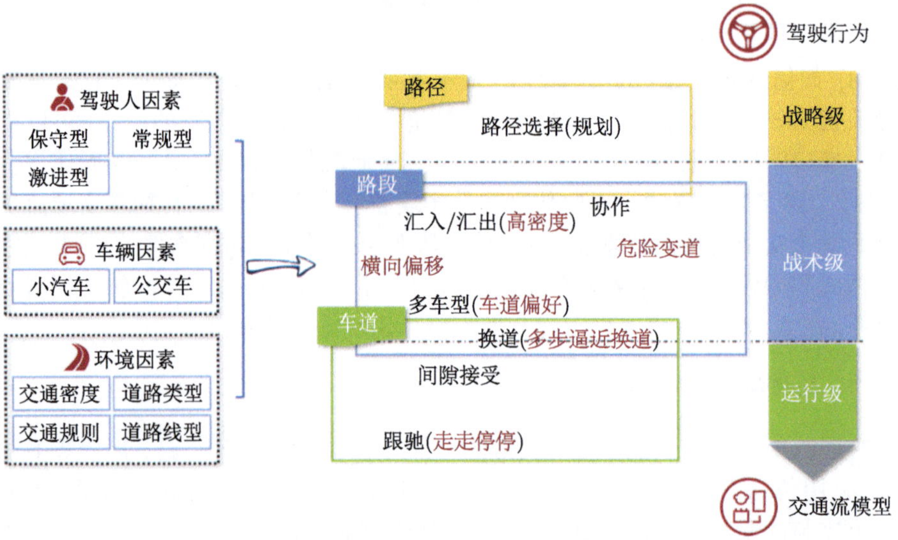

图 5.5 微观交通流仿真核心模型体系

5.2.1.3 国内外主流交通流仿真软件

在交通工程领域, 经过六十多年的发展, 交通流仿真技术已经非常成熟, 已形成系统性知识体系, 多家公司开发了各自的商业化软件. 目前业界的主流微观交通流仿真软件主要有 PTV(Planung Transport Verkher) 公司开发的 VISSIM、Caliper 公司开发的 TransModeler、TSS 公司开发的 AIMSUN、德国宇航中心 (Deutsches Zentrum für Luft und Raumfahrt, DLR) 开发的 SUMO 以及同济大学开发的 TESS NG 等.

1) VISSIM①

VISSIM 是德国 PTV 公司开发, 1992 年投入市场, 20 世纪末, 由同济大学开始, 逐步进入中国市场, 目前是中国市场范围内占有率最高的微观交通流仿真系统. VISSIM 是基于时间和行为的仿真系统, 用于对城市交通和公共交通运营进行模拟. 该模型内部包含两个通过接口进行通信的组件. 第一个是交通流模拟器, 它是微观交通流模型, 可模拟车辆的运动并生成相应的输出. 第二个组件称为信号状态生成器, 它使用来自交通流模拟器的检测器信息以离散时间步长 (每秒 1 步到 10 步变化) 来确定信号状态, 并将状态传递回交通流模拟器 (图 5.6).

① 官网: vision-traffic.ptvgroup.com/en-us/products/ptv-VISSIM/.

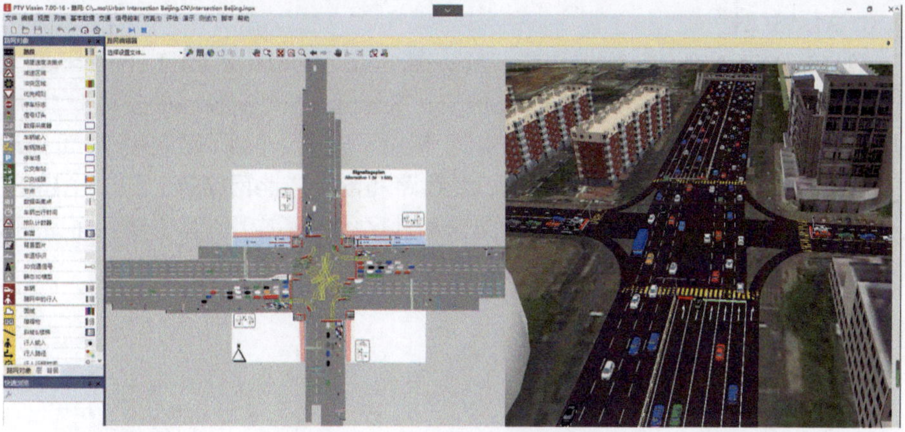

图 5.6 VISSIM 软件仿真界面

2) TransModeler①

TransModeler 是美国 Caliper 公司开发的多功能交通流仿真软件包. TransModeler 通过与地理信息系统 (Geographic Information System, GIS) 有机结合, 路网等空间数据存储和管理完全采用 GIS 数据处理方式, 可通过数据库管理系统来管理空间数据, 在 GIS-T 图形界面上微观显示车辆运行状况及详细交通状况 (图 5.7).

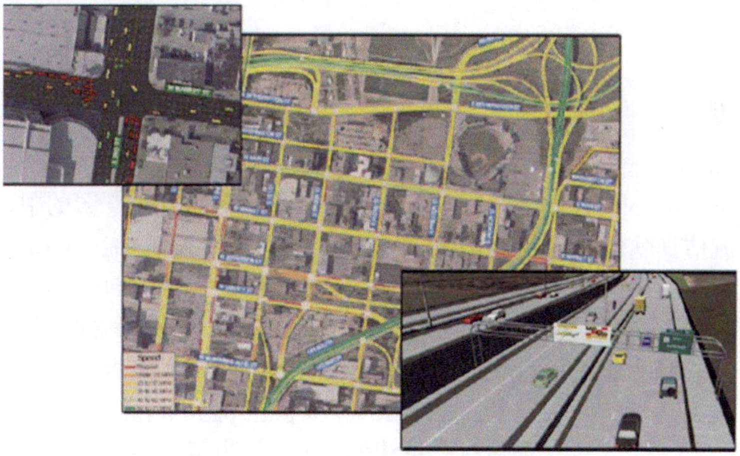

图 5.7 TransModeler 仿真界面

① 官网：www.caliper.com/transmodeler/default.htm.

3) AIMSUN[1]

AIMSUN(Advanced Interactive Microscopic Simulator for Urban and Non-urban Networks) 是西班牙 TSS (Transport Simulation Systems) 公司于 1997 年开发的交互式交通流仿真软件. AIMSUN 集成了宏观、中观、微观模型, 可处理各种类型的交通网络, 包括环形道路、干线道路和混合道路网络等. 目前, AIMSUN 已在中国、西班牙、美国等 80 多个国家和地区得到了应用, 其仿真界面如图 5.8 所示.

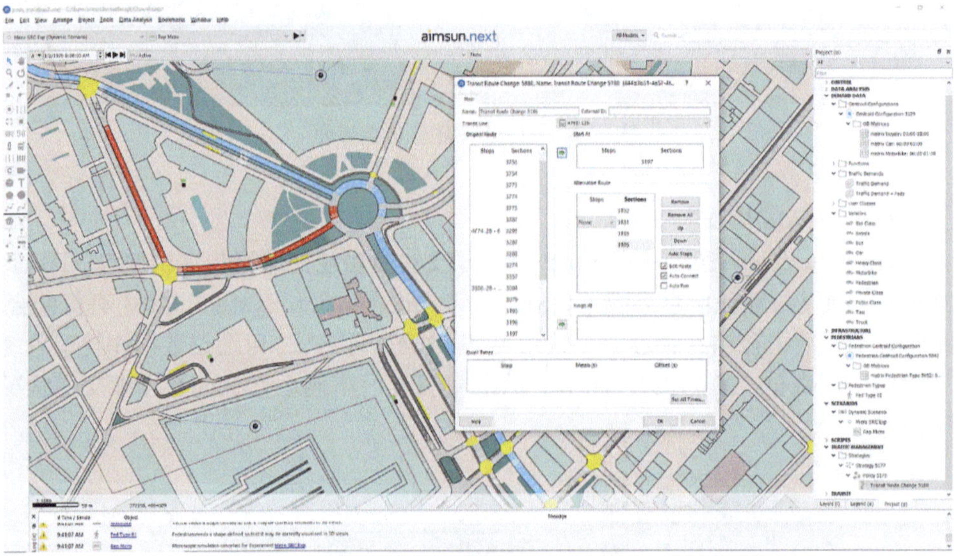

图 5.8　AIMSUN 仿真界面

4) SUMO[2]

“Simulation of Urban MObility”, 简称 “SUMO”, 是一种开源的中、微观多模式的交通流仿真软件. 2001 年, 该软件诞生于德国航空航天中心 (DLR) 运输系统研究所与科隆应用信息中心的合作项目, 第一个开源版本于 2002 年发布. SUMO 提供一个名为交通控制接口 (Traffic Control Interface, TraCI) 的程序接口将外部应用程序连接到 SUMO, TraCI 可支持在线的仿真交互和多客户端访问, 为模型的二次开发提供了极大的便利, 其作为一个开源的仿真平台, 其主要目的是给交通研究者提供一个实现和评估自己算法的工具, 作为架构和模型基础来使用, 该仿真平台给研究人员带来了很大的方便, 也有大量面向自动驾驶测试的研究基于 SUMO 的交通流环境展开. 其仿真界面如图 5.9 所示.

① 官网：https://www.aimsun.com/.

② 官网：sumo.sourceforge.net.

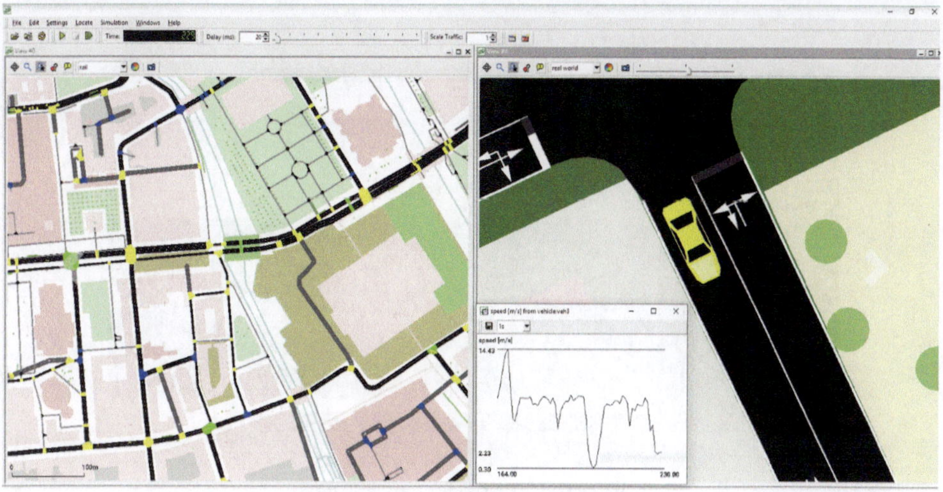

图 5.9 SUMO 仿真界面

5) TESS NG①

TESS(Tongji traffic nEtwork Simulation System) 仿真系统是同济大学孙剑教授于 2006 年主持开发的第一代道路交通流仿真系统. 自此之后, 历经十年, 孙剑教授课题组针对中国混合交通流运行特征开展了 100 多项模型创新和仿真系统应用实践. 2015 年, 由孙剑教授主持、胡立新工程师及刘启远博士核心参与, 对 TESS 系统进行了全新研发, 包括软件架构、高精度路网交互、计算平台、模型体系等, TESS NG (TESS Next Generation) 微观交通流仿真系统应运而生. TESS NG 微观交通流仿真系统融合了交通工程、软件工程、系统仿真等交叉学科领域的最新技术, 主要特点为：完全自主知识产权、专门针对中国驾驶者及交通流特征、便捷快速的建模能力、开放的外部接口模块以及定制化的用户服务等. TESS NG 也是目前唯一国产商业化的微观交通流仿真系统, 面世仅一年时间, 已有 300 多家长期用户. 其仿真界面如图 5.10 所示.

从仿真软件的基础功能上看, 上述几款交通流仿真软件在基础路网及交通需求设置、车辆运行规则及交通管控方式设置、仿真对象上均有比较完备的功能. 在二次开发接口及仿真优化方面, 各个商业化仿真软件各具特点. 表 5.1 中对主流交通流仿真软件功能进行了对比.

① 官网：www.jidatraffic.com.

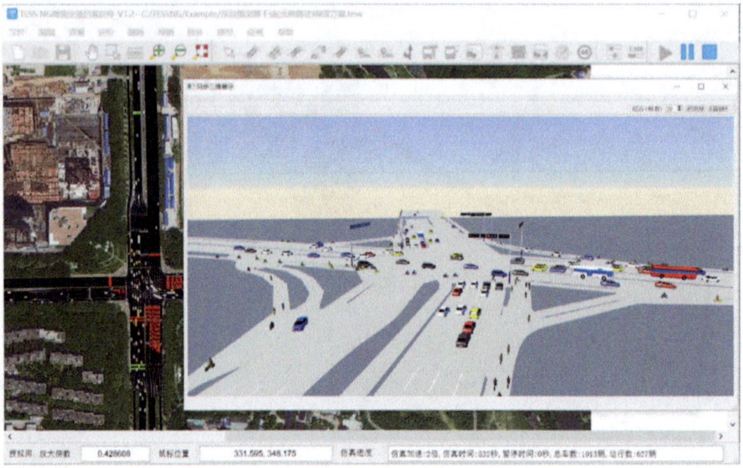

图 5.10 TESS NG 仿真界面

表 5.1 主流交通流仿真软件功能对比

软件功能	软件名称				
	VISSIM	TransModeler	AIMSUN	SUMO	TESS NG
A ——基础路网及交通需求设置					
1 底图导入及设置	√	√	√	√	√
2 基础路网编辑	√	√	√	√	√
3 路网信息输出	√	√	√	√	√
4 各类专用车道设置	√	√	√	√	√
5 停车场设置	√	√	√	√	√
6 公交系统设置	√	√	√	√	√
7 发车点设置	√	√	√	√	√
8 车辆路径设置	√	√	√	√	√
9 不同车辆属性设置	√	√	√	√	√
10 不同车型及其组成设置	√	√	√	√	√
B——车辆运行规则及交通管控方式设置					
1 各类驾驶行为模型	√	√	√	√	√
2 驾驶行为模型参数设置	√	√	√	√	√
3 定时信号控制设置	√	√	√	√	√
4 交通事件管理	√	√	√	√	√
5 VMS	√	√	√	√	√
6 公交优先	√	√	√	√	√
7 动态交通分配	√	√	√	√	×
8 检测器设置 (感应控制)	√	√	√	√	√
9 交通堵塞影响模型	√	√	√	√	√
10 天气影响模型	√	×	×	×	√
11 信号控制方案导入	√	√	√	√	√
12 混合交通流	√	√	√	√	√
13 道路限速等设置	√	√	√	√	√

续表

软件功能	软件名称				
	VISSIM	TransModeler	AIMSUN	SUMO	TESS NG
			C ——仿真对象		
1 机动车流	√	√	√	√	√
2 公交系统	√	√	√	√	√
3 非机动车	√	√	√	√	√
4 行人	√	√	√	√	√
			D——二次开发接口		
1 驾驶模拟器 DLL	√	×	×	×	√
2 COM 接口	√	√	√	√	√
3 Synchro 连接	√	√	√	×	√
4 外部信号控制机连接	√	√	√	√	√
5 外部驾驶行为模型导入	√	√	√	√	×
6 在线仿真	√	√	×	×	√
7 仿真优化	×	×	×	×	√

注: “√” 表示具备该功能; “×” 表示不具备该功能.

从仿真效果上看, TESS NG 立足于国内驾驶人的驾驶特性, 对国内交通流环境具有更好的仿真能力, 而其余几款软件均面向国外的交通流状态进行模拟和开发. 由于快速路和地面道路环境迥异, 驾驶行为也对应地有很大不同, 在仿真效果的对比中分别以快速路和地面道路作为对比对象. 可以看到, 经过模型参数标定后, TESS NG 能更好地反映高密度快速路运行速度的时空演变规律, 具有更高的宏观适应性 (图 5.11), 对于高密度交叉口仿真在关键指标平均最大排队长度/饱和流量上也具有更高的仿真精度 (图 5.12)[1].

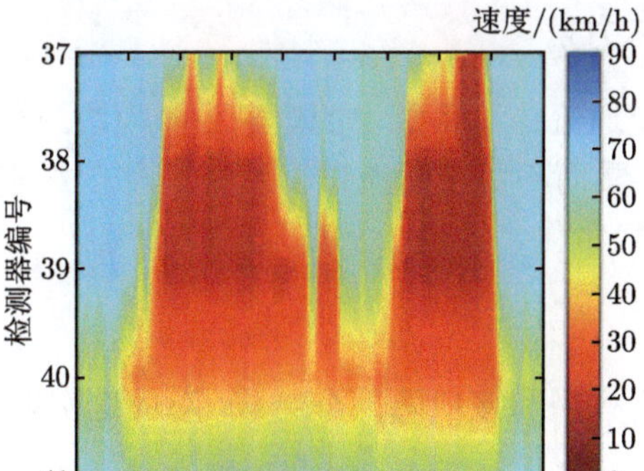

(a) 实证数据

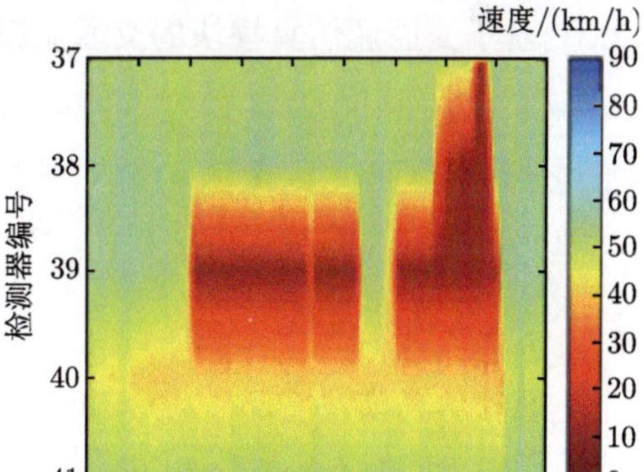

(b) TESS NG

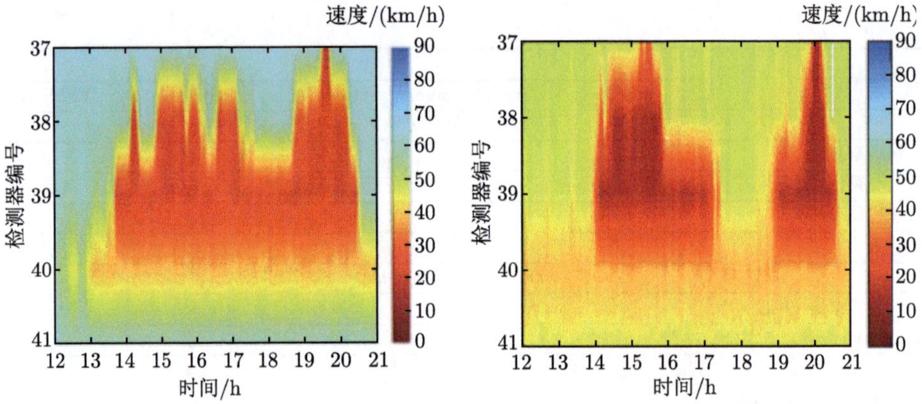

(c) VISSIM　　(d) AIMSUN

图 5.11　不同仿真软件高密度快速路速度分布时空图差异对比

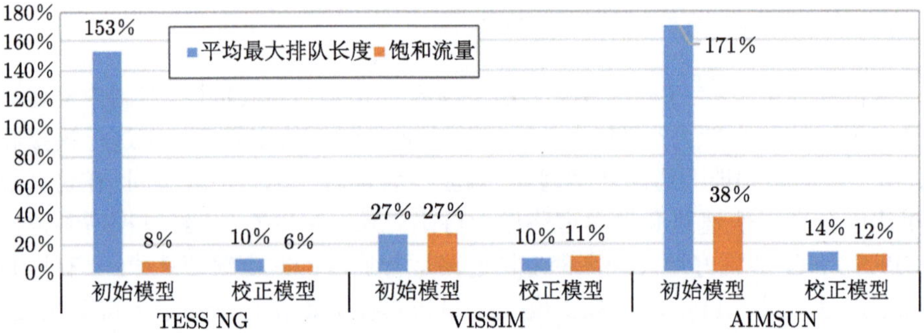

图 5.12　不同仿真软件高密度交叉口平均最大排队长度/饱和流量差异对比

5.2.2　基于交通流仿真模块的交通流嵌入方法

交通流仿真模块的本质其实相当于交通流仿真系统中的车辆更新模块, 区别在于模块的输入输出对象是 HAV 测试工具而不是交通流仿真系统. 该方法与基于交通流仿真软件的接入方法相比, 具有轻量化、低耦合、高开放性的优点.

5.2.2.1　关键技术问题

交通流仿真模块实际上由交通流仿真模型和接口两部分组成, 对应地实现交通流仿真模块的嵌入主要有两大关键问题.

(1) 如何选择交通流模型? 不同于交通流仿真软件中的模型内置, 用户难以做实质性的修改, 自己开发的交通流更新模块用户可自行决定使用的模型形式. 然而经历几十年的发展, 大量的研究从不同的角度提出各类交通流模型, 仅以最基础的跟驰模型为例就有几十种, 包括上述交通流仿真软件使用的都是不同的模型, 比如 VISSIM 采用的是 Wiedemann 模型、TransModeler 采用 GHR 模型、AIMSUN 采用 Gipps 模型. 对于常态交通流环境, 不同模型对不同环境下的驾驶行为有不同的适用性, 需要进行比选; 通过对比各种模型在国内驾驶环境下的适用性, 本书推荐使用的模型可参考 5.2.2.2 节. 而对于非常态交通流环境, 在 5.3 节以及 5.4 节中会给出相应模型.

(2) 如何定义交通流仿真模块的接口? 接口负责完成 HAV 测试工具和仿真模块的数据传输, 因此, 接口定义实际上就是明确数据传输的内容及其数据格式. 5.2.2.3 节将给出典型的输入/输出接口定义内容.

下面将分别对这两个问题进行说明.

5.2.2.2 交通流模型

交通流仿真模型中有两大核心模型: 跟驰模型和换道模型. 其中跟驰模型是对车辆的纵向运动的描述, 研究在不换道的情况下, 如何根据前导车的运动状态变化调整自身的运动. 而换道模型描述的是车辆的横向行为, 研究车辆从产生换道动机到完成换道的完整过程. 根据国内驾驶行为研究我们将在下文中给出推荐模型, 这些模型在与国内的自动驾驶开源测试平台的合作开发中均证明了有效性.

1) 跟驰模型

根据前期研究结果表明, 国内外驾驶人无论是在微观行为, 还是在宏观交通流特性上都存在显著差异 [2,3], 因此有必要筛选出最能反映国内驾驶人驾驶特性的跟驰模型. 在对跟驰模型的筛选时, 通过对比目前公认较好的智能驾驶员模型 (IDM) 以及主流交通流仿真软件中最常用的三类模型 (VISSIM 采用的 Wiedemann 模型、TransModeler 采用的 GHR 模型以及 AIMSUN 采用的 Gipps 模型), 评价各个模型对于国内驾驶行为的仿真适用性. 为此, 从上海自然驾驶数据提取了近两万个跟驰片段数据, 分别基于上述模型进行标定. 结果如图 5.13 所示, IDM 相对于其他跟驰模型, 能够提供较好的不同道路环境下以及不同驾驶类型的适应性.

因此, 针对国内驾驶环境的交通流, 推荐选用 IDM 作为用于描述跟驰行为的模型. IDM 除了标定后的仿真精度误差最小之外, 该模型所隐含的宏观基本图从形状和拟合精度来说也与实测数据比较吻合, 能够用一个统一简洁的公式描述单车道下各种驾驶情况 (比如启动、加速、自由流、被插入、靠近、停车等). IDM 属于较新的理论成果, 目前仅在 TESS NG 商业化仿真软件中使用, 具体形式如下

$$\frac{\mathrm{d}v_n}{\mathrm{d}t} = a\left[1-\left(\frac{v_n}{v_d}\right)^{\delta}-\left(\frac{s^*\left(v_n,\Delta v_n\right)}{s_n}\right)^2\right] \tag{5.1}$$

$$s^*\left(v_n,\Delta v_n\right) = s_0+\max\left(Tv_n+\frac{v_n\Delta v_n}{2\sqrt{ab}}\right) \tag{5.2}$$

其中, 公式下标 n 表示车辆编号, v_n 是车辆 n 的速度, $\Delta v_n = v_n - v_{n-1}$ 为车辆 n 与前车 $n-1$ 的速度差, $s_n = x_{n-1} - x_n - l$ 为车辆 n 与前车的净间距, x_n 为车辆位置, l 是车身长度. a 是最大加速度, 取值 4m/s^2; v_d 是车辆在自由流状态下行驶的期望速度, 取值 21.7m/s; δ 是加速度指数 (当 $\delta \to \infty$ 时, 加速度变为恒定值), 取 4; s_0 是车辆静止时的安全距离, 取值 1m; T 为反应时间, 取值 1.2s; b 为舒适减速度, 取值 -2.4m/s^2. 上述参数值均基于对上海快速路轨迹数据的标定.

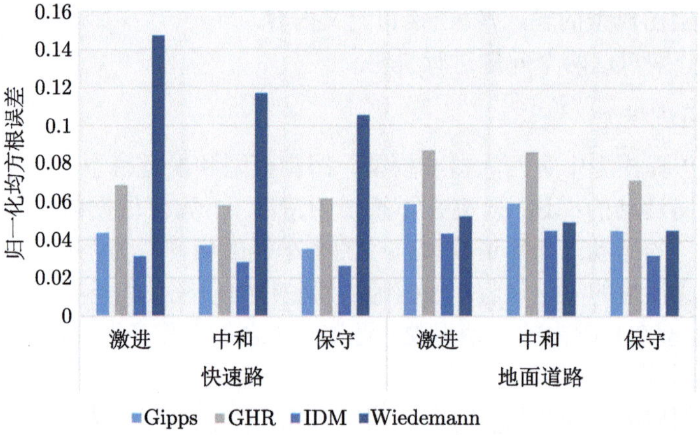

图 5.13　不同道路环境/驾驶人类型下各个跟驰模型的拟合精度

2) 换道模型

在交通流仿真建模中, 通常将换道行为视为一个四阶段的过程：换道动机生成、车道选择、间隙选择和换道执行. 根据换道动机的生成规则, 换道行为可以划分自由换道和强制换道. 强制性换道指为了到达预定的目的地而进行的换道行为, 如交叉口转向、匝道汇入等; 任意性换道则主要是为了获得更好的驾驶环境. 由于这两类换道在换道的各个阶段, 决策模型的临界条件、参数阈值均有显著差异, 因此通常分别建模. TESS NG 已被证实对国内的交通流环境具有良好的适用性, 下面将对 TESS NG 的基本换道模型进行简要介绍.

(1) 强制性换道.

换道动机模型

根据强制性换道的定义, 其换道动机来源于当前车道无法行驶到目的地. 将车辆必须要执行强制换道的位置称为强制换道点, 比如入匝道处的强制换道点就是加速车道末端、左转车的强制换道点就是进口道画实线处. 通常, 驾驶人在接近强制换道点时才会产生换道动机. 根据实证数据统计, 将强制性换道的换道动机定义为距离强制换道点小于 150m.

车道选择模型

强制性换道的目标车道是固定的. 假设车辆具有强制性换道需求, 那么车辆所处路段上必有一条或多条车道是能够到达目的地的, 将这些车道称为期望车道. 强制性换道的车辆会向着接近期望车道的方向换道.

间隙选择模型

间隙选择模型就是判断当前目标车道上对应的间隙是否满足安全插入的条件, 该问题目前使用最多的是临界间隙模型[4, 5] 和离散选择模型[6, 7]. 前者根据换道车辆与目标车道前后车的相对运动状态计算出可接受间隙阈值, 如果实际间隙大于该阈值就执行换道, 否则继续在原车道行驶; 后者基于效用最大化理论, 将换道执行的影响用效用进行描述, 以一定的概率描述换道的可能性. 稳定性对于仿真系统而言至关重要, 离散选择模型的不确定性对于车辆决策安全性、系统计算效率都存在潜在影响, 因此选择的是对数线性临界间隙模型, 具体形式如下

$$G_g = \beta_g X + \varepsilon_g \tag{5.3}$$

式中, G_g 为驾驶人接受的最小间隙; 由于间隙选择时需要前方间隙和后方间隙都满足阈值条件, 因此需要计算两个临界阈值, $g=[\text{lead}, \text{lag}]$; β_g 为接受间隙的行向量变量 $\beta_g=\left[\beta_g^0,\beta_g^1,\beta_g^2,\beta_g^3,\beta_g^4\right]$, 具体变量含义在表 5.2 中给出; X 为标定的 β_g 的对应列向量系数 $X=\left[X^0,X^1,X^2,X^3,X^4\right]^{\mathrm{T}}$; ε_g 为随机误差项, 假设其服从正态分布, 均值为 0. 标定后的系数见表 5.3.

表 5.2 β_g 列向量具体内容

参数	β_g^0	β_g^1	β_g^2	β_g^3	β_g^4
说明	常量,1	$\max(0,\Delta V_g)$	$\min(0,\Delta V_g)$	V_g	$1-\exp(\alpha d)$

注: 如果 $g=\text{lead}$, 则 $\Delta V_g = V_{\text{sub}} - V_{\text{lead}}$; 如果 $g=\text{lag}$, 则 $\Delta V_g = V_{\text{lag}} - V_{\text{sub}}$, V_{sub} 为本车. d 为到强制换道点的距离, α 为距离影响系数.

表 5.3 线性间隙选择模型系数

g	lead	lag
X^0-最小间距 β^0/m	1.00	1.50
X^1-β^1 系数值/(mph)$^{-1}$	0.15	0.1
X^2-β^2 系数值/(mph)$^{-1}$	0.30	0.35
X^3-β^3 系数值/(mph)$^{-1}$	0.20	0.25
X^4-β^4 系数值/(mph)$^{-1}$	0.10	0.10
随机误差项 ε_g 标准差/m	1.00	1.500
距离影响系数 α	0.008	

注: 单位转换关系, 1mph=0.44704m/s.

换道执行模型

换道执行模型主要是为换道车辆规划换道轨迹, 即在原车道换道起点和目标车道换道终点之间规划一条连续平滑的曲线. 常用的拟合曲线包括 B 样条曲线 [8,9]、多项式曲线 [10,11] 等. 考虑到实际路网中曲线方程在旋转变化后的易解析性和计算成本, 选择采用三阶贝塞尔曲线：

$$\begin{cases} B_x(q) = P_x^s(1-q)^3 + 3P_x^{C_1}q(1-q)^2 + 3P_x^{C_2}q^2(1-q) + P_x^e q^3, \\ B_y(q) = P_y^s(1-q)^3 + 3P_y^{C_1}q(1-q)^2 + 3P_y^{C_2}q^2(1-q) + P_y^e q^3 \end{cases} \tag{5.4}$$

其中, B 是生成的贝塞尔曲线上的点, P^s, P^e 分别是贝塞尔曲线的起点和终点, P^{C_1}, P^{C_2} 分别是三阶贝塞尔曲线的两个控制点, 下标 x, y 分别表示上述点的横纵坐标, 当 q 在 0~1 逐渐变化时, 就在起点和终点之间生成了一条贝塞尔曲线.

贝塞尔曲线的起点 P^s 就是车辆判断间隙可接受时所处的位置. 由于常态交通流模型都假设车辆是沿着车道中心线行驶的, 因此, 终点 P^e 位于目标车道的中心线上, 具体位置根据车辆的速度计算换道长度 LC_Dist 获得

$$\text{LC\_Dist} = \begin{cases} 2 \times L_{\text{veh}}, & V_{\text{sub}} \leqslant 20\text{km/h}, \\ 3 \times L_{\text{veh}}, & 20\text{km/h} < V_{\text{sub}} \leqslant 30\text{km/h}, \\ 4 \times L_{\text{veh}}, & 30\text{km/h} < V_{\text{sub}} \leqslant 40\text{km/h}, \\ 5 \times L_{\text{veh}}, & V_{\text{sub}} < 50\text{km/h} \end{cases} \tag{5.5}$$

在操作时, 可首先从起点位置 P^s 沿着车道线向下游延长 LC_Dist 的长度得到点 $P^{e'}$, 再从 $P^{e'}$ 向目标车道中心线做垂线, 垂点位置就是贝塞尔曲线的终点 P^e, 如图 5.14 所示.

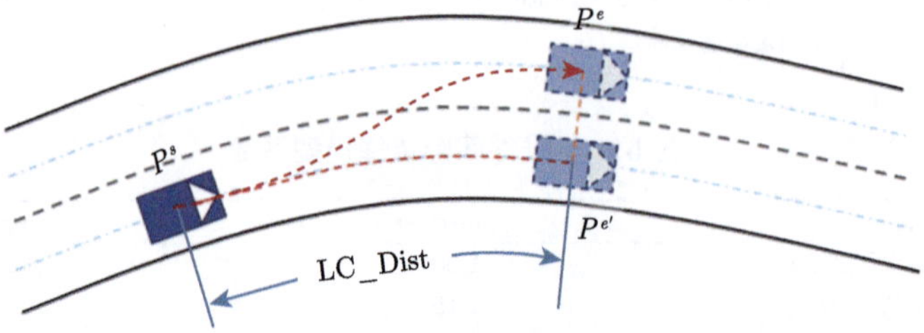

图 5.14　换道终点示意图

控制点 P^{C_1}, P^{C_2} 的计算方法如下：首先分别以贝塞尔曲线起点 P^s 向切线方向、终点 P^e 向切线反方向绘制两条射线 (图 5.15 (a) 中蓝色箭头射线); 随后连接换道起终点 (图 5.15 (a) 中绿色实线), 并在连线上取三分点 (图 5.15 (a) 中

绿色实心点). 以连线三分点分别向两个射线方向做垂线, 垂点 (图 5.15 (a) 中橙色实心点) 即为控制点 P^{C_1}, P^{C_2} 的位置. 根据这两个控制点生成的贝塞尔曲线如图 5.15 (b) 所示.

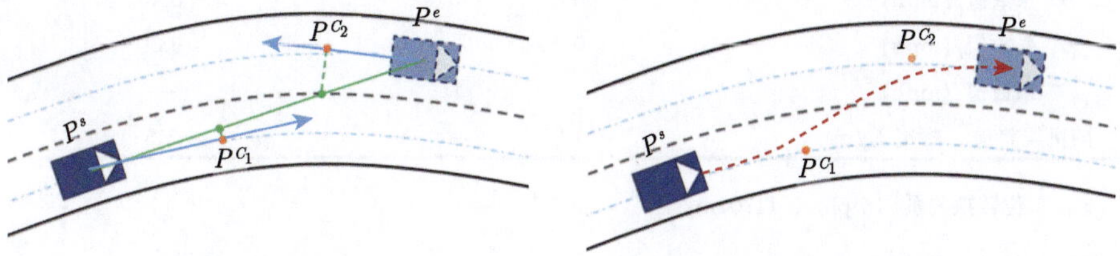

(a) 控制点确定 (b) 生成轨迹

图 5.15 基于控制点的换道轨迹生成示意图

(2) 任意性换道.

换道动机模型

实际交通流环境中为获取更好的驾驶条件, 主要的任意性换道动机可以分为三种情况:

(1) 车速未达期望车速. 本车车速低于本车期望速度 (或车道限速)20 km/h 以下, 且前车速度低于本车速度 20%以上, 目标车道前车速度高于本车道前车速度 10km/h 以上, 且目标车道前车间距大于当前车道前车间距 2 倍车长.

(2) 不希望跟随大型车辆. 本车道前方车辆为大型车辆 (大货车、大客车), 且与前方大车的距离小于 2 倍时距, 目标车道前车速度高于本车道前车速度, 且目标车道前车间距大于当前车道前车间距 2 倍车长.

(3) 寻找最佳的排队位置. 本车速度大于前车速度, 且前车速度大于等于前前车速度, 同时目标车道前车距离大于本车道前车距离 2 倍车长以上.

车道选择模型

任意性换道的目标车道是根据周围的交通状态动态变化的, 假设只有位于期望车道上的车辆才会产生任意性换道动机, 且任意性换道只会在期望车道之间进行换道. 因此任意性换道可能有两个目标车道 (即两侧车道均为期望车道), 也可能只有一个目标车道 (即一侧车道为期望车道), 甚至没有目标车道 (即仅有当前车道为期望车道, 此时无法做出任意性换道).

间隙选择模型

任意性换道的间隙选择模型和强制性换道形式上基本不变, 有两点小的改变, 见表 5.4: 一是调整了模型系数, 二是将距离强制换道点的影响项去除. 最终的效果是, 相比于强制性换道, 任意性换道对于可接受间隙的要求更高.

表 5.4 任意性间隙选择模型系数

g	lead	lag
最小间距 β^0/m	1.00	1.5
β^1 系数值/(mph)$^{-1}$	0.2	0.15
β^2 系数值/(mph)$^{-1}$	0.35	0.45
β^3 系数值/(mph)$^{-1}$	0.25	0.30
β^4 系数值/(mph)$^{-1}$	—	—
随机误差项 ε 标准差/m	1.00	1.5

注: 单位转换关系, 1mph=0.44704m/s.

换道执行模型

与强制性换道完全一致.

5.2.2.3 接口定义

接口定义包括输入/输出两方面内容. 输入的内容即为交通流执行更新需要涉及的道路环境信息 (比如静态路网、交通信号灯等)、其他交通参与者状态信息 (参与者类型、位置、速度等) 以及本车上一时刻的交通状态信息. 输出本车更新后的状态信息.

下面以 5.2.2.2 节中介绍的模型为例, 说明接口定义的内容.

1) 接口输入

输入包括道路、其他交通参与者、上一时刻更新对象的状态信息.

道路

包括 OpenDRIVE 在内的各种自动驾驶高精度地图的描述文件都是将路网划分为诸多路段 (Link), 每个路段下包含了一条或多条车道 (Lane), 这两种道路结构描述应至少包含表 5.5 和表 5.6 中所述属性.

表 5.5 交通流仿真模块接口输入路段 (Link) 属性

字段名	数据类型	含义
ID	Int	路段编号
In_linkid_lst	Int Array	进入路段的所有车道编号列表
Laneid_lst	Int Array	路段包含的所有车道编号列表
Out_linkid_lst	Int Array	驶出路段的所有车道编号列表
Type	String	路段类型 (城市道路/快速路等)

本车 (上一时刻状态)

即车辆在上一时刻的状态, 车辆在做更新时需要依赖这些状态参数进行决策, 具体包含表 5.7 中所述属性.

表 5.6 交通流仿真模块接口输入车道 (Lane) 属性

字段名		数据类型	含义
ID		Int	车道编号
Center_point		Float Array	车道中心线控制点坐标
In_laneid_lst		Int Array	驶入路段的所有车道编号列表
Out_laneid_lst		Int Array	驶出路段的所有车道编号列表
Left_laneid		Int	左侧车道编号
Right_laneid		Int	右侧车道编号
Speed_limit		Float	车速限制
Width		Float	车道宽度
Type		String	车道类型 (机动车道/非机动车道等)
Cross	Cross_laneid	Int	相交车道编号
	Self_pos	Float	交点距车道起点处的中心线长度
	Cross_pos	Float	交点距相交车道起点处的中心线长度
Light	Color	String	信号灯当前灯色
	Remain_time	Int	信号灯当前灯色的剩余时间

表 5.7 交通流仿真模块接口输入本车属性

字段名	数据类型	含义	
ID	Int	车辆编号	
Path	Int Array	路径 (行驶的路段编号序列)	
Type	String	车辆类型 (小轿车/大货车等)	
Length	Float	车辆长度	
Width	Float	车辆宽度	
Comfort_dec	Float	跟驰模型参数	舒适减速度
Desired_speed	Float		期望速度
Max_acc	Float		最大加速度
React_time	Float		反应时间
Net_dist	Float		停车间距
LC_flag	Int	换道标志	
LC_phase	Int	换道阶段	
LC_traj	Float Array	换道轨迹 (二维坐标点集)	
Speed	Float	车辆速度	
Position	Float	车辆位置 (距离车道起点处中心线长度)	
Current_linkid	Int	车辆所在路段编号	
Current_laneid	Int	车辆所在车道编号	

周围车辆 (路网中除了本车的其他车辆, 包含测试主车)

具体包含表 5.8 中所述属性.

2) 接口输出

输出车辆更新后的状态信息, 具体包含表 5.9 中所述属性.

表 5.8　交通流仿真模块接口输入周围车辆属性

字段名	数据类型	含义
ID	Int	车辆编号
Path	Int Array	路径 (行驶的路段编号序列)
Type	String	车辆类型 (小轿车/大货车等)
Length	Float	车辆长度
Width	Float	车辆宽度
LC_flag	Int	换道标志
LC_phase	Int	换道阶段
Speed	Float	车辆速度
Position	Float	车辆位置 (距离车道起点处中心线长度)
Current_linkid	Int	车辆所在路段编号
Current_laneid	Int	车辆所在车道编号
Cord_x	Float	车辆二维横坐标
Cord_y	Float	车辆二维纵坐标

表 5.9　交通流仿真模块接口输出车辆属性

字段名	数据类型	含义
ID	Int	车辆编号
LC_flag	Int	换道标志
LC_phase	Int	换道阶段
Speed	Float	车辆速度
Position	Float	车辆位置 (距离车道起点处中心线长度)
Current_linkid	Int	车辆所在路段编号
Current_laneid	Int	车辆所在车道编号
Cord_x	Float	车辆二维横坐标
Cord_y	Float	车辆二维纵坐标

5.3　面向安全测试的干扰行为仿真模型

虽然虚拟测试能够在很大程度上加速自动驾驶汽车测试进程, 但危险场景及干扰现象在一般交通流仿真环境中发生频率低的问题, 使得自动驾驶汽车虚拟测试工作产生了定制化场景测试的需求. 要测试和证明自动驾驶汽车的安全性, 不仅要做到常规场景中交通流虚拟测试的高覆盖, 更要能够对一些高风险场景中典型的干扰行为进行测试, 以保证自动驾驶汽车上路后具备处理一些典型高风险场景和相关交互行为的能力. 然而, 目前的交通流微观仿真方法或软件多关注于常态交通流, 属于 “规则” 交通流模拟, 对于车辆之间的干扰行为关注非常少. 因此, 现有的虚拟测试方法迫切需要具有对高需求测试场景中的典型干扰行为进行复现的能力, 以模拟自动驾驶汽车周围车辆对其潜在的影响, 从而更好地发挥虚拟测试周期短、速度快的优势, 进一步推动自动驾驶汽车测试的进程.

为此, 我们针对高快速路、地面道路主次干道两大类道路基础设施常见的干扰现象, 构建交通流个体干扰行为模型. 在高快速路场景中, 我们关注于高密度瓶颈区, 车辆为了争夺路权而发生的各类干扰驾驶行为; 而城市地面道路主次干道场景, 其特点在于包含了更多类型的交通参与者, 因此考虑了来自非机动车、行人出行而产生的干扰行为. 本书所涉及的干扰行为名称、定义及其对虚拟测试潜在的影响被整理归纳在表 5.10 中. 后文将依次给出所涉及的干扰行为模型的详细介

表 5.10 本书所涉及的干扰行为汇总列表

测试场景	干扰行为	干扰行为定义	潜在影响	模型介绍章节
高快速路场景	机动车走走停停行为	又称为交通振荡，是高密度拥堵交通流典型现象	高密度情况下的车辆紧密跟驰，影响乘坐舒适性、增加追尾碰撞风险，导致油耗过高	5.3.1.1
	胁迫换道行为	在换道点（车辆开始进入目标车道时刻）前后的间距有明显变化，汇入前目标车道前后车保持不变或者减小，目标车辆进入后间距开始明显变大的现象	目标车道后车与换道车辆之间发生碰撞	5.3.1.2
	危险换道行为	具有强制性换道动机但由于间隙不足没有完成换道的车辆，在目标车道间隙过小时仍然换道的行为		5.3.1.2
	汇入、汇出区协作换道行为	目标车道后车主动配合减速，扩大间隙，安全跟驰		5.3.1.3
	多步逼近换道行为	高速公路瓶颈区，车辆连续接近目标车道，必须通过多次尝试来争夺车道变换机会的换道行为		5.3.1.4
	车道内横向偏移行为	车辆在车道内的横向偏移	这与驾驶习惯有关，会增加相邻车道间的车辆存在侧向碰撞的可能	5.3.1.5
	周围车辆速度随机变化行为	周围车辆的速度波动	导致车辆频繁加减速，存在碰撞风险	5.3.1.6
城市主、次干道	非机动车越线行为	指在机动车道与非机动车道之间有标线隔离的路段上，非机动车骑行者时常越过标线进入机动车道行驶的现象	非机动车对机动车的正常行驶造成干扰，增加行车风险并使得交互更加复杂，存在碰撞风险	5.3.2.1
	非机动车闯红灯行为	非机动车无视信号灯所发出的停车等待信号，直接违章通过交叉口，左转、右转、直行均有可能	严重的机非冲突甚至是交通事故	5.3.2.2
	行人违法过街行为	通常是指行人不遵守信号灯指示，在红灯相位时选择进入交叉口内部的行为	严重的人机冲突甚至是交通事故	5.3.2.3

绍. 请注意, 这些模型仅涉及一些常见的干扰行为, 读者可自行尝试构建和整合更多的干扰行为模型, 重点测试自动驾驶车辆的应急能力和存在干扰时的决策规划能力.

5.3.1 高快速路场景交通流干扰行为仿真模型

高快速路具备行驶环境封闭、车种单一、道路呈现明显结构化特征等优势, 因此高快速路被认为最早可能实现高度自动驾驶的道路. 汇入、汇出区作为高快速路的事故高发路段, 自然也成为实现高等级自动驾驶的技术瓶颈区域. 尤其是高峰期的汇入、汇出区, 车辆对路权的竞争更加激烈, 进而引发了各种干扰行为 (如车辆走走停停、胁迫换道、多步逼近换道等) 等, 对其他车辆、包括自动驾驶汽车的安全行驶产生了很大影响. 因此, 对高快速路场景的虚拟测试, 尤其是干扰测试, 就显得至关重要. 本节根据从自然驾驶环境中提取的最常见的几类干扰行为进行建模, 通过在常态交通流中添加这些干扰行为还会产生其他相应的危险现象, 比如前车突发制动等.

5.3.1.1 走走停停现象

自适应巡航控制 (Adaptive Cruise Control, ACC) 是初级的自动驾驶辅助技术, 其基本功能是保持车辆纵向行驶的安全性, 因此, 有效模拟车辆的纵向跟驰行为至关重要, 尤其是在复杂的走走停停 (Stop-and-Go) 现象中. 走走停停在交通流理论中被称作振荡, 通常是前车突然减速而导致的交通波向后传递的现象. 尽管这是一种在高密度交通流环境下较为常见的现象, 但现有交通流模型很少关注此类非常规行为, 也无法实现对这种现象的模拟. IDM 能以一个统一的形式描述跟驰的各种驾驶情况, 这里我们仍然采取该模型进行仿真, 不过需要调整跟驰模型参数.

基于孙剑等对走走停停行为的研究成果 [12], 采用遗传算法标定模型系数. 标定结果如表 5.11 所示. 请注意, 这里的标定结果仅作为参考, 具体场景仍需要更加精细化的标定结果.

表 5.11 走走停停模型标定结果

静止安全距离 s_0/m	安全车头时距 T/s	起步 (最大) 加速度 a/(m/s^2)	舒适减速度 b/(m/s^2)	期望速度 v_0/(m/s)
5.79	0.99	1.90	2.65	28.96

5.3.1.2 胁迫换道与危险换道模型

1) 胁迫换道

在以安全为准则的仿真环境中, 换道行为需要有安全的间隙才允许换道, 但是实际情况中, 在迫切的换道动机下, 激进的驾驶人可能接受强制插入目标车道的较小间隙中, 迫使目标车道后车减速以保证车辆间的安全空间, 这就是胁迫换道行为. 胁迫换道的定义是在换道点 (车辆开始进入目标车道时刻) 前后的间距有明显变化, 汇入前目标车道前后车保持不变或者减小, 目标车辆进入后间距开始明显变大, 表明汇入车辆强制插入目标车道较小间隙, 迫使目标车道后车为了避免发生碰撞而骤然减速以拉开间距, 其关键三辆车的间距变化如图 5.16 所示.

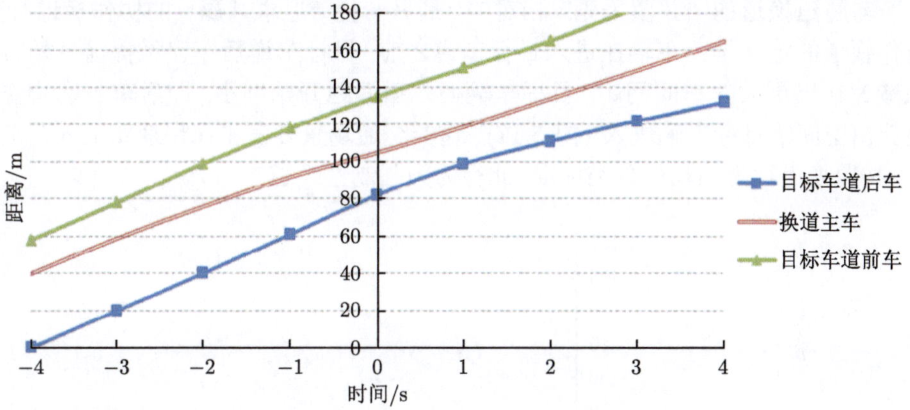

图 5.16 压迫汇入过程车间距变化图

由于该行为多属于强制性换道行为, 因此主要模型结构和形式与强制性换道行为一致. 但我们在模型中, 建模针对换道主车和目标车道后车两部分: 对换道主车而言, 若产生换道意图一段时间后, 仍然无法找到安全的换道间隙则车辆的间隙接受模型调整相应的参数和权重, 目标是使换道主车的车辆倾向于接受更小的换道间隙. 主要影响因素有: 等待时间的增加、距离道路末端 (或停车点) 的距离减小等. 目标车道后车实时监测相邻车道前车的状态, 若监测到相邻车道前车的换道动机和换道动作, 会评估两车间的距离, 若存在潜在的碰撞风险, 则主动减速让行, 这由跟驰模型控制; 若距离还保持在一定的安全范围, 则以一个随机函数产生让行或不让行的决策.

2) 危险换道

通常情况下, 换道行为需要有安全的间隙才允许变道, 但是在强制性换道条件中, 激进的驾驶员可能接受较小的安全间隙就执行换道行为, 也就是我们在此描述的危险变道行为. 对于这类行为, 换道车辆及目标车道车辆在换道点 (车辆开始进入目标车道时刻) 前后的间距有明显变化, 汇入前目标车道前后车保持不变或者减小, 目标车辆进入后间距开始明显变大, 表明换道车辆强制插入目标车道的较小间隙, 迫使目标车道后车为了避免发生碰撞而骤然减速以拉开间距.

对于该模型, 保持与前文胁迫换道模型的形式一致. 但我们在模型中, 换道车辆的间隙选择模型调整相应的权重, 接受更小的间隙. 环境车实时监测相邻车道前车的状态, 若监测到相邻车道前车的换道动机和换道开始动作, 会评估两车间的距离, 若会发生碰撞事故, 则主动减速让行, 这由跟驰模型控制; 若距离还保持在一定的安全范围, 则以一个随机函数产生让行或不让行的决策.

5.3.1.3 汇入、汇出区协作换道

与胁迫换道的“并驱争先”相对的, 是另一种“追求共赢”的协作换道行为. 协作换道的定义是：车辆在进入目标车道之前, 目标车道后车已经提前开始有意识减速让出更大的车间间距, 目标车辆插入后间距开始缩小, 即后车主动协作式地让出空间给目标车辆进入 (图 5.17). 这类交通场景多发生在快速路汇入、汇出区, 按照换道行为的动机分类标准, 此行为为强制性换道.

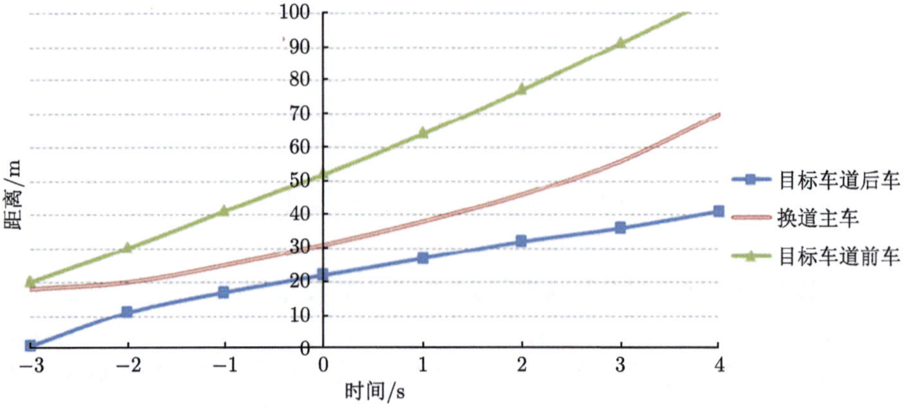

图 5.17 协作汇入过程车间距变化图

在模型中, 目标车道后车实时监测相邻车道最近前车的状态, 一旦监测到相邻车道前车的强制性换道动机和换道动作, 则依照协作概率 α 产生是否减速让行的行为决策. α 的值受驾驶人类型 (激进型、正常型、保守型) 等因素影响, 可取固定值, 也可选择分布随机生成, 值域为 $\alpha \in [0,1]$. 产生语义行为决策后, 车辆的速度仍然由跟驰模型控制, 若不减速, 则跟驰前车为目标车道前车; 若减速, 则跟驰前车为换道主车.

5.3.1.4 多步逼近换道

随着车流密度增加, 车间距减小, 换道的难度增加, 由此引发了更加激进的车辆换道行为, 比如在高速公路瓶颈区, 车辆需要通过多次尝试来争夺车道变换机会, 这种换道现象被称为多步逼近换道, 如图 5.18 所示. 图中共有 4 辆车, 位于加速车道的 ① 车试图换道进入主线, 首先, ① 车采取了逼近车道边线的行为试图

向 ② 车传递换道的意图, 而 ② 车选择保持现状不让行, 即维持其当下的横向位置, 但随着 ① 车横向逐渐逼近, ② 车不得不产生大幅度横向偏移以保证安全, 进而影响了相邻车道较近的 ③ 车产生同方向的横向偏移; 由此 ① 车获取了换道机会, 成功汇入路肩车道.

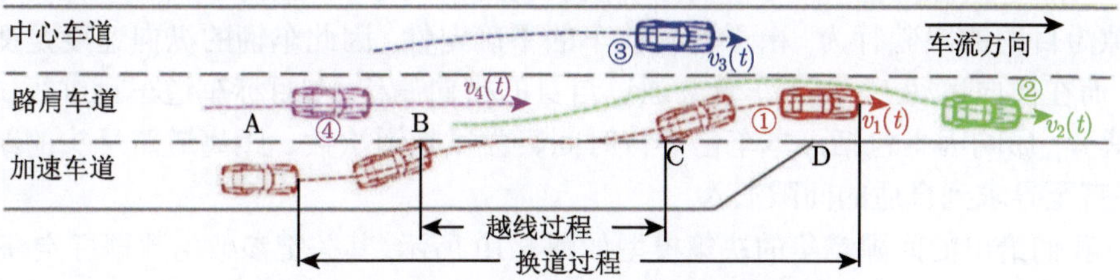

图 5.18 高速公路汇入区多步逼近换道示意图

从学术上讲, 多步逼近换道属于强制性换道行为的一种, 常发生在匝道或加速车道的车辆汇入主线的过程中, 但是具有一些不同于普通换道行为的特征, 比如换道时间更长、换道距离更长、波及的车辆更多等. 为此, 我们建立了一个三阶段的换道模型 (换道准备–逼近与竞争–换道执行), 每个阶段由换道标签标记, 由不同的模型控制.

1) 换道准备

对应于常规换道模型, 为动机生成模型和车道选择模型.

我们给出的动机生成模型是基于规则的:

如果检测到车辆当前的车道并非期望行驶车道, 在汇入区确切地说是该车道前方无衔接车道, 并且当前车道为入口匝道, 则产生强制性换道动机. 对于此类强制性换道动机, 车道选择是同步生成的, 目标车道为相邻的快速路主线车道. 需要注意的是, 无论是否存在可换道间隙, 该换道动机一旦生成后就一直存在, 直至完成换道.

同时, 我们给出的车道选择模型是离散选择模型:

(1) 备选方案集生成.

$$Y_I = \{Y_1, Y_2, \cdots, Y_i\}$$

Y_I 为当前路段的期望行驶车道.

(2) 属性及效用.

效用表示为不同属性的函数

$$\begin{aligned} K &= \{k_1, k_2, k_3\} \\ &= \{\text{车道属性与车辆属性兼容性, 车辆车道选择偏好, 车道线属性}\} \end{aligned}$$

$$Y_i : U_i = k_{1i} k_{2i} k_{3i}$$

(3) 效用最大化.

$$Y_s : U_s = \max(U_1, U_2, \cdots, U_i)$$

不仅如此, 该阶段还表现出减速和明显的横向偏移. 纵向减速为一种以寻找间隙为目的的跟驰行为, 跟驰前车为目标车道当前选择间隙的前车; 横向偏移方向为目标车道方向, 偏移轨迹采取三阶贝塞尔曲线形式.

2) 逼近与竞争

对应于间隙选择, 但是车辆此阶段表现为骑线行驶, 纵向速度为一种以寻找间隙为目的的跟驰行为, 由于目标前车的不确定性, 因此车辆的纵向速度是变化的; 而在横向运动上, 汇入车辆会通过自身的横向偏移, 与目标车道车辆进行试探和博弈, 影响因素包括：本车已等待时间、尝试换道次数、距离道路尽头的距离等, 直至寻求到合适的间隙汇入.

我们给出的间隙竞争的决策模型如图 5.19 所示, 其关键参数由数据标定获得.

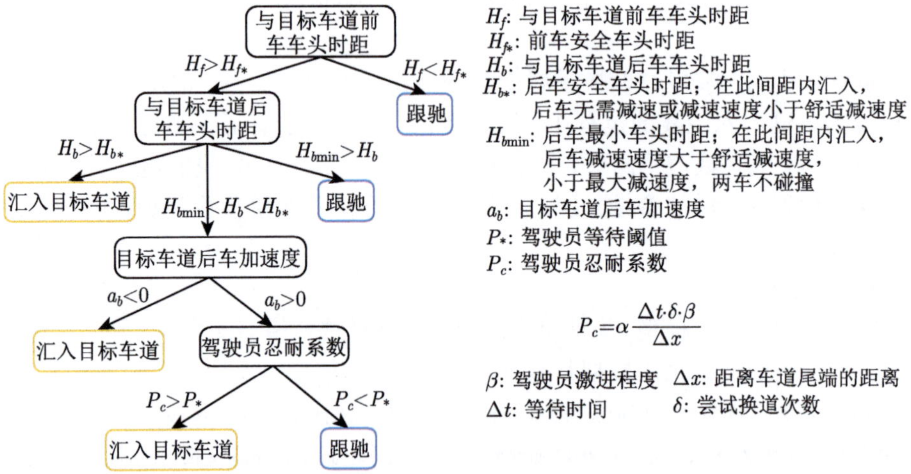

图 5.19 间隙决策模型

换道执行. 车辆当前位置到目标车道中心线的轨迹规划过程, 分为路径规划和速度规划两个部分, 路径规划采用三阶贝塞尔曲线形式, 速度规划由跟驰模型实时计算.

5.3.1.5 横向偏移

传统交通流仿真软件中基于规则的模型, 仅关注车辆的纵向运动, 产生的轨迹都是沿着车道中心线行驶的, 无法模拟现实驾驶环境中车辆在车道内的偏移, 而偏移行为影响自动驾驶汽车安全性中侧向干扰的重要来源. 在前文的描述中可以看出, 一些复杂的干扰行为轨迹必须基于二维平面坐标构建, 因此, 研究人员对横向行为的建模, 是促进车辆的运动描述从基于线模型向基于面的模型的有力拓展.

横向偏移的定义：由每辆车驾驶习惯不同导致的不同横向偏移、不同加减速等行为. 根据成因, 横向偏移被定义为两种类型: ① 在横向距离不满足最小横向安全距离时以某一周期模拟横向振荡; ② 随机振荡, 在横向距离满足安全约束时, 产生随机的振荡; 振荡幅度与速度成正相关, 同时与车辆类型、驾驶人类型有关.

在我们的模型中, 最小横向安全距离 d_{safety} 与速度 v 存在线性关系: $d_{\text{safety}} = k \times v + b$, 最小横向安全距离的时距作用范围根据驾驶人类型有所不同, 如激进型为 2s, 正常为 3s. ① 最小横向安全距离不满足要求时, 车辆向满足最小横向安全距离的方向移动; ② 在最小横向安全距离满足要求时, 车辆采取随机振荡, 随机振荡的横向偏移幅度为 $c_{\text{rand}} \in [0,1]$.

两种偏移幅度有最大偏移幅度限制 (图 5.20):

$$\Delta d = \begin{cases} d_{\text{safety}} - d, & d < d_{\text{safety}}, \\ c_{\text{rand}} \times d_{\max}, & \text{其他} \end{cases} \tag{5.6}$$

式中, Δd 表示最大偏移幅度; 期望横向位置默认为车道中心线; 在前后的时距范围内, 本车与相邻车道车辆的横向距离为 d; 本车距本车道线边界的横向距离为 $d_{\max}$, 最大限速为 $v_{\max}$.

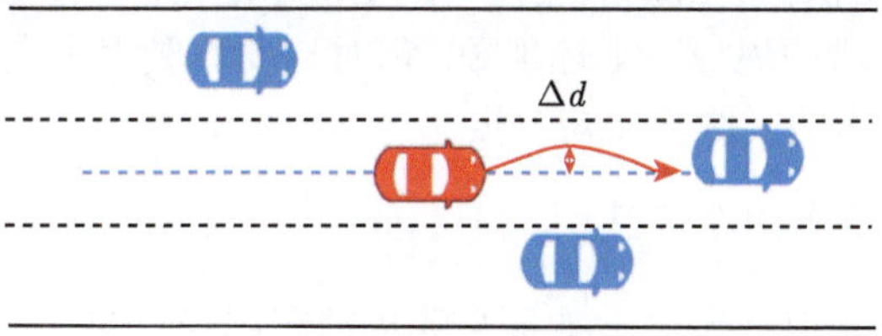

图 5.20 横向偏移示意

5.3.1.6 周围车辆速度随机变化模型

在传统交通流仿真中, 通常对车辆、驾驶人、道路的异质性考虑非常有限, 因此形成的大多是同质化车流. 作为背景车流, 车辆的运动是受道路曲率、环境车的运动、驾驶人类型、车辆类型实时影响的, 因此应该考虑车辆速度的实时随机变化状态.

在自然驾驶状态下, 驾驶人的期望行驶速度不是固定不变的, 而是会随着道路条件、天气条件等影响发生变化. 以道路曲率对驾驶人期望速度的影响为例, 根据文献 [13] 车速随道路曲率的变化关系, 我们采用拟合曲线将曲率对车辆速度的影响考虑为折减系数 δ (图 5.21).

另一类异质性考虑的是不同的驾驶人类型, 跟驰模型是反映驾驶人驾驶激进程度的重要特征. 根据前文所述, 我们采用 IDM 对跟驰行为进行描述. 但是由于车辆类型和驾驶人类型的不同, 模型参数有差异, 可根据驾驶人类型和车辆类型对车辆进行分类标定 [14].

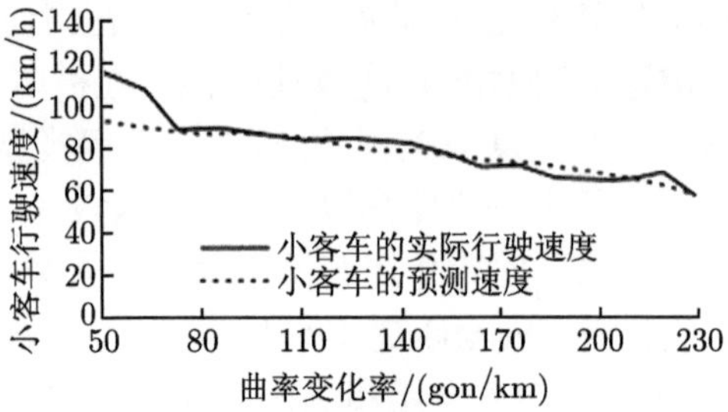

图 5.21 速度折减情况

1 gon=(π/200)rad

5.3.2 城市主次干道场景交通流干扰行为仿真模型

城市地面道路由于交通参与者之间差异大, 并且不同道路类型之间没有硬隔离, 导致地面道路上, 存在诸多来自异质交通参与者的各种干扰. 比如交叉口作为交通流集散点, 具有事故发生率高的特点, 而其中很大一部分是由非机动车、行人的违章穿行导致的. 另外, 在连接交叉口的主次干道上, 也存在着各类非机动车越过实线进入机动车道的现象. 上述现象, 都对自动驾驶汽车在地面道路的安全行驶尤其是对违章行为的反映提出更高要求.

5.3.2.1 非机动车越线行为模型

非机动车违法换道行为通常被称为非机动车越线行为. 其定义是指在机动车道与非机动车道之间有标线隔离的路段上, 非机动车骑行者经常越过标线进入机动车道行驶的现象. 一般来说, 非机动车发生越线行为通常是因为非机动车道内前方存在障碍物或慢行非机动车, 在这里, 我们称因超车而发生的越线行为为自由违法越线行为 (Discretionary Illegal Lane-changing Behavior, DILC), 而因避让障碍物而发生的越线行为为强制违法越线行为 (Mandatory Illegal Lane-changing Behavior, MILC). 由于非机动车越线行为在一定程度上可以看作一种特殊的换道行为. 因此, 非机动车越线行为也理应存在着动机生成、间隙选择、行为决策以及行为执行四个步骤. 同时特殊地, 在越线之后, 还存在着是否返回非机动车道运行的判断过程. 因此, 非机动车越线行为可以具体分为两个阶段: 越线阶段以及返回阶段. 每个阶段均存在着动机生成、间隙选择、行为决策以及行为执行四部曲.

越线行为动机生成. 此步是让非机动车产生越线行为动机. 行为动机的生成, 通常表现为与交互个体之间存在潜在冲突的可能. 对于越线行为来说, 结合倪颖等的过往研究 [14], 基于实证数据分析越线行为规律, 我们采用基于规则的模型来描述其动机生成的过程. 模型具体如下.

步骤 1: 判断当前仿真个体是否处在最邻近机动车道的虚拟车道中.

步骤 2: 判断与前车之间的速度距离关系

$$\text{超越前方较慢非机动车 (DILC)：} d_{\text{gap}} \leqslant 2.25 \cdot v_{\text{dif}}(t) + 0.85$$

$$\text{避让前方路边停车 (MILC)：} d_{\text{gap}} \leqslant 2.58 \cdot v_{\text{dif}}(t) + 3.42$$

其中, v_{dlf} 为两车速度差, d_{gap} 为两车车头间距.

步骤 3, 若上述车头间距与速度差之间的关系满足, 则产生越线动机, 否则不产生.

越线间隙选择. 在产生越线动机之后, 非机动车需要首先判断临近机动车道内是否存在足够满足其安全的间隙, 来决定是否要进入机动车道. 因此, 首先要判断当前环境下机动车道内的横纵向间隙是否充足. 由于非机动车在连续平面上能够相对更加自由地运动, 因此, 在间隙选择时, 不仅仅是纵向间隙需要具备满足安全行驶的条件, 横向上的空隙也应当被加以考虑. 其中对于纵向间隙, 由于在基于车道的建模中仍然需要考虑目标车道逻辑前后车之间的距离, 而这个距离通常仅与仿真对象的实时速度相关, 因此在一定程度上, 机动车的间隙选择模型 (5.2.2.2 节) 也适用于非机动车的间隙选择, 唯一区别在于安全间隙阈值需要根据非机动车的实证情况加以标定. 我们给出以下判断规则:

横向间隙或纵向间隙充足

$$d_{\text{lateral}} > \sigma_2 \quad \text{或} \quad d_{\text{front}} + d_{\text{rear}} > \gamma_2$$

其中, d_{lateral} 为纵向间隙, d_{front} 为前车间隙, d_{rear} 为后车间隙, 其具体阈值由实证数据给出, σ_2 和 γ_2 的标定值分别为 0.556m 和 12.204m. 其中前后车间隙的计算方法如下:

前车间隙 $d_{\text{front}} \geqslant 1 + 0.2 \times 2.237 \times \max(0, v_n - v_{\text{lf}}) + 0.35 \times 2.237 \times \min(0, v_n - v_{\text{lf}}) + 0.25 \times 2.237 \times v_n + \xi$

后车间隙 $d_{\text{rear}} \geqslant 1.5 + 0.15 \times 2.237 \times \max(0, v_{\text{lr}} - v_n) + 0.45 \times 2.237 \times \min(0, v_{\text{lr}} - v_n) + 0.30 \times 2.237 \times v_{\text{rr}} + \xi$

式中, v_n 为本车速度, v_{lf} 为非机动车道内前车速度, v_{lr} 为非机动车道内后车速度, ξ 为随机项, 取值范围为 0~1.

越线行为决策. 若具有充足的横纵向间隙, 非机动车将根据当前环境进行越线决策. 仍然基于倪颖等的研究 [15], 采取离散选择模型 Logit 模型来描述这一过程. 模型具体如下所示

$$V = \theta_0 + \theta_1 d_{\text{longit}} + \theta_2 d_{\text{pre}} + \theta_3 d_{\text{rear}} + \theta_4 d_{\text{front}} + \theta_5 v_F + \theta_6 B_0 \tag{5.7}$$

$$P_H = \frac{\exp(V)}{1 + \exp(V)} \tag{5.8}$$

式中, d_{longit} 为机动车道内纵向间隙, d_{pre} 为与前车的纵向距离, d_{rear} 为与非机动车道内后方车辆的纵向距离, d_{front} 为非机动车道内本车到标线的横向距离, v_F 为与前车的速度差, B_0 代表本车种类 (0-电动自行车, 1-人力自行车).

决策模型的参数标定结果由实证数据给出, 并且各个参数也已经通过检验, 具体结果如表 5.12 所示.

表 5.12 决策模型系数

参数	自由度	相关系数	标准差	卡方检验结果	P 值
常数	1	−0.4623	0.0990	21.8105	< 0.0001
d_{longit}	1	0.00343	0.000821	17.4132	< 0.0001
d_{pre}	1	−0.2578	0.00445	3349.8454	< 0.0001
d_{rear}	1	0.0136	0.00119	131.3899	< 0.0001
d_{front}	1	−1.5274	0.0762	402.1734	< 0.0001
v_F	1	1.2178	0.0198	3794.1236	< 0.0001

离散选择模型的结果为一个 0~1 的数字 P_H, 当 $P_H \geqslant 0.5$ 时, 我们认为该仿真车辆会在此时发生越线行为; 当 $P_H < 0.5$ 时, 则认为不会发生越线行为.

越线行为执行. 行为决策结果产生后, 若需要越线行驶, 还需要给非机动车规划一条可行的轨迹. 在这里, 我们仍然保持与机动车换道执行模型相同的方式来规划这条轨迹, 即使用三阶贝塞尔曲线来完成这一工作. 对于换道距离的确定, 我们在模型中采取如下规则:

当 $v_n < 20$ km/h 时, LC_Dist $= 4 \times L$; 当 20 km/h $< v_n <$ 30 km/h 时, LC_Dist $=$ $6 \times L$; 其中, L 表示非机动车长度.

此外, 在换道过程中, 车辆的速度控制由 IDM 根据前车的状态来具体确定, 这里不再赘述.

越线返回行为动机生成、间隙选择、决策及执行. 因为在机动车道内行驶会给非机动车手带来很大的安全威胁, 在默认情况下, 模型中非机动车的越线返回行为动机时刻存在. 同时, 与越线行为产生过程类似, 非机动车在越线之后, 也需要判断当前时刻相邻非机动车道内是否存在合适的间隙来返回非机动车道运行. 这个过程可以看作向右换道的过程. 因此, 间隙选择模型仍然可以根据相邻非机动车道内的前后车距离及速度关系确定. 模型中我们直接采用越线行为间隙选择模型来计算非机动车道内的可接受间隙.

再者, 对于越线行为返回的决策, 考虑到现实中通常会有一部分非机动车始终占据机动车道运行, 尤其是电动自行车. 因此, 在模型中, 我们根据实际的统计比例, 还会产生一个随机概率项来表示非机动车的返回决策结果. 结合倪颖等的过往研究 [14], 该统计比例为 0.449, 若随机概率项小于 0.449, 则会发生越线后返回非机动车道的行为.

此外, 对于返回非机动车道的执行模型, 仍然与越线过程中的执行模型保持一致, 这里不再赘述.

5.3.2.2 非机动车闯红灯行为模型

非机动车闯红灯行为是指非机动车无视信号灯所发出的停车等待指令, 直接违章通过交叉口的行为. 由于右转相位通常为常绿灯, 因此, 主要表现在左转和直行相位. 在产生闯红灯行为时有两种不同的表现形式：第一, 等待时间过长而进入交叉口; 第二, 直接无视信号灯控制进入交叉口. 因此, 上述两种表现形式各自需要模型进行描述.

目前, 学界有关非机动车闯红灯行为仿真模型的研究很少, 仅有的研究也会涉及道路设施设计与心理学层面的信息, 这些因素很难在交通流仿真模型中加以考虑. 根据我们的实证调查结果及刘艳婷等的研究 [16], 下面针对不同表现形式的闯红灯行为构建模型, 主要围绕其违章行为的动机 (决策) 进行讨论.

1) 直接闯红灯决策模型

采用离散选择模型产生二分类选择解释直接闯红灯的行为, 模型形式如下所示

$$\mathrm{Log}(p) = \alpha_1 + \alpha_2 \cdot \mathrm{age} + \alpha_3 \cdot \mathrm{phase} + \alpha_4 \cdot \mathrm{wait}_{\mathrm{num}} + \alpha_5 \cdot \mathrm{illegal}_{\mathrm{num}} \tag{5.9}$$

$$P\left(y=1 \mid x_i\right) = F\left(x_i'\beta\right) = \frac{\exp(x_i'\beta)}{1+\exp(x_i'\beta)} \tag{5.10}$$

其变量含义及标定结果如表 5.13 所示.

表 5.13 非机动车直接闯红灯决策模型参数

变量含义	标定系数	变量含义	标定系数
年龄 age	$\alpha_2 = 0.565^{***}$	到达时正在违章的人数 $\mathrm{illegal}_{\mathrm{num}}$	$\alpha_5 = 0.217^{***}$
到达相位 phase	$\alpha_3 = 1.373^{*}$	常数	$\alpha_1 = -2.881$
到达时正在等待的人数 $\mathrm{wait}_{\mathrm{num}}$	$\alpha_4 = -0.111^{**}$		

注：$***$: $P < 0.01$; $**$: $P < 0.05$; $*$: $P < 0.1$.

离散选择模型的结果为一个 0~1 的数字 P_H, 当 $P_H \geqslant 0.5$ 时, 我们认为该仿真车辆会在此时发生闯红灯行为; 当 $P_H < 0.5$ 时, 则认为不会发生闯红灯行为.

2) 等待后闯红灯决策模型

同样采用离散选择模型 (Logit 模型) 来针对等待后闯红灯的行为进行描述, 其模型表达式具体如下

$$\mathrm{Log}(p) = \alpha_1 + \alpha_2 \cdot \mathrm{Type} + \alpha_3 \cdot \mathrm{add}_{\mathrm{num}} + \alpha_4 \cdot \mathrm{illegal}_{\mathrm{num}} \tag{5.11}$$

$$P\left(y=1 \mid x_i\right) = F\left(x_i'\beta\right) = \frac{\exp(x_i'\beta)}{1+\exp(x_i'\beta)} \tag{5.12}$$

其参数含义及标定结果如表 5.14 所示.

表 5.14　非机动车等待后闯红灯决策模型参数

变量含义	标定系数	变量含义	标定系数
车辆类型 Type	$\alpha_2 = 0.699^{***}$	正在违章的人数 $\text{illegal}_{\text{num}}$	$\alpha_4 = 0.168^{***}$
等待过程中加入的人数 add_{num}	$\alpha_3 = -0.069^{**}$	常数	$\alpha_1 = 2.396$

注: ∗ ∗ ∗: $P < 0.01$; ∗∗: $P < 0.05$; ∗: $P < 0.1$.

离散选择模型的结果为一个 0~1 的数字 P_H, 当 $P_H \geqslant 0.5$ 时, 我们认为该仿真车辆会在此时发生闯红灯行为; 当 $P_H < 0.5$ 时, 则认为不会发生闯红灯行为.

此外, 产生闯红灯决策后, 对于非机动车闯红灯行为中速度的控制的问题, 考虑到闯红灯时非机动车通常会追求期望速度通过交叉口, 因此, 采用期望速度模型对其速度进行控制, 模型形式如下

$$a_{\text{desired}} = \frac{|v_n - v_{\text{desired}}|}{\tau_d} \tag{5.13}$$

式中 a_{desired} 为期望加速度, v_n 为当前时刻速度, v_{desired} 为本车期望速度, τ_d 为速度变化松弛系数, 取值为 2.

5.3.2.3　行人违章过街行为模型

行人违章过街行为通常指行人在过街时, 不遵循信号灯指示, 在红灯相位时选择进入交叉口内部的行为, 表现为在不可预见危险或等待时间过长时, 行人往往会违反交通规则, 红灯期间进入并通过交叉口. 现有模型所考虑的影响因素过多, 许多因素无法真正在仿真中使用, 模型需要简化. 根据倪颖等的研究 [17], 我们构建行人违章过街行为模型, 模型采用 Logit 模型进行表达, 形式具体如下

$$\begin{aligned}\text{Log}\,(p) = {} & \alpha_1 + \alpha_2 \cdot X_{\text{width}} + \alpha_3 \cdot X_{\text{age}} + \alpha_4 \cdot X_{\text{gender}} + \alpha_5 \cdot X_{\text{signal\_pos1}} \\ & + \alpha_6 \cdot X_{\text{bandwidth}} + \alpha_7 \cdot X_{\text{next\_signal}} + \alpha_8 \cdot X_{V/C}\end{aligned} \tag{5.14}$$

$$P\,(y = 1 \,|\, x_i) = F\,(x_i'\beta) = \frac{\exp(x_i'\beta)}{1 + \exp(x_i'\beta)} \tag{5.15}$$

其参数含义及标定结果如表 5.15 所示.

离散选择模型的结果为一个 0~1 的数字 P_H, 当 $P_H \geqslant 0.5$ 时, 我们认为该仿真车辆会在此时发生闯红灯行为; 当 $P_H < 0.5$ 时, 则认为不会发生闯红灯行为.

对于行人违章过街行为的速度控制, 同理我们也采用期望速度模型进行控制, 模型形式如公式 (5.13).

表 5.15 行人违章过街决策模型参数

变量含义	标定系数	变量含义	标定系数
过街横道宽度 X_{width}	$\alpha_2 = 1.07^{***}$	年龄 X_{age}：(0:< 25;1:25~65;2:> 65)	$\alpha_3 = 0.53^{**}$
过街方向绿波带宽度 $X_{\text{bandwidth}}$	$\alpha_6 = -0.03^{**}$	性别 X_{gender}：(0-女性;1-男性)	$\alpha_4 = 0.42^{*}$
信号灯头位置 $X_{\text{signal\_pos1}}$:(0-错位式; 1-同侧式)	$\alpha_5 = 5.39^{***}$	过街的 V, C 比 $X_{(V/C)}$	$\alpha_8 = -0.63$
对向路侧信号灯灯色 $X_{\text{next\_signal}}$:(0-绿色; 1-红色)	$\alpha_7 = -1.34^{***}$	常数	$\alpha_1 = -6.59$

注：$***: P < 0.01; **: P < 0.05; *: P < 0.1.$

5.3.3 基于 OpenDRIVE 标准路网的交通流干扰行为模型仿真实现

基于 VTD 软件所绘制的 OpenDRIVE 路网拓扑结构及数据，我们对上文所提到的交通流干扰行为模型进行了仿真实现. 路网作为实现交通流仿真功能的基础数据支撑，其拓扑结构决定了仿真模型必须根据其特点来进行调整并最终相互匹配. 因此，这里还涉及一定的路网数据格式与模型计算的匹配工作. 最终，我们选择了位于上海市中环路 (高快速路) 和高科中路 (地面道路) 的仿真场景，使用 VTD 构建智能汽车虚拟测试路网，并基于 Python 3.0 平台进行仿真实现的开发工作，尝试为智能汽车虚拟测试构建与现实相仿的城市路网交通环境. 交通流仿真场景的概况如图 5.22 所示. 同时，在常态仿真的基础上，干扰行为仿真实现、

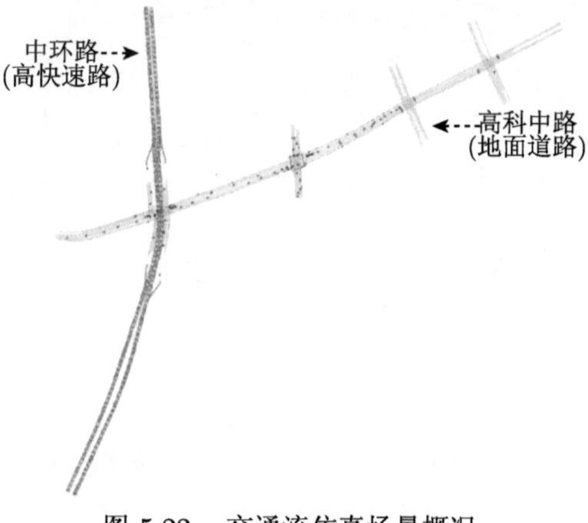

图 5.22 交通流仿真场景概况

运行、计算以及更新的基本流程如图 5.23 所示. 而对于每一种类的干扰行为, 我们在表 5.16 中对仿真效果以关键帧的形式进行展示.

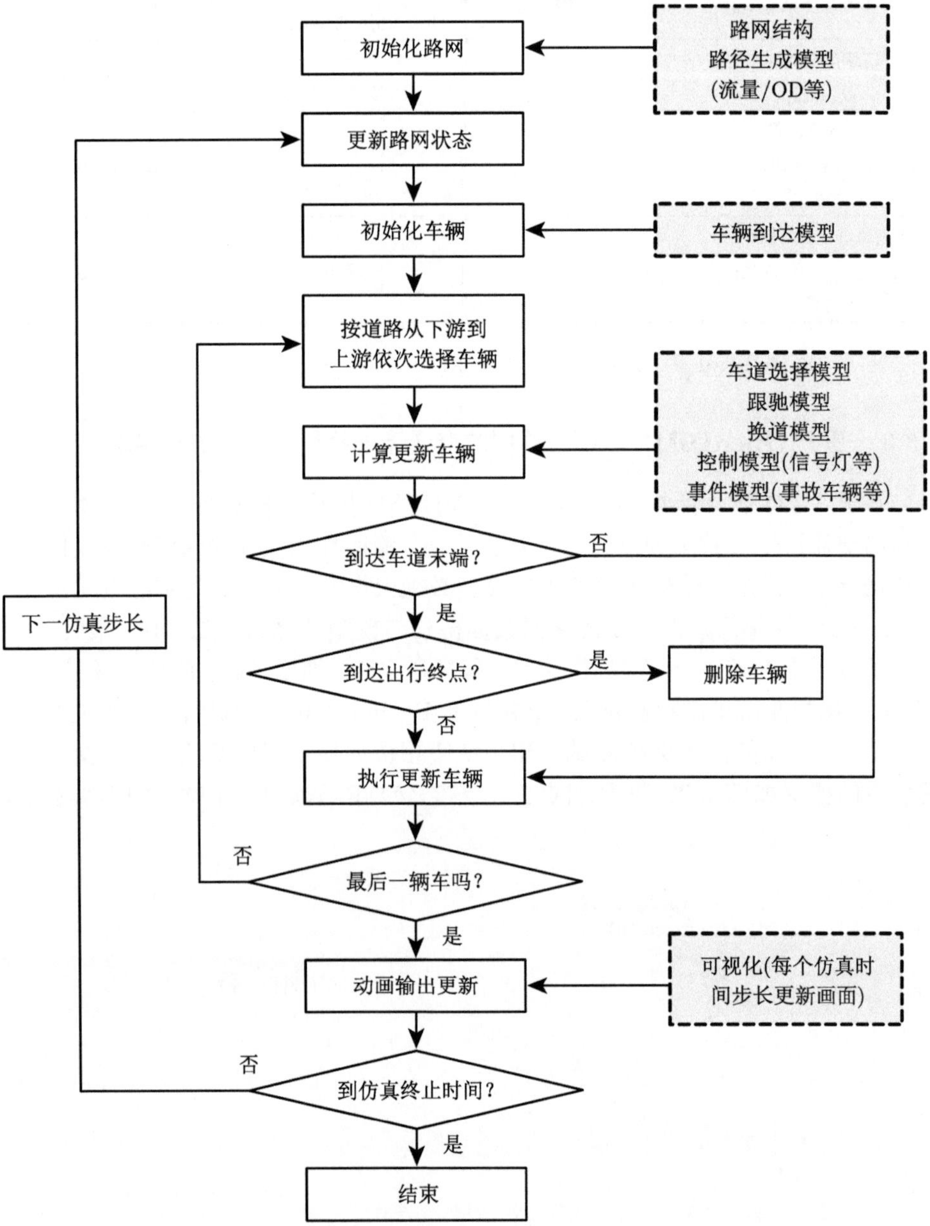

图 5.23　干扰行为仿真实现、运行、计算以及更新的基本流程

表 5.16 干扰行为模型仿真效果

场景	模型名称	仿真效果
高快速路	胁迫换道行为	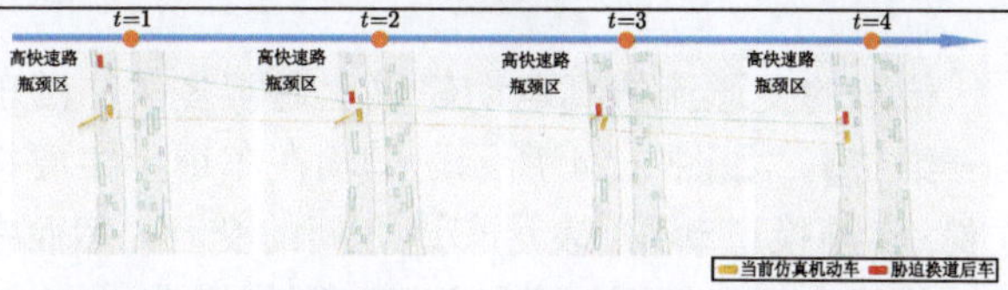
	协作换道行为	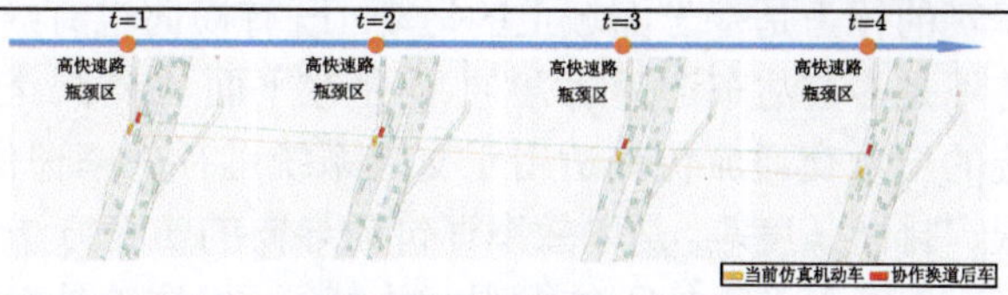
	多步逼近换道行为	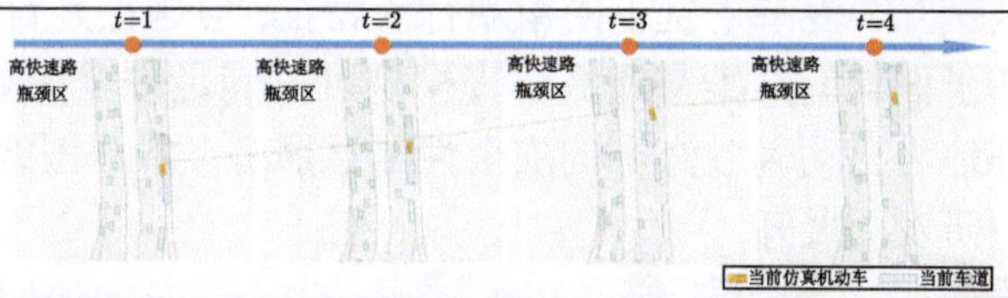
	横向偏移行为	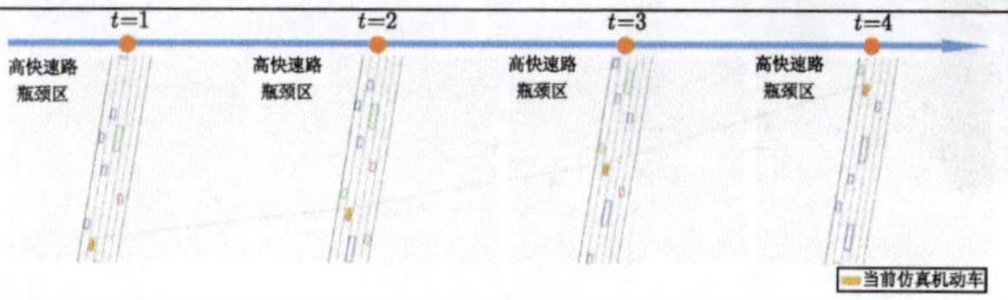
	走走停停行为	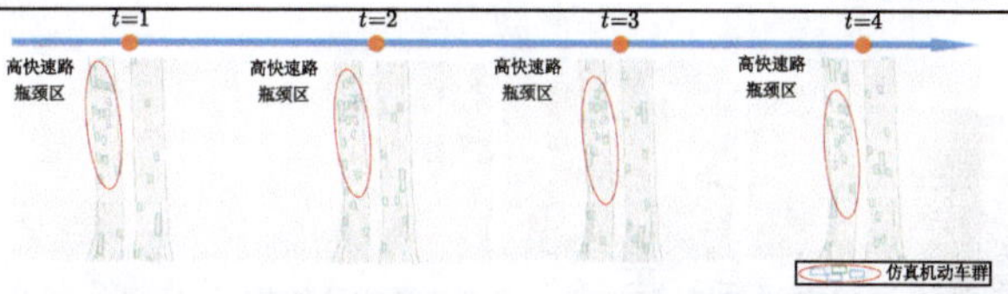
城市道路	非机动车越线行为	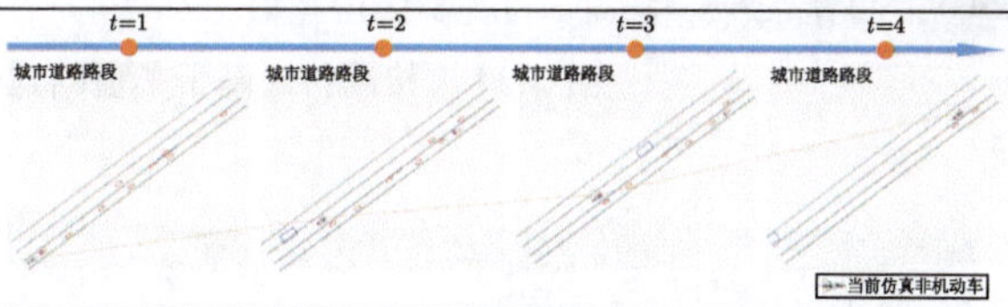
	非机动车闯红灯行为	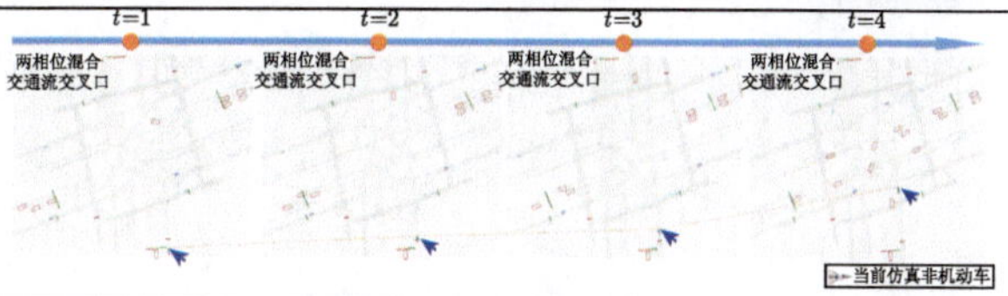
	行人违章过街行为	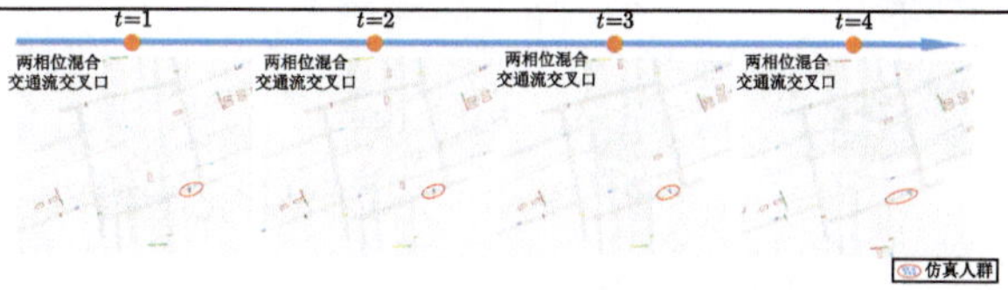

5.4　面向安全测试的面域二维交通流模型

传统的交通流仿真运动建模上通常多关注沿车道方向上的运动, 即基于车道的一维仿真, 如图 5.24 所示. 车辆在车道上主要按照跟驰模型更新位置, 在有限位置, 实施换道动作, 表达车道之间的交互. 然而在现实中, 大量非结构化道路处车辆的行为是基于面域上的运动 (既有横向也有纵向运动), 如图 5.25 所示, 车辆并不是多关注车道运动方向, 而是在平面 XY 二维空间做运动规划决策. 因此, 传统的一维交通流仿真适用于交通系统运行效率评估, 典型指标包括通行时间、延误、排队长度等, 是以效率评价为导向的仿真方法论. 然而, 一维仿真难以体现高度交互、复杂干扰下的微观行为特征, 但这正是自动驾驶汽车安全测试所需要的. 基于面域的二维交通流仿真模型可以满足安全为导向的交通流建模仿真需求, 更好地为自动驾驶汽车的安全性测试服务. 本节围绕基于面域的二维交通流仿真模型研发而展开.

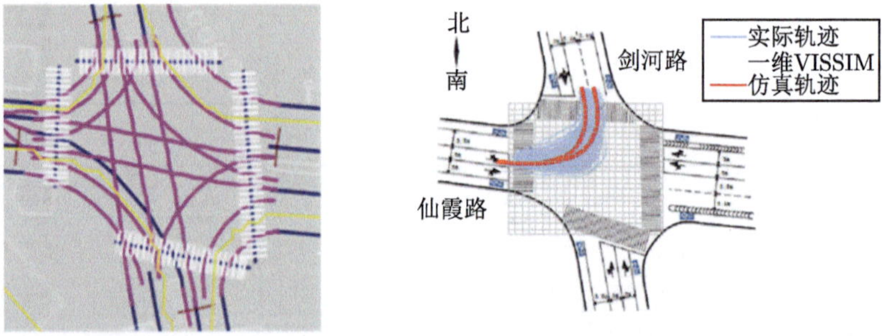

(a) 现有仿真模型Lane➔Link➔Path 结构　　(b) 仿真轨迹与实际轨迹差异大

图 5.24　传统仿真基于车道的建模描述方式

图 5.25　现实中大量非结构化道路处基于面域运动的交通流

现实中, 非结构道路环境处存在大量基于面域运动的场景, 典型的如交叉口内部、机动车-非机动车共享路段、非结构化道路和双向道路交互空间等. 在这些场景下, 由于没有明显的车道规则, 车辆运行表现出明显的非基于车道的多变的轨迹分布, 与此同时, 存在一对一、一对多甚至多对多的多种交通参与者交互形式. 在这些混行、多交互环境中, 以交叉口处的交通参与者行为最为复杂, 加之我国混合交通流现象明显, 非机动车和行人流量大, 运动自由度高, 与机动车交互频繁, 这些特征导致对交叉口内的复杂交互行为的仿真是最具挑战性的任务之一. 因此, 本节以交叉口内的交通流仿真作为案例重点阐述.

值得注意的是, 本节介绍的方法具有一定的推广性, 可以很容易地应用到其他混行、多交互的环境下的交通流仿真中. 此外, 针对这类问题我们也提出了一些不同的二维仿真方法. Ma 等 [18, 19] 建立分层框架模拟左转车通过交叉口时与直行机动车、非机动车和行人的交互过程, 决策层利用 Logit 模型动态地进行是否转向决策, 执行层由改进的社会力模型构成, 驱动力方向根据决策结果选取, 不同类型的对象的排斥力函数中的关键影响变量也根据其交互机理进行调整. 约束层包含机动车运动时所需满足的动力学约束. Xu 等 [20] 也利用类似的框架基于场论的方法对多交互作用建模解析. Sun 等 [21] 将分层框架推广至模拟共享路权的双向两车道道路上多对象、多交互的混合交通流场景, 动机层采用运动风险场评估风险产生初始动机, 决策层使用有限状态机实时评估并决策可行动机, 执行层则由相应的控制方程构成. 倪颖等 [22, 23] 同样采用分层模型建立模拟非机动车超车和交叉口右转行为.

传统仿真中, 微观交通行为模型所表现的决策和运动行为均建立在仿真个体基于车道运动的假设上, 其决策行为模型难以解释现实中有限优先权、动态交互和交互双方依赖性等现象. 这里将建立一种适用于交叉口处交互场景的驾驶行为模型. 首先, 将驾驶行为拆解为高度关联的决策和规划行为, 决策行为确定了驾驶意图, 规划行为确定了未来一段时间内连续的运动行为, 进而构建了决策-规划迭代框架, 表现了决策和规划行为的有机联系, 即决策主导规划, 规划辅助决策. 在决策行为建模中, 构造了适用于基于面域的空间动态交互过程的关键影响变量, 并通过决策树模型学习了实际驾驶人的决策行为, 并通过学习精度验证了决策模型的有效性, 在此基础上, 解释了双方的交互模式. 在规划行为建模中, 在轨迹规划模型的基础上, 通过分段轨迹规划表现了交互过程中可能存在的让行和抢行行为, 通过模拟转向车辆和直行车辆交互过程中可能出现的让行和抢行行为验证了模型的有效性.

5.4.1 规划–决策迭代框架

基于人类认知行为理论, 规划、决策和执行是人类有效解决复杂问题的方法.

在交叉口处运动的仿真中, 车辆与其他交通参与者的交互过程同样可以用以上模块有效解决. 决策模块主要解决的是确定本车与其他交互对象的优先权高低, 高优先权的个体先通过潜在冲突点. 规划模块确定未来一段时间内, 车辆在交互过程中的运动轨迹. 执行模块本该基于车辆动力学模型, 建立车辆根据规划轨迹运行时的位置与姿态动态变化. 但是由于本书主要关注交通流仿真, 并且车辆动力学约束已经被包含在规划模块中, 因此执行模块不在本研究范围之内.

这些决策和规划行为一方面反映了驾驶人高效和舒适地移动的内在需求, 另一方面, 驾驶人的选择反映了他们对交互规则的理解, 同时考虑到安全性和人的因素. 从决策和规划的定义来看, 规划行为将更多地体现驾驶人的内在需求, 而决策行为更多地受到交通环境的影响, 考虑了环境约束. 规划和决策的迭代能使驾驶行为被交互双方所接受. 因此, 本节在人类认知行为理论的基础上, 将所提方法集成到规划-决策迭代框架中, 如图 5.26 所示.

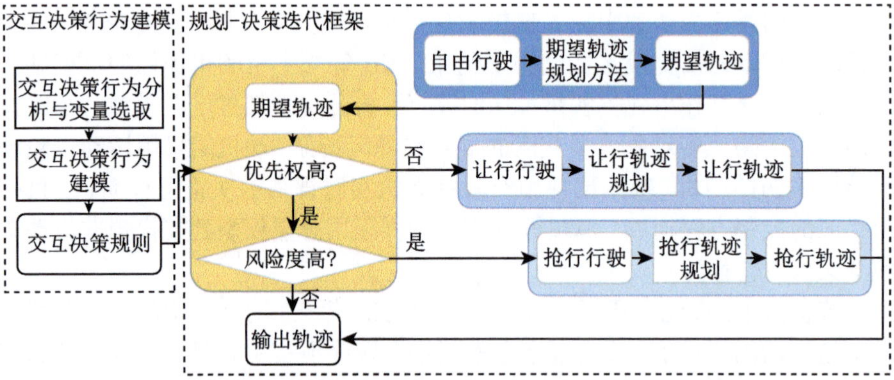

图 5.26　规划-决策迭代框架

规划层应用轨迹规划方法来规划可接受的轨迹以及相应的控制参数, 同时适应道路几何形状和交通环境. 与无交互对象场景不同的是, 单交互对象场景中存在受阻行驶、期望行驶两种情况.

情况 1：在期望行驶的情况下, 交互对象虽然与本车存在潜在冲突点, 但是并不会影响到本车的运动, 轨迹规划的目标为由行驶路径决定的驶出交叉口的最终目的地. 如图 5.27 所示, 图 5.27(a) 为当前交互状态, 其中本车 E 左转与直行车 M_1 存在交互, 如图 5.27(b)、(c) 所示, 虚线所表示的双方规划轨迹存在冲突点, 但是本车 E 按照当前规划行驶能够优先或落后于交互对象 M_1 通过冲突点, 则认为 M_1 不影响本车 E 的运动, 本车 E 将按照当前所规划的轨迹行驶, 轨迹规划的目标始终为当前规划轨迹驶出交叉口的位置.

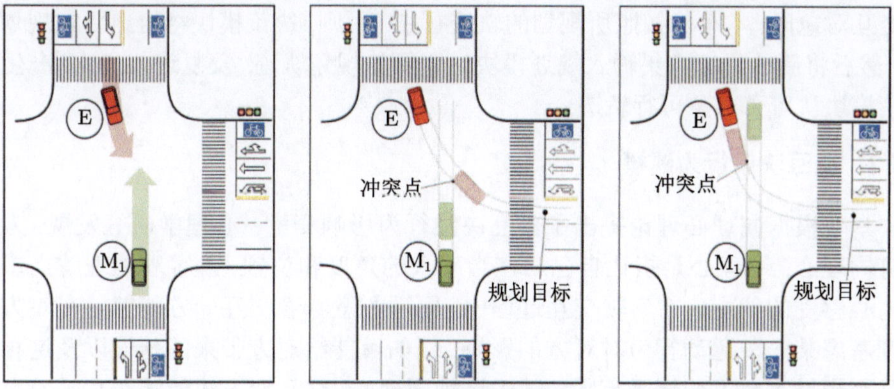

(a) 当前车辆交互状态　(b) 本车按照当前轨迹行驶时，优先于交互对象通过冲突点　(c) 本车按照当前轨迹行驶时，落后于交互对象通过冲突点

图 5.27 期望行驶情况示意图

情况 2：在阻碍转弯行驶下，交互对象的运动将影响本车的行动，如图 5.28 所示，如果本车按照当前规划的虚线轨迹行驶，则将与交互对象发生碰撞．此时，需要根据交互对象的状态设定临时目标状态，本车在当前轨迹冲突点等待交互对象通过，以让行交互对象，如图 5.28 所示．

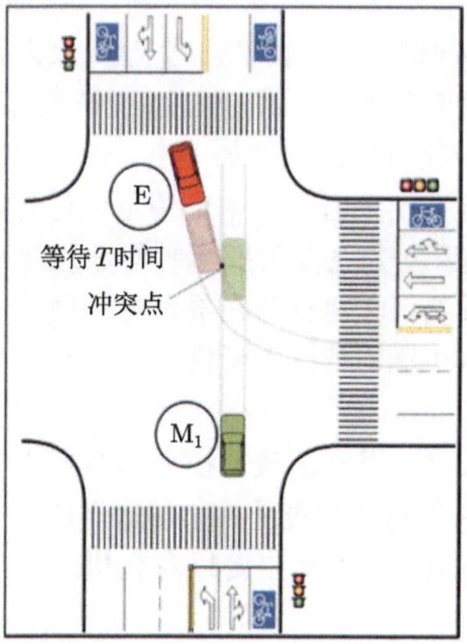

图 5.28 当按照当前规划行驶存在冲突时，本车可以等待让行交互对象

在决策模块中，通过基于决策树模型生成的规则判断本车跟交互对象之间的优先级高低．具体而言，决策行为需要以一个轨迹规划结果为输入，输出当车辆按照输入规划进行行驶时与交换对象的优先级高低．当决策模块认为本车优先级高

于交互对象时, 本车将按照所规划的轨迹行驶. 否则, 决策模块将给出新的规划目标. 然后将新的目标点集输入规划模块生成新的规划轨迹. 反复迭代, 直到产生了决策模块认可了一条可行轨迹.

5.4.2 交互决策行为建模

本节根据同理心理论提出了交互决策行为影响变量. 心理学研究发现, 人类具有同理心, 同理心是指让自己站在当事人的角度和位置上, 客观地理解当事人的内心感受的能力. 在驾驶交互过程中, 同理心意味着交互一方能够站在对方的角度考虑某一种运动行为对对方的影响, 例如可能给对方带来的延误以及这种延误是否超过了对方的接受范围. 基于这种同理心, 交互双方才能够在几乎没有任何信息通信的情况下顺利达成共识.

因此, 本节基于同理心理论设计了一系列关键变量表征一条规划轨迹对于交互双方的负面影响. 这些因素可以从两个方面进行归纳. 从本车驾驶人方面来看, 选择等待时间 t_E 及其延误 d_E 作为影响变量的一部分, 其分别代表驾驶人的耐心及其效率损失. 对于其他交互对象而言, 预期的合作加速度 a_I 和它们的延迟 d_I 被选择作为转弯标准的其他影响因素.

如图 5.29 所示, 以转向车辆与直行车辆交互为例, 由于转向车辆侵占直行车行驶空间, 直行车可能会配合转向车辆, 由此将带来加速度下降和延误. 合作加速度被定义为本车如果按照规划轨迹行驶, 交互对象为了避免碰撞的本车所能采取的最大加速度. 从物理角度而言, 合作加速度代表着本车通过冲突点之后, 其他交互对象为了恰好通过冲突点所采取的加速度. 合作加速度越小意味着交互对象受到的影响越大, 该影响不仅是通行效率的降低, 更重要的是当合作加速度小于一定的值之后, 意味着交互对象甚至需要牺牲舒适性而采取急刹车行为来与本车进行协作. 这两个变量反映了转弯行为在舒适性和效率方面可能给相互作用的道路使用者带来损失. 转弯车辆的驾驶人考虑到自己和交互对象的损失以决定是否转弯.

基于所采集的实际数据, 根据决策树模型对数据中的样本进行学习. 由于不同交互对象之间的交互决策行为可能不同, 因此分别对不同的交互主体训练不同的决策树. 由于研究方法相同, 本节主要以左转机动车与直行机动车交互为例说明建模过程和结果.

图 5.30 显示了为左转车穿越直行机动车的决策模型所生成的决策树. 在图中, “0.000” 代表左转车让行, “1.000” 代表左转车优先通过交叉点. 决策树仅包括三个叶节点, 产生了如图 5.30 所示的左转车穿越决策规则.

另外, 决策树的结果反映了影响左转机动车在与直行机动车交互过程中, 对决策结果有影响的因素的重要性排序. 直行机动车可能采取的减速度是最重要的影响因素, 反映了转向行为安全性是左转车首要考虑的. 直行机动车可能增加的延误是第二考虑的指标. 左转车可能增加的延误和已经等待的时间没有显著地影响左转车对直行机动车的决策结果.

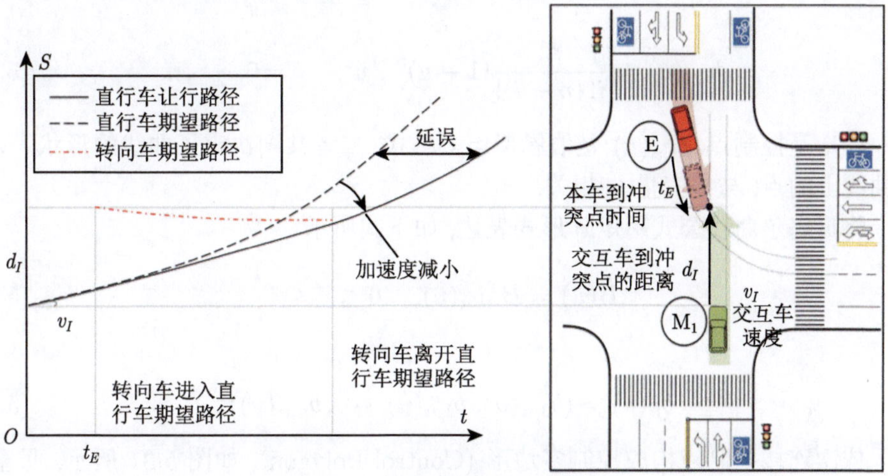

图 5.29 本车对交互对象的影响

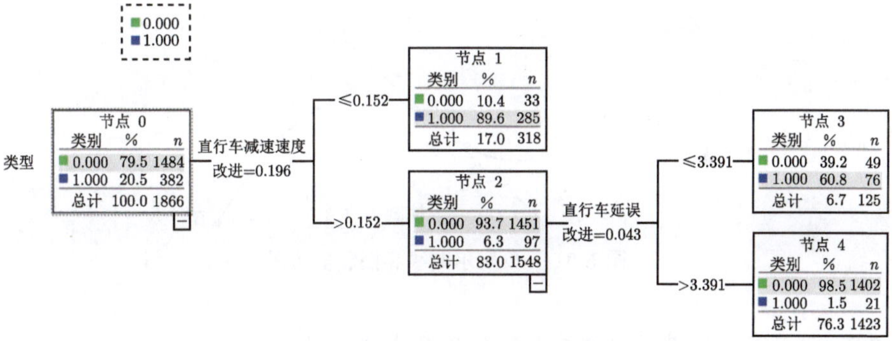

图 5.30 左转机动车与直行机动车决策树建模结果

5.4.3 基于面域仿真的轨迹规划

车辆的轨迹规划本质上是在二维空间和时间组成的三维状态空间中寻求最优解 $\text{Trj} = \left(X^{(0)}, X^{(1)}, \cdots, X^{(m)}\right)^{\text{T}}$ 的过程. 因此, 很多研究将轨迹规划解耦为二维平面上的路径规划和在所规划路径上的速度规划. 路径规划确定了曲线的形状, 而速度规划确定了对象在路径上的运动状态.

5.4.3.1 路径规划

贝塞尔曲线 (Bezier Curve) 是一族以伯恩斯坦多项式 (Bernstein Polynomial)

为基础的参数化曲线. n 阶贝塞尔曲线有 $(n+1)$ 个控制点, 由下式决定:

$$B(u)=\sum_{i=0}^{n}B_i b_{i,n}(u),\quad 0\leqslant u\leqslant 1 \tag{5.16}$$

$$b_{i,n}(u)=\frac{n!}{i!\,(n-i)!}(1-u)^{n-i}u^i,\quad i=0,\cdots,n \tag{5.17}$$

其中, B_i 是控制点, $b_{i,n}(u)$ 是伯恩斯坦多项式, 二者共同决定了曲线的形状, $B(u)$ 是曲线上的点, 与参变量 u 相关.

将贝塞尔曲线公式用矩阵形式表达, 如下式所示

$$B(u)=B^{\mathrm{T}}b_n(u),\quad 0\leqslant u\leqslant 1 \tag{5.18}$$

其中

$$b_n(u)=(b_{0,n}(u),\,b_{1,n}(u),\cdots,b_{n,n}(u))^{\mathrm{T}} \tag{5.19}$$

依次连接控制点构成控制多边形 (Control Polygon), 如图 5.31 所示. 贝塞尔曲线被广泛应用于设计、工业制图等领域.

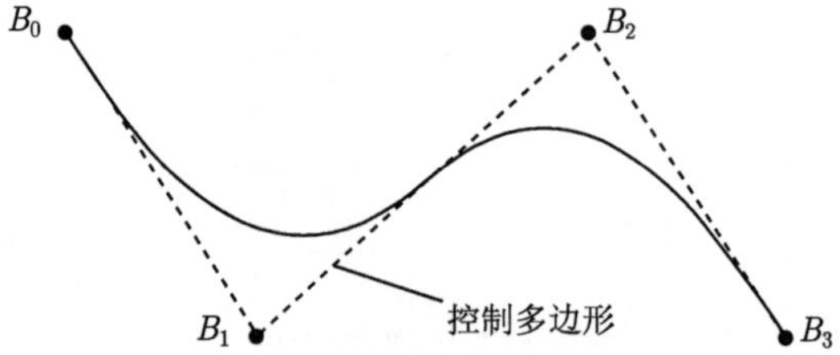

图 5.31　贝塞尔曲线和控制多边形

5.4.3.2　速度规划：基于自适应分段的多项式速度规划

传统仿真中由于未考虑车辆动力学约束, 在道路平纵曲线发生变化的过程中, 难以模拟真实车辆的运动状态, 例如快速转弯, 上坡过程中速度不会自动下降等. 目前解决该问题的方法是在特殊路径处由用户自行加入限速区, 以实现对真实情况的模拟. 由于二维仿真中车辆的运动轨迹往往会随着交通状态进行变化, 难以提前预知速度阈值, 因此, 必须通过合理速度规划保证车辆运动中内生地满足车辆的动力约束. 本节将首先介绍基于车辆动力学的速度约束, 分析在曲线运动中速度约束产生的原因和计算方法, 然后提出了一种利用自适应分段的速度规划方法.

与路径规划中的目标函数相同, 路径 Trj 中的速度曲线也需要满足相似的连续性, 但是由于速度曲线的二阶导矢无明确的物理意义, 同时考虑到仿真系统的

运算效率, 将速度规划的连续性要求降低为满足位置连续和斜率连续, 即满足以下等式:

$$\begin{cases} v^{(0)} = v_s, \\ a^{(0)} = a_s, \\ v^{(n)} = v_e, \\ a^{(n)} = a_e \end{cases} \tag{5.20}$$

另外, 车辆在运动的过程中加速度来源于路面对汽车轮胎产生的摩擦力, 当车辆行驶时, 加速度的大小受路面摩擦力的影响, 具有最大和最小值约束. 特别地, 在车辆沿曲线行驶的过程中, 横向加速度不仅与车辆的油门和刹车踏板的操控有关, 还与车辆的速度以及路径的曲率有关. 同时, 在车辆行驶过程中, 过大的横向加速度会对驾驶人和车辆乘客造成不舒适感, 因此, 横向加速度还应该小于人类所能接受的最大值. 因此车辆横向加速度应满足以下约束:

$$a_y = kv^2 \leqslant a_{y\max} \tag{5.21}$$

从而有, 车辆速率应满足以下约束:

$$v(u) \leqslant \sqrt{\frac{|a_{y\max}|}{k(u)}} \tag{5.22}$$

此外, 为了防止轮胎打滑, 还需要保证轮胎所受的力小于路面所能提供的最大静摩擦力. 同样, 纵向加速度也会造成人类的不舒适感, 因此, 纵向加速度也应该在人类所能接受的范围中, 如下式所示

$$v^2 \leqslant \sqrt{\frac{|a_{y\max}|}{k}} \tag{5.23}$$

由于人类所能接受的横、纵向加速度阈值的矢量和小于地面最大静摩擦力, 最终速度规划中采用的约束条件为式 (5.22) 和式 (5.23).

在路径的不同位置对于速度的约束不同, 具体而言, 速度阈值与路径中的曲率变化有关. 现有很多研究仅仅考虑纵向加速度的阈值而不考虑横向加速度的约束, 或者将横向加速度的约束设定为固定区间进行速度规划, 这些静态速度规划方法将导致在曲线平缓段跟极限转弯段存在情况相同的速度约束, 从而大大降低对总体的通行效率.

本节将利用自适应分段规划的方法规划车辆通过路径的速度曲线. 路径上的速度曲线将根据速度约束启发式调整. 算法的核心思想为, 启发式地产生规划曲线, 通过不断发现不满足约束的区间并对其进行重规划逐步满足速度约束. 该方

法的优势在于以最理想速度规划为原型, 在每一步速度修正的过程中, 能够发现起作用的速度值的约束点, 并且始终产生当前约束情况下的最优速度曲线.

通常而言, 速度是随时间变化的曲线, 但是, 由于横向加速度约束与行驶路径的曲率有关, 而曲率与路径上位置有关, 因此, 本节中速度规划算法构建的是速度随所规划路径上的线性距离变化的曲线. 本节中将采用三次多项式来描述速度变化, 它能保证其对应的加速度是连续的, 且可应付在短时间范围内常规速度的变化情况, 速度 $v(s)$ 可表示为

$$v(s)=\sum_{i=0}^{3} b_i s^i, \quad 0 \leqslant s \leqslant l \tag{5.24}$$

其中, $b_i(i=0,1,2,3)$ 为多项式系数, s 为规划路径上的线性距离, l 为需要进行速度规划的路径长度. 由于速度为有关距离的函数, 因此速度的导函数应为

$$v'(s)=\frac{\mathrm{d}v}{\mathrm{d}s}=\frac{\mathrm{d}v}{\mathrm{d}t}\frac{\mathrm{d}t}{\mathrm{d}s}=\frac{a(s)}{v(s)} \tag{5.25}$$

值得注意的是, 当初速度状态为 0 时, $v'(s)$ 的值为无穷, 为了避免此种情况发生, 当速度为 0 时需要判定当前车辆的状态, 如果车辆处于停车状态, 则速度始终为 0. 否则当车辆处于启动状态时, 给速度一个微小阶跃, 描述车辆从完全静止到运动的过程.

结合速度约束, 速度规划共有四个等式约束, 如下所示

$$\begin{cases} v(0)=v_s, \\ v'(0)=\dfrac{a_s}{v_s}, \\ v(l)=v_e, \\ v'(l)=\dfrac{a_e}{v_e} \end{cases} \tag{5.26}$$

也即

$$\begin{cases} b_0=v_s, \\ b_1=\dfrac{a_s}{v_s}, \\ b_0+b_1 l+b_2 l^2+b_3 l^3=v_e, \\ b_1+2b_2 l+3b_3 l^2=\dfrac{a_e}{v_e} \end{cases} \tag{5.27}$$

以上算法解决了固定速度始末状态下的速度规划问题, 本节提出的启发式速度规划算法在迭代的过程中不断产生速度的始末状态, 通过以上方法生成新的速度曲线, 直到满足速度约束.

速度自适应分段规划算法流程如图 5.32 所示.

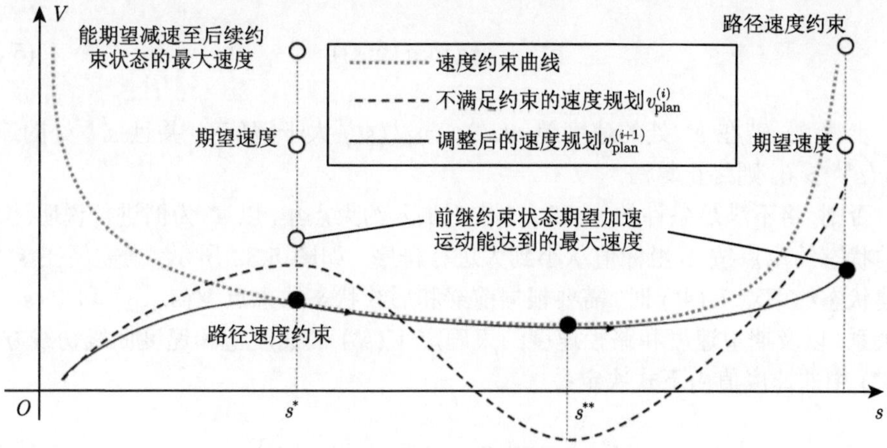

图 5.32 速度自适应分段规划示意图

步骤 1:首先将起始速度状态和终点速度状态加入状态约束集 $V_{\text{con}}=\{\text{V}_s,\text{V}_e\}$, 其中起始约束点 V_s 为当前车辆状态 $\left(0,v_s,\dfrac{a_s}{v_s}\right)$, 终点速度状态为以期望加速运动通过 l 距离后所得到的运动状态, 通过以上速度规划方法获得速度曲线参数 b. 期望加速运动中的加速度由下式给出

$$a=\begin{cases} a_{da}, & v<v_d, \\ 0, & v=v_d, \\ a_{dd}, & v>v_d \end{cases} \tag{5.28}$$

即当速度小于期望速度 v_d 时, 加速度为加速过程的期望加速度 a_{da}; 当速度等于期望速度 v_d 时, 加速度为 0; 当速度大于期望速度 v_d 时, 加速度为减速过程的期望减速度 a_{dd}, a_{da} 和 a_{dd} 通过实际数据统计获得. 同时考虑到速度约束 $v_{\text{lim}}(s)$, 因此终点约束点 $V_e=\left(l,v_e,\dfrac{a_e}{v_e}\right)$, 其中, l 为路径总长度, $v_e=\min(v^*,v_{\text{lim}}(l))$, v^* 为期望加速运动计算得到的末速度大小, 当 $v_e=0$ 时, $\dfrac{a_e}{v_e}=0$.

步骤 2: 比较所规划的速度曲线和速度约束曲线, 得到速度差最小处的线性距离坐标 s^*, 如下式所示

$$s^*=\arg\min_s\left(v(s)-v_{\text{lim}}(s)\right) \tag{5.29}$$

另外, 由于三次曲线具有一定的不稳定性, 在始末速度较低时, 容易出现速度小于 0 的现象, 因此还应提取速度最小值处的距离坐标 s^{**}.

$$s^{**} = \arg\min_{s}(v(s)) \tag{5.30}$$

步骤 3: 若在 s^* 处的速度差 $v(s^*) - v_{\text{lim}}(s^*)$ 大于阈值 ε, 并且 s^{**} 处的速度值 $v(s^{**})> 0$, 则终止算法.

否则, 将不满足条件的 s^* 和 s^{**} 依次加入约束点集, 以 s^* 为例进行说明. V_{con} 中的状态约束点按 s 坐标值从小到大进行排序. 如图 5.32 所示, 当需要在 s^* 处创建状态约束点 $V(s^*)$ 时, 需要根据前继和后续状态约束点 $V(s_{m-1})$ 和 $V(s_{m+1})$ 的关系, 以及期望速度和路径速度约束确定 $V(s^*)$ 的速度值和速度曲线切线方向. $V(s^*)$ 中的速度值由下式决定:

$$v(s^*) = \min(v_{\text{acc}}, v_{\text{dec}}, v_d, v_{\text{lim}}(s^*)) \tag{5.31}$$

其中, v_{acc} 为考虑前继状态所能达到的最大速度, 具体是指以前继状态约束点 $V(s_{m-1})$ 为初始状态, 以期望加速度 a_{da} 匀加速至 s^* 时的速度, v_{dec} 为考虑后续状态所能达到的最大速度, 具体是指以后续状态约束点 $V(s_{m+1})$ 为终点状态, 以期望加速度 a_{dd} 匀加速时, s^* 处所采取的初始速度, 由下式给出

$$v_{\text{acc}} = \sqrt{2a_{da}(s^* - s_{m-1}) + [v(s_{m-1})]^2} \tag{5.32}$$

$$v_{\text{dec}} = \sqrt{[v(s_{m+1})]^2 - 2a_{dd}(s_{m+1} - s^*)} \tag{5.33}$$

$V(s^*)$ 中的加速度根据 $v(s^*)$ 所采用的速度值确定当前阶段所处于的行驶状态, 由下式决定:

$$a(s^*) = \begin{cases} a_{da}, & v(s^*) = v_{\text{dec}}, \\ a_{dd}, & v(s^*) = v_{\text{dec}}, \\ v'_{\text{lim}}(s^*) \times v(s^*), & v(s^*) = v_{\text{lim}}(s^*), \\ 0, & v(s^*) = v_d \end{cases} \tag{5.34}$$

当 $v(s^*) = v_{\text{acc}}$ 时, 车辆正处于加速状态, 因此加速度选取期望加速度; 当 $v(s^*) = v_{\text{dec}}$ 时, 车辆将进入减速状态, 因此加速度选取期望减速度; 当 $v(s^*) = v_{\text{lim}}(s^*)$ 时, 车辆需要服从路径速度约束, 因规划速度曲线在 s^* 处的切线方向需要与路径速度约束函数的切线方向一致; 当 $v(s^*) = v_d$ 时, 车辆达到期望速度, 因此不需再加速, 加速度为 0, 同时规划速度曲线 v(s) 在 s^* 处的导数值为 0.

然后将 $V(s^*) = \left(s^*, v(s^*), \dfrac{a(s^*)}{v(s^*)}\right)$ 按照 s 坐标从小到大的顺序插入. 随着新状态约束点的插入, 从后续状态 $V(s_{m+1})$ 到 $V(l)$ 的前继状态均可能次第改变, 因此需要根据式 (5.31) 中的规则重新更新.

步骤 4：将速度曲线分段进行规划, 假设新添加的状态约束点为 $V(s_m)$ 和 $V(s_n), m < n$, 最后一个受影响的状态约束点为 $V(s_p)$. 为了节约计算资源, 仅更新受影响的速度曲线段. 首先, 将 $V(s_{m-1})$ 和 $V(s_m)$ 作为始末状态代入三项多项式速度规划方法, 获得 $[s_{m-1}, s_m)$ 段的速度曲线, 更新原速度规划中的对应区间, 然后依次类推, 直到将 $[s_{p-1}, s_p)$ 段更新完毕.

5.4.4 仿真结果评价

根据所提出的仿真模型和校准参数, 在以下方面将左转车的表现与实际数据进行比较：行程时间分布 (图 5.33)、转弯轨迹的空间覆盖度 (图 5.35) 以及后侵入时间 (Post-Encroachment Time, PET) 的分布, 参见图 5.36. 行程时间衡量的是左转车通行效率的准确性. 转弯轨迹描述了车辆的二维行为的准确性. PET 反映了左转车与其他机动车和非机动车相互作用时的安全表现. 一般而言, 传统的一维模型在旅行时间上可能具有较高精度. 然而, 转弯车辆的轨迹仅分布在预定义的车道中, 并且安全表现值得怀疑, 因为一维仿真中的交互场景过于简单. 本研究所提出的模型不仅具有高精度的行程时间和轨迹分布, 而且可以模拟复杂条件下的安全性能.

5.4.4.1 行程时间

图 5.33 显示了转向车辆的行程时间分布. 仿真结果中行程时间的平均值和标准差分别为 15.0s 和 8.9s, 而实际数据则为 15.1s 和 8.5s. 由于样本量高达 210 且样本没有显示出明显的正态分布, 使用 z 检验来检查两组数据的一致性. Z 统计量的计算公式如下

$$z = \frac{\bar{x}_1 - \bar{x}_2}{\sqrt{\dfrac{S_1^2}{n_1} + \dfrac{S_2^2}{n_2}}} \tag{5.35}$$

其中 $\bar{x}_1$ 和 $\bar{x}_2$ 分别是样本 1、样本 2 的平均值, 在本节中样本 1 为左转车仿真中通过交叉口的时间, 样本 2 为实际左转车通过交叉口的时间, S_1 和 S_2 是样本 1 和样本 2 的标准差, n_1 和 n_2 为样本容量.

经过计算, z 检验的统计量为 0.05, 小于 95%置信系数阈值为 1.96. 因此, 仿真和实际数据的行程时间没有显著差异. 行程时间的分布在 0~20s 的区间内有不同的模式. 该差异产生的原因是少部分实际车辆在左转的过程中受到了行人的影响, 而在仿真中忽略了该部分影响.

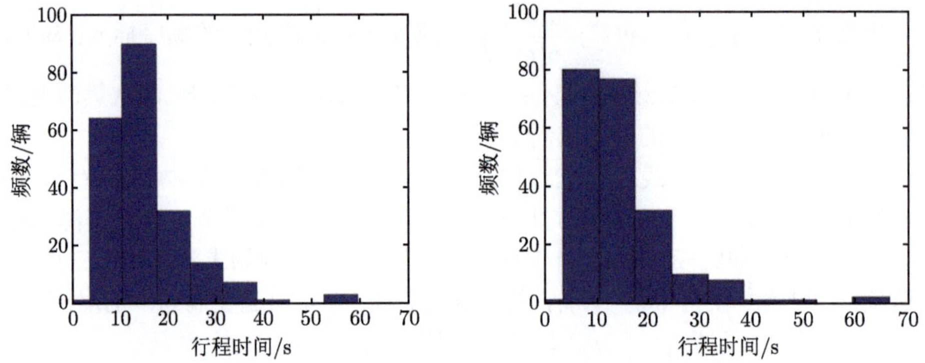

(a) 实际数据　　　　(b) 仿真数据

图 5.33　左转车行程时间分布

5.4.4.2　轨迹精确度

图 5.34(a) 中, 虚线代表自由转弯车辆的仿真轨迹, 实线代表相同车辆的实际行驶轨迹. 仿真车辆根据无交互对象场景中所提出的期望运动轨迹移动, 从图中可以看出该路径接近实际行驶路径. 此外, 两条路径上的圆圈表示两个车辆在每个整数秒处的位置. 圆圈的重叠表明两辆车的运动几乎相同.

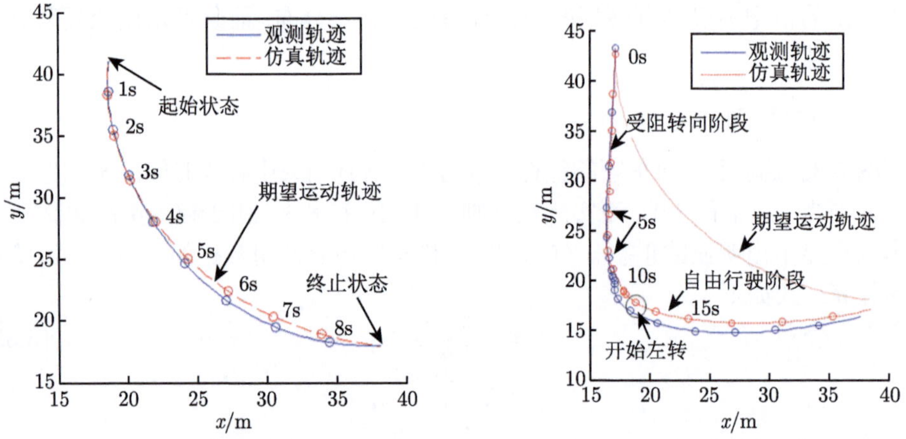

(a) 自由转向行为　　　　(b) 让行转向行为

图 5.34　无交互和单交互场景下左转车仿真轨迹

图 5.34(b) 展示了转向车辆被对向的直行交通流阻塞的情况. 与图 5.34(a) 类似, 蓝色实线和红色虚线分别表示实际观测到的和仿真的轨迹, 并且圆圈表示在每个整数秒处车辆的位置. 由于存在潜在冲突点, 因此红色虚线表示的期望运动轨迹没有通过决策规则. 从 0s 到 10s, 实际的和仿真的车辆让行于直行车辆. 由

于在让行阶段车辆运动的加速度具有随机性, 因此在制动过程中的车辆的位置不尽相同, 但是在 10s 左右, 实际和仿真车辆的等待位置接近. 当直行车辆通过时, 实际和仿真车辆开始运动的时间几乎相同.

图 5.35 显示了实际轨迹和仿真轨迹的比较. 为了评估仿真的准确性, 选择图中的方形空间作为测试区域. 我们将空间划分为单元格并计算车辆占用的单元格数量. 单元格大小为 0.5m×0.5m. 通过将模拟轨迹覆盖的面积除以经验轨迹的面积 (即覆盖率) 来获得精度. 在案例中, 实际数据涵盖的面积为 497m^2. 仿真轨迹覆盖面积为 441.2m^2, 相比于实际数据覆盖率约为 88.8%. 模拟结果还与微观交通流仿真软件 VISSIM 进行了比较, VISSIM 是微观交通流仿真领域最受欢迎的商业软件之一. 由于 VISSIM 中左转车轨迹由两个连接器连接一个入口车道和两个出口车道, 转向轨迹仅分布在预定的车道上, VISSIM 的覆盖率仅约为 5.0%, 覆盖的面积为 25.5m^2. 可以看到, 连接器的设置是一种简单的仿真方法, 但不是反映实际驾驶行为的最佳方式. 虽然通过手动设置各种连接器的形状可以提高 VISSIM 的仿真表现, 但是轨迹的分布很难在仿真之前提前预测, 而且在 VISSIM 中还需要更多的优先规则或冲突区域.

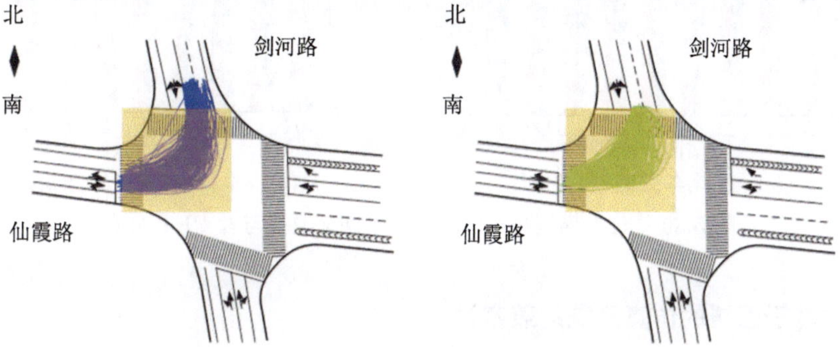

(a) 实际轨迹 (b) 仿真轨迹

图 5.35 左转车转弯轨迹分布

5.4.4.3 后侵入时间分布

交通冲突技术是代理安全分析的流行方法, PET 适合表示穿越行为中冲突的严重程度. PET 被定义为第一辆车离开冲突点时 t1 与第二辆车进入冲突点时 t2 的时差. PET 反映了两辆潜在冲突的车辆之间的距离. 在同一研究中, 最小严重程度的阈值为 8.5s. 因此, 选择 PET 作为安全性能的度量, 并且研究小于 8.5s 的样本, 如图 5.36 所示. 模拟结果中, 机动化流动的 PET 的平均值和标准偏差分别为 4.31s 和 2.18s, 而经验数据中为 4.13s 和 2.28s. 模拟结果中, 非机动化流动的 PET 的平均值和标准偏差分别为 3.94s 和 2.32s, 而经验数据中则为 3.99s 和

2.13s. 机动和非机动交通 PET 的 z 检验统计分别为 0.88 和 0.33. 两个结果都没有显示出显著的统计学差异. 模拟中的安全性能令人满意.

在图 5.36(a) 中, 存在比经验数据更严重的冲突. 原因是一小部分司机在等待很长时间后变得更具侵略性. 在之前的研究中也报道了这种现象. 由于此类行为的样本数较小, 因此反映等待时间的变量不能包含在校准决策树模型中. 所以, 在我们的案例中没有研究这种行为. 在图 5.36(b) 中, 可以从模拟中检测到更严重的冲突. 由于机动车和非机动车基于经验数据移动, 非机动车辆不与模拟的左转车辆相互作用并且具有很大的灵活性, 例如方向或加速度的突然变化. 这为仿真模型预测和做出决策带来了更多挑战. 因此, 模拟中的严重冲突略大于经验数据中的冲突.

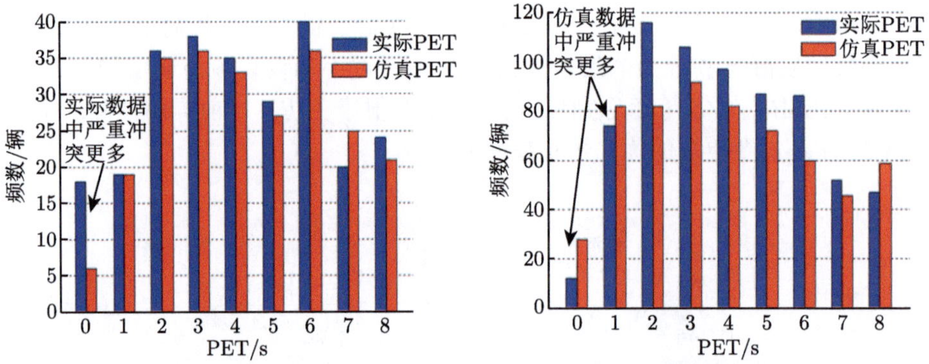

(a) 与机动车交互的PET分布　　(b) 与非机动车交互的PET分布

图 5.36　仿真模型与实际交叉口不同交通参与者 PET 分布

5.4.5　基于面域的仿真系统的兼容性

我们提出了基于面域的仿真系统, 是对传统仿真系统的进一步深化, 具有良好的兼容性, 能够内嵌入传统仿真模型中, 负责部分共享空间仿真. 相比于传统的以车道为单元的仿真系统, 本节所提出的交叉口共享空间仿真系统中仿真对象具有平面坐标系中 X 轴和 Y 轴两个自由度, 为了简明起见, 下文将传统基于车道的仿真系统称为一维仿真系统, 本节所提出的基于面域的仿真系统称为二维仿真系统.

一维仿真在道路宽度发生变化的路段需要通过连接器将过渡路段的上下游路段连接起来, 车辆行驶需要按照路段上的道路中心线和连接器连线行驶, 如图 5.37(a) 所示. 而二维仿真的路网模型不需要预设车道, 只需要给出道路上宽度变化区域的上下游断面, 二维仿真能够根据断面信息自动产生宽度渐变的路段, 车辆可以在路段上下游任意两点之间按轨迹规划模型行驶, 如图 5.37(b) 所示.

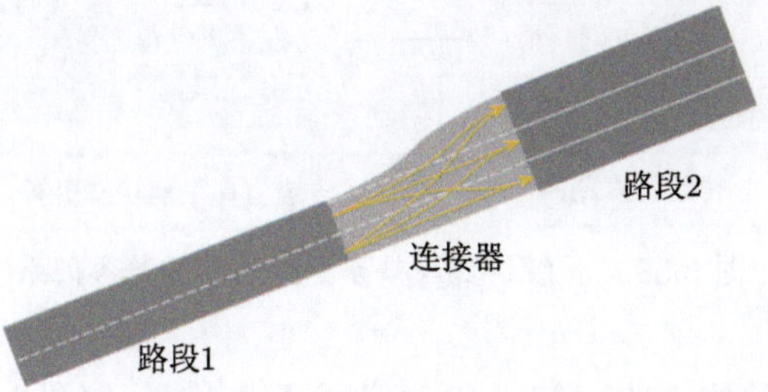

(a) 基于车道的仿真路网模型 (连接器结构模型)

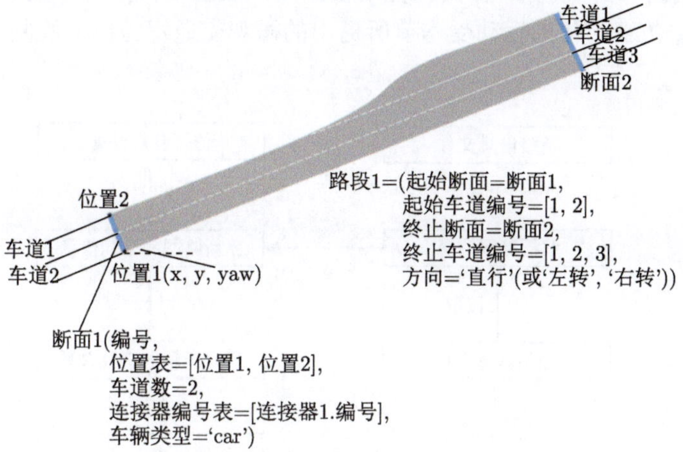

(b) 二维仿真路网模型 (*XY*平面连续面域模型)

图 5.37 一维、二维仿真路网模型对比

图 5.37 中路段记录了车辆先后通过的断面, 即断面 1 和断面 2, 以及路段上所允许交通参与者行驶的车道和方向. 断面信息包括两个断面端点的信息和允许行驶的车辆类型. 断面端点信息包括了端点的坐标和方向角. 断面和车道是生成行驶路径的必须信息, 而行驶方向有助于确定连接器之间的优先权. 路段的车道线、边界等信息可以通过 5.4.3 节中的路径规划算法直接生成, 边界和断面所围成的空间构成了该路段对应的行驶空间.

以上参数不仅容易在实际道路场景中获取, 而且能够与现有的一维仿真软件进行良好地兼容. 如图 5.38 所示, 传统仿真中的路网信息可以通过图 5.37 所示的断面信息提取将需要进行二维仿真的共享空间上的路段转化为二维仿真中的路网结构, 二维仿真运行主程序逻辑后输出车辆状态, 然后可以将车辆状态由 XOY 坐标系转化为以道路沿行驶方向为横轴, 垂直于道路行驶方向为纵轴的坐标系, 转化为传统仿真中的车辆状态, 从而实现与传统以车道为单元的一维仿真系统的兼容.

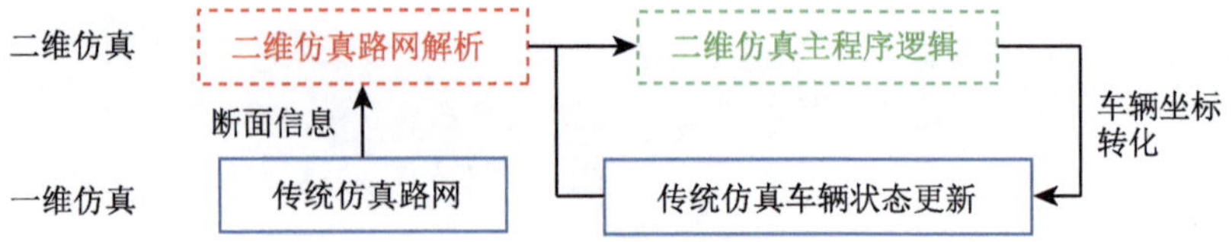

图 5.38 传统仿真与共享空间仿真的兼容关系

二维仿真系统架构由路网解析和主程序逻辑组成, 如图 5.39 所示. 仿真系统通过路网解析模块将文件中所存储的路网信息转化为仿真系统中的断面、连接器、道路、信号灯等路网对象. 仿真主程序根据用户设置的流量等参数和路网信息产生仿真个体, 仿真个体的运动受本节所提出的微观交通行为模型控制.

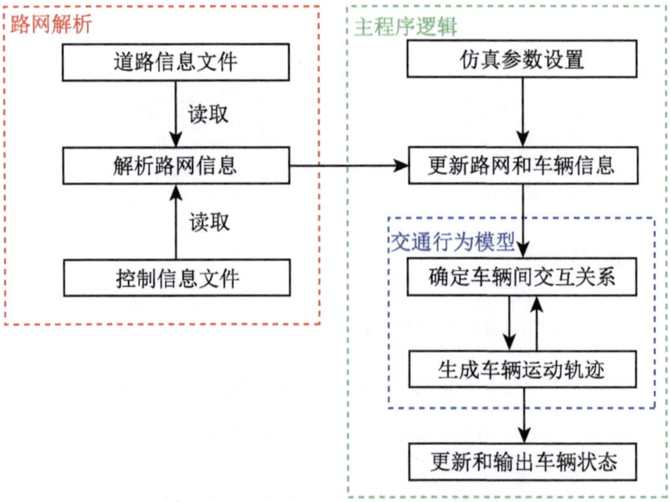

图 5.39 交叉口共享空间仿真系统架构

本节介绍了基于面域的仿真模型和系统设计. 首先, 采用 XY 连续面域进行路网表达, 并建立了满足非完整性约束的车辆模型. 然后, 为了解析共享空间中交通参与者之间存在频繁而复杂的相互影响关系, 以基本的驾驶人认知过程作为主要建模对象, 其中涉及了推理模式、决策行为和轨迹规划行为等方面, 认知过程中的其他模块和内容, 可以此为基础进行拓展. 此外, 在建模机制上, 与传统的跟驰换道模型不同的是, 以预测-决策-规划为基本单元的推理网络模型通过确定个体间的交互关系和运动轨迹控制个体运动, 而并非单独计算每辆车的运动参数. 最后, 深度仿真具有良好的兼容性, 能够内嵌入传统仿真模型中, 负责部分非机构化道路复杂场景下的仿真. 总之, 基于面域的交通流仿真是对传统交通流仿真的进一步深化, 能更好地为自动驾驶汽车安全性测试服务.

5.5 传感器、交通流与汽车动力学联合仿真实例

本节介绍了实现交通流仿真与汽车仿真联合的三种具体整合方式: ① 使用非开源交通流仿真软件的现成接口, 以 PreScan 和 VISSIM 为例给出了应用实例. 该方法受制于 VISSIM 软件本身接口的开放性, 无法实现对交通流底层模型的修改. ② 使用开源交通流仿真软件的现成接口, 以 VTD 和 SUMO 为例给出了应用实例. 由于 SUMO 模型开源并且可修改, 具有更强的可操作性; 但始终无法摆脱基于规则模型的缺陷, 并且仍然依附于现成的 SUMO 封装接口, 对于两个软件间的信息交互内容有很大制约. 更为重要的是, 由于 SUMO 是开源软件, 官方技术支持较少, 在深度虚拟测试应用中, 往往遇到问题很难得到相关的技术服务, 严重制约了此类联合仿真的通用性和扩展性. ③ 基于自主开发的原型仿真系统, 以实时通信方式实现交通流环境导入 VTD. 原型仿真系统的基础模型来源于 TESS NG、自行定义原型系统与 VTD 之间的接口, 可以根据需要使用、修改、添加干扰模型和基于面域的二维交通流模型, 实现自动驾驶汽车的安全性测试. 案例中采用的是 5.4 节的具备安全性评价能力的基于面域的二维交通流仿真模型.

尽管我们与百度 Apollo、腾讯 TADSim 等公司的合作中均验证了基于交通流仿真模块加载交通流的有效性, 但由于交通流接入功能在这些开源性仿真测试平台还未正式发布, 在案例中不做具体介绍.

5.5.1 商业化软件联合仿真实例: PreScan+VISSIM

5.5.1.1 平台简介

为加速自动驾驶汽车测试, 已经有越来越多的企业意识到仿真测试的重要性. 然而现有的开源仿真测试平台均无法提供可模拟高密度交通流的测试环境. 因此本章将利用交通流仿真软件 VISSIM 对交通流模拟方面的优势, 结合自动驾驶汽车仿真软件 PreScan/Simulink, 搭建一体化仿真测试平台.

PreScan 与 VISSIM 的特点如表 5.17 所示. 将两者结合, 优势互补, 使得本研究搭建的仿真平台具有以下优点:

(1) 利用 VISSIM 快速输入交通环境车流, 克服了 PreScan 难以快速有效生成自动驾驶汽车周边车辆的不足, 大大节省了仿真场景的搭建时间; 并且通过 PreScan 提供的功能齐全的各类传感器感知仿真模块, 可以同时进行自动驾驶汽车的环境感知及规划决策能力的一体化整合测试.

(2) VISSIM 提供的交通流环境, 不仅可以与自动驾驶汽车进行有效交互, 而且其内部车辆也会按照 VISSIM 的驾驶行为模型产生相互影响, 提高了仿真场景的逼真性, 可有效解决目前的仿真测试较难提供真实的交通流场景这一难题.

表 5.17　PreScan 与 VISSIM 特点

序号	特点	PreScan	VISSIM
1	智能汽车各类传感器	有 (自由设置)	无
2	智能汽车规划决策/控制执行算法	可通过 MATLAB/Simulink 实现连接或者直接通过应用程序接口 (API) 连接	可通过外部驾驶人模块有限地修改规划决策/无控制执行
3	智能汽车测试路网设置	简易 (有交叉口、路段、弯道等构成路网的基本模块)	可实现任意路网形态 (基于连接器结构)
4	智能汽车周边车辆	较难 (需针对每辆车单独输入进入时刻、路径等)	简单 (直接输入流量即可)
5	周边车辆运动状态及交互	很难表现 (需要针对每辆车设置与周边车辆的交互行为模型)	可以简易实现 (软件内部设置有车辆的交互行为模型)

(3) 利用 PreScan 提供完备而精确的传感器, 可以设置不同的传感器配置方案, 配合不同的规划决策模型, 使得自动驾驶汽车仿真更丰富.

(4) 可通过 PreScan 提供的自动驾驶汽车相关运行指标 (如速度、加速度、TTC 等), VISSIM 提供的受影响车流的指标 (如行程时间、延误、受影响车辆数等), 建立更全面、综合的评价体系, 有效地对自动驾驶汽车影响进行综合评价, 而不再是仅关注自动驾驶汽车本身.

平台搭建的原理图如图 5.40 所示. 其中, PreScan 提供的信息包括测试路网, 智能汽车的速度、位置、运动角度, 智能汽车的各类传感器布设方案, 智能汽车的规划决策模型等信息. VISSIM 软件内部会提供测试路网, 智能汽车周边车辆速度、位置、运动角度等信息及智能汽车周边车辆的交互行为模型, 生成接近真实的交通流场景. 两个软件可以利用 MATLAB 的 Simulink 模块, 实现车辆信息的相互连接. 即 VISSIM 读入 PreScan 的自动驾驶汽车信息, 并使智能汽车周边普通车

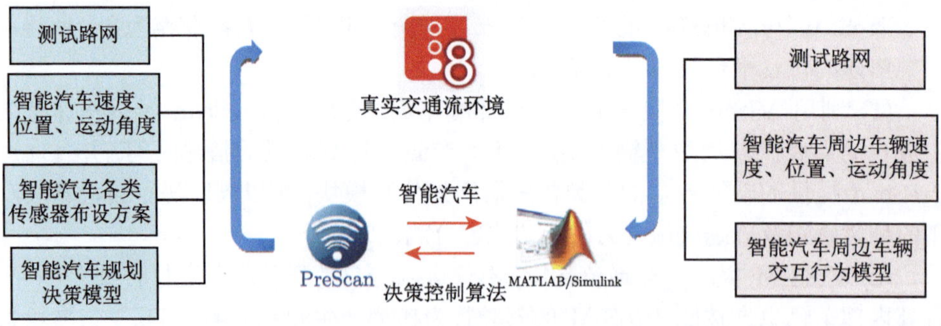

图 5.40　PreScan+VISSIM 测试平台搭建框架

辆对智能汽车的行为作出反应, PreScan 也可以读入 VISSIM 的背景交通流信息.

5.5.1.2 联合仿真方法

1) 软件运行环境

操作系统：Windows 7 及以上.

操作软件：PreScan 7.6 + VISSIM 10.

2) 接口设置

(1) PreScan 与 VISSIM 车辆信息交互.

在 PreScan 与 VISSIM 的连接中, PreScan 的智能汽车信息与 VISSIM 的普通车流的信息动态实时交互是测试平台搭建最为核心的问题. 如图 5.41 所示, 在测试平台中, PreScan 通过其所属的插件 Plugins VISSIM Setting 模块, 读入 VISSIM 的 inpx 及 layx 文件中的路网设置、车辆路径、实时车流位置状态等信息, 同时根据用户设置的各类可视化车辆类型及数量, 在对象池 (Object Pool) 中生成智能汽车周边的可视化车辆模型, 用来作为 VISSIM 车流在 PreScan 中的"映射". 另外, 在 VISSIM 中, 通过激活其所属的 Driving Simulator 模块及车型设置 (激活流程：单击 Base Data→Network Setting→Driving Simulator Active), 可以读入 PreScan 的智能汽车信息至 VISSIM 仿真界面, 实现 PreScan 智能车信息与 VISSIM 的交互.

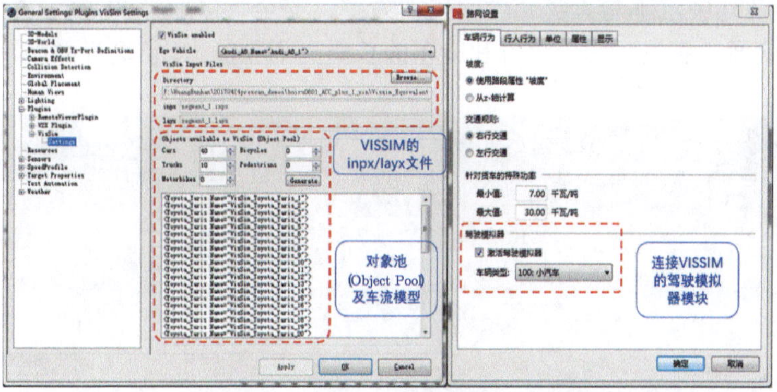

图 5.41 一体化仿真平台信息交互插件

(2) 通信时钟同步.

PreScan 与 VISSIM 的仿真频率须保持一致, 以实现两者之间的通信同步. PreScan 智能汽车运行时, 需要按照一定步长, 根据环境感知信息实时地计算并控制车辆行驶状态, 所有周边智能汽车的动态环境需要保持相同的频率更新 (即需要 VISSIM 的周边普通车辆需要以相同的频率更新车辆位置、速度等信息). 推荐频率 20Hz 为 VISSIM 的最高仿真频率. PreScan 与 VISSIM 通信同步设置如图 5.42 所示.

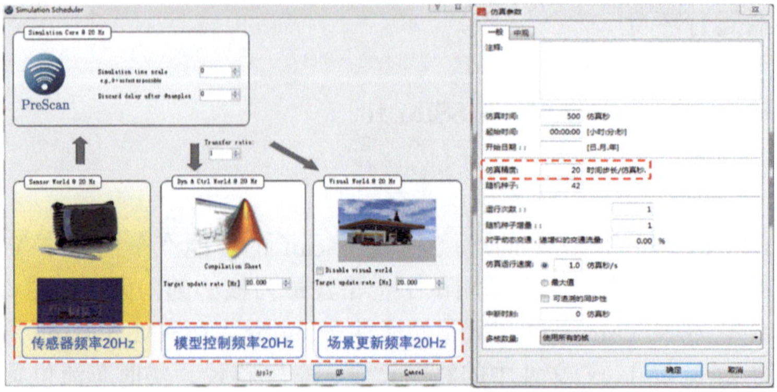

图 5.42　一体化仿真平台通信同步

5.5.1.3　测试案例

为测试平台的可行性、二次开发能力、鲁棒性, 我们选取了三类场景进行实现, 分别是汇入区、交叉口处左转和交通走廊. 其中, 汇入区场景用于评价不同自动驾驶汽车对匝道汇入车辆的协作行为, 仿真界面如图 5.43. 交叉口场景用于评价自动驾驶汽车与人类驾驶水平在效率、安全、舒适性的优劣, 仿真界面如图 5.44, 交通走廊场景用于评价智能车的长距离驾驶能力, 仿真界面如图 5.45.

图 5.43　汇入区场景协作汇入算法测试运行界面

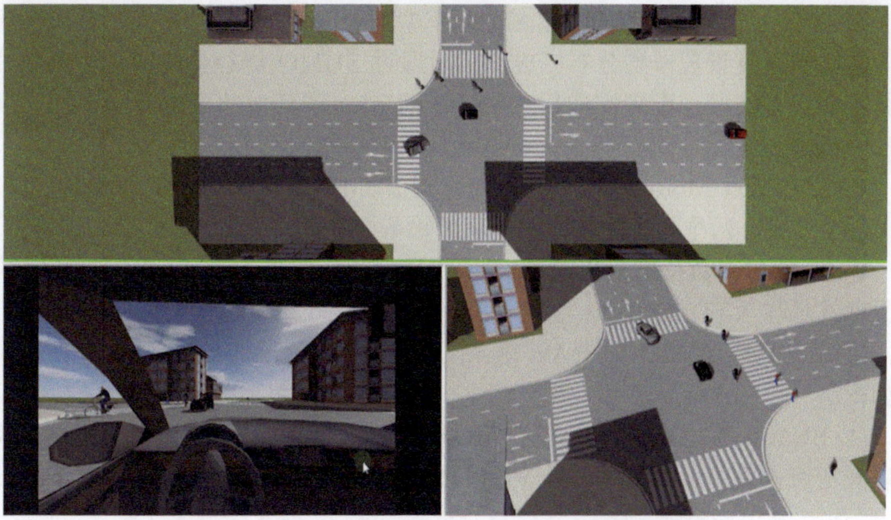

图 5.44 交叉口混合交通流下左转算法测试运行界面

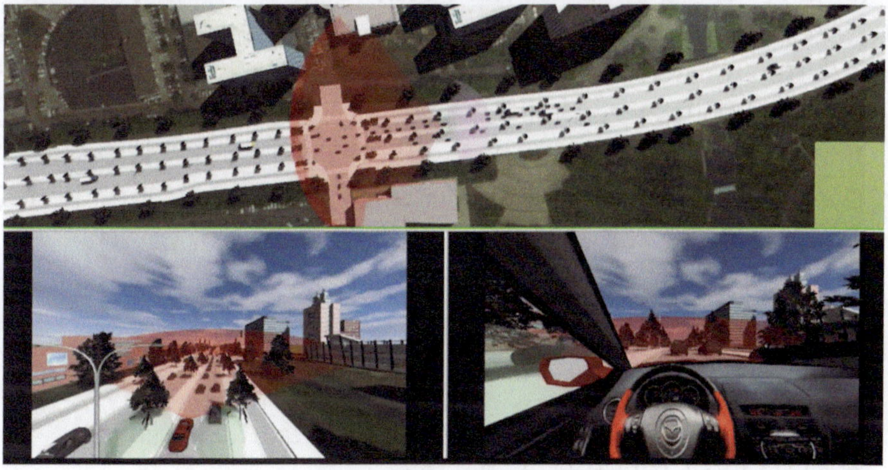

图 5.45 交通走廊自动巡航算法运行界面

5.5.2 开源软件与商业化软件联合仿真实例：VTD+SUMO

5.5.2.1 平台简介

SUMO 是一款开源、微观、多模态的交通流模拟软件. VTD 是为汽车行业而开发的, 用于开发 ADAS 和自动驾驶车辆的虚拟试验环境. 它主要以驾驶人行为、车辆动力学及传感器的高精度和交互式仿真为基础.

联合仿真中 SUMO 为 VTD 提供自定义的背景交通流, 此步骤需要首先为

SUMO 定义 VTD 可接收的指定名称的车型配置文件 (车辆中不同驾驶风格的驾驶人的比例通过设置车型分布完成), 然后通过 SUMO 路径生成工具为路网中的每个车辆指定路径. 配置完成后, 需指定 SUMO 中开放的 TraCI 端口号, 以使 VTD 可以与 SUMO 进行背景交通流导入和自动驾驶汽车映射.

VTD 端通过 ModuleManager(MM) 与 SUMO 实现仿真互联, MM 中可以设置 EGO 车辆、两个仿真软件中的车辆传输范围等等.

VTD 端仿真数据的输出通过 cpp 编译可执行文件作为传输接口实现, 其基本原理就是与 VTD 的 RDB 模块通信.

采用 VTD+SUMO 的 HAV 测试工具方案, 相比于 VISSIM+PreScan 的优势如下:

(1) SUMO 作为开源的交通流仿真软件, 其可操作性更强, 可以实现对车辆模型以及所有模型参数的修改, 而 VISSIM 只能使用其内置模型, 且可调整的参数有限.

(2) VTD 在传感器仿真以及三维物体建模和画面渲染上更具优势.

(3) 由于 VTD 与 OpenX 系列格式均出于同一家公司, 自然对该标准场景格式具有更好的适用性; SUMO 路网也支持 OpenDRIVE 路网的格式转换, 并提供了一键化的 NetConvert 工具. 旧版的 PreScan 通过路网模块组合以实现路网的绘制, 而一些特殊道路形式已超出基本模块能够匹配的范畴; 新版的 PreScan 虽然也开始支持 OpenDRIVE 路网的导入, 但由于 VISSIM 尚未支持 OpenDRIVE 路网也未提供路网转换工具, 目前通用的做法是基于 OpenDRIVE 底图手工绘制 VISSIM 路网, 工作量大, 路网也可能存在偏差.

5.5.2.2 联合仿真方法

1) 软件运行环境

操作系统: Ubuntu 16.04.

操作软件: VTD 2019.01 + SUMO 1.6.0 (最新版 1.7.0, 功能不变).

图形用户界面 (GUI) 编程: Python 3.6.

VTD 接口程序: cpp 编译成可执行文件.

2) 接口设置

在完成 SUMO 和 VTD 的安装以后, 为使得 SUMO 与 VTD 可以正常连接, 在 SUMO 工程的 “ModuleManager.xml” 文件 (一般位于: /VTD.2019.01/Data/Projects/ SUMO/Config) 中添加下面 < Sensor>··· </Sensor> 之间的语句, 具体含义可以参考 VTD 说明文档:

```
<Debug      enable="false"
            lightSource="false"
```

```
        driver="false" />

<Sensor name="sumo" type="video">
    <Load lib="libModuleSUMOGateway.so" path="" persistent="true"
        />
    <Port name="SUMOout" number="8813" type="TCP" sendEgo="true"
        client="true" server="127.0.0.1" />
    <Port name="RDBout" number="49175" type="TCP" sendEgo="false"
        />
      <SUMO    radiusIn="1500.0" radiusOut="1550.0"
            radiusFar="100000.0" verbose="false" showTrace=
                      "false" sendVehicleFrontEdge="true"
            pathEndAction="stop"
startArgs="SmartDB.2011/SmartDB.2011.sumo.cfg"  globalHdgOffsetDeg
    ="-90" globalHdgScale="-1"/>
    <Player   default="true" />
    <Config   useSyncMask="true" synchronizeInit="true" />
    <Debug    enable="false"/>
</Sensor>

<DynamicsPlugin name="viTrafficDyn">
```

单击 VTD 主界面的配置按钮, 并设置 RDB, 如图 5.46.

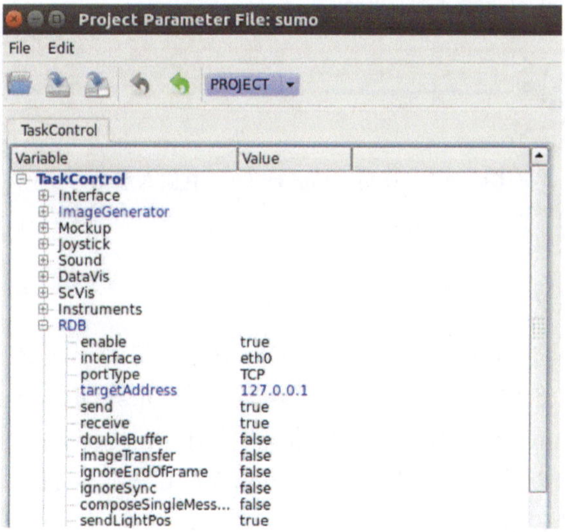

图 5.46 RDB 设置

(1) 处理车辆数据库.

处理车辆库 Projects/SUMO/Scripts/SUMO-scenario/vtdVehicles 中：

(A) 复制 Distro/Config/Players/Vehicles/下的具体车辆定义 “.xml” 文件到该目录下的 Vehicles.

(B) 根据应用需要, 把特定的车辆类型在 “translation.txt” 中进行分配.

(C) 执行脚本 $ python translateVehTypes.py > vtd_vehicle_types.add.xml.

注：2019.1 的这个 Projects/SUMO 中已经完成了一步, 以上是修改时需要操作的内容.

(2) 设置 VTD 的帧/数据同步.

在 “SimServer.xml” 里面设置 MM 运行方式与 TC 同步, 即 `-t 0.0`.

打开文件 “SimServer.xml”, 路径在 Data/Setups/SUMO/Config/SimServer, 如图 5.47 所示加入参数 `-t`.

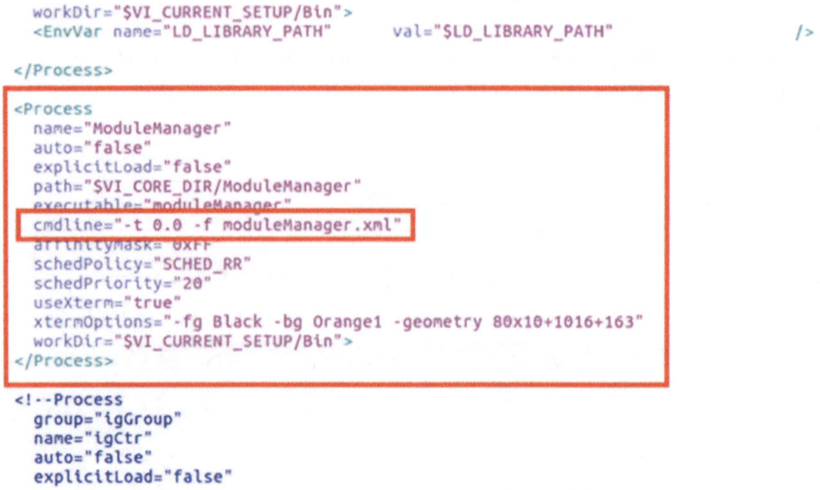

```
  workDir="$VI_CURRENT_SETUP/Bin">
  <EnvVar name="LD_LIBRARY_PATH"      val="$LD_LIBRARY_PATH"                />
</Process>

<Process
  name="ModuleManager"
  auto="false"
  explicitLoad="false"
  path="$VI_CORE_DIR/ModuleManager"
  executable="moduleManager"
  cmdline="-t 0.0 -f moduleManager.xml"
  affinityMask="0xFF"
  schedPolicy="SCHED_RR"
  schedPriority="20"
  useXterm="true"
  xtermOptions="-fg Black -bg Orange1 -geometry 80x10+1016+163"
  workDir="$VI_CURRENT_SETUP/Bin">
</Process>

<!--Process
  group="igGroup"
  name="igCtr"
  auto="false"
  explicitLoad="false"
```

图 5.47　在 SimServer.xml 中加入参数 `-t`

3) 仿真设置

(1) 路网转换与对应.

根据路网的来源不同, 可以选择将 OpenDRIVE 格式的道路生成 SUMO 的 “.net” 文件, 或者将 SUMO 的 “.net” 文件转换成 OpenDRIVE 格式路网; 均使用 SUMO 的 NetConvert 工具实现转换格式. 关于 NetConvert 工具的具体使用方法及参数说明, 可以使用以下语句查看：`netconvert —help`.

(2) Ego 车辆设置.

Ego 车的起始位置和路径, 在 VTD-ScenarioEditor 中设置 (图 5.48).

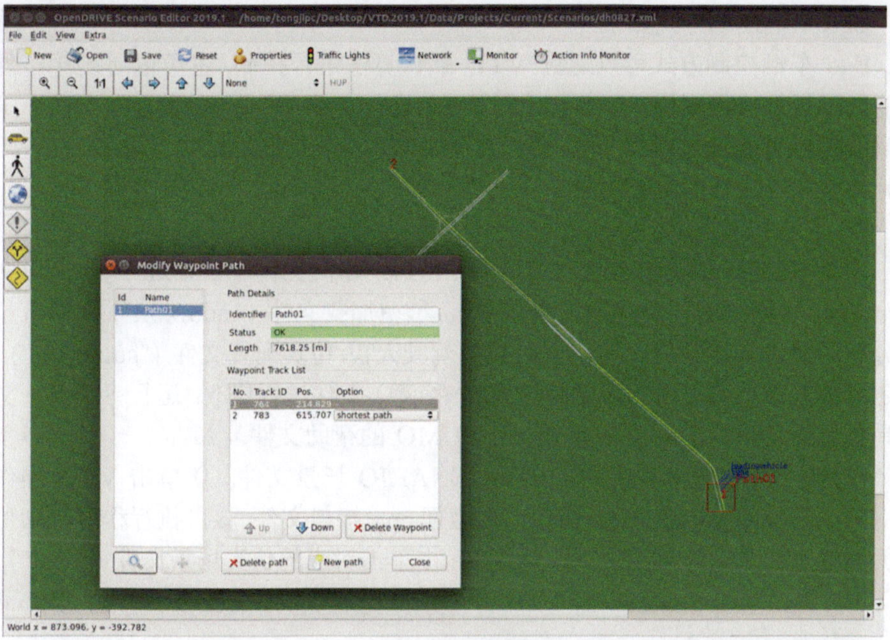

(a) 起始位置设置

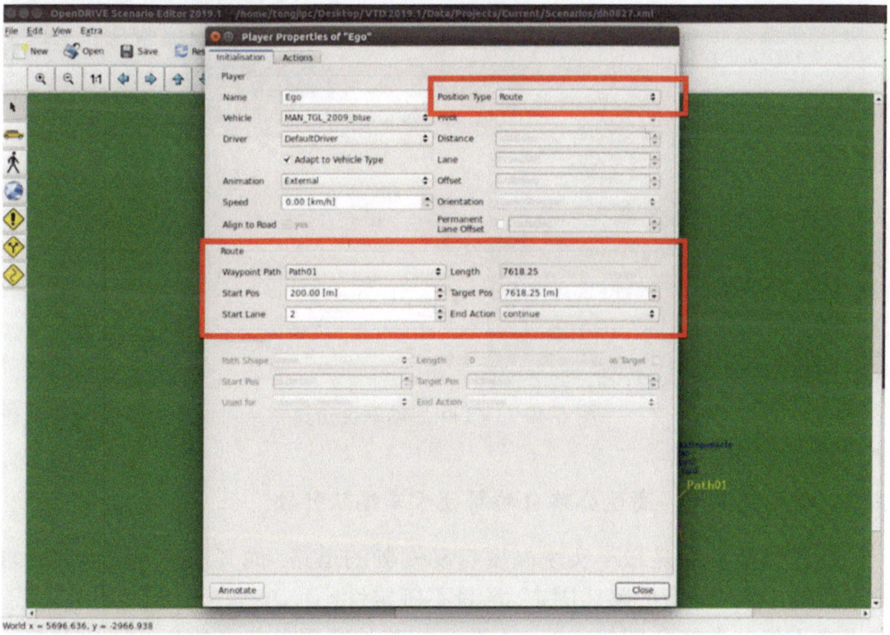

(b) 路径设置

图 5.48 Ego 车的起始位置和路径设置

Ego 车辆控制方式如下.

Ego 车辆控制方式可以通过 VTD 默认算法进行控制, 也可以通过接口外接智能汽车规划决策模块 (自定义控制算法) 进行车辆 (车队) 控制. 本项目中 Ego 车辆的控制算法通过编写 cpp 接口文件实现, 车队控制算法由交通领域的 IDM 跟驰模型和巡线功能组合而成.

(3) 联合仿真启动.

先对 SUMO 的仿真参数进行设置, 包括：路网文件 (".net.xml")、流量文件 (".rou.xml", 输入不同路径的流量信息)、车型加载文件 (".add.xml", 根据流量信息分配车辆进入路网的时间、不同类型驾驶人)、仿真配置文件 ("sumo.cfg"), 此外还可根据需求对车辆的跟驰换道模型 (参数) 文件进行修改. 运行 SUMO, 文件的具体说明及相关配置请见上文以及 SUMO 的帮助文件.

在 VTD 端, 选中对应的 OpenSCENARIO 场景文件, ① 单击 VTD 操作界面中的 Apply Configuration 按钮; ② 运行 cpp 接口文件, 该可执行程序包括仿真数据的输出和车队控制算法; ③ 从 Files 中单击对应的仿真场景文件 (".xml"), 单击 VTD 界面中的 Start 按钮, VTD 和 SUMO 连接成功, 联合仿真开始 (图 5.49).

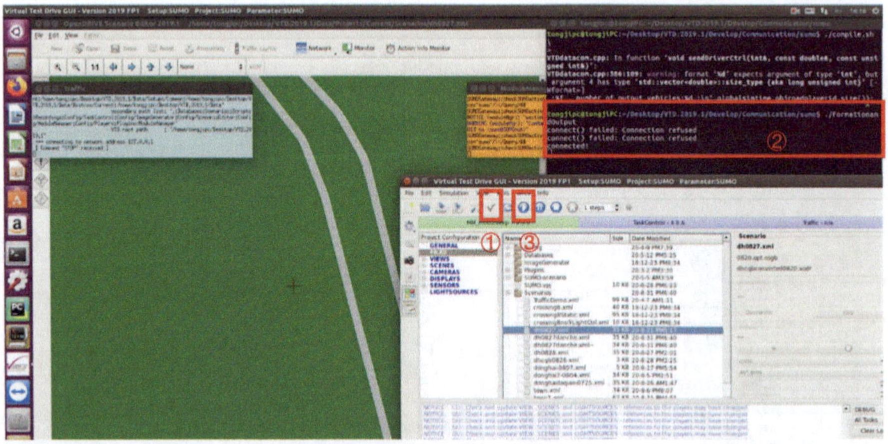

图 5.49　VTD 启动联合仿真

5.5.2.3　测试案例——高速公路自动驾驶卡车编队行驶

高快速路被认为是最早实现高度自动驾驶的道路, 而其中卡车的队列行驶由于场景明确 (客车运营的路线固定, 场景不确定性小)、决策算法难度相对较低 (决策仅需考虑机动车辆之间的交互, 不涉及与其他交通参与者的交互), 一旦形成产业链有较高效益 (安全、能耗、人力成本等), 已成为业界公认的自动驾驶最早可能实现的首批应用场景之一.

卡车编队行驶, 又叫卡车队列行驶, 是指以排头的卡车作为头车, 通过 V2V 实现信息的实时连接, 让后方跟驰卡车可以获取头车的操作信息 (如加速、制动等) 而变化驾驶策略, 最终的实现效果是使整个车队以极小的车距编队自动驾驶. 其目的在于降低驾驶人的工作强度甚至减少对司机的需求、降低油耗、减少安全事故、减少运输成本. 由于卡车编队的核心技术是 V2V, 目前的技术瓶颈主要在于通信的实时和精度问题以及实现车路协同的硬件设施.

因此, 本节以高速公路的卡车编队作为测试对象, 构建虚拟自动驾驶测试环境, 评价在编队行驶过程中的性能.

1) 路网绘制与路网格式转化

首先用 SUMO 以东海大桥区域高精度地图为底图, 绘制东海大桥路网 (图 5.50). 然后使用 NetConvert 工具对 "dhdq.net.xml" 路网文件进行格式转换, 转换成 "dhdq.xodr" 标准格式路网, VTD 可以读取该格式的路网.

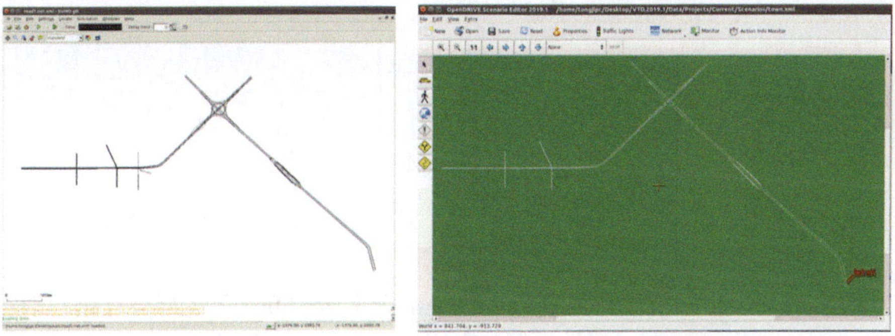

图 5.50 东海大桥区域 SUMO/OpenDRIVE 路网

2) VTD 仿真场景设置

在保证路网匹配后, 需要在 VTD 中设置仿真场景 OpenSCENARIO 文件 (图 5.48).

值得注意的是, 车队车辆的命名需要和后续 ModuleManager 中设置的相对应, 本案例三辆 Ego 车的名称分别设置为 "Ego""Ego2""Ego3".

在车队编队行驶场景下, 由于 VTD 没有现成的自动驾驶编队控制算法, 所以需要编写外部接口程序来控制车队, 外部接口程序为 "/Develop/Communication/sumo/FormationandOutput.cpp" 文件, 使用前需要先行编译.

3) ModuleManager 设置

用编辑文本工具打开 "ModuleManager.xml" 文件, 如图 5.51 所示, 修改 SUMO 与 VTD 传输的相关参数, 如 SUMO 生成车辆在 VTD 中的显示范围、VTD Ego 的位置校正, 启动 SUMO 仿真配置文件的路径、Ego 车辆的名称属性.

然后修改 Ego 车辆的动力学模块相关属性, 如名称属性等, 请见图 5.51 方框处. ModuleManger 中原本只有一个 Ego 车辆的动力学模块, 所以我们需要根据车队车辆的数量及名称, 自行添加多个动力学模块.

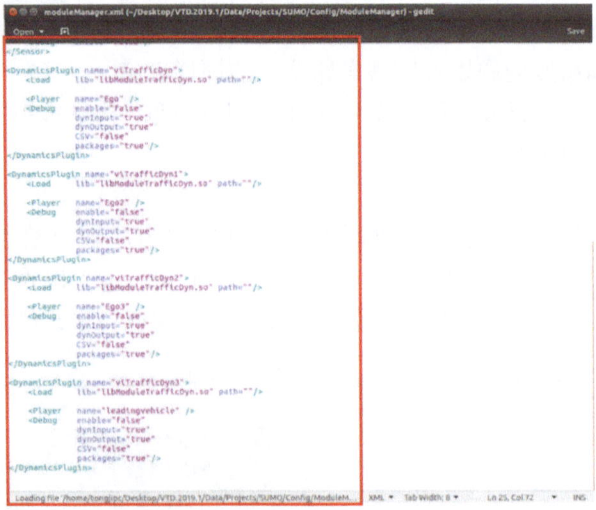

图 5.51　ModuleManager 设置

4) 仿真参数设置

在 Python 环境 (本案例使用 Pycharm 作为 pyIDE) 下运行自行编写的参数设置 “para_setting.py” 文件. 为方便交通流的配置 (包括路径、模型参数、不同车辆类型比例、驾驶人比例等), 设计了 GUI, 如图 5.52 和图 5.53 所示.

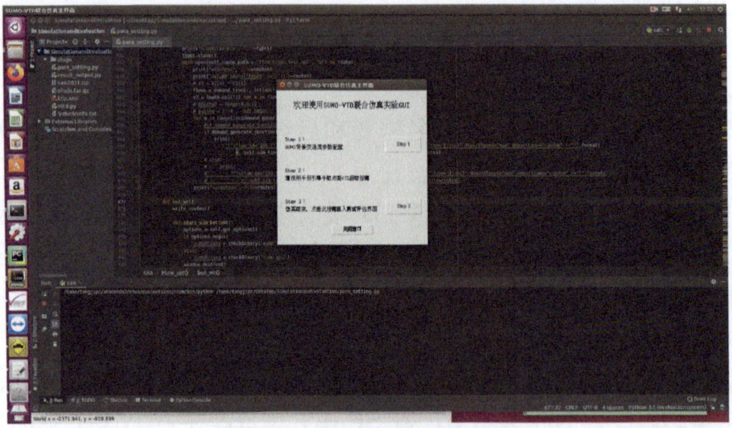

图 5.52　仿真测试软件 GUI

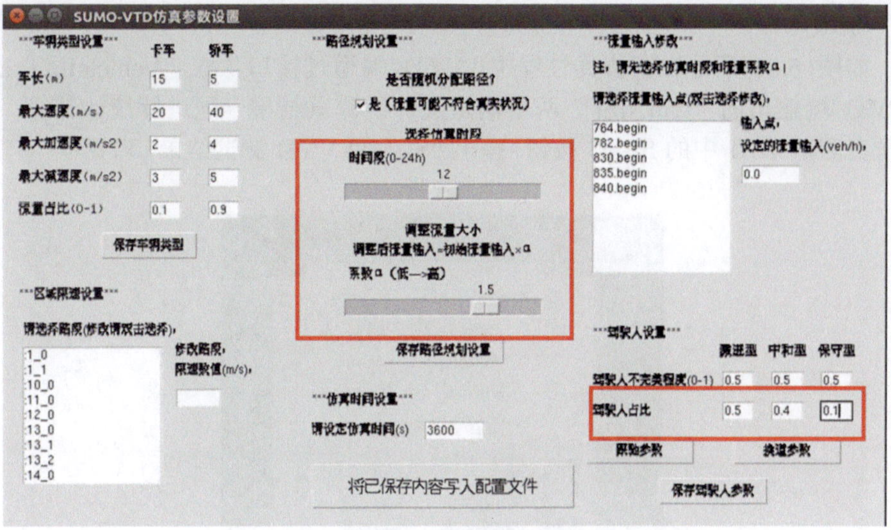

图 5.53 仿真参数设置界面

5) 启动仿真

如图 5.54 所示, 启动 VTD, Setups 选择 SUMO, 单击 Apply Configuration. 然后在 Develop/Communication/sumo 文件夹下, 运行可执行文件 FormationandOutput, 打开车队控制算法及仿真数据传输接口, 最后单击 Start, VTD 和 SUMO 会同时启动.

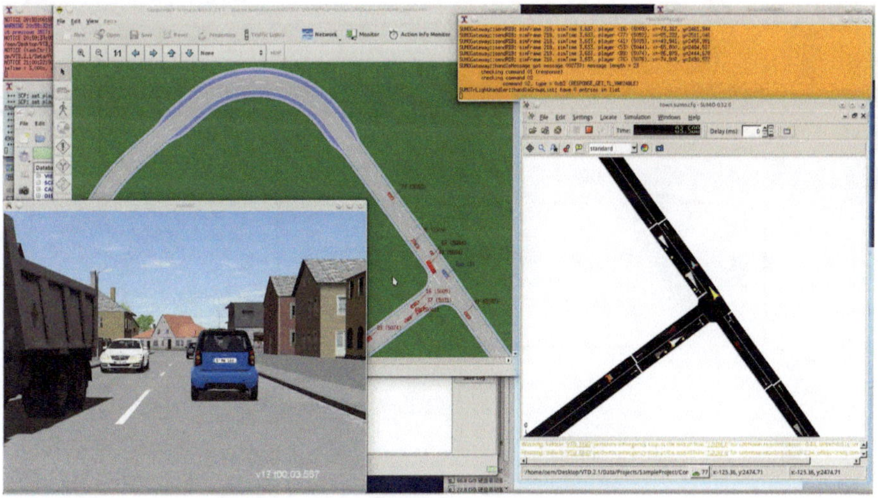

图 5.54 VTD+SUMO 联合仿真效果

6) 结果评估

如图 5.55 所示, 在仿真过程中, VTD 端通过接口生成 “VehicleInfo.txt”、SUMO 端输出的 “trip.xml”, 两个输出文件的测试结果一同进行统计计算. 单击仿真测试 GUI 中的 Step3 按钮, 弹出 “SUMO-VTD 测试结果” 对话框.

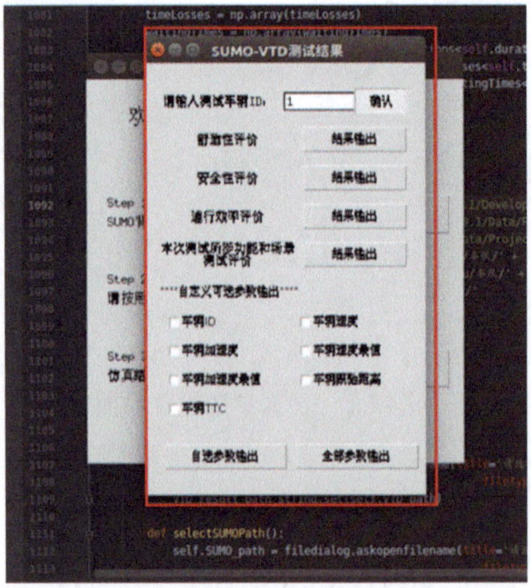

图 5.55 测试结果评价窗口

Ego 车辆的编号 id 为 1, 输入 id 后, 单击 “确认” 按钮. 然后依次单击 “结果输出” 按钮, 就会输出舒适性、安全性、通行效率、速度、加速度、TTC 等指标统计结果 (图 5.56~图 5.58).

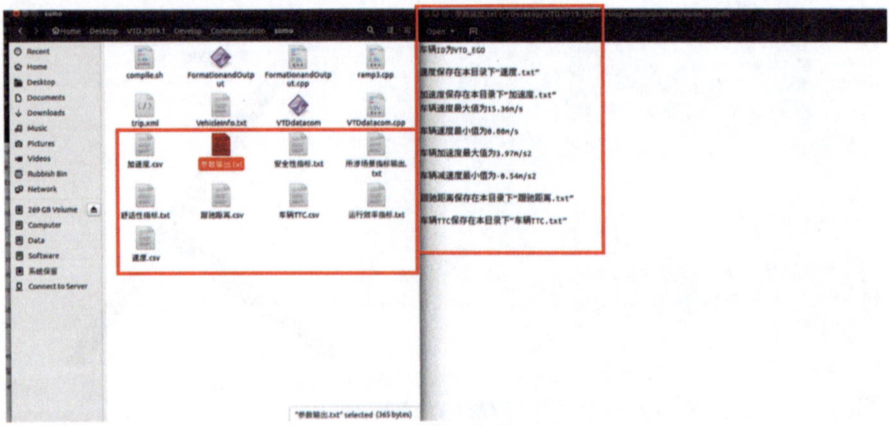

图 5.56 测试结果输出

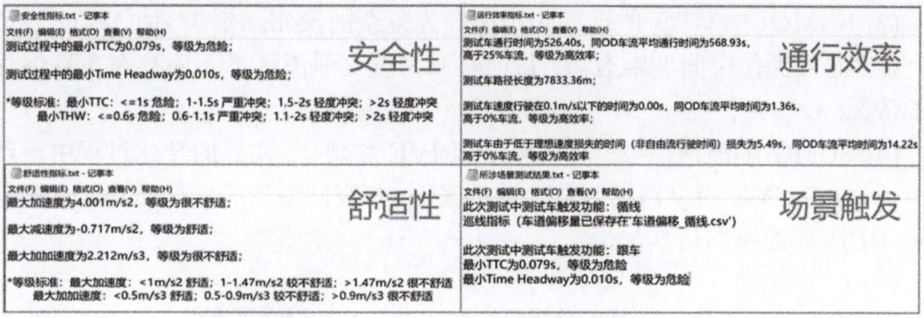

图 5.57　场景应用结果指标输出示例

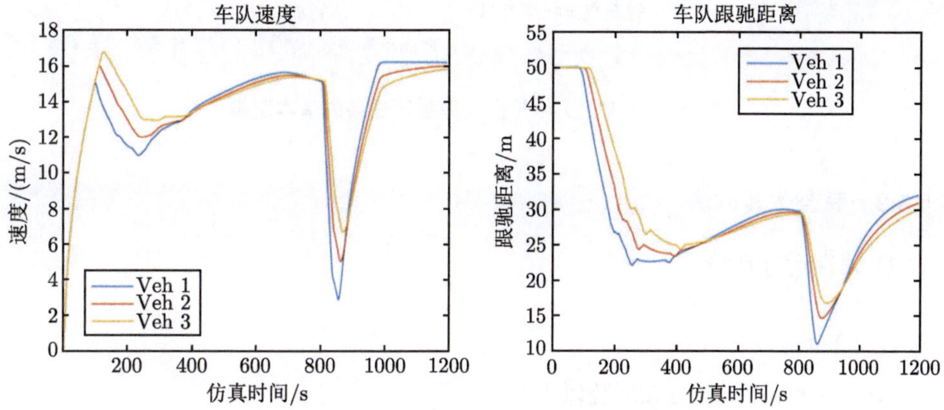

图 5.58　车队行驶过程中的速度和跟驰距离

5.5.3　整合面向安全的交通流模型的联合仿真实例：VTD+TESS NG

5.5.3.1　平台简介

由于 TESS NG 的诸多功能正在开发中, 包括对 OpenDRIVE 路网的支持以及面向安全的交通流模型引入、外部接口等, 因此, 目前暂不支持 VTD 与 TESS NG 的直接互联. 这里基于 TESS NG 的构建思路, 开发了一套仿真原型系统, 支持 OpenDRIVE 路网, 并整合了 TESS NG 的常态交通流模型和面向安全的模型. 其基本搭建逻辑如图 5.59 所示. 基于该仿真原型系统与 VTD 整合, 实现面向安全模型的导入.

相比于 SUMO+VTD 的优势如下：

(1) SUMO 仍然是基于规则、基于车道的模型, 无法实现对复杂行为的真实模拟以及对自动驾驶汽车的安全性评价, 该仿真原型系统可接入面向安全的模型、干扰模型以及其他模型开发;

(2) SUMO 与 VTD 的连接仍需要较为复杂的操作, 该接口由 VTD 公司开发, 用户的可操作空间非常有限, 目前在高密度交通流环境下还存在车辆偏移异常的情况;

(3) SUMO 的路网需要基于 OpenDRIVE 作转化, 实际的转化过程中出现过部分 OpenDRIVE 类型路网转化失败的案例, 仿真原型系统目前已实现直接基于 OpenDRIVE 的路网仿真.

图 5.59 VTD 与仿真原型系统连接的基本逻辑

5.5.3.2 联合仿真方法

1) 软件运行环境

操作系统：Ubuntu 16.04.

操作软件：VTD 2019.01.

GUI 编程：Python 3.5 及以上.

VTD 接口程序：cpp 编译成可执行文件.

2) 接口设置

如图 5.60, 通过 cpp 编译可执行文件作为传输接口, 分别与 VTD 端的 ModuleManager 模块、仿真原型系统的 Server 模块实现连接. 其中 VTD 开放的通信接口包括 RDB(Runtime Data Bus) 和 SCP(Simulation Control Protocol) 两个接口, 其中前者负责传输仿真中的各种实时状态信息 (包括将主车状态信息从

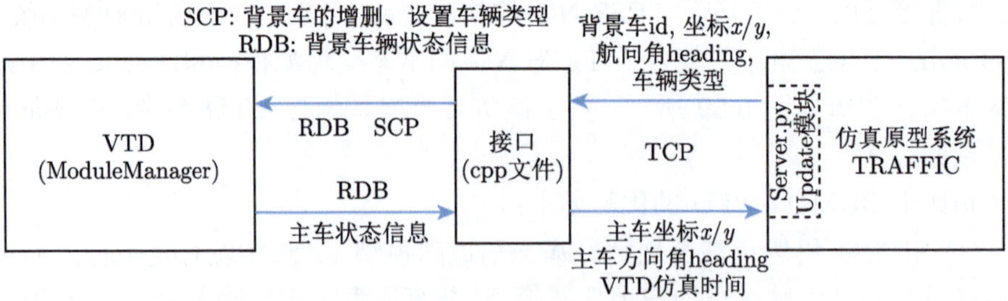

图 5.60 VTD 与仿真原型系统接口的数据传输逻辑

VTD 传给 cpp 接口文件、将交通流车辆信息从 cpp 接口文件传给 VTD 等), 后者主要完成交通流车辆的增删和车辆类型的匹配. 在 cpp 接口文件与仿真原型系统之间通过 TCP 协议连接, 能保证点对点数据传输的可靠性.

对于一般的仿真测试, VTD 软件 RDB 接口的设置参考 5.5.2.2 节即可. 针对某些特殊情况 VTD 更新与仿真不一致有同步的需求, 需要在 VTD 中设置同步频率, 并通过发送时间信息在仿真原型系统中实现时间对齐 (图 5.61).

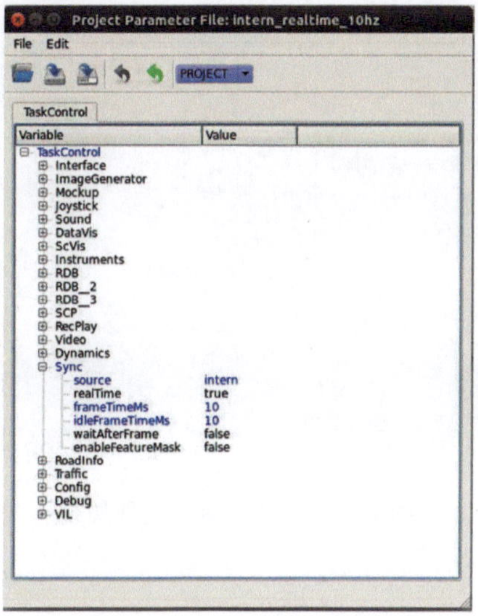

图 5.61 设置 VTD 时间同步 (以 10ms 为例)

车辆同步直接在 cpp 接口中对 SCP 接口设置车辆类型时, 选用目录 "Distro/Config/Players/Vehicles/" 下的车辆名称即可.

5.5.3.3 测试案例——无信号交叉口左转车场景

转向车辆与直行车辆冲突处理是自动驾驶汽车面临的重要难题, 而无信号交叉口处, 左转车流需同时安全处理来自多个冲突方向的直行车流的交互, 因而被认为是最具挑战的驾驶任务之一. 与一般交互行为相比, 其新的挑战包括: ① 多层交互对象. 自动驾驶汽车左转运动需同时处理的交互对象包括对向、侧向的直行车流; ② 交互对象行为不确定, 交互对象同样也受到多个其他交互对象的影响, 由此可能会导致行为的链式反应; ③ 自动驾驶汽车感知不确定, 在转向过程中, 会存在检测误差甚至监测盲区.

在如此复杂的交叉口场景中, 传统仿真软件中的常态交通流仿真方法, 无法涵盖高频率、多对象、多维度的交互场景, 难以再现动态交互、链式反应等复杂交互行为, 不再适用于自动驾驶环境下的测试评估, 必须要采用面向安全评价的交通流仿真模型. 因此本节将基于 5.4 节提出的面向安全的交通流模型, 在无信号交叉口左转车场景下给出仿真测试案例.

由于仿真原型系统和 VTD 使用的是同一个 OpenDRIVE 路网, 并且通信连接功能均整合在 cpp 接口和仿真系统的 Server 模块中, 因此减少了路网匹配、接口设置等一系列复杂的工作. 具体操作步骤如下, 界面视图如图 5.62~图 5.66 所示.

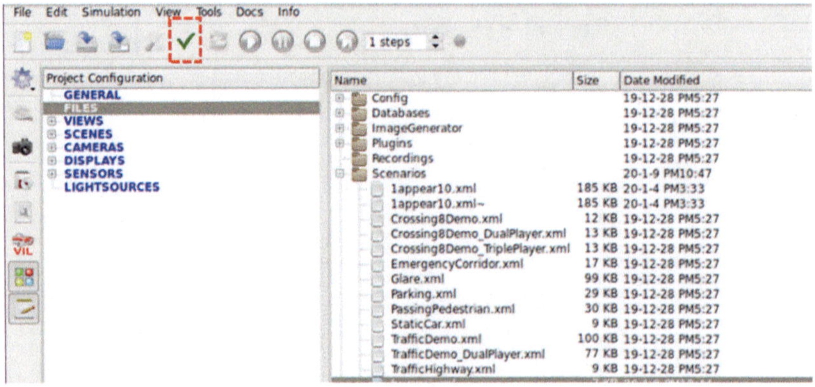

图 5.62　VTD 场景文件加载

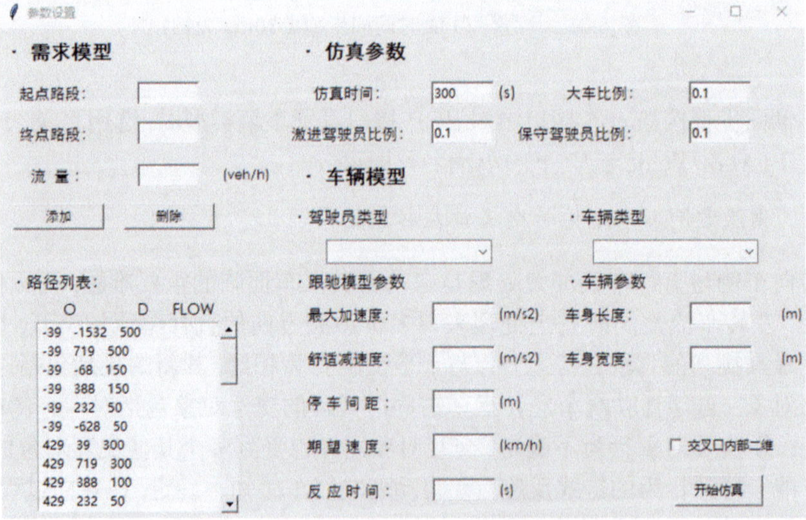

图 5.63　交通流仿真原型系统参数设置界面

图 5.64 Server 已启动等待连接示意图

图 5.65 VTD 与仿真原型系统连接成功

图 5.66 VTD+仿真原型系统联合仿真

1) 加载 VTD 场景文件

选择加载基于 OpenDRIVE 路网构建的 OpencSCENARIO 场景文件.

2) 运行交通流仿真原型系统

运行交通流仿真原型系统 (同时启动 TCP 通信接口 Server), 稍等片刻会跳出可配置参数的用户界面 (图 5.63). 在该界面可以设置交通流加载的流量/路径、仿真系统的仿真时间/精度、不同车型/驾驶人类型比例以及车辆静态/运动参数等.

参数设置完成以后, 单击右下角 "开始仿真", 等待命令行出现 "waiting for connection...", 则表示 Server 模块已启动, 等待 VTD 连接.

3) 启动 cpp 接口

将接口文件夹放在目录 "VTD2.2/Develop/Communication" 下, 对 cpp 接口文件进行编译并执行, 会出现 "服务器连接成功" 的提示, 表示此时 VTD 与仿真原型系统已实现连接.

4) 运行 VTD, 启动测试

单击 VTD 的运行按钮, 等待片刻, 仿真开始运行, 仿真交通流在 VTD 中实时映射.

5.6 本章小结

针对现有 HAV 虚拟测试工具缺乏交通流仿真能力的不足, 本章介绍了两种实现交通流在 HAV 测试工具中的接入方法：基于交通流仿真系统以及基于交通流仿真模块的方法. 对基于交通流仿真系统的方法, 讨论了其在路网匹配、数据传输、仿真软件选择的技术难点, 并给出了对应的解决方案; 对基于交通流仿真模块的方法, 探究其在模型选择、接口定义的关键问题, 给出交通流核心模型和接口内容. 随后, 针对目前的交通流模型都是基于车道、"安全驾驶" 的假设, 欠缺对安全性的评估, 分别提出能够模拟复杂交互现象的干扰行为模型以及基于平面的二维交通流仿真模型构建方法, 实现了面向安全的交通流仿真建模. 最后, 介绍了三种实现交通流接入 HAV 测试工具的具体方式, 包括：① 使用非开源交通流仿真软件的现成接口, 以 PreScan 和 VISSIM 为例; ② 使用开源交通流仿真软件的现成接口, 以 VTD 和 SUMO 为例; ③ 基于整合面向安全测试模型的自研原型仿真系统, 自行编写接口文件接入 VTD. 分别基于上述三条技术路线实现了汇入区、交叉口、交通走廊的智能车测试环境, 证明了上述 HAV 一体化测试工具的有效性.

现实交通环境中驾驶行为受到诸多因素的影响, 而在交通流建模中做了大量简化. 近年来, 多项研究表明驾驶人是影响驾驶决策行为的一个重要因素, 驾驶人在个体、时空的异质性, 对自动驾驶测试产生更多的不确定性. 因此, 未来对于面向自动驾驶虚拟测试的交通流建模研究趋势将包括融入驾驶人认知行为、智能网联信息的影响等.

参考文献

[1] Song Z, Wang H, Sun J, et al. Experimental findings with VISSIM and TransModeler for evaluating environmental and safety impacts using micro-simulations. Transportation Research Record, 2020, 2674(8): 566-580.

[2] Sun J, Zhao L, Zhang H M. Mechanism of early-onset breakdown at on-ramp bottlenecks on Shanghai, China, expressways. Transportation Research Record Journal of the Transportation Research Board, 2014, 2421: 64-73.

[3] Sun J, Zhang J, Zhang H M. Investigation of the early-onset breakdown phenomenon at urban expressway bottlenecks in Shanghai. Transportmetrica B Transport Dynamics, 2014, 2(3): 215-228.

[4] Laval J A, Daganzo C F. Lane-changing in traffic streams. Transportation Research Part B: Methodological, 2006, 40(3): 251-264.

[5] Halati A, Lieu H, Walker S. CORSIM-corridor traffic simulation model. Traffic Congestion and Traffic Safety in the 2lst Century: Chanllenges, Innovations, and Opportunities Urban Transportation Division, ASCE, 1997.

[6] Toledo T, Koutsopoulos H N, Ben-Akiva M. Integrated driving behavior modeling. Transportation Research Part C: Emerging Technologies, 2007, 15(2): 96-112.

[7] Ahmed K, Ben-Akiva M, Koutsopoulos H, et al. Models of freeway lane changing and gap acceptance behavior. Transportation and traffic theory, 1996, 13: 501-515.

[8] Rastelli J P, Lattarulo R, Nashashibi F. Dynamic trajectory generation using continuous-curvature algorithms for door to door assistance vehicles. 2014 IEEE Intelligent Vehicles Symposium Proceedings, 2014.

[9] Zhou D, Ma Z, Sun J. Autonomous vehicles' turning motion planning for conflict areas at mixed-flow intersections. IEEE Transactions on Intelligent Vehicles, 2019, 5(2): 204-216.

[10] Glaser S, Vanholme B, Mammar S, et al. Maneuver-based trajectory planning for highly autonomous vehicles on real road with traffic and driver interaction. IEEE Transactions on Intelligent Transportation Systems, 2010, 11(3): 589-606.

[11] Petrov P, Nashashibi F. Modeling and nonlinear adaptive control for autonomous vehicle overtaking. IEEE Transactions on Intelligent Transportation Systems, 2014, 15(4): 1643-1656.

[12] Sun Jie, Sun Jian. Investigating the oscillation characteristics and mitigating its impact with low-penetration connected and automated vehicles. 2018 21st International Conference on Intelligent Transportation Systems, 2018: 2339-2345.

[13] 许金良, 胡圣能, 杨宏志. 基于曲率变化率的运行速度模型. 长安大学学报 (自然科学版), 2011, 31(5): 1-6.

[14] Chen X, Sun J, Ma Z, et al. Investigating the long-and short-term driving characteristics and incorporating them into car-following models. Transportation Research Part C: Emerging Technologies, 2020, 117: 102698.

[15] Li Y, Ni Y, Sun J, et al. Modeling the illegal lane-changing behavior of bicycles on road segments: Considering lane-changing categories and bicycle heterogeneity. Physica A: Statistical Mechanics and Its Applications, 2020, 541: 123302.

[16] 刘艳婷. 行人与非机动车信号交叉口穿越行为的比较研究. 北京: 北京交通大学, 2016.

[17] Ni Y, Cao Y, Li K. Pedestrians' safety perception at signalized intersections in Shanghai. Transportation Research Procedia, 2017, 25: 1955-1963.

[18] Ma Z, Xie J, Qi X, et al. Two-dimensional simulation of turning behavior in potential conflict area of mixed-flow intersections. Computer-Aided Civil and Infrastructure Engineering, 2017, 32(5): 412-428.

[19] Ma Z, Sun J, Wang Y. A two-dimensional simulation model for modelling turning vehicles at mixed-flow intersections. Transportation Research Part C: Emerging Tech-

nologies, 2017, 75: 103-119.

[20] Xu Y, Ma Z, Sun J. Simulation of turning vehicles' behaviors at mixed-flow intersections based on potential field theory. Transportmetrica B: Transport Dynamics, 2019, 7(1): 498-518.

[21] Sun J, Liu H, Ma Z. Modelling and simulation of highly mixed traffic flow on two-lane two-way urban streets. Simulation Modelling Practice and Theory, 2019, 95: 16-35.

[22] 倪颖, 李逸昕, 李旭红, 等. 机非物理隔离路段非机动车行为建模仿真. 同济大学学报 (自然科学版), 2019, 47(6): 778-786.

[23] 倪颖, 辛榴燕, 龙柯宇. 机非交互的交叉口右转机动车行为建模与仿真. 同济大学学报 (自然科学版), 2019, 47(7): 994-1003.

第 6 章　虚拟测试场景生成优化方法

科学完善的自动驾驶技术研发之路需要先进的测试场景优化技术作为支撑. 由于各研发阶段的测试需求不尽相同, 需要针对不同的测试目的设计构建测试场景. 虚拟测试场景优化主要为了解决海量测试场景数量爆炸的难题, 避免无止境的测试里程积累及大量重复无效的场景测试, 自动化筛选高测试需求的场景, 使其能够服务于更精细化的测试. 本章从虚拟测试场景优化方法的必要性和流程入手, 介绍了三类面向不同目的的测试场景优化方法: 首先对相关研究进行回顾, 其次对经典的测试优化方法原理进行了详细阐述, 然后通过虚拟测试案例展示方法的效果. 考虑到现有研究中缺少虚拟测试场景优化方法的比较, 本章构建统一的测试对象和场景环境进行方法对比, 直观展示三种类型的方法在目标和输出上的差别, 并总结同类测试自动化方法之间在效率、精确度和场景适用性上的不同. 进一步考虑智能汽车的感知、决策或控制系统中的小故障可能会引发严重的事故. 因此, 提出了基于故障注入的自动驾驶技术容错能力测试. 最后, 以一个跟驰逻辑场景为例来展示测试自动化方法是如何与软件/硬件在环测试相结合的.

6.1　概　　述

虚拟场景测试即在虚拟环境中构建自动驾驶汽车的仿真模型, 并将其暴露于预先设定的测试场景中, 获取自动驾驶汽车的行为表现以开展安全性评估. 由于测试场景可定制、测试数据全息、测试效率高, 虚拟场景测试已成为自动驾驶汽车安全性验证的核心手段, 是近年来学术界的研究热点.

第 4 章介绍了最简单、直白的回放式仿真, 将路测到的自然驾驶场景进行特征提取和数字化之后, 验证自动驾驶算法是否能顺利通过这些场景. 但纯回放式的仿真中所有场景元素固定, 被测车辆与背景车之间只能单向交互, 当自动驾驶算法发生改变, 导致主车行为发生变化之后, 场景元素 (尤其是背景车的状态) 不会因为主车行为的改变而做出相应的反应, 这时回放仿真的有效性就大打折扣.

第 5 章阐述了可以通过在仿真工具中注入高精度的背景交通流进行测试, 其实质是现实世界的随机镜像测试, 虽然仿真步长加速能够减少对现实时间的依赖, 但总的来说还是一种低效的测试. 基于里程的车辆测试手段, 根本缺陷在于测试场景比较随机、重复, 我们关注的高危场景、重点场景在自然驾驶中具有 “长尾分布”的特点, 无法高频出现. 动静态场景要素的变化有限, 不能对各种类型场景的测试覆盖度进行有效验证.

当前的解决之道是通过对功能场景进行结构化描述, 在此基础上确定场景的边界, 定义逻辑场景; 并进一步根据优化方法筛选重要参数, 进行参数自动重组, 生成更多的具象测试场景. 参数重组测试场景旨在将功能场景中的各类要素进行参数化设置, 通过各要素的不同排列组合和遍历取值, 补充大量未知工况的测试场景, 捕捉具有高测试需求的场景. 参数重组场景具有无限性、扩展性、批量化、自动化的特点. 同时, 场景参数可以在自然驾驶数据中提取, 也可以根据真实场景数据合成的仿真数据, 减少对路采数据的依赖.

由于场景参数分布的连续性以及场景元素排列组合的多样性, 虚拟场景也具有无限丰富的特征, 测试场景数量大爆炸成为新的难题. 以 3.3.3 节的变道插入场景为例, 参数个数、取值类别与场景总数关系见图 3.8 左图. 若单个场景测试 10 秒, 需要三年时间才能将所有场景测试完毕. 依靠本地逐个运行测试场景的测试方式, 效率依然不够.

为了解决海量测试场景数量爆炸的难题, 以分布式架构为显著特征的云计算技术飞速发展, 为自动驾驶大规模云端仿真测试提供了支撑. 如腾讯自动驾驶仿真平台 TAD Sim 采用本地调试 + 云端加速仿真相结合, 在本地将算法调试完毕后, 上传到云端快速进行大量的回归测试集验证, 将结果返回到本地, 分析自动驾驶算法在哪些场景表现良好、哪些场景表现差, 再针对性地做精细调试. 云端高并发运行测试场景, 是自动驾驶仿真软件的核心竞争力之一, 但是随着场景参数进一步增加、场景取值进一步细化, 场景数量将呈指数级显著增加, 甚至超出云端测试的计算能力. 同时, 即使通过云端测试加速, 仍然有大量的测试时间浪费在重复、简单的一般场景上, 不利于快速寻找技术漏洞、推动算法的快速迭代.

近年来, 虚拟测试场景优化方法应运而生, 目的是在海量的测试场景中筛选更有针对性的测试场景. 图 6.1 展示了基于虚拟测试场景优化方法的自动驾驶汽车安全评估流程. 首先, 确定自动驾驶汽车的某个模块为被测对象, 可以是感知模块、规划决策模块、控制模块, 当然也可以是整车; 其次, 考虑当前测试需求, 利用虚拟测试场景优化方法派生特定的具象场景, 利用仿真平台, 在具象场景中测试自动驾驶汽车的功能模型; 最后, 根据运行结果进行车辆的安全评估.

Gnandt 等 [1] 总结了十种虚拟测试场景优化方法, 包括建立事故场景库、T-wise 测试、层析分析法等, 尽管进行了方法介绍和优缺点分析, 但是该研究没有归纳这些方法在测试意图上的相似之处和差异. Batsch[2] 则系统地回顾了虚拟测试场景优化领域的文献, 将现有方法创新性分为组合测试方法、鲁棒性测试方法和基于搜索的测试方法. 德国 PEGASUS[3] 总结了四种类型的虚拟测试场景优化方法, 他们的目标包括增加测试范围 (Increase the Test Coverage)、关注安全失效

场景 (Focus on Safety Violations and Worst Cases)、确定安全边界 (Identify the Safety Borders)、概率估计 (Probability Estimation). 以上研究都为本章内容奠定了一定基础.

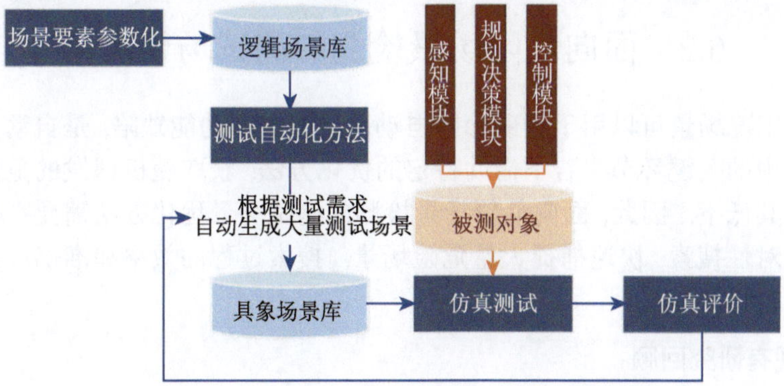

图 6.1 “虚拟测试场景优化-测试-评价” 流程

但在我们看来, 虚拟测试场景优化方法的分类应当是 “问题导向” 的——考虑当前有什么样的测试难题进而催生了什么样的测试方法: 为了服务从研发到产品认证的全生命周期问题, 我们应该尽可能捕捉自动驾驶汽车安全性失效的场景, 充分体现场景中各类对自动驾驶功能造成挑战的影响因素; 为了解决场景测试参数组合爆炸问题, 我们应该考虑避开现实场景 “无穷无尽” 的难题, 加速量化评估自动驾驶汽车在真实交通环境中遇到风险的可能性; 为了评价对人工智能驱动的自动驾驶系统的适应性, 我们应该尽可能全面覆盖功能适用范围内的所有情况. 因此, 我们将目前的虚拟测试场景优化方法总结为以下三类:

(1) 面向危险场景检测——生成特定类型的危险场景, 例如高风险场景、安全边界场景、碰撞场景和最差场景, 方便探测自动驾驶汽车的缺陷;

(2) 面向危险率评估——基于自然驾驶数据, 生成符合实际分布的场景并加速评估自动驾驶汽车在真实交通环境中遇到风险的可能性;

(3) 面向覆盖率——在特定的运行设计域 (即逻辑场景库) 中, 根据特定覆盖率指标, 实现最大化测试覆盖率;

这三类方法可以通俗地总结为 “薄弱环节专项测试、危险率量化认证测试、驾驶功能全面测试”, 自下而上完成对自动驾驶汽车的安全性能的全面把握.

6.2 节至 6.6 节详细介绍三种类型测试场景优化的经典方法和算法案例; 然后, 在每类测试场景优化方法中选择两种典型方法进行比较, 说明应该如何按照不同的测试目的、阶段、资源, 选择最佳的测试自动化方法或者方法组合.

由于自动驾驶技术中在大量黑箱深度学习算法 6.6 节提出了基于故障注入的自动驾驶汽车测试方法, 旨在通过快速预测关键故障, 发现规控器的弱点, 以增强系统容错性.

6.7 节以一个跟驰逻辑场景为例来展示测试自动化方法是如何与软件/硬件在环测试相结合的.

6.2 面向危险场景检测的测试场景优化

危险工况场景可以用于辅助诊断自动驾驶汽车的功能缺陷, 是自动驾驶汽车测试过程中的关键环节. 若不借助特定的优化方法, 获取随机偶发的危险场景的效率将极其低下. 因此, 面向危险场景检测的测试场景优化方法需要在参数空间中进行针对性搜索, 快速捕捉大量危险场景. 搜索过程的效率和准确度是评价方法效果的重要指标.

6.2.1 现有研究回顾

危险场景可以进一步分为四个子类别: 高风险场景、安全边界场景、碰撞场景、最差场景. 不同的场景类别有不同的危险级别和搜索标准. 在本节中我们将分别介绍四类场景的内涵和相应的测试场景优化方法.

6.2.1.1 高风险场景

高风险场景是指场景风险级别达到一定阈值的场景. 由于真实碰撞事件发生概率极低, 分析高风险场景可以在较大概率尺度及较大样本数下对风险进行溯源. 目前, 学界对高风险场景的定义尚不统一, 所以这类场景通常被视为存在紧急情况的场景 [4], 比如急刹车、急转弯等.

特殊场景的搜索是一个 "打标签" 的过程. 如图 6.2 所示, 坐标图中的折线代表了不同参数组合构建的具象场景, 而折线的颜色代表了不同的风险级别 "标签". 图中, 我们使用归一化 "风险指数" 来量化这些具象场景的风险级别. "风险指数" 是概念性的表达, 没有具体的定义和计算公式. 在学界通常用一些代理安全测度 (Surrogate Safety Measure) 对场景的风险级别进行量化, 例如碰撞时间 (Time to Collision, TTC)、减速至安全时间 (Deceleration-to-Safety Time, DST)、车头时距 (Time-headway, THW)、间隔时间 (Gap Time, GT) 等. 其中, 在 1972 年被著名学者 Hayward 提出 "碰撞时间"[5], 这是目前最常用的衡量风险级别的指标. 其定义是, 两个车辆如果以目前的速度和路径继续行驶, 则从当下时刻到发生碰撞所需要的时间. 例如, Hallerbach 等 [6] 在研究中将碰撞时间小于等于 3.9s 设定为高风险场景的阈值. Wang 等 [7] 使用碰撞时间、自动驾驶汽车与其他车辆之间的横向距离来综合判别场景的风险级别. 在实际应用中, 它可以是上述代理安全测度或者一些自定义的风险级别计算方式 [8]. "风险指数" 可以用于直观展示如何进行面向高风险场景检测的测试场景优化. 我们假设图 6.2 中风险指数大于 0.7 的具象场景是高风险场景, 那么相关高风险场景检测方法就是要在场景空间中搜索“风险指数”大于 0.7 的场景.

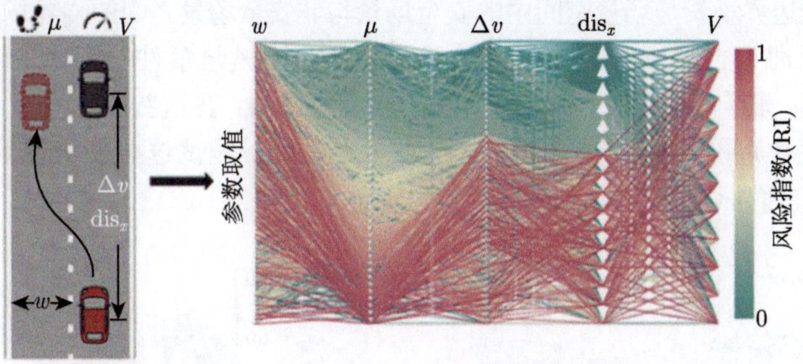

一个逻辑场景 所有具象场景

图 6.2 标记高风险场景参数组合

但实际上, 由于我们不可能对所有场景遍历计算“风险指数”, 所以在复杂场景空间中搜索目标场景的过程可能十分复杂. 面向高风险场景检测的测试场景优化方法近年来不断涌现, 主流思想是将搜索问题转换为最优化问题, 通过最大化或最小化的目标函数来实现搜索目标 [9]. Althoff 等 [10] 采用二分搜索 (Binary Search) 检测直线道路上的高风险驾驶场景. Klischat 等 [11] 采用进化算法 (Evolutionary Algorithm) 来生成复杂道路布局上的高风险驾驶场景. Feng 等 [12] 基于场景风险级别和暴露频率定义了高频高风险情景, 并设计了一种基于多起点优化和种子填充 (Seed-fill) 方法的目标场景搜索方法. Chen 等 [13] 针对程序错误导致的连续故障区域, 引入了自适应随机测试方法 (Adaptive Random Testing), 自适应随机测试的目标是生成新的测试用例, 远离已知的安全测试场景, 以尽快达到安全失效场景区域. 德国 QTronic 公司研发测试自动化软件 TestWeaver, 开创性地为用户提供了基于博弈论和 DOE(试验设计) 的智能测试生成和控制平台, 其中一项场景生成策略就是通过随机生成 (Random Generation)、局部优化 (Local Optimization) 和自适应采样 (Adaptive Sampling) 方法搜索场景空间中的高风险场景. 除了在预定义场景空间中进行搜索, 基于故障注入 (Fault Injection, FI) 的仿真测试也被证明可有效提升自动驾驶安全性测试效率: 伊利诺伊大学香槟分校研发了基于机器学习的故障注入引擎 (DriveFI), 其通过高风险场景的挖掘定向分析自动驾驶功能的鲁棒性, 研究人员在 4 小时内发现了 HAV 的 561 个故障 [14].

目前, 大多数面向高风险场景检测的测试场景优化方法能够用于评估场景中动态对象对驾驶风险的影响, 但只有少数模型涉及静态对象和环境参数. 以碰撞时间为例, 在路面情况良好和结冰道路上, 高风险场景的判断绝不应该采取一致的碰撞时间阈值, 且高风险场景的定义尚且缺少统一标准, 设定阈值的时候主要依赖已有经验, 较为主观.

6.2.1.2 安全边界场景

安全边界场景是场景空间中的安全场景与非安全场景之间的临界场景. 图 6.3 中展示了上海市自然驾驶数据集中的风险事件和无风险事件, 提取它们的速度、纵向加速度、转向角速度可以看出明显的安全边界线. 在这些临界场景中, 车辆操作的微小变化可能导致测试结果之间的改变. 寻找、测试这些安全边界场景至关重要, 因为它们标志着自动驾驶汽车安全性能的上限.

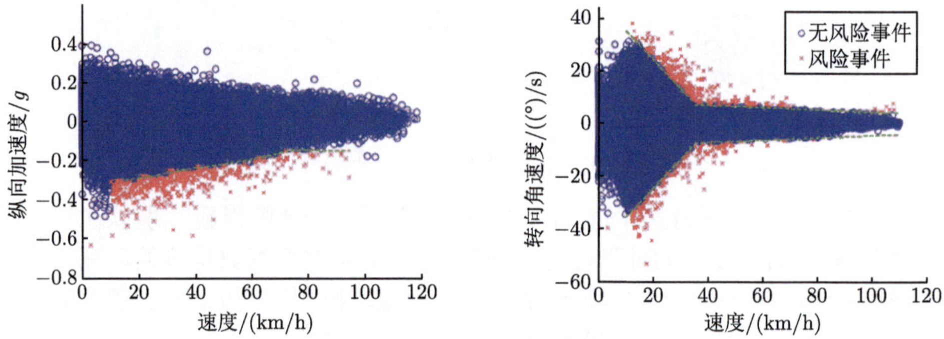

图 6.3 场景边界示意图

有多种方法可用于识别边界场景. Bühler 等 [15] 使用了进化算法来测试自动驾驶汽车的自动泊车系统策略, 证明随着车辆边缘和碰撞边界之间的距离逼近, 其避撞能力存在明显的性能边界. Stellet 等 [16] 使用解析推导发现了传感器检测范围和紧急自动制动系统的性能边界. Abdessalem 等 [17] 提出了一种可学习的进化算法, 评估基于视觉的自动驾驶汽车控制系统. 其中, 决策树分类模型用于将搜索空间划分为关键和非关键区域, 并在这些关键区域应用遗传算法的进化步骤. Tuncali 等 [18] 设计了一种鲁棒性评估函数, 用于求解安全场景与非安全场景的边界, 相关测试用例生成框架已在 MATLAB 工具箱 S-TaLiRo 中实现. Batsch 等 [19] 则利用高斯分类在稀疏数据集中寻找边界场景. Mullins 等 [20] 在研究中应用了基于代理模型 (Surrogate Model) 的自适应搜索技术, 将面向边界场景检测的测试场景优化方法扩展到更高维度的场景空间. 代理模型用于逼近复杂的自动驾驶汽车场景测试过程, 通过提升代理模型的分类精度, 可以为自动驾驶汽车提供更贴近安全边界的测试场景, 从而提高方法效率. Tuncali 等 [21] 还开发了其他一些框架来专门检测边界场景冲突.

进行边界场景检测在一定程度上能够省去进行高风险场景测试的成本, 因为当找到自动驾驶汽车的能力边界时, 其实就找到了边界之外的所有高风险场景. 测试人员只需要在能力边界处不断优化, 不断提高自动驾驶汽车安全性能的上限,就可以不断缩小自动驾驶汽车遇到高风险场景的可能性. 但目前大部分的研究在寻找边界场景时, 都假设自动驾驶汽车安全性失效的区域是连续的, 因此可以将自动驾驶汽车的能力边界进行清晰的界定. 但是, 这样的假定过于理想, 自动驾驶汽车是否具有规则的、绝对的、解析的能力边界仍然是一个问题.

6.2.1.3 碰撞场景

碰撞场景的定义非常明晰, 指的是场景中的车辆发生碰撞的场景. 相比于高风险场景和安全边界场景来说, 碰撞场景的危险级别更高、危害性更大, 这是自动驾驶汽车最需要规避的一类场景. 因此, 挖掘碰撞场景, 分析碰撞诱因, 并进行车辆算法升级是非常重要的环节.

不同于高风险场景或者边界场景, 自然驾驶状态下, 碰撞事故的被捕捉、记录、统计要容易得多. 因此, 面向碰撞场景检测的测试场景优化首先可以通过定向构建事故场景库实现. 利用累积的人类驾驶员碰撞数据和专家经验, 预设多种测试场景, 组成一个 "测试矩阵", 对智能汽车的某些性能进行测试.

Lemmen 等 [22] 基于专家经验设计了车辆汇入、避让障碍物、车队行驶等场景, 在试验场地测试车辆的防撞系统. LeBlanc 等 [23] 和 Woodrooffe 等则是基于交通事故数据生成测试矩阵, 对车辆的紧急制动系统进行测试. 在仿真软件中, 可以根据交通事故数据中的速度、加速度、道路弯曲度等来重建这些碰撞, 将自动驾驶汽车置于这些危险场景中, 检测其能否比人类驾驶员表现更好. 测试矩阵方法是很多自动驾驶汽车测试研究的基础, 许多机构都在利用碰撞数据定义测试用例. ASSESS 项目 [24] 使用了来自四个国家的代表性碰撞数据集来构建碰撞场景. 根据伤害的严重程度和发生的频率来设计测试矩阵. 一些学者还研究了碰撞数据与碰撞原因之间的联系 [25,26], 从而创建碰撞场景原型. 测试矩阵方法具有高效、可信、可重复的优点, 适用于对低等级的自动驾驶汽车进行测试评估. 但是测试矩阵中的测试场景都是固定的, 根据事故数据预设的测试场景难以全面地对自动驾驶汽车进行测试, 难以全面反映自动驾驶汽车在实际道路上行驶时的情况. 而且该方法过于依赖场景数据的数量和质量, 因此操作成本较高.

为了克服这些问题, 另一类方法基于规则和优化算法来搜索碰撞场景. Yang 等 [27] 使用 Eon Studio 平台, 将安全距离转换为前车分级临近范围来检测由超车引起的碰撞. 在 Kaempchen 等 [28] 的研究中, 使用梯度下降算法来搜索可能导致碰撞的轨迹, 并提出了一种新的紧急制动器触发时间计算方法. Masuda 等 [29] 提出了一种基于规则的方法, 该方法研究了三车道高速公路和信号交叉口中自动驾驶汽车的碰撞场景. 与测试矩阵方法不同, 这些方法不会受限于已有的专家经验、碰撞数据的质量、数量, 能从更大的范围探索潜在碰撞情况.

定向构建事故场景库能够评价自然驾驶汽车和人类驾驶员面对同样情况时的

能力优劣, 但是受限于已有经验, 不能拓展到未知潜在碰撞的测试之中. 而当基于规则和优化算法进行搜索时, 场景空间的预定义就变得至关重要. 目前, 人类驾驶员产生的自然驾驶数据是否能有效地作为场景空间预定义的基础仍存在争议, 如何构建全面综合的场景空间也仍在讨论之中.

6.2.1.4 最差场景

最差场景 (Worst Case) 指在单一逻辑场景的所有参数组合中使智能驾驶产生最差表现或者破坏性最强的组合. 利用仿真测试, 研究人员能够测试各种各样的极限的危险场景, 包括成本太高而无法进行现场测试的场景. 在边缘场景中对自动驾驶汽车的相应功能系统进行评估, 能够证明智能驾驶在最差场景中的运行安全性, 有效论证其整体运行安全性并进行优化.

在最差场景搜索的过程中, 场景可以通过一个消耗函数量化评估, 方法目标为搜索消耗函数值最大的场景. Ma 等 [30] 使用经典的最优控制和博弈论来求解线性控制算法的最差场景, 并生成了对于车辆转向和制动系统的最差场景. Ungoren 等 [31] 通过最差场景搜索方法对车辆自适应预测控制模型进行优化, 寻找最优的模型参数. Willigen 等 [32] 通过最差场景搜索方法设计了当两汽车处于紧密临近时的自适应巡航控制策略. Jung 等 [33] 通过使用车辆动力学模型和 MATLAB/Simulink 提供的优化算法搜索转向操纵过程中的最差场景. 在 PEGASUS 提出的测试自动化场景生成策略中 [3], 粒子群、模拟退火方法可以用于生成最差场景. 其他文献中的现有方法包括网格自适应直接搜索和模式搜索 [34,35].

在测试过程中是否要进行最差场景检测是存在争议的, 因此边缘场景工况几乎不会在现实世界中发生, 在自动驾驶汽车设计过程中考虑这些情况会给研发过程带来极大的困难和极高的成本. 然而, 最差场景检测对于提高公众和市场对自动驾驶汽车的信任至关重要. 1992 年, 《消费者报告》将日本五十铃骑兵汽车在一次试验中的操作安全性评为 “不可接受”. 五十铃公司反驳说, 这种测试场景是极端的, 在现实世界中很少发生. 然而, 它的销售额在一年内暴跌了 53%.

通过最差场景评估可以有效识别自动驾驶汽车控制系统的薄弱环节, 但是面向最差场景检测的测试场景优化方法未将最差场景与现实场景进行关联, 最差场景在实际行驶时发生的概率无法得知.

表 6.1 对四类场景的相关测试优化方法进行了总结, 包括方法的基本原理、相关文献、搜索目标、方法优缺点等. 可以看出相关研究起步较早、内容丰富, 是目前自动驾驶汽车测试研究中蓬勃发展的领域. 这些方法各有优点, 有些方法适用于搜索多类场景, 具有较好的迁移性和灵活性; 有些方法简单易操作, 对测试人员和测试平台要求较低; 有些方法效率很高, 能够快速捕捉大量高测试需求的场景. 但与此同时, 各种方法的缺点也显著存在, 在使用时, 应该注意这些方法缺点带来

的搜索局限性, 并在未来的科学研究中着力解决.

表 6.1 面向危险场景检测的测试场景优化方法总结

方法	基本原理	输出	优点	缺点
二分法检索 (Binary Search)	从顺序列表中选择目标场景	高危场景	搜索速度快	只适用于顺序存储的可排序的场景
种子填充法 (Seed-fill)	利用已知场景, 探索相邻未知的场景空间	高危场景	当目标场景区域聚集、连续时效果较好	需要大量栈空间来存储相邻场景点
进化算法 (Evolutionary Algorithm)	通过选择、重组和变异这三种操作实现优化问题的求解	高危场景 边界场景	鲁棒性强; 具有良好的全局搜索能力	算法参数较多, 参数设置对最终结果影响较大
高斯过程分类 (Gaussian Process Classification)	利用贝叶斯原理进行场景类别概率估算与分类	边界场景	支持关于预测的不确定性	在高维空间易失去有效性
自适应搜索 (Adaptive Search)	根据处理数据的数据特征自动调整搜索方向	最差场景 边界场景 高危场景	高效; 搜索目标灵活	代理模型的训练效果对方法精度影响很大
测试矩阵 (Test Matrix)	n 个关键参数组成一个 n 维矩阵, 矩阵中每个点对应一个场景	碰撞场景	场景设计简单; 可重复	测试场景固定, 扩展性差; 依赖真实数据的数量质量
粒子群 (Particle Swarm)	迭代过程中, 粒子加速飞向全局目标场景	最差场景	收敛速度快; 易操作	容易陷入局部最优解
模拟退火 (Simulated Annealing)	结合概率突跳特性在解空间中随机寻找目标函数的全局最优解	最差场景	鲁棒性强, 不容易陷入局部最优解	收敛速度慢, 效率较低
模式搜索 (Pattern Search)	先随机采样, 再迭代逼近最优解	最差场景	解决不可导函数优化问题	收敛速度慢, 效率较低

6.2.2 危险场景检测方法原理

在 6.2.1 节中, 我们回顾了多种面向危险场景检测的测试场景优化方法, 可以看出这一类方法均属于 “试验设计”(Design of Experiment, DOE) 的范畴, 借助安排实验和分析实验数据的数理统计方法, 对试验进行合理安排, 以较小的试验规模 (试验次数)、较短的试验周期和较低的试验成本, 获得理想的试验结果以及得出科学的结论. 在本节中, 我们选取了两种应用较为广泛的测试场景优化方法进行详细介绍, 分别为自适应搜索算法和粒子群算法. 自适应搜索算法的灵活性极高, 能够搜索的场景类型十分广泛, 而且通过方法的智能适应和调整, 能够实现高精确度的搜索; 粒子群算法是模拟鸟群觅食过程中的迁徙和群聚行为而提出的一种基于群体智能的全局随机搜索算法, 适用于对场景空间中的极值进行快速捕捉. 本节内容力求通俗易懂, 通过介绍两类典型方法的实现原理和具体操作步骤, 使读者理解危险场景检测方法的应用思想.

6.2.2.1 自适应搜索

自适应是指处理和分析过程中, 根据处理数据的数据特征自动调整处理方法、处理顺序、处理参数、边界条件或约束条件等, 使其与所处理数据的统计分布特征、结构特征相适应, 以取得最佳的处理效果. 不同于一次性决定要测试哪些场景, 自适应搜索方法从少量的初始场景开始. 这些随机生成的初始场景, 将被放入复杂的自动驾驶汽车测试系统中进行测试, 得到对应的测试结果. 有了初始的场景以及对应的测试结果之后, 我们便可以依据这些信息, 训练代理模型. 代理模型是一个计算便捷快速的模型, 这一模型用来预测复杂的自动驾驶汽车仿真测试系统的测试结果. 分类算法、预测模型等都可以尝试作为代理模型. 在场景中运行自动驾驶汽车规划控制算法需要消耗很长时间, 而使用代理模型仅需很短的时间就可以得到自动驾驶汽车规划控制算法近似的结果. 近似的结果不作为最终的测试结果, 仅仅为选择目标测试场景提供参考. 图 6.4 展示了自适应搜索方法与一般搜索方法的不同, 通过代理模型的预测, 自适应方法可以在一定程度上 "看穿" 场景空间, 不断调整靶向搜索的目标, 使得方法的精确程度更高.

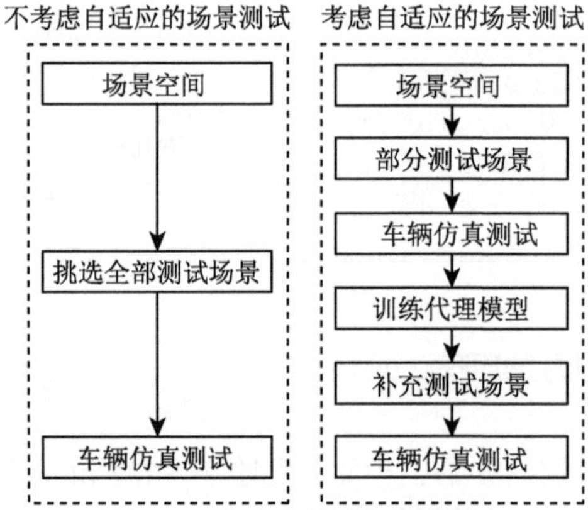

图 6.4 自适应搜索方法思路

每一次迭代中, 下一次放入复杂的自动驾驶汽车测试系统的场景, 将从一批候选场景中选出. Feng 等 [12] 提出采样时应该平衡对样本的 "开发" 与 "探索". 以搜索碰撞场景为例, 候选场景中出现碰撞的可能性代表了场景的 "开发潜力", 代理模型预测场景的碰撞可能性越大, 开发潜力越大. 将候选场景与其最近似已测场景之间的欧氏距离定义为 "探索潜力", 两者之间的距离越远, 探索潜力越大. 通过构造采集函数, 将样本的 "开发" 与 "探索" 综合评估, 逐个判断候选场景是否值得测试. 场景的采集函数值越大, 越会被选为进一步测试的对象. 方法的灵活性体现在, 只需要调整采集函数的形式, 就可以改变搜索的场景类型 [36]. 代理模型在每次迭代时都会使用目前收集到的所有信息进行更新, 以提供更加精确的预测. 在测试场景数达到要求后, 迭代终止.

具体描述自适应搜索步骤如图 6.5 所示.

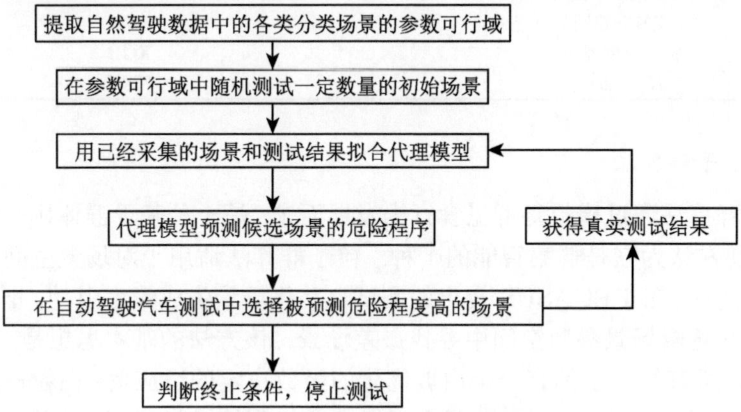

图 6.5 自适应搜索方法流程

(1) 在测试矩阵中随机采集 n_0 个场景 X_0, 设 $k=0$.

(2) 在复杂的自动驾驶汽车仿真测试 $F(\cdot)$ 中测试 X_k, 获得对应的测试结果 Y_k.

(3) 用现有所有场景及测试结果拟合代理模型 $\tilde{F}(\cdot)$.

(4) 随机采样的 n_k 个候选场景 X_k, 利用代理模型 $\tilde{F}(\cdot)$ 计算这 n_k 个场景的采集函数值, 选取采集函数值最大的 n_P 个场景作为 X_{k+1}, 在自动驾驶汽车仿真测试 $F(\cdot)$ 中测试 X_{k+1}, 获得测试结果 Y_{k+1}.

(5) 若测试次数已经用完, 或已经达到测试要求, 则停止测试; 否则, $k=k+1$ 回到 (2).

自适应搜索方法的优势不言而喻, 代理模型的拟真预测使得搜索过程“未卜先知”, 提高了靶向搜索的准确度. 但自适应搜索方法的劣势也来自代理模型, 采集函数的形式、代理模型的选择和训练精度及对自适应搜索方法性能有重大的影响, 一旦选择不当, 方法效果将大打折扣.

现有的自适应搜索方法在设计采集函数时没有考虑不同代理模型的适用性效果, 因此, Zhou 等 [36] 整理了六类代理模型, 测试者可以分别测试他们的预测精度, 对比分析性能最好的代理模型 (表 6.2).

其中, RBF、KRG、QP 三个模型, 可以归为学术术语中常用的近似模型, 能够进行离散或连续问题预测, 能够知道一组变量下的真值与预测值之间的误差, 所以非常方便描述变量的变化与误差之间的关系, 即参数灵敏度的分析. SVR、XGB、KNN 三个模型, 属于典型的机器学习或模式识别算法, 严格上说, 是典型的分类算法, 描述其精度的量通常是验证样本空间下预测结果的统计值.

表 6.2 比选六类代理模型

名称	缩写
径向基函数	RBF
克里金法	KRG
二乘多项式逼近	QP
支持向量回归	SVR
极端梯度增强法	XGB
K 近邻算法	KNN

6.2.2.2 *粒子群算法*

粒子群算法通过模拟鸟群觅食行为发展而来, 是一种基于群体协作的随机搜索算法, 通常认为它是群集智能的一种. 粒子群算法适用于对场景空间中的极值进行快速捕捉, 在 PEGASUS 提出的测试自动化场景生成策略中 [3], 推荐使用粒子群算法在逻辑场景参数空间中寻找最差场景. 该方法的基本思想是, 产生随机化粒子群, 所有的粒子都有一个由被优化的函数决定的适应值, 在粒子从初始位置向最优位置飞行的过程中, 粒子会记忆本身找到的最优解; 同时考虑粒子群群体记忆, 使粒子加速飞向全局最优解. 具体描述自适应搜索步骤如图 6.6 所示.

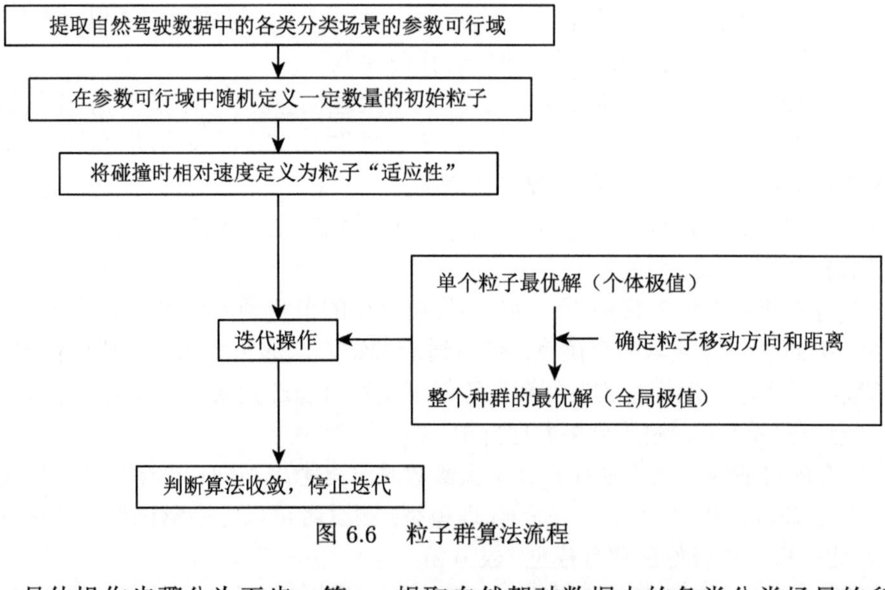

图 6.6 粒子群算法流程

具体操作步骤分为五步. 第一, 提取自然驾驶数据中的各类分类场景的参数可行域; 第二, 在参数可行域中随机定义一定数量的初始粒子; 第三, 定义粒子 “适应性”, 在自动驾驶汽车仿真测试场景中, 我们可以将测试中最关心的评估指标, 如碰撞时相对速度定义为粒子 “适应性”; 第四, 进行迭代操作, 在每一次迭代中, 每一个粒子追踪粒子本身找到的最优解 (个体极值) 以及整个种群找到的最优解 (全局极值) 来确定粒子移动的方向和距离; 第五, 判断收敛条件, 若最大迭代数或最小允许误差已达到, 则判断算法收敛, 停止迭代.

粒子群优化能以相当快的速度逼近最优解, 个体粒子充分利用自身经验和群体经验调整自身的状态是粒子群算法具有优异特性的关键. 但是, 该方法容易产生早熟收敛 (尤其是在处理复杂的多峰搜索问题中), 面对高维复杂问题时, 容易陷入局部最优值.

为了解决算法收敛过快、陷入局部最优解的情况, 我们在实验中发现, 通过大样本初始化的做法, 有针对性地布设粒子, 不仅能够进一步减少方法的迭代次数, 还使粒子群具备跳出局部最优解寻找多极值点的能力. 具体做法是, 扩大初始采样的比例, 仅在其中选择部分作为初始粒子. 选择的标准就是场景中车辆碰撞时的相对速度, 相对速度越大, 越有可能被作为初始粒子. 之后, 这部分粒子对于空间的探索就会明显优化.

6.2.3 危险场景检测方法验证

6.2.2 节中提到了自适应搜索方法和粒子群算法的现存问题和改进方法. 在本节中, 我们设计了跟驰场景 (图 6.7), 使用自适应搜索方法搜索场景空间中的碰撞场景, 使用粒子群算法搜索场景空间中的最差场景, 验证两个方法的优化搜索效果.

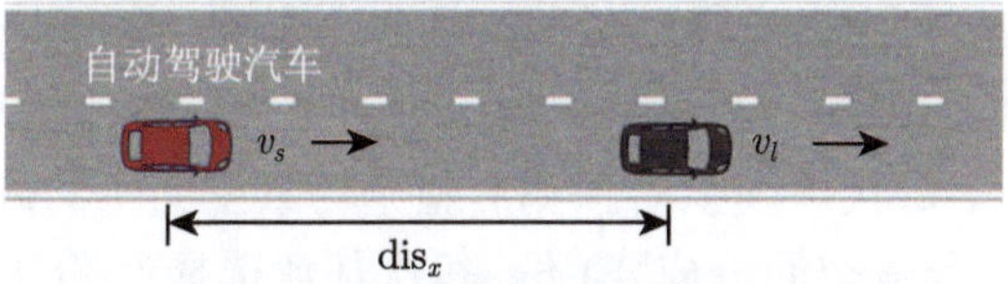

图 6.7 跟驰场景关键参数示意图

在跟驰场景中, 我们选择智能驾驶员模型 (Intelligent Driver Model, IDM) 作为车辆的跟驰运动避撞算法. 驾驶员模型是一种广泛应用的单车道跟驰微观模型, 已被广泛用于自适应巡航控制系统仿真之中 [37,38]. 为了简化场景设计, 我们仅考虑动态交通参与者的参数, 智能驾驶员模型的三个输入参数为前车速度 v_l、本车速度 v_s 和前后车距离差 dis_x. 因此, 这三个参数也是场景的关键参数.

跟驰场景中, 前车保持匀速行驶, 前车速度、后车 (自动驾驶汽车) 初始位置和初始速度从场景空间中取值, 之后的运动由智能驾驶员模型接管, 并设定最大减速度限制车辆的极限状态. 表 6.3 中展示了三个关键参数的取值范围和取值间隔, 这是构造参数空间的基础. 为了验证自适应搜索方法检测碰撞场景的效率和效果, 我们首先对跟驰场景的逻辑场景库进行了参数赋值和遍历测试. 逻辑场景库内总共有 108000 个场景, 其中 5100 个 (约 4.7%) 为碰撞场景.

表 6.3 跟驰场景关键参数取值组合及具象场景数量

场景参数	单位	最小值	最大值	取值间隔	参数取值数量
v_l	m/s	0	30	0.5	60
$v_s - v_l$	m/s	−10	10	0.5	40
dis_x	m	5	50	1	45
		合计			108000

接下来, 通过案例具体展示两种方法的改进效果.

6.2.3.1 自适应搜索

我们分别对表 6.2 中的六类代理模型进行训练, 三个指标评估代理模型的预测能力. 这些指标是针对碰撞和非碰撞场景分别计算的. 以碰撞场景为例, 这三个指标的定义如下:

(1) 精确度 (Precision): 预测为碰撞的场景中, 被正确预测的样本比例;

(2) 召回率 (Recall): 实测为碰撞的场景中, 被预测为碰撞场景的比例;

(3) $F1$ 分数 ($F1$-score): 精确度和召回率的加权平均值, 为了能够在精确度和召回率之间取得平衡的更好度量. $F1$ 分数定义为

$$F1\text{-score} = 2 \times \frac{\text{Precision} + \text{Recall}}{\text{Precision} \times \text{Recall}} \tag{6.1}$$

引入测试上限和 ϵ 作为代理模型训练的终止条件. 我们预设 500 次采样作为代理模型终止条件. 但如果 ϵ 小于一定阈值也可以提前终止. 式 (6.2) 展示了 ϵ 的计算过程. $P_{\text{dangerous}}$ 是代理模型对预测的整个场景空间中的碰撞场景比例. 而计算 $P^i_{\text{dangerous}}$ 需要把场景空间分成 10 份, 每次任意选择 9 份作训练集进行交叉验证. 如果使用所有信息训练的代理模型和使用 90%信息训练的代理模型的比例相差小于 ϵ_{cv}, 则可以判断测试样本就足够了. 实际训练中, 我们选择 $\epsilon_{cv} = 0.02$ 作为阈值.

$$\epsilon = \frac{\max\left(\left|P^i_{\text{dangerous}} - P_{\text{dangerous}}\right|\right)}{P_{\text{dangerous}}} \leqslant \epsilon_{cv} \tag{6.2}$$

表 6.4 展示了六类代理模型的训练结果. 可以看出, 六类代理模型对于非碰撞场景的预测程度都是很精确的, 这是因为非碰撞场景的比例极高, 在代理模型学习的过程中具有压倒性优势. 而对非碰撞场景的预测能够真正体现代理模型的优劣. 选择不同的代理模型对预测精度和方法的效率有非常大的影响. 其中性能最好的模型是 XGB, XGB 搜索到 93.0%的碰撞场景的准确性为 99.9%; 相对于 108000 个场景而言, 仅使用了约 0.46%的测试资源, 在保证高准确度的情况下高效完成了几乎所有碰撞场景的搜索任务.

表 6.4 基于六类代理模型的碰撞场景检测效果

代理模型	测试次数	场景类型	精确度	召回率	$F1$ 分数	ϵ
RBF	500	非碰撞场景	0.990	0.985	0.987	0.803
		碰撞场景	0.717	0.789	0.751	
KRG	500	非碰撞场景	0.984	0.982	0.983	0.621
		碰撞场景	0.650	0.673	0.662	
QP	351	非碰撞场景	0.975	1.000	0.988	0.019
		碰撞场景	1.000	0.488	0.656	
SVR	500	非碰撞场景	0.975	1.000	0.987	0.058
		碰撞场景	1.000	0.487	0.655	
XGB	500	非碰撞场景	0.997	1.000	0.998	0.025
		碰撞场景	**0.999**	**0.930**	**0.963**	
KNN	361	非碰撞场景	0.986	1.000	0.993	0.019
		碰撞场景	0.998	0.715	0.833	

6.2.3.2 粒子群算法

在粒子群算法中, 首先需要定义粒子 “适应性”. Kusano 等认为交通事件的伤亡程度与发生碰撞的两车在碰撞时的相对速度相关, 伤亡事件与碰撞事件有如下关系, 设碰撞时刻两车的相对速度为 ΔV, 则碰撞后导致伤亡事件的概率为

$$p = \frac{1}{1 + \mathrm{e}^{-(-0.068+0.1\times\Delta V-0.6234)}} \tag{6.3}$$

因此, 在仿真测试中, 我们可以使用车辆碰撞时的相对速度作为事件危险度的指标, 也就是粒子 “适应性”.

图 6.8 展示了加入大样本初始化之后粒子群算法搜索效果, X, Y 坐标轴分布代表了两个场景关键参数, Z 坐标轴代表了事件严重程度, 全局最优解就是空间中的最差场景. 可以看出, 原始粒子群的确陷入了局部最优解之中, 而改进之后的粒子群算法不仅能够搜索到全局最优解, 还保留了快速收敛的优势. 如图 6.8 和图 6.9 所示, 在跟驰场景中, 粒子群算法能够在五次迭代之内就搜索到空间中的最差场景.

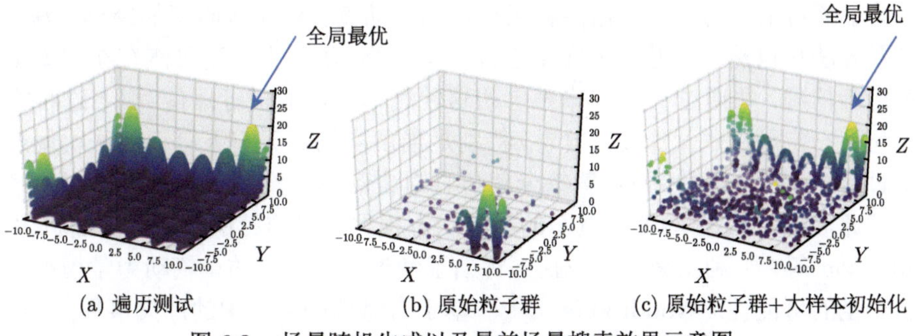

(a) 遍历测试 (b) 原始粒子群 (c) 原始粒子群+大样本初始化

图 6.8 场景随机生成以及最差场景搜索效果示意图

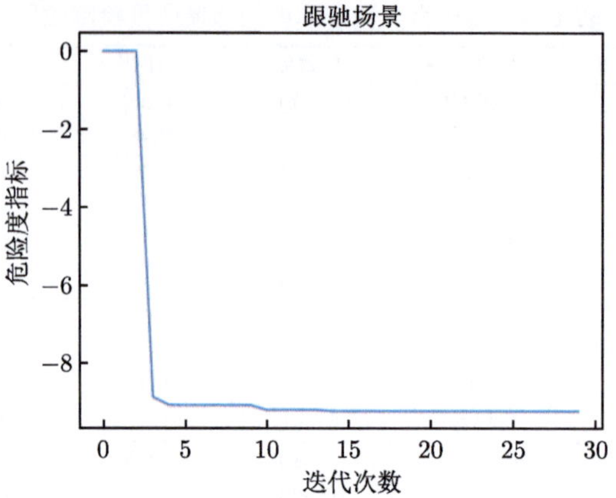

图 6.9 粒子群算法搜索迭代过程

6.3 面向危险率评估的测试场景优化

在现实交通环境中, 危险场景、事故场景属于极小概率的偶发事件. 根据 2018 年德国联邦交通研究所 (Btmdesanstalt Fair StraBen wesen, BASt) 交通事故数据统计, 平均自然行驶 769 万公里才会出现一例致伤交通事故. 因此, 通过虚拟测试评估自动驾驶汽车在真实交通环境的危险率需要另辟蹊径: 基于自然驾驶数据生成符合实际分布的场景, 在保证估算危险率准确性和无偏性的前提下, 通过加速仿真方法显著减少需要的测试场景和测试时间. 生成的测试场景不仅可以应用在仿真测试中, 还可以应用在驾驶模拟器测试、场地测试和硬件在环测试中.

6.3.1 现有研究回顾

评估自动驾驶汽车的危险率、故障率广义上称为“可靠性分析”, 在机械设备及软件的测试领域已经得到了广泛的验证 [39,40], 核心是求解被测系统的功能函数小于某个阈值 (失效) 的概率. 常用的方法包括一阶可靠性方法 (FORM)、二阶可靠性方法 (SORM)[41]、蒙特卡罗仿真 [42]、支持向量回归 [43] 等.

其中蒙特卡罗仿真是利用随机采样评估自动驾驶汽车危险率的经典方法. 蒙特卡罗方法从自然驾驶数据分布中进行大量采样, 测试自动驾驶汽车在样本场景中的运行情况, 并通过大数定律对自动驾驶汽车的性能进行评估 [44]. 这种方法能够起到一定程度的“加速”效果, 特别是当现实场景无穷无尽、无法实现遍历测试时. Althoff 等 [45] 使用蒙特卡罗仿真对自动驾驶汽车规划路径的碰撞风险进行了评估, 其中, 自动驾驶汽车的初始状态根据分段连续的概率分布随机生成. Danielsson 等 [46] 利用蒙特卡罗抽样评估了通过使用先进的车辆动力学模型改善交通安全的可能性. Woodrooffe 等 [47] 基于自然驾驶数据中的冲突事件, 生成了

150 万个碰撞场景来评价卡车的碰撞预警和避撞制动技术. Eidehall 等 [48] 推广了蒙特卡罗方法, 使其既可以用于离线数据分析, 也可以应用于车辆的在线安全评估. 为了改善蒙特卡罗随机抽样的估计不确定性, Huang 等 [49] 改进了经典的 Bootstrap 算法, 评估由于数据可变性引起的估计误差, 提高了蒙特卡罗方法的稳定性.

蒙特卡罗方法具有生成场景随机、操作简单的优点, 但由于碰撞等危险事件发生的概率极低 (小于 10^{-6}), 因此需要在仿真中消耗大量的采样次数才能捕捉到极少量的危险事件, 计算结果难以在比较准确的置信区间内收敛. 所以蒙特卡罗方法的效率并不能满足在稀有事件中仿真的需要.

针对上述问题, 面向加速测试的测试场景优化主要借鉴的是稀有事件仿真方法, 包括马尔可夫链蒙特卡罗方法、分裂算法、子集模拟、重要度抽样等. 其中, 重要度抽样方法是最重要的方差缩减方法, 是进行小概率事件快速概率评估的常用方法. 2017 年, 密歇根大学的赵鼎团队 [50] 基于重要度抽样方法率先开始了自动驾驶汽车测试领域的加速方法研究. 为了加快自动驾驶汽车的测试与评估. 其具体实现方法为在蒙特卡罗抽样的基础上利用方差缩减技术, 通过变化抽样测度, 在保证对样本参数的无偏性估计的前提下增加极端场景的出现概率. 赵鼎等 [51,52] 以跟驰、变道与切入场景为研究对象, 设定了冲突、碰撞以及伤亡事件的极端场景特征, 对其中的场景参数单独构建统计分布, 通过重要度采样函数, 提高收敛效率以及仿真速度. Huang 等 [53] 考虑到场景参数之间的分布相关性, 将自动驾驶汽车的加速评估从多变量独立分布扩展到联合分布. 为了弥补单一参数分布在极端场景特征上的描述不足, Huang 等 [54] 又提出了分段混合分布作为重要性函数的原始分布族. 仿真结果表明, 危险率评估的采样加速比可以超过 300 倍, 该方法对于降低自动化车辆的测试成本极具潜力.

对于重要度抽样方法, 重点和难点在于求解重要度抽样函数. 在自动驾驶汽车测试领域, 早期的做法是通过交叉熵等优化方法求解新的抽样函数中心, 通过采样中心的平移实现抽样测度的变化. 但随着车辆危险率的降低, 交叉熵方法的迭代次数增加, 仍会造成较大的采样负担 [55]. 同时, 场景测试本身的时间消耗也是不可忽略的时间成本. 为了进一步改进重要度抽样方法的效率, 新兴方法是训练高精度的代理模型以模拟智能汽车的功能函数, 通过代理模型的快速预测节约在场景中进行车辆虚拟测试的时间 [56,57]. 但模型训练过程难度较大, 因此必须足够精确的代理模型才能确保得到可靠的结果. 而在系统可靠性分析领域, Zhang 等 [58] 提出了面向 Kriging 的自适应重要性抽样方法, 通过内外部联合搜索和自适应主动学习, 快速寻找新的重要性采样中心. Kriging 同时也可以和蒙特卡罗采样结合, 节约测试时间, 精简方法流程 [59]. Bai 等 [60] 将这一思路迁移到自动驾驶汽车测试领域, 提出用神经网络和随机森林预测快速识别重要度采样中心.

近五年, 自动驾驶汽车加速测试方法研究已经取得长足的进步, 被验证能够极大程度节约测试时间成本, 但随着场景参数化越来越复杂、场景空间越来越庞大、智能汽车控制算法越来越优化, 智能汽车加速测试方法的加速效果、可靠性、普适性需要进一步被优化. 在表 6.5 中总结了上述两类面向危险率加速评估的优化方法目前存在的问题.

表 6.5 面向危险率加速评估的测试场景优化方法总结

方法	基本原理	输出	优点	缺点
蒙特卡罗 (Monte Carlo)	根据参数分布完全随机生成场景	危险率	算法简单, 随机性好	对稀有事件概率的评估效率低
重要度抽样 (Importance Sampling)	通过重要度抽样理论提高边缘场景的出现概率	危险率	对稀有事件概率的评估效率高	估算结果受参数分布拟合误差的影响; 计算新的采样函数困难

除此之外, 这两类方法还存在一些共性的问题. 比如, 缺少有效方法解决原始场景数据不足的问题. 无论是蒙特卡罗仿真还是重要度抽样, 均需要借助大数定律, 这就对初始数据量有较强依赖. 当原始数据不足时, 特别是针对换道、超车等本来数量就较少的场景, 很难有效拟合场景参数的初始分布. 危险率评估目前尚未广泛应用到多参数联合分布的场景中. 当场景参数数量增加、场景空间维度升高时, 拟合高维联合分布概率密度函数、求解高维重要度抽样概率密度函数都将更加困难.

6.3.2 评估自动驾驶汽车安全性能的统计学原理

在介绍加速测试方法原理之前, 需要先通过统计学原理推导证明如何利用大数定律评估自动驾驶汽车的安全性能.

以评估自动驾驶汽车的碰撞率为例. 假设场景的样本空间为 Ω, 碰撞场景 $\varepsilon \subset \Omega$, 目标是求解概率 $P(\varepsilon)$. 设 x 为样本空间 Ω 中的任意事件, 设 $I_\varepsilon(x)$ 为碰撞场景 ε 的指示函数, 表示样本 x 是否为碰撞场景. $I_\varepsilon(x)$ 可表示为

$$I_\varepsilon(x) = \begin{cases} 1, & x \text{ 是碰撞事件,} \\ 0, & x \text{ 不是碰撞事件} \end{cases} \tag{6.4}$$

令 γ 表示概率 $P(\varepsilon)$, γ 的值可以通过生成 n 个独立的样本 $(x_1, x_2, \cdots, x_n)$ 进行估计. 令 $\hat{\gamma}_n$ 表示该估计值, 则 $\hat{\gamma}_n$ 可表示为

$$\hat{\gamma}_n = \frac{1}{n}\sum_{i=1}^{n} I_\varepsilon(x_i) \tag{6.5}$$

$$E(\hat{\gamma}_n) = E\left(\frac{1}{n}\sum_{i=1}^{n} I_\varepsilon(x_i)\right) = \gamma \tag{6.6}$$

根据大数定律, 当 $n \to \infty$ 时, $\hat{\gamma}_n \to \gamma$, 即当 n 足够大时, $\hat{\gamma}_n$ 收敛至 γ.

为保证 $\hat{\gamma}_n$ 的可信性, 需要根据中心极限定理, 确定一个概率估计的置信区间, 然后就可以推算出使 $\hat{\gamma}_n$ 得到准确估计所需的样本数 n. 对于一个足够大的样本数 n, 概率估计值 $\hat{\gamma}_n$ 的方差为

$$\sigma^2(\hat{\gamma}_n) = \mathrm{Var}\left(\frac{1}{n}\sum_{i=1}^{n} I_\varepsilon(x_i)\right) = \frac{1}{n^2}\sum_{i=1}^{n}\mathrm{Var}(I_\varepsilon(x_i)) = \frac{\gamma(1-\gamma)}{n} \tag{6.7}$$

在 $100(1-\alpha)\%$ 的置信水平下, $\hat{\gamma}_n$ 的置信区间为

$$[\hat{\gamma}_n - Z_{\alpha/2}\cdot\sigma(\hat{\gamma}_n), \hat{\gamma}_n + Z_{\alpha/2}\cdot\sigma(\hat{\gamma}_n)] \tag{6.8}$$

其中, $Z_{\alpha/2}$ 可表示为

$$Z_{\alpha/2} = \Phi^{-1}\left(1-\frac{\alpha}{2}\right) \tag{6.9}$$

式中, Φ^{-1} 为正态分布 $N(0,1)$ 的逆累积分布函数.

可以使用置信区间的半宽来评估 $\hat{\gamma}_n$ 的准确性. 估计值 $\hat{\gamma}_n$ 的置信区间半宽 $l_{\alpha/2}$ 可表示为

$$l_{\alpha/2} = Z_{\alpha/2}\sigma(\hat{\gamma}_n) \tag{6.10}$$

由于高风险场景出现的概率很小, 因此 $\hat{\gamma}_n$ 也是一个很小的值, 难以使用半宽来评估估值的准确性, 因此使用置信区间半宽 $l_{\alpha/2}$ 与估计值 $\hat{\gamma}_n$ 的比值, 即相对半宽 l_r 来表示估计值的准确性. 相对半宽 l_r 可表示为

$$l_r = \frac{l_{\alpha/2}}{\gamma} \tag{6.11}$$

当 l_r 小于一个常数 b 时, 认为估计值 $\hat{\gamma}_n$ 达到收敛. 为保证 l_r 小于常数 b, 需要满足

$$l_r = \frac{l_{\alpha/2}}{\hat{\gamma}_n} = \frac{Z_{\alpha/2}\sigma(\hat{\gamma}_n)}{\hat{\gamma}_n} = Z_{\alpha/2}\sqrt{\frac{1-\gamma}{\gamma n}} \leqslant b \tag{6.12}$$

我们的测试场景是基于实际数据随机生成的, 接下来推算高风险场景出现的概率与需要测试的样本数的关系. 对式 (6.12) 进行变换, 可得

$$n \geqslant \frac{1-\gamma}{\gamma}\cdot\frac{Z_{\alpha/2}^2}{b^2} \tag{6.13}$$

因此, 为使估计值 $\hat{\gamma}_n$ 在 $100(1-\alpha)\%$ 的置信水平下达到收敛, 即相对半宽 l_r 小于一个常数 b, 所需要的样本数 n 需要满足不等式 (6.13).

在不等式 (6.13) 中, $Z_{\alpha/2}^2/b^2$ 为常数, γ 表示高风险场景出现的概率值. 由于在车辆的行驶过程中, 高风险场景出现的概率 γ 很小, 因此 $\dfrac{1-\gamma}{\gamma}$ 是一个非常大

的值. 这意味着, 如果基于实际的自然驾驶数据, 通过纯蒙特卡罗仿真的方法生成场景进行测试, 要在一定的置信水平下使估计值 $\hat{\gamma}_n$ 收敛, 需要的样本数量 n 是一个很大的值, 即需要生成大量的测试场景进行试验.

6.3.3 加速测试方法原理

一般的随机抽样方法 (比如基础的蒙特卡罗) 原理比较简单, 在此不再赘述. 接下来主要介绍使用重要度抽样方法对自动驾驶汽车进行危险率评估的基本原理.

在重要度抽样方法中, 我们将使用一个新的密度函数 $f^*(x)$ 代替原来的密度函数 $f(x)$ 生成事件 x, 称为重要度抽样概率密度函数. 在 $f^*(x)$ 中高风险场景有更高概率出现. 对于由分布改变引起的测试结果改变, 通过似然比函数对其进行修正, 最后计算得出正确的高风险场景中智能汽车的安全性能. 该方法通过降低方差的方式减少统计所需的样本数目, 只改变概率分布, 不改变统计量.

令 $f(x)$ 表示原始分布的密度函数, $f^*(x)$ 表示用来代替原始分布函数的高风险场景出现概率更高的新分布函数. 令 $L(x)$ 表示似然比 (也称为 Radon-Nikodym 导数 [64]), 可表示为

$$L(x) = \frac{f(x)}{f^*(x)} \tag{6.14}$$

高风险场景 ε 出现的概率可表示为

$$\begin{aligned} P(\varepsilon) &= E_f(I_\varepsilon(x)) = \int I_\varepsilon(x) f(x)\,dx \\ &= \int [I_\varepsilon(x) L(x)] f^*(x)\,dx = E_{f^*}(I_\varepsilon(x) L(x)) \end{aligned} \tag{6.15}$$

对 $P(\varepsilon)$ 的估计值, 即对 γ 的估计值可表示为

$$\hat{\gamma}_n = \frac{1}{n}\sum_{i=1}^{n} I_\varepsilon(x_i) L(x_i) \tag{6.16}$$

使用重要度抽样方法时的置信区间半宽为

$$l^*_{\alpha/2} = Z_{\alpha/2}\sigma = Z_{\alpha/2}\sqrt{\frac{E_{f^*}(\hat{\gamma}_n^2) - E^2_{f^*}(\hat{\gamma}_n)}{n}} \tag{6.17}$$

因此, 使用重要度抽样方法时的相对半宽为

$$l^*_r = \frac{l^*_{\alpha/2}}{\gamma} = \frac{Z_{\alpha/2}\sqrt{\dfrac{E_{f^*}(\hat{\gamma}_n^2) - E^2_{f^*}(\hat{\gamma}_n)}{n}}}{\gamma} \tag{6.18}$$

为使 l_r^* 满足 $l_r^* \leqslant b$, 需要满足

$$\begin{aligned} l_r^* = \frac{l_{\alpha/2}^*}{\gamma} &= \frac{Z_{\alpha/2}\sqrt{E_{f^*}\left(\hat{\gamma}_n^2\right) - E_{f^*}^2\left(\hat{\gamma}_n\right)}}{\gamma\sqrt{n}} \\ &= \frac{Z_{\alpha/2}\sqrt{E_{f^*}\left(I_\varepsilon^2\left(x\right)L^2\left(x\right)\right) - \gamma^2}}{\gamma\sqrt{n}} \\ &= \frac{Z_{\alpha/2}}{\sqrt{n}}\sqrt{\frac{E_{f^*}\left(I_\varepsilon^2\left(x\right)L^2\left(x\right)\right)}{\gamma^2} - 1} \leqslant b \end{aligned} \tag{6.19}$$

即测试样本数 n 需要满足

$$n \geqslant \left(\frac{E_{f^*}\left(I_\varepsilon^2\left(x\right)L^2\left(x\right)\right)}{\gamma^2} - 1\right) \cdot \frac{Z_{\alpha/2}^2}{b^2} \tag{6.20}$$

在不等式 (6.20) 中, $Z_{\alpha/2}^2/b^2$ 为常数, 因此 $E_{f^*}\left(I_\varepsilon^2\left(x^*\right)L^2\left(x^*\right)\right)$ 越接近于 γ^2, 在 $100\left(1-\alpha\right)\%$ 的置信水平下使估计值 $\hat{\gamma}_n$ 达到收敛所需的最少测试次数就越小. 因此, 选择合适的密度函数 $f^*\left(x\right)$, 使 $E_{f^*}\left(I_\varepsilon^2\left(x^*\right)L^2\left(x^*\right)\right)$ 接近 γ^2, 是基于重要度抽样方法减少测试采样、实现加速测试的关键所在.

在进行加速测试的过程中, 对实际数据进行分布拟合时难免存在拟合误差. 通过与实际数据的对比可以发现, 这些误差会导致加速测试完成时得到的高风险场景出现的概率 $\hat{\gamma}_n$ 与实际数据计算得到的高风险场景出现的概率 γ 存在一定的误差. 但现有研究都是将加速测试结果与蒙特卡罗仿真结果进行对比, 两者使用的数据都严格服从已经拟合好的分布, 因此难以注意到该误差. 因此, 我们使用误差修正系数 τ 进行修正, 令

$$\gamma = \hat{\gamma}_n \cdot \tau \tag{6.21}$$

式中, γ 为实际数据计算得到的高风险事件发生的概率, $\hat{\gamma}_n$ 为加速测试中高风险事件发生概率在一定的置信度下达到收敛时的值, τ 为误差修正系数. 拟合分布与实际数据的差异可以通过两者的均值差异表现, 因此令

$$\tau = \sum k_i\left(\mu_{X_{i1}} - \mu_{X_{i0}}\right) \tag{6.22}$$

式中, $\mu_{X_{i1}}$ 是场景参数 X_i 拟合分布的均值; $\mu_{X_{i0}}$ 是场景参数 X_i 实际数据的均值; k_i 为参数, 需要进行参数标定.

误差修正系数的意义在于, 调整加速测试的计算结果, 使其更接近实际情况. 在使用加速测试方法对智能汽车进行测试时, 修正后的结果更能表现接受测试的智能汽车在实际行驶时高风险场景出现的概率.

在求解重要度抽样概率密度函数的核心参数时, 可以转化为最优化问题, 使用遗传算法求解. 作为一种自适应的全局搜索算法, 遗传算法具有计算时间短、鲁棒性高等优点, 能够有效解决复杂的非线性问题.

6.3.4 加速测试方法验证

6.3.3 节中提到了重要度抽样的现存问题和改进方法, 为了验证重要度抽样的加速效果, 我们选取车辆的换道行为作为研究案例 (图 6.10), 以被测试的后车 (自动驾驶汽车) 侵入换道插入车辆的临近区域作为风险场景, 估算智能汽车的风险率.

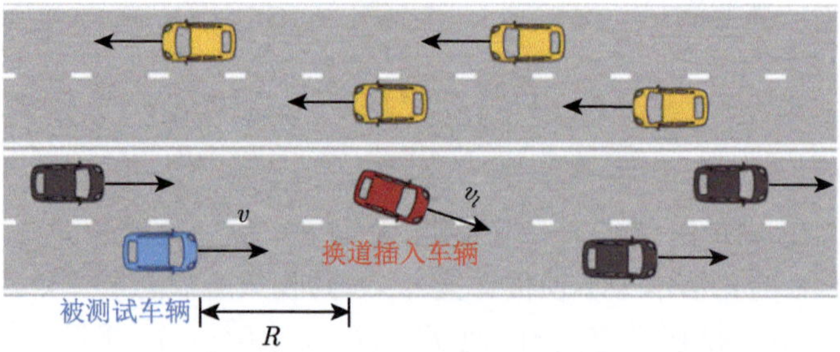

图 6.10 换道插入场景

被测试的智能汽车配备自适应巡航控制 (Adaptive Cruise Control, ACC) 模型和自动紧急制动 (Autonomous Emergency Braking, AEB) 模型. 在行驶环境安全时, 使用 ACC 模型控制智能汽车; 在紧急条件下, 使用 AEB 模型控制智能汽车. AEB 模型的触发由车辆行驶过程中的 TTC 决定. 对于一次换道插入事件, 有三个最为关键的变量影响这次换道插入的安全性, 分别是换道插入车辆速度 v_l、前后车距离 R 和预期 TTC, 这就是换道插入场景的关键参数. 其中换道插入车辆速度 v_l、前后车距离 R 可以直接从自然驾驶数据库中提取, 预期 TTC 需要提取测试车辆速度 v 进行计算.

在自然驾驶的过程中, 高风险场景往往对应更小的前后车距离 R 和预期 TTC, 但是在实际中, 高风险场景的出现是小概率事件. 因此在样本中, R 和 TTC 越小, 对应的样本数越少. 所以我们取 R 和 TTC 的倒数 R^{-1} 和 TTC^{-1} 来拟合分布, 以便使高风险场景出现在所拟合分布的尾部. 如图 6.11 所示, 在对实际数据进行分析后, 选取拟合效果最好的分布. 使用帕累托分布 $f_{R^{-1}}$ 拟合前后车距离 R 的倒数 R^{-1}, 使用指数分布 $f_{\text{TTC}^{-1}}$ 拟合预期 TTC 的倒数 TTC^{-1}. 前车速度 v_l 的大小与场景的危险程度相关性不显著, 不需要在后面的场景重构过程中对其分布进行调整, 因此不对其进行分布拟合, 在重构场景时使用实际数据.

接下来依据重要度抽样函数的思想, 应该对原始分布进行调整, 根据调整后的分布生成关键参数值, 构成加速场景 $x_i^* = \left(v_l, R^{-1^*}, \mathrm{TTC}^{-1*}\right)$. 调整 $f_{R^{-1}}$ 和 $f_{\mathrm{TTC}^{-1}}$, 进行测度指数变换, 得到调整后的分布的密度函数 $f_{R^{-1}}^*$ 和 $f_{\mathrm{TTC}^{-1}}^*$ 分别为

$$f_{R^{-1}}^*\left(x|\vartheta_{R^{-1}}\right) = \left(\frac{1}{\lambda_{R^{-1}} - \vartheta_{R^{-1}}}\right) \exp\left(-\frac{x}{\lambda_{R^{-1}} - \vartheta_{R^{-1}}}\right) \tag{6.23}$$

$$f_{\mathrm{TTC}^{-1}}^*\left(x|\vartheta_{\mathrm{TTC}^{-1}}\right) = \left(\frac{1}{\lambda_{\mathrm{TTC}^{-1}} - \vartheta_{\mathrm{TTC}^{-1}}}\right) \exp\left(-\frac{x}{\lambda_{\mathrm{TTC}^{-1}} - \vartheta_{\mathrm{TTC}^{-1}}}\right) \tag{6.24}$$

式中, $\lambda_{\mathrm{TTC}^{-1}}$ 和 $\lambda_{R^{-1}}$ 为率参数, $\vartheta_{R^{-1}}$ 和 $\vartheta_{\mathrm{TTC}^{-1}}$ 为加速参数. 以最小化式 (6.20) 为目标函数, 求解 $\vartheta_{R^{-1}}$ 和 $\vartheta_{\mathrm{TTC}^{-1}}$ 是一个较为复杂的最优化求解问题. 在这里, 我们利用 MATLAB 软件的 GA 工具, 可以实现方便快速的求解. 求解过程中种群的适应度函数值随种群演化代数的变化如图 6.12 所示. 图中最佳适应度表示这一代种群中, 适应度函数值最小的个体的适应度; 适应度均值表示这一代种群中所有个体适应度函数值的平均值, 适应度均值收敛时, 遗传算法对优化问题的求解结束.

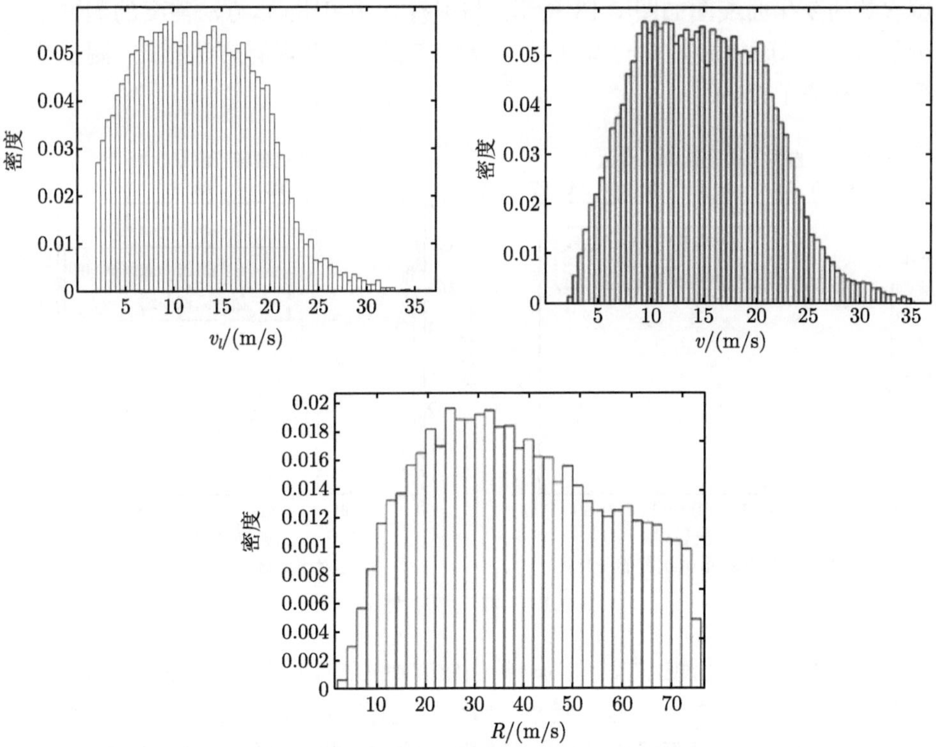

图 6.11 上海市自然驾驶数据车辆换道场景参数分布

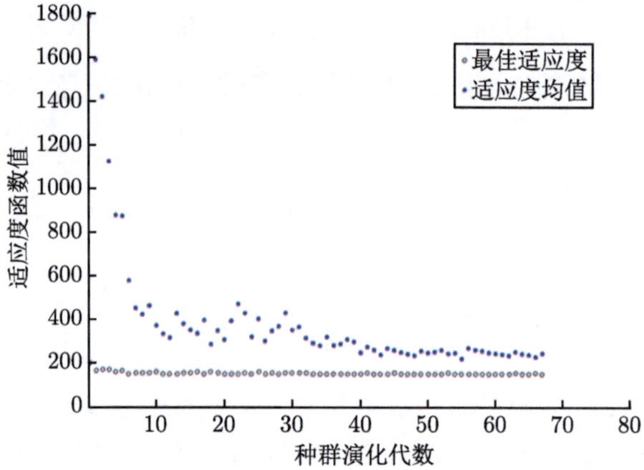

图 6.12　GA 求解过程适应度函数变化图

计算结果表明, 使用高风险场景重构与加速测试方法时, 仿真测试结果达到收敛时所需的测试次数平均值为 286 次, 而使用自然驾驶数据中提取的实际场景进行测试时, 测试结果达到收敛所需的测试次数为 10391 次. 为更加直观地展示对比加速测试与实际场景测试的测试效率, 绘制的严重冲突频率以及相对半宽随测试次数的变化曲线图如图 6.13 所示. 与现有方法相比, 本方法需要的测试次数减少了 35%. 通过误差修正, 本方法与蒙特卡罗仿真及现有方法相比, 测试结果的精准度提高了 23%.

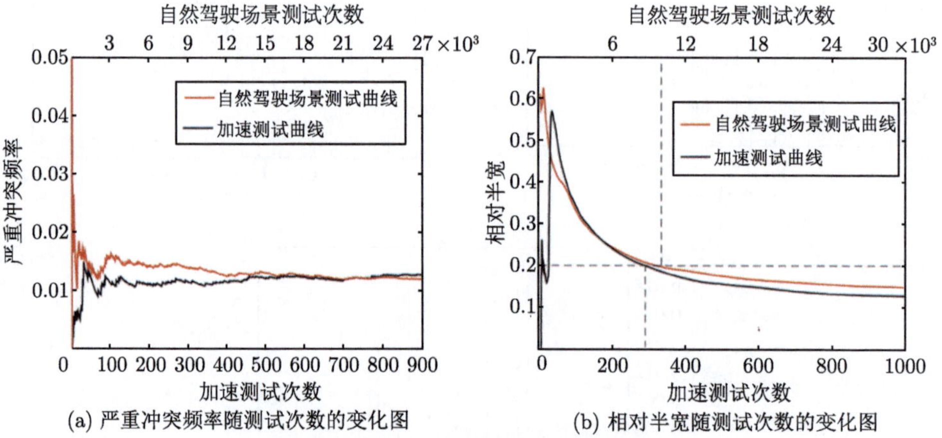

(a) 严重冲突频率随测试次数的变化图　　(b) 相对半宽随测试次数的变化图

图 6.13　测试效率对比

自动驾驶汽车加速测试方法作为一种高效准确的智能汽车测试方法, 具有广阔的应用前景, 基于重要度抽样原理对场景参数分布进行重构, 使得测试结果快速达到收敛, 并进行误差修正, 显著提高了智能汽车测试的效率和测试结果的准确性.

6.4 面向覆盖率的测试场景优化

面向覆盖率的测试场景优化法方法是用来衡量“什么已经测试过, 什么没有测试过”的方法, 覆盖率测量也被用来标记我们是否已经进行了“足够的测试”. 使用有限的时间、金钱资源来测试尽可能多的场景, 就更彻底地评价自动驾驶汽车的安全性能; 测试覆盖率越高, 就越能验证自动驾驶汽车在各种交通情况下的能力. 考虑到真实交通环境中, 交通场景是无限丰富、无法穷尽的, 测试预定义的场景永远是不完整的, 因此, 在本节中讨论的覆盖率都仅为工业实践中经常使用的覆盖率评价方法.

6.4.1 现有研究回顾

通过场景重构推演归纳产生新的场景, 能够在一定意义上实现覆盖的最大化. 覆盖最大化包含了全覆盖和伪全覆盖. Tatar 等 [61] 总结了三类全覆盖的评价方法:

(1) 源代码覆盖, 描述哪些代码分支已经被执行, 哪些没有被执行;

(2) 需求覆盖, 描述哪些系统需求已经被考虑, 哪些没有被考虑;

(3) 系统状态空间覆盖, 描述软件控制器、物理驱动控制和环境模型等任何其他输入中哪些状态已经被触发, 哪些没有被触发.

源代码覆盖是算法工程师需要考虑的问题, 需求覆盖是产品设计阶段需要考虑的问题, 而系统状态空间覆盖需要通过场景测试来检验和完成. 如果测试资源允许, 一种扩大测试系统状态空间覆盖范围的解决方案就是生成尽可能多的测试场景, 甚至进行遍历测试. 在预定义的测试场景空间中, 测试动、静态要素的所有可能的取值组合, 可以实现对该场景库的 100% 测试覆盖.

开展云上测试、并行计算现已成为一种解决遍历测试的有效方案. 一些测试服务公司, 例如 Foretellix 和 Metamoto, 在云上使用了暴力枚举方法 [62,63] 节省计算时间. 华为自动驾驶云服务 Octopus 具备高并发实例处理能力: 通过集成场景设计和数据驱动的方法, 系统每日虚拟测试里程可超过 500 万公里, 支持 3000 个场景并发测试. 遍历测试虽然能够构建最全面的测试场景, 但是参数爆炸带来的测试成本是一个棘手的问题. 以 PEGASUS 提供的算例为例, 当虚拟场景关键参数增加到 15 个时, 每个参数仅考虑 5 个可能取值, 可能出现的具象场景将超过三百亿个; 如果每个场景测试 10 秒钟, 将需要 9677 年才能实现. 当场景参数和取值数目进一步增加, 需要遍历的场景数目不仅对于测试人员来说是“天文数字”, 对于快速、高效著称的云计算来说也无能为力.

因此, 可以通过组合测试方法实现伪全覆盖. 之所以称之为伪全覆盖, 是因为在不能实现整个场景库的 100% 测试覆盖时, 可以通过组合测试方法实现某些参数组合的 100% 测试覆盖. T-wise 测试是组合测试方法中最经典的一类. 在软件测试领域中, 经验可得 72% 的系统故障的出现是由两个参数的组合导致的, 93% 的系统故障是由三个参数的组合导致的. 因此, T-wise 方法假定在所有参数中, T 个参数组合可以触发大多数系统情况, 而其他参数的值将与结果无关. T-wise 覆盖度指测试场景中已测的 T 个关键参数的组合数与所有可能的 T 个参数的可能组合数的比值 [64].

T-wise 可以表示为覆盖数组 (Covering Arrays) 的形式, 每行代表一个测试, 行中各列为参数值 [65]. 如何构造覆盖阵列已经成为许多研究的主题, 包括自动化测试生成 [66] (Automatic Efficient Test Generator, AETG)、参数顺序生成 [67](In-Parameter-Order, IPO)、粒子群优化 [68] 等. T-wise 方法现已用于生成自动驾驶汽车的测试场景. Rocklage 等 [69] 通过非递归回溯为参数化场景生成必要的覆盖数组, 将 T-wise 测试方法与简单的轨迹规划模块相结合, 以生成具有可变覆盖率的有效测试集. Amersbach 等 [70] 利用 T-wise 方法提出了一种根据已知的自动驾驶汽车测试所需里程估计场景测试数目的方法. 若 T 取 2, 则为典型的成对测试 (Pairwise). Xia 等 [71] 使用成对测试来确保自动驾驶汽车场景测试的覆盖率和测试用例复杂性.

T-wise 覆盖度中 T 的取值尤为重要, 目前业界针对自动驾驶 T-wise 测试中 T 的建议取值为 6~10[70]. 但是, T-wise 测试是一种经常用于验证软件产品的策略, T 的取值通常来自测试经验累积. 目前在自动驾驶汽车的测试经验十分有限, 尚不清楚 T-wise 方法是否可以保证自动驾驶车辆得到充分测试.

对于不能实现 100% 全覆盖测试的情况, 结合场景库构建与应用分析, 可以通过提高关键场景覆盖率、提高场景类别覆盖率等实现较为全面的评价. 在表 6.6 中总结了上述两类面向覆盖率的测试场景优化. 目前, 面向覆盖率的测试场景优化方法比较有限. 对于小规模的场景库, 可以进行遍历测试. 对于高维度、大体量的场景库, 如何平衡测试资源和测试覆盖率仍是学界和业界的难题. 面向覆盖率的测试场景优化的另一个问题是, 自动驾驶汽车在现实世界中可能遇到的交通场景无法描述完全. 目前, 尚没有统一且广泛认可的标准来将仿真场景库中的覆盖率与真实交通环境中的场景覆盖率相关联.

表 6.6 面向覆盖率的测试场景优化方法总结

方法	基本原理	输出	优点	缺点
遍历测试	测试运行设计域中全部场景	100%覆盖率的测试场景	获得最详尽的测试结果	测试成本过高
T-wise 测试	选择 T 参数组合代表有效场景	100% T-wise 覆盖率的测试场景	克服参数空间指数爆炸	难以确定 T 的具体取值

6.4.2 全覆盖测试方法原理

遍历测试原理比较简单, 在此不再赘述. 接下来主要介绍使用 T-wise 法进行覆盖测试的基本原理.

Williams 等 [72] 曾用一个四参数逻辑场景 (图 6.14) 具体解释 T-wise 覆盖度的实现. 假设场景参数为 $\{A,B,C,D\}$, 若每个参数有三个取值水平, 那么全参数组合共计 81 种, 而不重复的二参数组合共有 54 种.

A	B	C	D
1_1	1_2	1_3	1_4
2_1	2_2	2_3	2_4
3_1	3_2	3_3	3_4

图 6.14 四参数逻辑场景参数取值 [72]

当我们选择测试场景 $\{1_1,1_2,1_3,1_4\}$ 时, 是选择了全参数组合的 1/81; 但考虑二参数组合, 这个测试用例中却包含了六个二参数组合, 分别是

$$\{1_1,1_2\},\ \{1_1,1_3\},\ \{1_1,1_4\},\ \{1_2,1_3\},\ \{1_2,1_4\},\ \{1_3,1_4\}$$

因此, 测试一个场景相当于测试了二参数组合的 1/9. 若该系统故障的出现是由两个参数的组合导致的, 如表 6.7 所示, 仅需要 9 个二参数组合不重复的场景就可以将系统中所有故障排查完毕.

表 6.7 覆盖数组

场景	场景中的二参数组合
$\{1_1,1_2,1_3,1_4\}$	$\{1_1,1_2\},\{1_1,1_3\},\{1_1,1_4\},\{1_2,1_3\},\{1_2,1_4\},\{1_3,1_4\}$
$\{1_1,2_2,2_3,2_4\}$	$\{1_1,2_2\},\{1_1,2_3\},\{1_1,2_4\},\{2_2,2_3\},\{2_2,2_4\},\{2_3,2_4\}$
$\{1_1,3_2,3_3,3_4\}$	$\{1_1,3_2\},\{1_1,3_3\},\{1_1,3_4\},\{3_2,3_3\},\{3_2,3_4\},\{3_3,3_4\}$
$\{2_1,1_2,2_3,3_4\}$	$\{2_1,1_2\},\{2_1,2_3\},\{2_1,3_4\},\{1_2,2_3\},\{1_2,3_4\},\{2_3,3_4\}$
$\{2_1,2_2,3_3,1_4\}$	$\{2_1,2_2\},\{2_1,3_3\},\{2_1,1_4\},\{2_2,3_3\},\{2_2,1_4\},\{3_3,1_4\}$
$\{2_1,3_2,1_3,2_4\}$	$\{2_1,3_2\},\{2_1,1_3\},\{2_1,2_4\},\{3_2,1_3\},\{3_2,2_4\},\{1_3,2_4\}$
$\{3_1,1_2,3_3,2_4\}$	$\{3_1,1_2\},\{3_1,3_3\},\{3_1,2_4\},\{1_2,3_3\},\{1_2,2_4\},\{3_3,2_4\}$
$\{3_1,2_2,1_3,3_4\}$	$\{3_1,2_2\},\{3_1,1_3\},\{3_1,3_4\},\{2_2,1_3\},\{2_2,3_4\},\{1_3,3_4\}$
$\{3_1,3_2,2_3,1_4\}$	$\{3_1,3_2\},\{3_1,2_3\},\{3_1,1_4\},\{3_2,2_3\},\{3_2,1_4\},\{2_3,1_4\}$

6.4.3 全覆盖测试案例

遍历测试的逻辑操作非常简单, 目前只能通过增加并行计算的能力来提高方法的效率. 而 T-wise 的困难之处在于 T 的取值难以确定, 这是由自动驾驶汽车领域测试数据和经验不足导致的, 因此也无法一蹴而就. 因此, 在本节中, 尽管我们并没能对遍历测试和 T-wise 测试方法提出创新, 但通过案例比较, 可以验证两个方法在采样策略和采样分布上的不同, 通过可视化的参数空间给读者直观感受.

跟驰行为的三个关键参数为前车速度 v_l、本车速度 v_s 和前后车距离差 dis_x. 前车保持匀速行驶, 后车 (自动驾驶汽车) 的运动由智能驾驶员模型控制, 并设定最大减速度限制车辆的极限状态. 为了突出比较两个方法在场景覆盖率上的差别,

我们调整了跟驰场景参数的取值范围, 使得碰撞场景出现的比例更高. 跟驰场景的逻辑场景库中的参数取值及具象场景数量如表 6.8 所示.

表 6.8 跟驰场景关键参数取值组合及具象场景数量 (I)

场景参数	单位	最小值	最大值	取值间隔	参数取值数量
v_l	m/s	0	27	1	28
v_s-v_l	m/s	−17	13	1	31
dis_x	m	3	49	1	47
		合计			40796

对于面向覆盖率的测试场景优化, 需要在测试过程中捕获所有类型的场景, 并使用尽可能少的样本来扩展测试场景的覆盖范围. 首先, 使用遍历测试, 我们在跟驰场景的场景库中找到了 34860 个非碰撞场景和 5936 个碰撞场景 (表 6.9). 跟驰场景可以在三维空间中可视化, 图 6.15 中展示了跟驰场景库中非碰撞场景和碰撞场景的分布.

表 6.9 跟驰场景关键参数取值组合及具象场景数量 (II)

	遍历测试	T-wise 测试
100% 覆盖率所需测试场景数	40796	—
100% T-wise 覆盖率所需测试场景数	—	1459
非碰撞场景数	34860	1241
碰撞场景数	5936	218

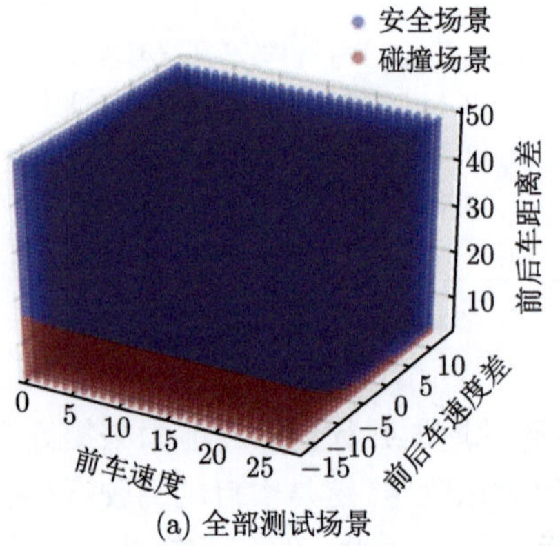

(a) 全部测试场景

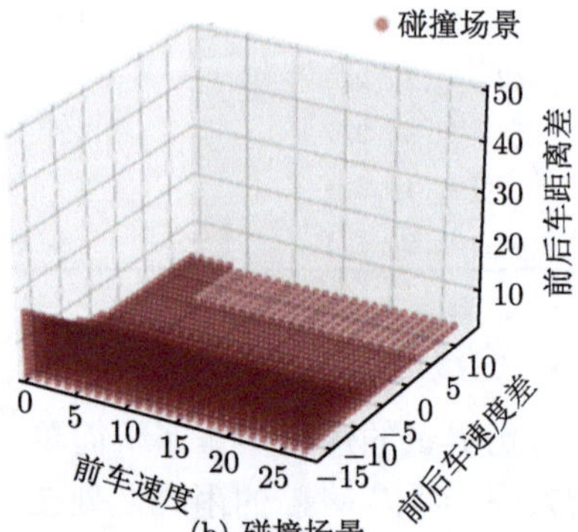

(b) 碰撞场景

图 6.15 跟驰场景库 100% 覆盖测试结果

接下来, 我们考虑 T-wise 覆盖率. 我们使用 AllPairs 实现 T-wise 测试, AllPairs 是用 Python 编写的开源测试工具, 由 MetaCommunications Engineering 开发和维护. 该算法首先会在场景空间中随机采样, 之后每次采样前会进行判断, 仅当候选样本中的二参数组合都未包含在先前的采样中时, 才可以选择它.

举例来说, 在本节构建的跟驰场景参数空间中, 若 AllPairs 采集第一个样本是 $\{0,-17,3\}$, 那 $\{0,-17,4\}$ 就不会再被采样, 因为 $\{0,-17\}$ 二参数组合已经被测试过了. 采样过程诸如此类.

因为跟驰场景由三个关键参数组成, 所以我们使用了成对测试 ($T=2$). 实验证明, 仅需要采样 1459 次, 就可以在跟驰场景中实现 100% T-wise 覆盖率 (图 6.16), 相当于遍历测试采样数目的 3.6%. 但是, T-wise 测试仅找到 1241 个非碰撞场景和 218 个碰撞场景 (表 6.9).

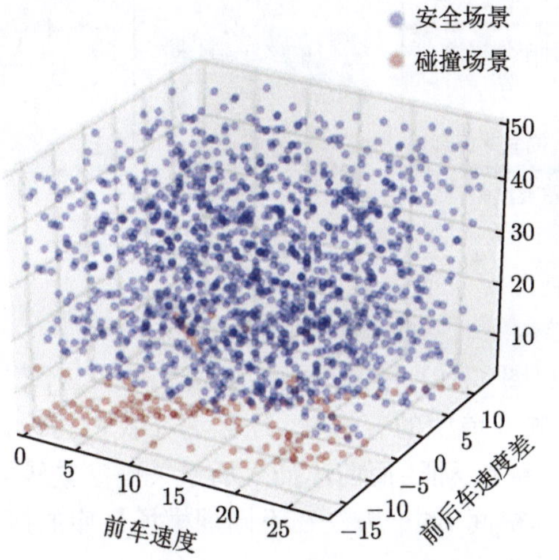

图 6.16 跟驰场景库 100% T-wise 覆盖测试结果

通过上述方法比较可以看出, 尽管遍历测试可以获得最全面、最令人信服的测试结果, 但是测试成本过大. 当场景复杂性增加、场景数量呈指数性增长时, 遍历测试将变得不再可行. 另一方面, T-wise 测试可以通过最少的采样获得 100% 的 T-wise 覆盖率. 与枚举方法相比, 测试时间大大减少, 还可以粗略获得场景库中各种类型场景比例. 此外, 成对方法在我们的实验中似乎是很容易处理的, 但当 T 的取值增加时, 算法的复杂度也将上升, 测试运行时间将依然不可小觑.

6.5 场景测试体系构建

6.2 节至 6.4 节中介绍了三类基于不同目的虚拟测试场景生成优化方法. 区分这三类方法不仅是要梳理清楚场景优化生成方法的内涵和逻辑, 还是为了给测试者提供更清晰的测试视野、更条理的测试路线和更可靠的测试策略. 以往的研究多针对某一种测试场景优化方法进行研究, 对于某一类型的方法总结不足, 更缺少对不同类型的方法的辨析和比较. 因此在本节中, 我们将构建两个测试逻辑场

景 (跟驰场景、前车插入场景), 分别交代不同类型方法测试的输入、输出以及同类型方法在测试不同类型场景时的效果差异. 方法比较操作流程如图 6.17 所示.

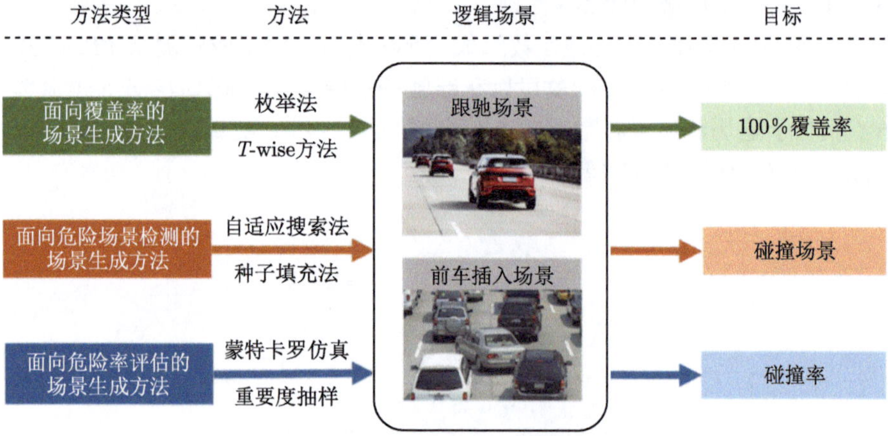

图 6.17 方法比较操作流程

6.5.1 逻辑场景

我们选择跟驰场景 (图 6.18) 和前车插入场景 (图 6.19) 作为测试逻辑场景. 不仅由于它们在自然驾驶环境中的普遍性, 还因为在我们的设计下, 跟驰场景可以通过较少关键参数 (三维) 表征, 而前车插入场景关键参数较多 (六维). 因此可以提供两个规模的场景库空间, 同一方法在不同规模场景库的搜索性能得以揭示.

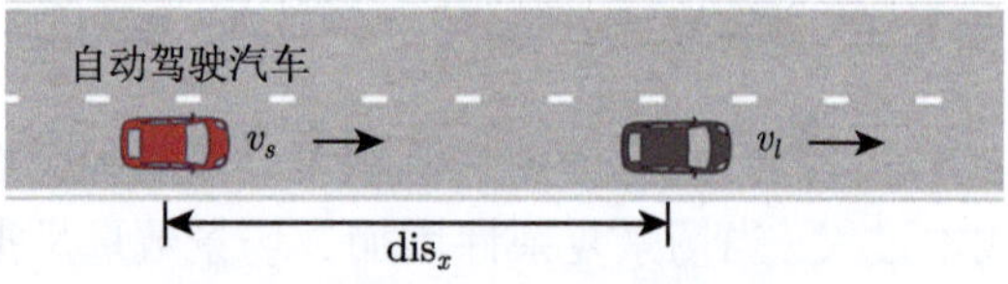

图 6.18 跟驰场景关键参数示意图

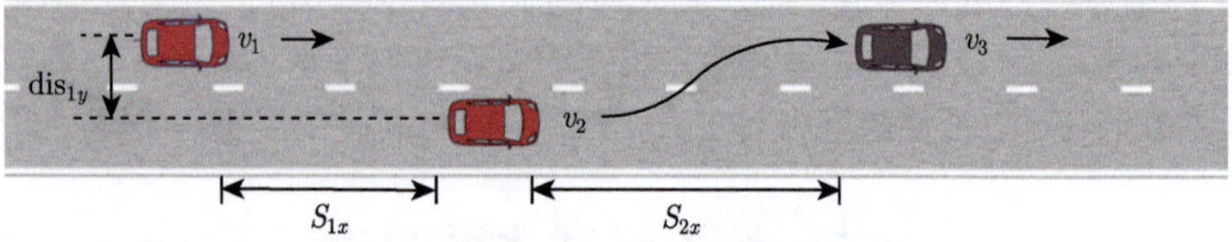

图 6.19 前车插入场景关键参数示意图

6.5.1.1 跟驰逻辑场景

1) 场景示意图

2) 车辆运动控制

自动驾驶汽车: IDM;

背景车: 根据初始输入匀速运行.

6.5.1.2　前车插入逻辑场景

1) 场景示意图

2) 车辆运动控制

自动驾驶汽车 V_1: IDM;

自动驾驶汽车 V_2: 跟驰方向, IDM; 换道方向, 贝塞尔曲线;

背景车 V_3: 根据初始输入匀速运行.

6.5.2　优化方法选择

在本节中, 我们并不想让读者花太多时间理解更多新的方法, 所以将主要基于本章已经详细介绍过的方法进行测试比较. 其中, 对于面向危险场景检测的测试场景优化方法, 我们用种子填充法替换粒子群算法进行碰撞场景的搜索. 原因是粒子群算法更适用于对场景空间中的极值进行快速捕捉, 而种子填充法更有利于对空间中的特殊区域 (碰撞场景在参数空间中的区域) 进行探测.

6.5.2.1　面向危险场景检测的测试场景优化方法

(1) 自适应搜索方法, 见 6.2.2 节.

(2) 种子填充法.

种子填充法是计算机图形学中的一种方法, 它的关键思想是穷举探索已知空间的相邻点. 种子填充可以通过较少的测试来区分安全场景区域和碰撞场景区域, 尤其是在输入参数对测试结果具有单调影响时 (例如, 后排车速度越快, 与前排车相撞的可能性越大). 具体描述种子填充法步骤如图 6.20 所示.

6.5.2.2　面向危险率评估的测试场景优化方法

(1) 蒙特卡罗方法, 见 6.3.3 节;

(2) 重要度抽样方法, 见 6.3.3 节.

6.5.2.3　面向覆盖率的测试场景优化方法

(1) 遍历测试, 见 6.4.2 节;

(2) T-wise 法, 见 6.4.2 节.

6.5.3　测试输入

总的来说, 在我们构建的测试流程中, 测试输入既包括一些设定的场景参数, 比如 IDM 的标定参数、最大减速度、车辆的尺寸等, 也包括一些变化的场景参数, 比如背景车的初速度、前后车的距离差等. 在这里我们对于需要设定的场景参数统一赋值, 而变化的场景参数动态输入, 因此后者才是我们考虑的测试输入. 每一个测试场景, 我们的动态输入仅对初始状态的时间截面, 进行之后的运动由车辆的运动控制模型接管.

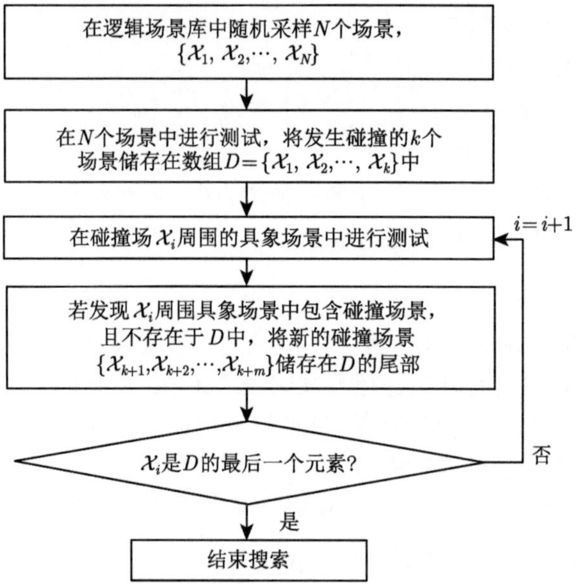

图 6.20　种子填充法算法步骤

不同类型的方法需要的输入不同. 简言之, 面向危险场景检测和面向覆盖率的测试需要提前构建场景参数离散的场景库, 具体形式见表 6.10 和表 6.11; 而面向危险率评估的测试输入需要原始自然驾驶数据和场景参数的分布, 以跟驰场景为例, 展示在表 6.12 和图 6.21 中.

表 6.10　跟驰场景关键参数取值组合及具象场景数量

参数	单位	阈值	取值间隔	取值数量
v_l	m/s	[0, 27]	1	28
$v_s - v_l$	m/s	[−17, 13]	1	31
S	m	[3, 49]	1	47
合计				40796

表 6.11　前车插入场景关键参数取值组合及具象场景数量

参数	单位	阈值	取值间隔	取值数量
$v_2 - v_1$	m/s	[−5,5)	1	10
$v_3 - v_2$	m/s	[−5,5)	1	10
v_3	m/s	[0,20)	2	10
S_{1x}	m	[3,30)	2	14
dis_{1y}	m	[−5,5)	1	10
S_{2x}	m	[3,30)	2	14
合计				1960000

表 6.12 跟驰场景自然驾驶数据提取

v_l	$v_s - v_l$	S
10.00299	−2.00767	13.89871
6.3563	1.77714	10.69727
7.56755	−1.59015	20.05455
4.31728	−0.51144	9.8249
8.22388	1.02741	15.41372
···	···	···

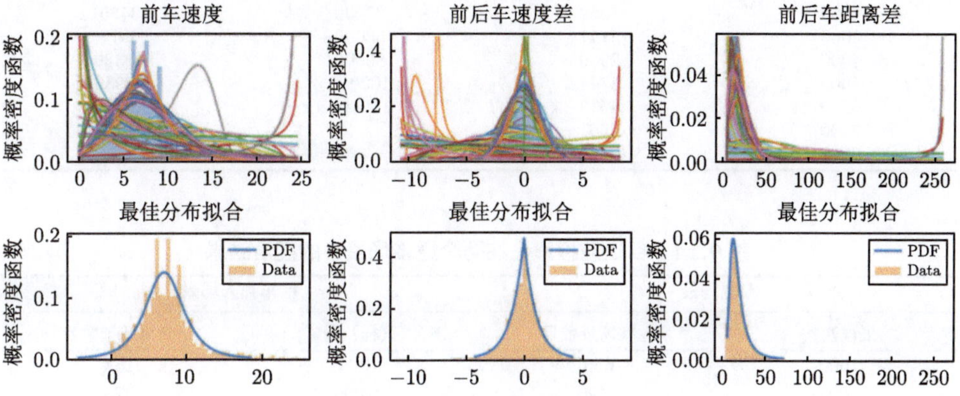

图 6.21 跟驰场景关键参数分布拟合

6.5.4 测试输出及效果差异

我们将分别介绍每一类方法的输出以及同类方法在不同场景库中的效果差异, 之后通过三类方法的输出的异同之处总结我们为什么要从测试目标入手选择最适宜的测试方法.

6.5.4.1 面向危险场景检测的测试场景优化方法

以危险场景检测为导向, 我们比较两类方法能否在尽可能少的搜索次数中准确地找到尽可能多的碰撞场景. 表 6.13 和表 6.14 分别展示了种子填充法和自适应搜索方法在两个逻辑场景中的搜索结果. 在跟驰场景中, 种子填充法仅需要 7700 次采样, 就可以捕捉到 5000 余个碰撞场景, 平均 1.31 次采样就可以找到一个碰撞场景. 但是在插车场景中, 种子填充法的搜索效果显著下降, 算法过早收敛导致仅找到 12939 个碰撞场景. 而自适应搜索方法在两类场景中的搜索效果都较为优越, 特别是在前车插入场景中, 自适应搜索算法在 50 万次采样后, 捕捉到 23 万余个碰撞场景.

高维庞大的参数空间给优化方法带来了极大的挑战, 甚至会导致某些方法失效. 图 6.22 直观展示了两类方法在跟驰场景和前车插入场景中的测试效果. 之所以出现这样的差异, 根本原因是种子填充法采样趋向于聚集而自适应搜索采样极尽分散. 因此当场景参数是对测试结果具有单调性影响、搜索目标场景在场景空间中为连续区域时, 种子填充法能够有效节约测试资源. 而在复杂的、危险场景分布无规律的场景库中, 自适应搜索的适应性更强.

表 6.13　种子填充法在两个逻辑场景中的搜索结果

跟驰场景		前车插入场景	
采样次数	碰撞场景数目	采样次数	碰撞场景数目
1000	517	1000	128
2000	1359	27000	3485
3000	2141	53000	6918
4000	2950	80000	10326
5000	3744	100000	12939
6000	4513	150000	12939
7000	5361		
7700	5877		

表 6.14　自适应搜索法在两个逻辑场景中的搜索结果

跟驰场景		前车插入场景	
采样次数	碰撞场景数目	采样次数	碰撞场景数目
1000	665	1000	154
2000	1499	27000	14759
3000	2380	53000	36384
4000	3249	80000	58343
5000	4096	100000	79968
6000	4952	150000	117788
7000	5630	200000	149637
7700	5825	300000	193887
7900	5878	400000	219535
		500000	231475

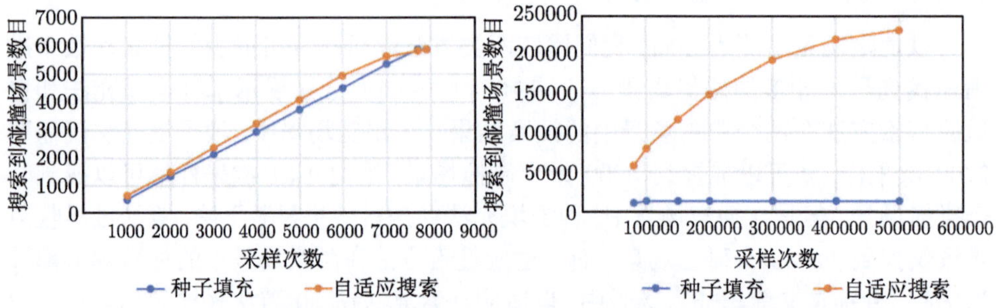

(a) 跟驰场景　　(b) 前车插入场景

图 6.22　两类方法在跟驰、前车插入场景中测试效果比较

对比两者来看, 若能证明待测的场景空间中危险场景为连续区域, 种子填充法能够发挥其高效、准确的性能, 但如果场景空间参数繁多复杂且不可预知危险

场景是否连续分布，自适应搜索方法则能够发挥其普适性强的优势，在整个参数空间中尽可能多地搜索目标场景.

6.5.4.2 面向危险率评估的测试场景优化方法

以评估自动驾驶车辆的危险率为导向时，我们希望比较两类方法能否在较少的采样中准确评估碰撞率. 蒙特卡罗和重要度抽样在两个逻辑场景中的估计碰撞率和相对半宽度收敛过程如图 6.23 和图 6.24 所示. 需要注意，尽管我们拥有可靠的自然驾驶数据，但由于场景中车辆的运动逻辑过于简单，因此估计的碰撞率相对人类驾驶员较高. 很明显，重要度抽样需要的采样次数比蒙特卡罗少得多，两种

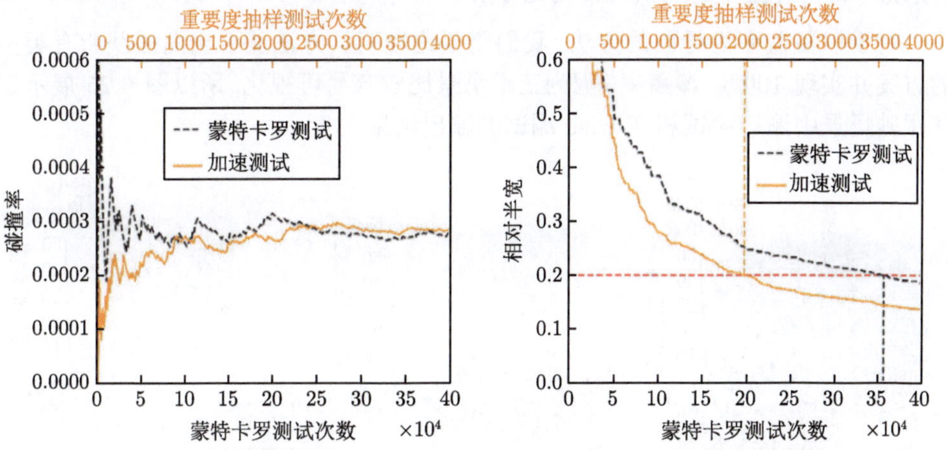

(a) 碰撞率对比　(b) 相对半宽对比

图 6.23 蒙特卡罗仿真和重要度抽样方法在跟驰场景中的测试效率对比

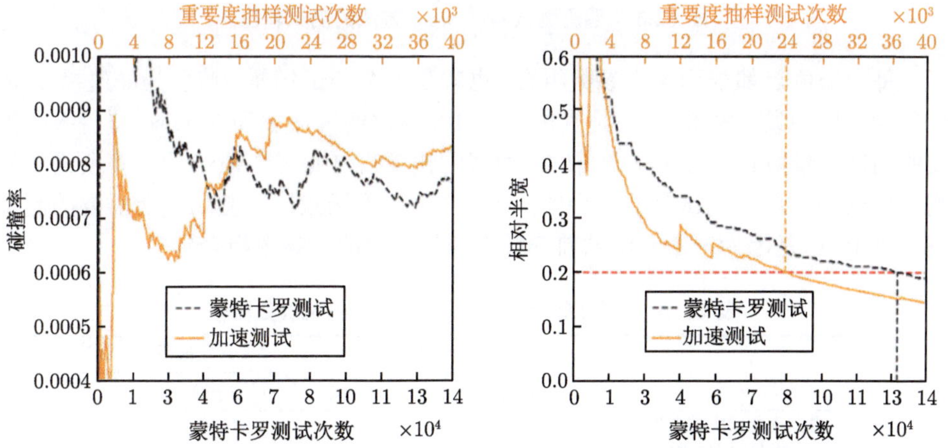

(a) 碰撞率对比　(b) 相对半宽对比

图 6.24 蒙特卡罗仿真和重要度抽样方法在前车插入场景中的测试效率对比

方法的收敛趋势是一致的, 估算的车辆碰撞率几乎相同. 这不仅证明了 IS 的效率, 还验证了其准确性. 与蒙特卡罗相比, 重要度抽样分别仅需要 0.5% 和 18% 的测试次数, 就可以在跟驰场景和前车插入场景中估算自动驾驶汽车的事故率.

通过测试结果我们可以看出, 重要度抽样能够显著加速评估稀有事件的概率, 事件的概率越低, 加速效果越显著. 非常适合当碰撞率很低或测试资源受限时使用. 但是对于高维场景空间, 特别是需要拟合参数的联合分布时, 很难求解重要性采样密度函数, 而且方法的稳定性也不如蒙特卡罗. 因此, 在基础测试阶段 (碰撞率较高) 或测试资源充足时使用蒙特卡罗是更好的选择.

6.5.4.3 面向覆盖率的测试场景优化方法

对于以覆盖率为导向的方法, 我们需要比较两类方法能否全面捕获所有类型的方案并实现 100% 覆盖率. 因为三维场景比较容易可视化, 所以图 6.25 展示了在跟驰场景中遍历测试和 T-wise 测试的输出结果.

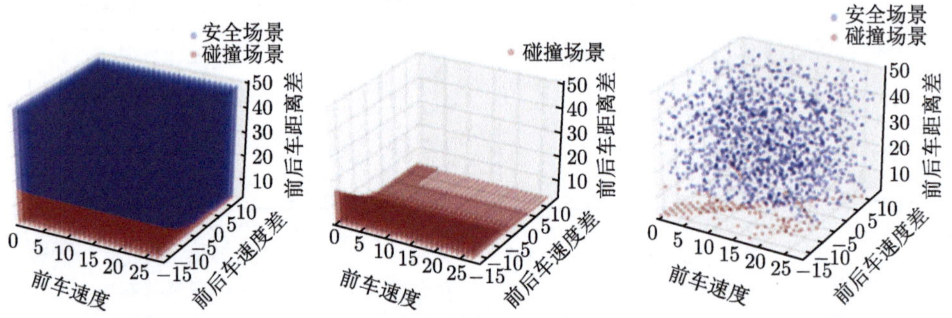

(a) 所有场景　(b) 碰撞场景　(c) T-wise测试场景

图 6.25　遍历测试和 T-wise 方法的测试输出

每一个色点都表示一个参数组合, 也就是一个测试场景: 蓝色为非碰撞场景, 红色为碰撞场景. 表 6.15 中是具体实现 100%比例覆盖率和 T-wise 覆盖率所需要的测试场景数目. 在这里 T 取 2. 可以看出实现 100%T-wise 覆盖率所需要的测试场景相比遍历测试是非常少的, 而且前车插入场景比跟驰场景所需要的测试场景更少, 这是因为一个六维的前车插入场景包含的二参数组合更多.

表 6.15　遍历测试和 T-wise 方法的测试次数比较

	跟驰场景		前车插入场景	
	遍历测试	2-wise	遍历测试	2-wise
100% 覆盖率测试所需次数	40796	—	1960000	—
100%T-wise 覆盖率所需测试次数	—	1459	—	216
非碰撞场景数量	34860	1241	1703773	193
碰撞场景数量	5936	218	256227	23

对比两者来看, 遍历测试能够进行最全面的测试, 能找到安全或者危险的全部场景. 但是过于耗时, 所以当场景库规模很小时可以考虑使用. 而 T-wise 测试就极大程度节约了测试资源, 由于现阶段 T 的取值缺少实证, 所以这个方法目前可以用于快速估计场景库中安全/危险场景的比例, 在更精密的测试开始快速预判自动驾驶汽车在某个场景库中的表现, 进而调整场景库的设计等.

介绍完同类型方法在测试不同类型场景时的效果差异之后, 三类方法的输入输出已经很明晰了. 其中, 选择输出为碰撞场景或者碰撞率的优化方法时可能会引起疑惑: 如果我们已经搜索到场景库中碰撞场景, 碰撞率不是顺理成章可以获得的吗? 其实不然. 首先当目标为搜索碰撞场景时, 场景库的参数阈值不必与真实场景数据保持一致, 可以来自 "专家经验法" 或者积累的测试经验, 也不必考虑不同参数的分布. 因此, 碰撞场景出现的概率并不与真实情况一致. 但是为了获得碰撞率时, 我们希望这个结果是能够代表自动驾驶汽车在真实交通环境中的安全性能的, 因此场景参数的阈值和分布必须来自自然驾驶数据, 而且各场景参数不必离散, 仍然保持真实交通场景中 "连续、无限" 的特征. 同时, 读者可能也注意到具有不同目的的虚拟测试场景优化方法也能获得相同类型的输出, 比如通过面向覆盖率的测试场景优化方法可以找到场景库中所有的危险场景和非危险场景, 似乎与面向危险场景检测的方法异曲同工. 但是这与直接面向危险场景检测的测试场景优化方法在测试成本上是相差甚远的.

6.5.5 场景测试体系构建

我们的最终目的不仅是为了定量比较方法的优劣, 每个方法都有优缺点, 我们希望指出这些方法的适用性, 在什么条件下使用这些方法可以最大化发挥他们的长处. 同时, 我们也认为按照不同的测试目的、阶段、资源, 选择最佳的测试自动化方法或者方法组合是非常有必要的. 因此, 总结上述测试比较的过程, 从实践应用的角度出发, 我们尝试建立了新的测试框架 (图 6.26). 这类似于一个地图, 测试者可以按照自己的测试目的 "按图索骥", 找到适配的虚拟测试场景优化方法.

举例来说, 如果测试者需要在某个场景空间中进行全覆盖测试, 那么他可以在权衡测试资源与场景空间规模之后考虑使用遍历测试或者 T-wise 测试方法. 如果测试者的需求是评估自动驾驶汽车在真实交通环境中的危险率, 那么他可以考虑选择蒙特卡罗仿真或者重要度抽样. 若当前的测试资源充足, 或者预判此时自动驾驶汽车的危险率较高, 可以考虑选择蒙特卡罗仿真; 如果当前的测试资源有限或者预判此时自动驾驶汽车的危险率很低, 就应该考虑使用重要度抽样方法进行虚拟测试的加速. 如果测试者想要搜索自动驾驶汽车安全性失效的危险场景, 就应该选择一些优化算法, 而不是考虑全覆盖测试或者随机测试. 结合各类方法特点和我们的测试对比, 框架图中也展示了不同的方法可以适用于搜索不同的场景. 我们通过发掘危险场景去检查智能汽车的功能缺陷, 然后进行修复和优化, 通过评估智能汽车在现实交通场景中的危险率进行安全性能的验证, 周而复始, 实现完整的 "测试—诊断—优化—再测试" 的过程.

基于虚拟测试场景优化的测试框架试图阐明许多自动驾驶汽车测试人员面临的方法选择问题, 定制化的测试路线是未来虚拟场景测试的必然趋势. 目前图 6.26 只是一个基于本章内容的测试框架雏形, 未来通过工业界和学界更深入广泛的研究, 测试框架的可行性和有效性需要被进一步验证, 其内容也需要进一步完善和调整. 最终, 这将形成一个全面而通用的测试流程, 以准确、快速地为测试人员提供测试方法选择建议.

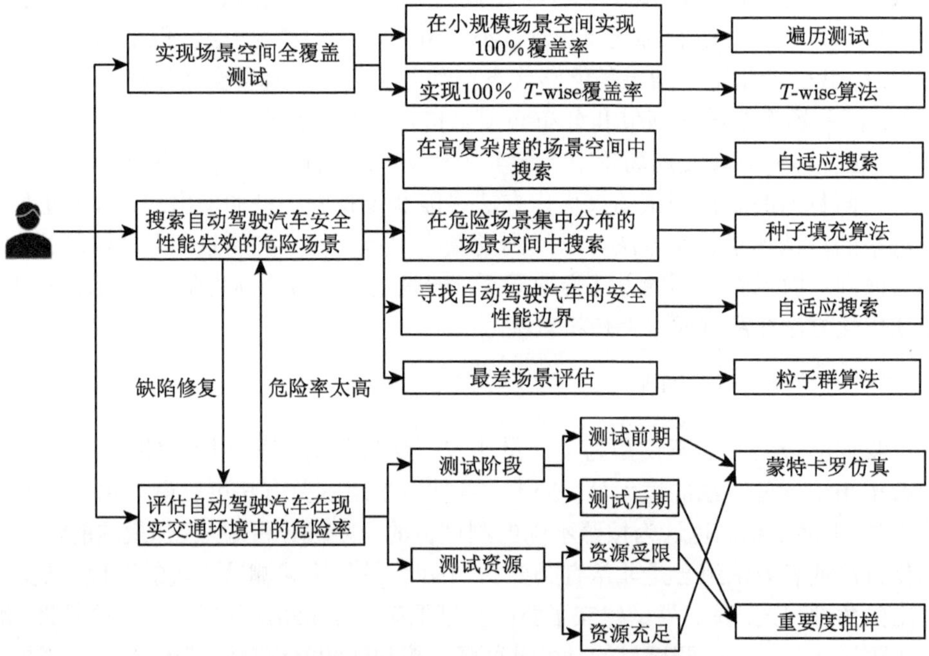

图 6.26 基于虚拟测试场景优化的测试框架

6.6 基于故障注入的自动驾驶容错能力测试

如前节所述, 基于场景的测试可以满足不同优化目标的需求, 例如最大化场景覆盖率、评估碰撞率和检测关键场景. 然而, 这些测试方法通常假设参与者的状态是完全确定的, 这忽略了现实世界中可能发生的潜在错误或故障, 换言之, 现有的基于场景的方法无法模拟故障, 包括输入故障以及参数故障.

为了避免故障导致驾驶风险增大, 需要通过搜索并排除潜在的关键故障来提高 HAV 的容错能力. 本节介绍了一种基于故障注入的自动驾驶测试方法, 旨在通过快速预测关键故障发现规控器的弱点, 以此来增强系统的容错性. 该方法首先向安全边界场景中注入故障, 其中会导致场景发生碰撞的故障被定义为关键故障, 然后通过基于代理模型的自适应实验设计方法 (Adaptive Design of Experiment, ADOE) 来快速找到关键故障, 并训练神经网络来快速预测新场景的关键故障, 最后, 利用比例积分微分 (Proportional Integral Differential, PID) 控制算法增强系统的容错性. 该方法通过一种自适应搜索关键故障的方法来加速自动驾驶测试效率, 避免运算爆炸, 实现快速预测关键故障并增强系统容错性. 综上, 如图 6.27 所示, 自动驾驶技术容错能力测试主要分为三个部分：基于 ADOE 的故障注入、基于 ANN 的分类器和 PID 控制.

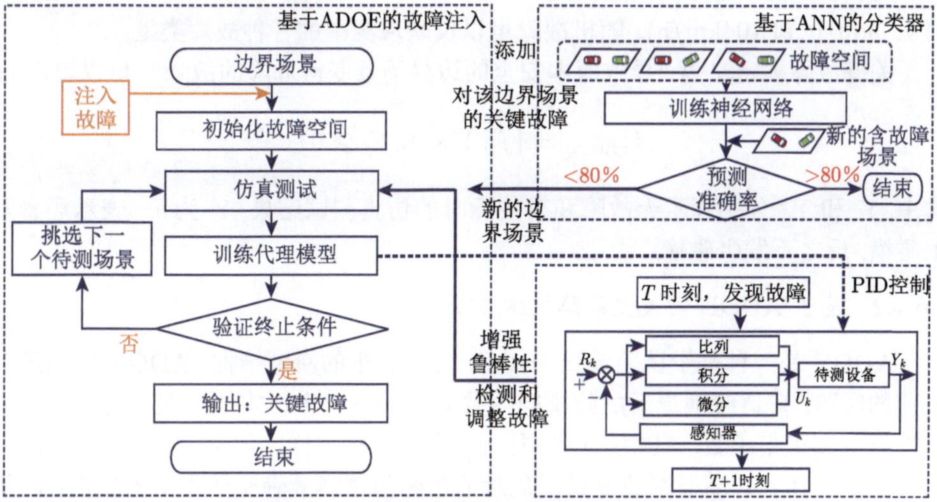

图 6.27 自动驾驶容错性测试技术路线

6.6.1 基于故障注入的关键故障搜索

目前基于场景的测试已成为自动驾驶测试的主流方法. 我们将提供一种基于故障注入的测试方法, 可以通过场景测试为自动驾驶汽车提供增强容错性的方法.

首先基于自适应试验设计的思想, 通过自适应选择更具有待测价值的场景来加速关键故障的搜索过程. 针对故障的高维性问题, 采用代理模型 (Surrogate Model, SM) 替代仿真工具, 提供测试结果的估计值, 指导下一个场景的选择.

6.6.1.1 定义故障空间和关键故障

首先定义包含故障的场景参数, 进一步可以给出包含故障的场景的一般表达形式, 这是搜索关键故障的基础. 包含故障的场景的描述参数包括如下：

(1) 描述场景的参数;

(2) 注入故障的类型;

(3) 故障注入的时间和故障值.

对于故障类型, 根据现有研究, 对于故障的取值, 将可能出现的情况分为三类, 分别是消失型故障、固定型故障和随机型故障.

消失型故障：所选变量被设置为零或空值. 消失的故障可以反映数据包丢失等情况.

固定型故障：选择的变量被设置为与其变量类型相对应的固定值 (例如, 领先车辆的速度被设置为最大或最小支持值). 通过注入固定故障, 验证了最大容错能力.

随机型故障：选择的变量被随机修改为限制范围内的值 (例如, 车辆的速度范围从 0km/h 到 104km/h). 随机故障可以反映现实中的各种故障类型.

关键故障被定义为“导致原本安全的边界场景变得危险的故障”. 可以表示为

$$F_{\text{critical}} = \{f : Y < 0, Y_f \geqslant 0\}$$

式中, Y 和 Y_f 分别表示无故障和有故障时的仿真测试结果, Y 为正, 表示场景发生碰撞, 反之不发生碰撞.

6.6.1.2 基于 ADOE 的关键故障搜索方法

ADOE 是一种基于试验设计 (DOE) 传统思想的新型结构. ADOE 根据所有先前的经验, 自适应地更新故障空间内要测试的下一个样本. 在搜索前需要定义代理模型和采集函数. 其中代理模型用于预测未标记样本的测试结果, 采集函数用于解决选择具有高概率使场景变危险的故障与探索故障空间之间的权衡. 具体的搜索步骤为：

(1) 初始化.

由于没有关于边界场景的关键故障的先验信息, 因此, 需要为给定的安全边界场景生成随机的故障以建立初始集. 初始化需要确定两个内容, 即初始故障的数量和用于生成这些故障的方法. 初始故障的数量需根据经验选择, 考虑到 ADOE 可以逐渐探索故障空间, 因此, 少量的初始数据便足以生成可靠的初始结果. 对于后一个部分, 可以使用随机抽样等方法.

(2) 调整代理模型的超参数.

因为代理模型针对不同问题的最优超参数是不同的, 而超参数对最终预测的准确性至关重要. 在初始化或添加新的已测故障后, 利用网格搜索和 K 折交叉验证根据所有先验信息为代理模型选择最佳超参数组合.

在初始化或添加新的已测故障后, 整个故障空间分为两组：一组由已测试的故障组成, 另一组由未测试的故障组成. 在超参数值的可能组合中, 网格搜索和

K 折交叉验证用于根据所有先验信息为代理模型选择最佳超参数组合, 本实例中 K 取 10. 考虑到 $F1$-score 可以兼顾准确率和召回率, 因此, 这里被用作性能评估指标.

首先, 定义超参数的候选值. 然后, 使用交叉验证计算每个超参数组合的 $F1$-score, 这里交叉验证包括两个步骤: 第一, 所有测试的包含故障的场景都被分成 10 份; 第二, 使用其中一份作为测试集, 所有其他份作为训练集. 训练代理模型并记录 $F1$-score. 这个过程重复 10 次, 平均 $F1$-score 用作组合的最终分数, 使用最终得分最高的组合.

(3) 训练代理模型.

得到了新的更优的超参数后, 采用所有获得的先验信息重新训练代理模型. 基于重新训练的代理模型和已测试的注入故障的场景, 可以预测注入故障后场景的测试结果.

(4) 设置终止条件.

模拟测试耗时且测试资源有限, 当测试注入故障的场景数量达到 N_{limit} 时, 迭代过程终止. N_{limit} 根据测试资源确定.

(5) 挑选下一个待注入故障.

采用获取函数从候选集中选择下一个故障. 采集函数用于权衡注入故障后发生碰撞的可能性高和探索故障空间. 在选择并测试新的故障后, 返回到步骤 (2) 并重复此过程, 直到满足终止标准.

采集函数是基于经过训练的代理模型计算的, 采集函数如下

$$F_{\text{acq}}^i = (Y_{\text{pre}}^i - Y_{\text{pre}}^{\min})^a \times \text{Dis}_{\min}^i$$

式中, F_{acq}^i 是第 i 个场景的采集函数; Y_{pre}^i 是第 i 个场景的测试结果的估计值; $Y_{\text{pre}}^{\min}$ 是场景测试结果的最小估计值; $\text{Dis}_{\min}^i$ 是第 i 个场景和所有测试场景的最小欧氏距离.

6.6.2 关键故障的快速预测方法

虽然我们已经采用了 ADOE 来提升故障的搜索效率, 但是由于现实中场景空间巨大, 若对每个场景进行关键故障搜索, 仍需耗费大量的资源. 因此, 我们拟提出一个快速预测的方法, 该方法可以预测任意新场景中的任意故障是否为关键故障. 基于已搜索到的不同具象场景的关键故障, 训练快速分类器, 以快速指示其他未探索的具象场景的关键故障. 该分类器的输入为场景参数和故障信息, 输出为该场景下自动驾驶仿真测试的结果, 即包含故障的场景的安全度, 进一步反映该故障是否为关键故障, 由此可以预测向任何安全边界场景注入某一故障后场景的安全性.

关键故障的快速分类器是一个人工神经网络 (Artificial Neural Network, ANN). 该分类器采用反向传播算法, 使用误差反向传播算法训练多层前馈神经网络. ANN 的优点有: ①使用 BP 神经网络可以拟合封闭区间上的任何连续函数到任何期望的精度; ②对于解决分类问题, BP 神经网络不要求变量相互独立, 它可以处理变量之间的相关性.

快速分类器的输入输出与代理模型类似, 均以场景参数和故障参数作为输入, 测试结果的估测值作为输出. 但是, 代理模型用于预测给定安全边界场景下注入故障后的安全性, 而基于该分类器是一种更通用的分类器, 可以用于预测任何安全边界场景下注入故障后的安全性. 图 6.28 为代理模型和快速分类器的差别.

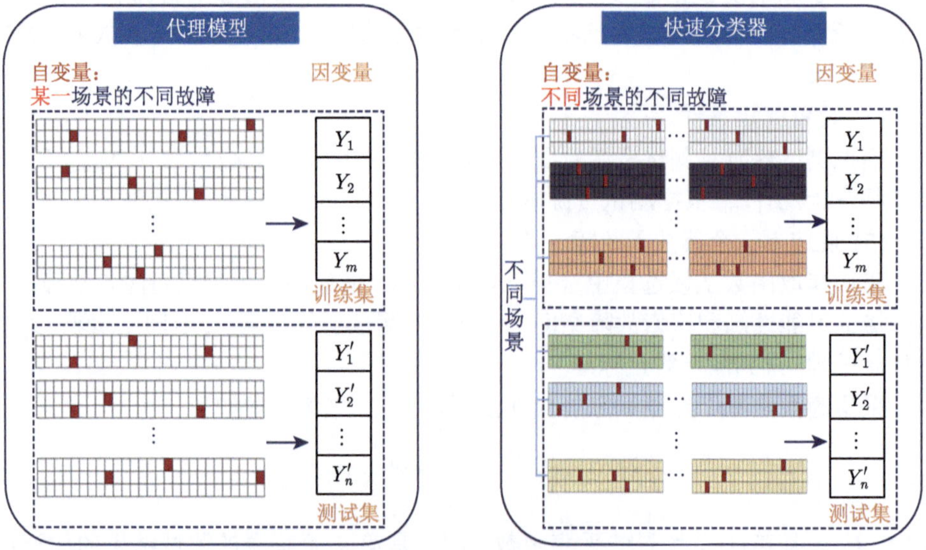

图 6.28 代理模型与快速分类器对比

首先, 要对神经网络结构进行搭建. 总共配置了 1 个输入层 (Input)、1 个输出层 (Output) 和 4 个隐藏层 (Hidden), 采用了 ReLU 激活函数: $f(x) = \max(x, 0)$, 每层之间的 Dropout 取值为 0, 5. 其结构如图 6.29 所示.

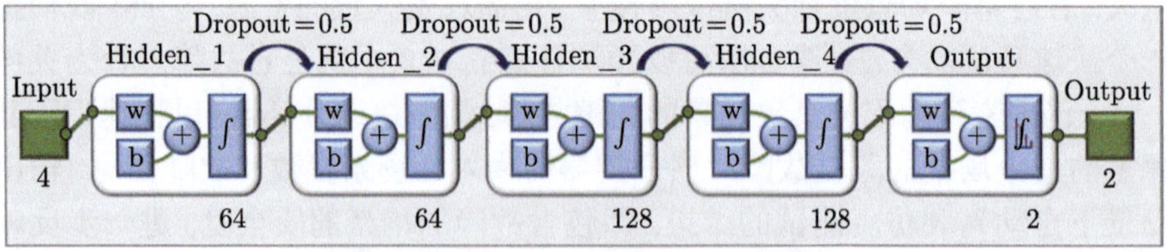

图 6.29 快速分类器的神经网络结构

搭建神经网络框架后, 可基于已有信息对分类器进行训练. 由于训练分类器的时间成本高于搜索关键故障的时间成本, 使用逐步方法来构建训练集. 首先选择一些安全边界场景和它们的关键故障, 然后训练基于 ANN 的分类器. 逐步添加更多安全边界场景和它们的关键故障, 并重复训练, 直到 $F1$-score 达到 90% 以上.

6.6.3 自动驾驶规控器容错性提升

在上一部分中, 对如何快速发现规控器的关键故障进行了介绍. 自动驾驶故障注入测试的最终目的是增强自动驾驶规控器的容错性, 发生故障时系统及时反应, 对故障进行修正, 以减轻或避免故障带来的后果. 通过采用 PID 控制算法, 可以对故障产生的后果进行修正, 但是 PID 控制算法本身不具有发现故障的能力. 因此, 我们提出了一个包括故障检测功能的 PID 控制算法. 该算法主要分为两部分: 第一部分为故障检测, 通过历史信息预测下一时刻的信息, 若实际值与预测值偏差超过阈值, 则认为发生故障; 第二部分为 PID 控制部分, 对于检测到的关键故障, 通过不断地调整驱动信号来调整参数, 直至场景恢复为安全场景.

我们采用 PID 控制来增强自动驾驶的鲁棒性, 其中受控设备是 HAV 模拟测试. 由于模拟测试成本高昂, 使用代理模型作为 HAV 模拟测试的简单替代品. 控制变量 (即要获得的输出) 为故障注入瞬间无故障场景的代理模型预测结果, 其中受控变量是故障注入后预测结果, 预测结果随着情景的发展而变化. 驱动信号是比例、积分和微分项的线性组合. PID 控制器试图通过迭代调整输入来最小化系统误差. 我们建立的包含故障检测功能的 PID 控制器的工作流程如图 6.30 所示.

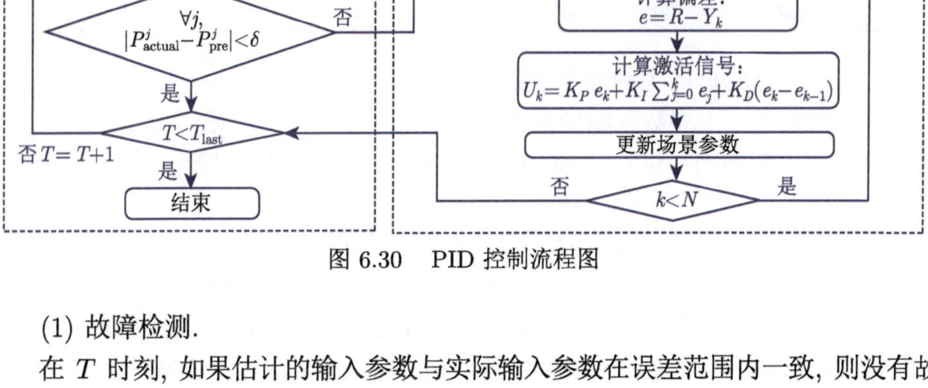

图 6.30 PID 控制流程图

(1) 故障检测.

在 T 时刻, 如果估计的输入参数与实际输入参数在误差范围内一致, 则没有故障被标记. 反之, 实际值不满足约束条件的参数被认为发生了故障. 如果发生故障, 则进入步骤 (2), 然后在下一时刻 $T+1$ 进行 HAV 模拟测试, 判断是否发生故障.

(2) 通过 PID 控制修改输入参数.

PID 控制器能够通过不断调整驱动信号 U_k 来修改失败的输入参数, 然后调整参数, 直到达到迭代次数. 该过程如下等式所示

$$U_k = K_P e_k + K_I \sum_{j=0}^{k} e_j + K_D(e_k - e_{k-1})$$

$$P_{\text{actual}}^{F'} = P_{\text{actual}}^{F} + U_k$$

式中, K_P 是比例增益, K_I 是积分增益, K_D 是微分增益, k 是迭代次数, e_k 是系统误差, 表示 R 和 U_k 之间的差异, P_{actual}^{F} 和 $P_{\text{actual}}^{F'}$ 是更新前后的参数.

(3) 使用修改后的参数进行 HAV 模拟测试.

一旦 PID 控制器终止, 就得到修改后的输入参数, 并将修正后的参数传送到 HAV 模拟测试.

6.6.4 自动驾驶容错性测试案例

为验证该方法在自动驾驶容错性测试方面的效果, 以三参数跟驰场景为例进行测试. 跟驰场景是一种最常见的功能场景, 在各级道路上均普遍存在. 在实际情况中, 故障可能是单个的也可能是多个的, 这里以注入三个故障来进行实例分析.

三参数的跟驰场景可以用本车速度 V_0、前车速度 V_f、相对位置 Dis. 对于故障类型, 可以将可能出现的情况分为三类：固定型故障、消失型故障、随机型故障. 不同故障类型下参数发生故障的取值如表 6.16 所示.

表 6.16 不同类型的故障取值

故障参数	$V_0/(\text{m/s})$	$V_f/(\text{m/s})$	Dis/m
参数的取值范围	0~30	0~30	5~50
固定型故障	0	30	50
消失型故障	0	0	0
随机型故障	0~30	0~30	5~50

(1) 基于 ADOE 的关键故障搜索.

我们设置一个三参数跟驰场景下的具象场景, 本车初始速度为 17m/s, 前车速度为 5m/s, 初始相对位置 20m. 在该具象场景的基础上, 对随机搜索和 4 个代理模型的搜索效果进行对比, 结果如表 6.17 所示.

对于消失型故障和固定型故障, XGB 搜索到的关键故障数量与 SVR 相当. 对于随机型故障, SVR 在搜索到的关键故障数量方面略逊于 XGB. 但是 XGB 由于需要进行超参数调整, 在任何故障类型下都耗时最久. 除此, 通过 1000 次自适应搜索, 我们最多可以找到：888 个消失型故障, 929 个固定型故障或 111 个随机

型故障. 而对于 1000 次随机搜索, 仅可以找到：456 个消失型故障, 660 个固定型故障或 57 个随机型故障. 综上, 使用代理模型的搜索效率高于随机搜索, 而代理模型中 SVR 的综合效果最好.

表 6.17 不同代理模型下的关键故障搜索效率对比

代理模型	消失型故障		固定型故障		随机型故障	
	搜索到的关键故障数量	耗时/s	搜索到的关键故障数量	耗时/s	搜索到的关键故障数量	耗时/s
K 近邻算法 (KNN)	787	**105.8**	812	**102.6**	**111**	143.69
极端梯度增强法 (XGB)	883	373.3	908	376.9	95	451.74
支持向量机 (SVR)	**888**	109.5	**929**	107.0	79	183.67
克里金法	609	190.2	761	163.6	79	232.76
随机搜索	456	114.8	660	109.2	57	**155.75**

(2) 快速分类器效率分析.

在上文已提到, 快速分类器的训练集采用逐步添加法. 不断地向训练集中添加新的场景, 直到对测试集的 $F1$-score 达到 90%. 初始训练集包括 10 个安全边界场景, 经过逐步添加后, 最终训练集包括 30 个场景. 表 6.18 为快速分类器的训练结果, 对于各类故障, 快速分类器的三个指标均达到了 80% 以上, 其中大部分在 90%以上.

表 6.18 快速分类器的训练效果

故障类型	消失型故障	固定型故障	随机型故障
召回率	0.8928	0.9122	0.8210
准确率	0.9842	0.9871	0.9999
$F1$-score	0.9363	0.9482	0.9017

(3) PID 控制算法效率分析.

我们采用一个边界场景和它的关键故障来验证 PID 控制算法的有效性. 该方法的优化结果如表 6.19 所示. 表的第 4, 5 列是一个典型案例, 它比较了有无 PID 控制的故障注入测试结果. 不同的故障类型对 PID 控制算法也有不同的影响. 我们使用 100 组故障来验证 PID 控制算法的平均性能. 引入 PID 控制后, 固定型故障的场景碰撞率下降了 5.21%, 消失型故障的场景碰撞率下降了 7.09%, 随机

表 6.19 PID 控制算法的效果

边界场景	故障类型	PID 参数 $[K_P, K_I, K_D]$	**典型案例:** 故障位置 [34, 57, 102]		**统计分析:** 100 组故障
			无 PID 控制测试结果	PID 控制后测试结果	平均下降率
V_0 : 17m/s	固定型故障	[0.8, 0.3, 0.1]	0.4379	0.4177	5.21%
V_f : 5m/s	消失型故障	[0.8, 0.3, 0.1]	0.4557	0.4232	7.09%
Dis : 20m	随机型故障	[0.8, 0.3, 0.1]	0.3989	0.3811	3.11%

型故障的场景碰撞率下降了 3.11%. 这表明 PID 控制算法能够提高规划控制模块的容错能力.

6.7 基于场景优化生成方法的软件/硬件在环测试实例

上述内容之中, 我们对三类场景优化方法进行了阐释以及比较, 在这一节之中, 我们将以一个跟驰逻辑场景为例来展示测试自动化方法是如何与软件/硬件在环测试相结合的. 本节实例基于 Virtual Test Drive (VTD) 仿真平台, 使用 Linux 操作环境. 为了便于读者理解, 本节按照由简至繁的顺序, 分为三部分进行叙述:

(1) VTD 仿真测试的基本步骤: 不使用测试自动化方法, 通过人工搭建场景的方式, 使用 VTD 内建规划控制模块, 实现最基本的测试流程.

(2) 基于 VTD 的软件在环测试: 在基本步骤的基础上, 添加测试自动化方法, 使用外部规划控制模块, 实现软件在环测试.

(3) 基于 VTD 的硬件在环测试: 在软件在环测试的基础上, 实现 VTD 与硬件设备的信息交换, 实现硬件在环测试的测试流程.

6.7.1 VTD 仿真测试的基本步骤

VTD 仿真测试的基本步骤如图 6.31 所示. 对于一个给定的逻辑场景, 首先, 我们需要根据测试需求人工选择具象场景. 具象场景选取完毕后, 通过 VTD 提供的两套工具 Road Designer(ROD) 以及 Scenario Editor, 我们便可以完成静态以及动态交通场景的搭建, 得到具象场景库. 具象场景库搭建完毕后, 仿真测试就可以运行起来了. 然而, 此时的测试过程是不会输出任何测试结果的, 为了得到测试结果, 我们需要使用 VTD 提供的 Runtime Data Bus(RDB) 模块, RDB 模块通过二进制的数据传输形式将测试过程中的实时数据输出出来. 在 RDB 配置完毕后, 我们便可以得到每次测试的测试结果, 并且据此选取新的具象场景了. 在此过

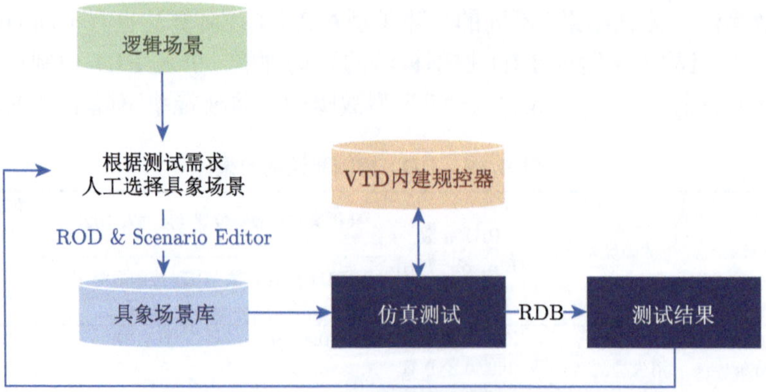

图 6.31 VTD 仿真测试的基本步骤

程中, 我们使用的是 VTD 内建的规划控制模块, 在后续章节中, 我们会对如何配置规划控制模块进行介绍. 下面, 本小节按照测试场景搭建, 基于 RDB 的数据通信模块配置、仿真测试运行的顺序进行详细介绍.

6.7.1.1 测试场景搭建

仿真测试场景由静态场景和动态场景构成. 静态场景主要指仿真路网、道路基础设施、标志标线等道路基本属性信息, 即场景五层模型中的前三层; 动态场景主要指路网中交通参与者的交通行为 (如换道、加减速、停车等). 测试场景的搭建按照先搭建静态场景, 后搭建动态场景的顺序进行.

首先, 我们需要搭建静态场景. 在 VTD 中, 静态场景依靠 ROD 进行搭建, 最终生成的静态场景文件为 .xodr 后缀, 其内容呈 XML 格式, 符合 OpenDRIVE 标准. 利用 ROD, 我们可以方便地搭建所需的道路环境, 可以设置多车道路网和多种道路类型, 支持路面横纵坡的建模, 也可以设置交叉口和信号灯, 同时也可以对道路两旁的物体 (房屋、树木等) 进行三维建模. ROD 软件内部配有详细的使用教程. 在本案例中, 以一条单向两车道的直线型道路作为静态交通场景. 使用 ROD 建立一条道路, 设置车道数、车道宽度、标志标线等道路基础信息, 最终建成的道路如图 6.32 所示.

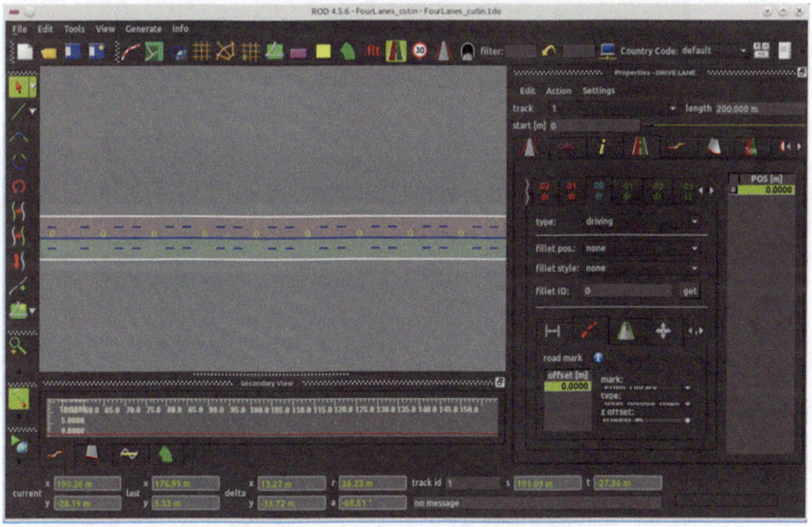

图 6.32 使用 ROD 搭建静态交通场景

基于静态场景, 我们便可以使用 VTD 提供的 Scenario Editor 进行动态场景的搭建, 最终生成的动态场景文件为 XML 格式, 符合 OpenDRIVE 标准. 在 Scenario Editor 中, 首先需要导入 ROD 生成的 OpenDRIVE 的路网, 静态场景是动态场景搭建的基础. 随后, 我们便可以在路网中添加交通参与者, 并设置其行为. 交通参与者及驾驶行为是动态场景中最为关键的部分, 我们可以为每个交通参与者设置其名称、类型、驾驶模式、初始速度、初始位置、期望速度、行驶路线等内容. 特别地, 车辆属性配置中有一项为 Animation, 此项意义为控制类型, 此项设置为 internal 即为使用 VTD 内建规控器控制车辆, 设置为 external 即为使用外部规划控制模块控制. 由 VTD 内建规控器控制的车辆呈红色, 由外部规划控制模块控制的车辆呈蓝色. Scenario Editor 完整的使用说明, 可以在 VTD 的 Doc/目录下找到.

在本案例中, 我们以跟驰逻辑场景为例, 在此场景中, 我们共需要两个交通参与者, 一辆前车 (Leader), 一辆本车 (EgoCar). 在此场景中, 两车均由 VTD 内建规控器进行控制. 跟驰场景的搭建较为简单, 只需要设置两车的初始位置以及初始速度即可. 其中, 最终建成的动态交通场景如图 6.33 所示.

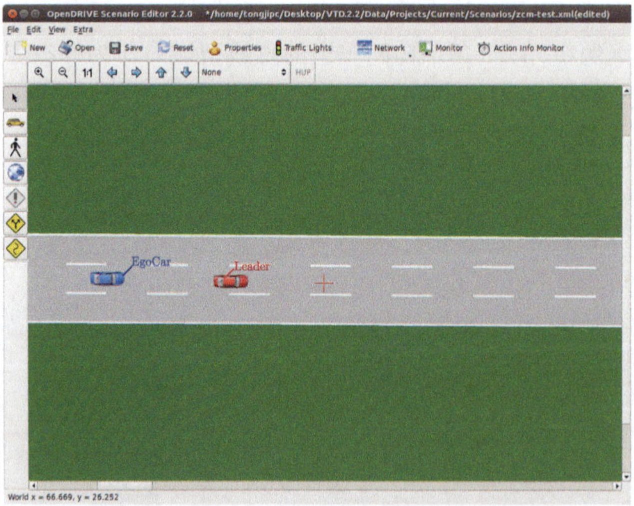

图 6.33 使用 Scenario Editor 搭建动态交通场景

至此, 静态场景以及动态场景均搭建完毕了.

6.7.1.2 基于 RDB 的数据通信模块配置

上文中我们提到, 虽然静态场景与动态场景都已搭建完毕, 测试已经可以开始运行了, 但是此时测试过程中的数据是不会输出的. 为了得到测试数据, 我们需要使用 VTD 提供的 RDB 模块. RDB 是 VTD 中所有可用信息的统一网络接口, 使用二进制通信协议. 通过 RDB, 实时的运行数据可以直接在 VTD 核心组件和第三方工具之间进行交换传输.

RDB 提供了相当丰富的输出数据, 包括两种数据流: 通用的运行实时数据和图像数据, 两种数据流都通过专用网络端口传输. 通用的运行实时数据流为通用数据格式, 从中可以获得数据信息, 比如车辆的位置、三轴速度等常规的车辆状态信息; 图像数据流为图像格式, 可用于仿真可视化和视频摄像头传感器仿真. RDB 能够输出的数据远不止这些, VTD 中包含 RDB 接口的详细说明文档, 可供查阅.

RDB 的作用不只是输出数据, 通过 RDB, 我们同样可以将车辆的数据, 如位置、速度、加速度和姿态发送到 VTD 中, 实现控制车辆的目的. 在下面将要介绍的软件/硬件在环测试中, 我们便是通过 RDB 实现对 VTD 中车辆的控制的.

RDB 数据的获得通过 VTD 与 C++ 的接口实现, 为了方便用户使用, VTD 中提供了多个样例文件供参考, 如图 6.34 所示. 在仿真测试的基本流程中, 我们只需要得到车辆位置的输出数据即可, 我们对 "ExampleConsole.cpp" 这一样例文件进行了简单修改, 以使其符合我们的目的.

```
// 从仿真环境中获取当前时刻相关车辆信息
void handleRDBitem( const double & simTime, const unsigned int & simFrame, RDB_OBJECT_STATE_t & item, bool isExtended )
{

  // 输出当前时刻车辆信息
  if (item.base.id == 1)
  {
    ox1=item.base.pos.x;  // 1号车辆的x位置信息, 存储在ox1变量中
    oy1=item.base.pos.y;  // 1号车辆的y位置信息, 存储在oy1变量中
    ov1=item.ext.speed.x; // 1号车辆的x方向速度信息, 存储在ov1变量中
  }
  else if (item.base.id == 2)
  {
    ox2=item.base.pos.x;
    oy2=item.base.pos.y;
    ov2=item.ext.speed.x;
  }

  globalsimtime=simTime;

}
```

图 6.34 使用 RDB 输出仿真过程中的场景数据

需要注意的是, 修改后的 C++ 脚本文件, 需要重新编译才能够运行, VTD 中也提供了编译脚本的示例, 文件名为 "complieExampleConsole.sh".

6.7.1.3 运行测试

场景建立完毕, RDB 传输开启后, 便可以开始测试了. 如图 6.35 所示, 在 VTD 中, 双击搭建好的动态场景文件 (后缀名 ".xml"), 完成动态场景与静态场景的加载. 随后, 单击 VTD 菜单栏中的 APPLY 按钮, 所有仿真测试所需的组件均会自动加载. 最后, 单击 PLAY 按钮, 测试便会自动开始.

在获取测试结果之后, 我们便可以根据本次测试的结果, 为下一次测试选取更加符合测试目的的具象测试场景. 至此, 一次完整的 VTD 仿真测试便完成了.

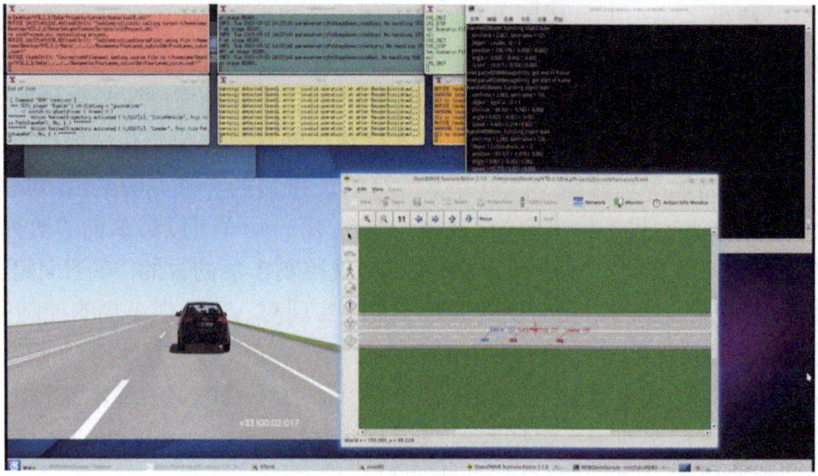

图 6.35　VTD 操作界面

6.7.2　基于 VTD 的软件在环测试

在 6.7.1 节中, 我们介绍了 VTD 仿真测试的基本步骤, 在这一节中, 我们将介绍如何实现测试自动化以及如何接入外部的控制器模块, 实现基于 VTD 的软件在环测试.

为了实现测试自动化, 我们需要将仿真测试基本步骤中, 需要人工进行决策或者操作的步骤, 通过程序自动化实现. 需要人工决策或者操作的部分, 主要分为如下几项:

(1) 根据测试需求以及上一批场景的测试结果, 人工选择贴合测试需求的具象测试场景;

(2) 搭建静态与动态交通场景;

(3) 驱动 VTD 仿真测试的运行与终止.

为了解决这些问题, 我们对测试的流程进行了修正. 基于 VTD 的软件在环测试的流程如图 6.36 所示.

对于问题 (1), 我们通过测试自动化方法实现自动化的场景选取. 例如: 基于自适应搜索的场景优化方法, 会依靠代理模型的预测, 选取更加贴合需求的场景; 基于粒子群的最差场景搜索方法, 会根据粒子找到的全局最优解与个体最优解, 选取下一批场景. 对于问题 (2), 我们采用 Python 脚本的方式, 批量化地生成符合 OpenSCENARIO 标准的 XML 文件, 实现批量化生成测试场景的目的. 对于问题 (3), 我们通过 VTD 提供的仿真控制协议 (Simulation Control Protocol, SCP) 来实现对 VTD 仿真的运行与控制. 其中, 解决问题 (1) 所使用的测试自动化方法, 本节前部内容已经进行了详细介绍, 在这里, 我们主要介绍解决问题 (2) 和 (3) 的方法以及如何在 VTD 中接入外部规划控制模块.

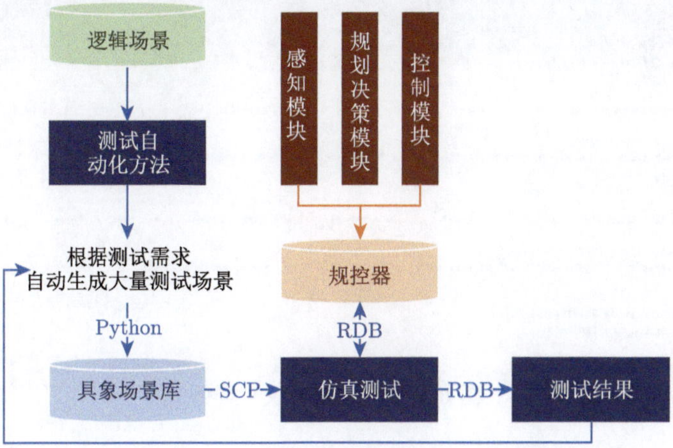

图 6.36 基于 VTD 的软件在环测试流程

6.7.2.1 基于 Python 脚本的场景自动化生成

在 VTD 仿真测试的基本步骤中, 我们通过人工的方式, 手动搭建的静态场景与动态场景. 静态与动态场景均为可读的 XML 文件, 分别符合 OpenDRIVE 以及 OpenSCENARIO 标准. 在 VTD 仿真时, 实质上是读取 XML 文件创建可视化场景, 然后进行仿真. 因此, 我们可以通过批量化生成符合相应标准的 XML 文件, 达到批量化生成测试场景的目的, 不需要手动设置, 避免大量的重复劳动, 满足大量动态交通场景测试的需求.

下面我们以动态场景为例, 来解释我们是如何批量生成场景的. OPENSCENARIO 文件包含多个子节点, 其中有一部分子节点包含的是基础的场景信息, 比如, 节点 <Layout> 用来加载静态路网文件; 节点 <VehicleList> 用来加载交通参与者列表文件; 节点 <DriverList> 用来加载驾驶人特征文件; 等等, 这些节点在不同的具象场景之中保持不变, 不需要进行更改. OpenSCENARIO 中还有一部分子节点包含的是交通参与者行为、信号灯配置等信息, 这些信息对于我们的仿真测试非常重要, 并且会随着具象场景配置的改变而更改, 比如节点 <TrafficControl> 用来控制交通参与者的行为; 节点 <MovingObjectsControl> 定义不同的车辆路径. 对于这些较为重要的节点, 我们需要利用脚本, 根据具象场景的设置进行修改. 在实际使用过程中, 建议读者首先使用 Scenario Editor 手动搭建一个动态场景, 随后根据需求, 利用脚本修改其中的内容. 以本实例中的跟驰场景为例, 搭建好的动态场景如图 6.37 所示.

```xml
<?xml version="1.0" ?>
<!DOCTYPE Scenario>
<Scenario RevMajor="2" RevMinor="2">
    <Layout Database="Projects/Current/Databases/adaptive_case/adaptive_case.opt.osgb" File="Projects/Current/Databases/adaptive_case/adaptive_case.xo
    <VehicleList ConfigFile="Distros/Current/Config/Players/Vehicles"/>
    <DriverList ConfigFile="Distros/Current/Config/Players/driverCfg.xml"/>
    <CharacterList ConfigFile="Distros/Current/Config/Players/Pedestrians"/>
    <ObjectList ConfigFile="Distros/Current/Config/Players/Objects"/>
    <DynObjects Path="Distros/Current/Config/DynObjects/Logic"/>
    <TrafficControl>
        <Player>
            <Description AdaptDriverToVehicleType="true" Control="internal" Driver="DefaultDriver" Name="FrontCar" Type="Audi_A3_2009_black"/>
            <Init>
                <Speed Value="22.5"/>
                <PosAbsolute AlignToRoad="true" Direction="0" X="28.0" Y="-1.5" Z="0.0000000000000000e+00"/>
            </Init>
        </Player>
        <Player>
            <Description AdaptDriverToVehicleType="true" Control="external" Driver="DefaultDriver" Name="EgoCar" Type="Audi_A3_2009_black"/>
            <Init>
                <Speed Value="31.0"/>
                <PosAbsolute AlignToRoad="true" Direction="0" X="5" Y="-1.5" Z="0.0000000000000000e+00"/>
            </Init>
        </Player>
        <PlayerActions Player="FrontCar"/>
        <PlayerActions Player="EgoCar"/>
    </TrafficControl>
</Scenario>
```

无须更改的内容

需要修改的内容

图 6.37 动态场景文件样例

在本场景文件中, 需要在每个具象场景中进行修改的只有下方 <TrafficControl> 节点中的内容. 只要对车辆的速度 (Speed)、纵向位置 (X) 进行修改, 便可以实现构建不同具象场景的目的. 此处, 本车 (EgoCar) 的控制逻辑已经改为了 "external", 这意味着本车不再由 VTD 内建的规划控制模块进行控制了, 而是由外部的规划控制模块进行控制, 如何在 VTD 中接入规划控制模块将在本节后侧进行介绍.

6.7.2.2 基于 SCP 实现 VTD 仿真的运行与控制

仿真实验的运行与控制通过 SCP 脚本进行, SCP 可以进行在非实时条件下由第三方组件控制仿真的操作. SCP 是一个基于文本的交互方式, 其内容可以很好地适应不断变化的仿真控制需求, 而无需对底层的机理进行修改. SCP 使用具有相同分隔符和层次结构的 XML 语法, 因此可以将命令序列打包到文件中, 然后通过一定的工具 (如 scpGenerator) 进行执行. SCP 指令集由命令域、命令和参数组成. 每个命令域都可以包含一个或多个命令, 每个命令都可以包含一个任意的参数. SCP 中的命令结构简洁, 十分易于编辑和理解.

在测试自动化的应用中, 需要通过 SCP 实现的功能包括: ①加载 OpenSCENARIO 场景; ②控制仿真开始; ③在仿真进行一定时间后, 控制仿真结束. 我们可以使用非常简单的 SCP 命令实现上述功能.

控制本仿真应用的 SCP 文件如图 6.38 所示.

```
0 "<SimCtrl> <Stop/> <LoadScenario filename="test_case.xml" /> <Init mode="operation"/> </SimCtrl>"
wait "<SimCtrl> <InitDone place="checkInitConfirmation"/> </SimCtrl>"
 +1s "<SimCtrl> <Start/> </SimCtrl>"
 +10s "<SimCtrl> <Stop/> </SimCtrl>"
```

图 6.38 控制仿真运行与停止的 SCP 文件

图 6.38 中第一行代码为加载仿真场景 “test_ case.xml” 的命令, 修改 <LoadScenario> 中的 filename, 便可以实现不同仿真场景的加载. 图中第二行代码为等待 VTD 完成场景加载并就绪. 第三行代码表示, 在 VTD 就绪并经过一个仿真步长的时间后, 开始仿真过程, 通过 <SimCtrl> 节点的子节点 <Start> 实现. 第四行代码表示, 在执行第三行代码 (即开始仿真) 10s 后, 停止仿真.

由于从跟驰场景发生到场景演变成安全跟驰场景或发生冲突/碰撞事件所经历的时间很短, 基本上在 10s 的仿真时间内都会完成演变过程, 因此设置场景的仿真时间为 10s.

有时候, 场景演变所需的时间难以估计, 那么可以通过另一种方式控制仿真运行, 即编写单独的用以停止仿真过程的 SCP 文件. 即首先利用一份 SCP 文件, 驱动 VTD 仿真运行. 在运行过程中, 场景的运行数据会实时地通过 RDB 传输出来. 根据 RDB 传出的实时运行数据, 我们可以通过 Python 脚本判断当前场景是否演变结束. 当演变结束时, 执行停止仿真过程的 SCP 文件.

在 VTD 仿真中, 需要通过 scpGenerator 执行 SCP 文件来实现对仿真过程的控制. scpGenerator 的功能是根据 SCP 协议向仿真发送信息并监视仿真发出的信息, 信息可以通过命令行或数据文件输入生成器, 需要进行解析的数据文件必须符合 SCP 的语法规则. 在仿真操作中, 可以通过操作平台终端使用 scpGenerator 执行控制本仿真的 SCP 文件, 也通过在工程文件夹中设置到 scpGenerator 的链接, 然后在 VTD 中直接执行 SCP 文件.

6.7.2.3 在 VTD 中接入外部规划控制模块

上文中已经陈述过, 要想将 VTD 仿真过程中的数据传输出来, 需要使用 RDB. RDB 是 VTD 中所有可用信息的统一网络接口, 使用二进制通信协议. 通过 RDB, 实时的运行数据可以直接在 VTD 核心组件和第三方工具之间进行交换传输. 如果我们想要在 VTD 仿真中使用外部的规划控制模块, 我们需要将环境数据从 VTD 发出来, 在规划控制模块中进行计算, 将下一时刻车辆的数据如位置、速度、加速度和姿态发送到 VTD 中. 如何将 VTD 中的输出数据传输出来, 我们在上文中已经进行过说明, 在此, 我们对如何将数据输入 VTD 进行说明.

首先, 我们编写了经典的 IDM 规控器的控制脚本, 命名为 IDMFunction. IDMFunction 输入本车纵向位置、本车速度、前车纵向位置、前车速度, 最终输出本车的加速度. 随后我们便可以将 IDM 规控器所做出的决策通过 RDB 发送给 VTD, 如图 6.39.

我们首先初始化了将数据输入 VTD 时所需的组件, 随后使用我们定义的 IDMFuntion 对本车加速度进行决策, 存储在 a_temp 中. 随后, 指定将这一加速度信息赋予 1 号车辆. 至此, 我们已经成功完成了使用外部规划控制模块控制

VTD 车辆的过程. 需要注意的是, 和利用 RDB 输出数据一样, 修改后的 C++ 脚本文件也是需要重新编译的, 同样可以参照 VTD 提供的实例文件进行操作.

```
// 将控制信息输入仿真环境中, 并且存储仿真数据
void sendDriverCtrl( int & sendSocket, const double & simTime, const unsigned int & simFrame )
{
  Framework::RDBHandler myHandler;
  myHandler.initMsg();
  RDB_DRIVER_CTRL_t *myDriver = ( RDB_DRIVER_CTRL_t* ) myHandler.addPackage( simTime, simFrame, RDB_PKG_ID_DRIVER_CTRL );
  if ( !myDriver )
    return;

  a_temp=IDMFunction(ox1,ov1,ox2,ov2); // 利用IDM控制器, 决策本车的加速度

  myDriver->playerId      = 1; // 指定要将信息输入给哪辆车
  myDriver->accelTgt      = a_temp; //指定输入的信息

  int retVal = send( sendSocket, ( const char* ) ( myHandler.getMsg() ), myHandler.getMsgTotalSize(), 0 );
}
```

图 6.39　将 IDM 规控器的决策信息发送给 VTD

6.7.2.4　进行软件在环测试

在完成了上述步骤之后, 便可以进行软件在环测试了. 我们以跟驰逻辑场景为例, 展示测试的流程. 本节所用的跟驰逻辑场景如图 6.40 所示.

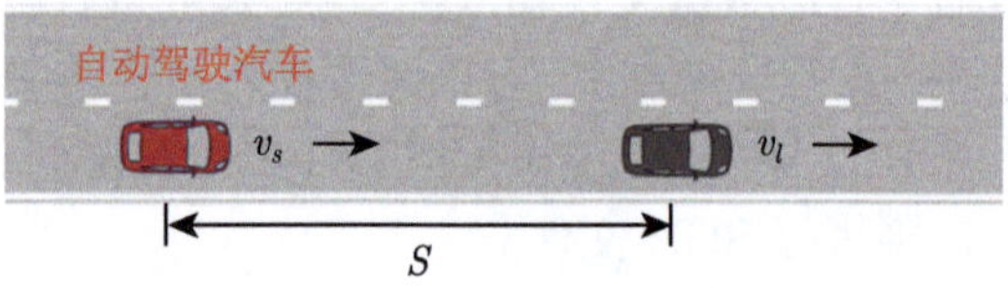

图 6.40　跟驰逻辑场景

该场景中仅包含两辆车: 红色的自动驾驶汽车以及黑色的前车. 本测试例中, 测试矩阵是由三个参数正交组合产生的: 前车速度 v_l, 前车与测试车的速度差 $v_s - v_l$ 以及前车与测试车的距离 S. 每个参数的最大值、最小值和取值间隔如表 6.20 所示. 测试矩阵中共计 40796 个场景.

表 6.20　跟驰场景关键参数取值组合及具象场景数量

参数	单位	阈值	取值间隔	取值数量
v_l	m/s	[0, 27]	1	28
$v_s - v_l$	m/s	[−17, 13]	1	31
S	m	[3, 49]	1	47
		合计		40796

这些参数仅定义了具象场景初始时刻的状态, 初始化完成后, 场景中的前车保持恒定速度行驶, 自动驾驶汽车则使用 VTD 内建的规控器进行控制. 每一个具象场景运行 6s, 当自动驾驶汽车与前车发生碰撞时, 当前具象场景标记为危险场景, $Y = 1$; 若运行 6s 后, 没有发生碰撞, 则当前具象场景标记为安全场景, $Y = 0$.

本次测试, 我们希望对场景优化方法进行评估, 因此, 首先对测试矩阵进行了遍历测试, 并希望借此评估场景优化方法的效果. 遍历测试共运行约 68h, 测试矩阵中共计 40796 个场景, 其中 3573 (约 8.7%) 为危险场景.

随后, 我们使用自适应搜索技术进行场景优化生成. 本次实验中, 我们利用自适应搜索技术, 优化生成 5000 个具象测试场景, 代理模型选用 XGB 代理模型. 我们也使用随机抽取的方式采集了 5000 个样本, 作为比较的基准. 自适应搜索技术测试结果曲线如图 6.41 所示, 具体数字指标如表 6.21 所示.

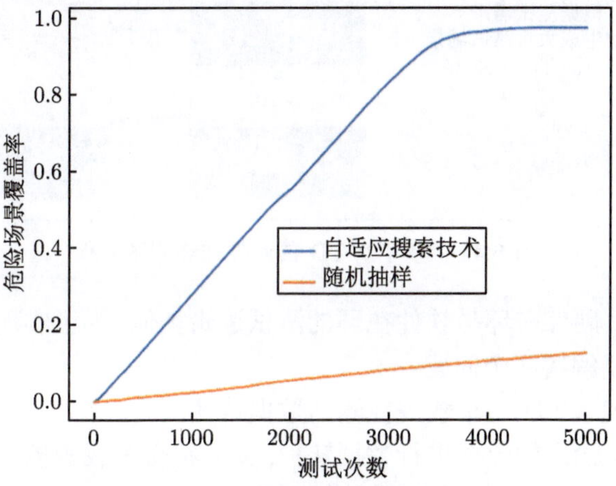

图 6.41 自适应搜索技术测试结果曲线

表 6.21 自适应搜索技术在跟驰逻辑场景中的测试输出

测试次数	搜索到的危险场景数	危险场景覆盖率
1000	961	26.9%
2000	1958	54.8%
3000	2964	82.9%
4000	3459	96.8%
5000	3488	97.6%

从表 6.21 中, 我们可以看出, 对于跟驰逻辑场景, 自适应搜索技术表现优异. 自适应搜索技术在 5000 次测试中, 搜索出 3488 个危险场景, 占所有危险场景的 97.6%. 平均而言, 每 1.4 次测试便可以捕获一个危险场景. 与遍历测试相比, 利用自适应搜索技术, 仅使用 5000/40796≈12%的测试资源, 便找出了绝大部分危险场景, 这种技术能够大大提升搜索危险具象场景的速度, 并且具有非常良好的覆盖率.

6.7.3 基于 VTD 的硬件在环测试

在 6.7.2 节中, 我们介绍了如何实现基于 VTD 的软件在环测试, 在本节中, 我们将介绍如何实现基于 VTD 的硬件在环测试. 基于 VTD 的硬件在环测试的流程如图 6.42 所示.

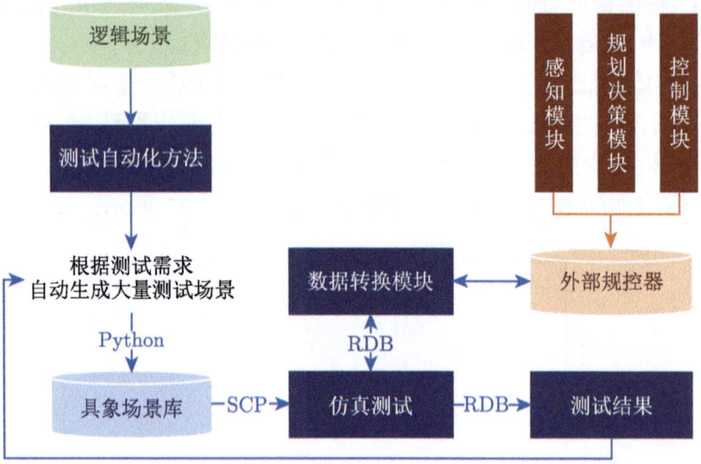

图 6.42　基于 VTD 的硬件在环测试流程

在 VTD 中, 硬件在环与软件在环的测试逻辑类似, 为了实现 VTD 与车载规控器的交互, 需要解决两个问题:

(1) 如何实现 VTD 与车载规控器的数据传输;

(2) 对 VTD 输出的数据进行数据转换, 使之符合车载规控器的输入格式.

对于问题 (1), 目前主流的解决方案是通过 TCP/IP 协议, 通过 RDB 模块传输数据. 问题 (2) 属于数据转换问题, 在此不加赘述. 此处, 我们以同济大学“途灵号”为例 (图 2.4), 展示一种硬件在环测试的解决方案. 当 VTD 运行时, VTD 的实时运行数据通过 RDB 传输给规划决策模块, 规划决策模块接收到信息后, 做出智能车下一时刻的规划决策, 并将其通过 RDB 传递回 VTD 中, 如此便可以实现简单的硬件在环测试.

6.8　本章小结

当前自动驾驶汽车已处于规模化测试和示范应用阶段, 如何高效全面地开展自动驾驶汽车安全性测试是亟待解决的难题. 鉴于高等级自动驾驶汽车在测试对象、测试标准等方面与传统车辆、驾驶辅助系统的差异性, 虚拟测试场景生成优化方法能够为自动驾驶汽车安全性测试提供高效、安全、可信、可靠的解决方案.

在本章中, 我们将目前的虚拟测试场景优化方法按照测试目的分为三类: 面向危险场景检测的测试场景优化方法以挖掘自动驾驶技术薄弱环节、进行危险场景专项搜索测试为目标, 面向危险率评估的测试场景优化方法以量化评价自动驾驶汽车在真实交通场景中的危险率为目标, 面向覆盖率的测试场景优化方法以全面评价自动驾驶汽车在运行设计域中的表现为目标. 三类方法各司其职, 测试人员也应该“适材适所”, 明确虚拟测试场景优化的目的是必不可少的第一步, 可以避免测试过程走弯路, 浪费不必要的测试资源.

了解各类方法的优缺点和适应性, 在测试选择时趋利避害, 将极大提高虚拟测试场景优化方法的效果. 为了最大程度地提高测试效率, 我们对不同类型的方法进行辨析和比较, 根据各类方法特点, 构建了全新的场景测试框架体系. 测试人员可以按照不同的测试目的、阶段、资源, 选择最佳的虚拟测试场景优化方法或者方法组合, 减少反复试验和漫长的测试过程.

随着自动驾驶技术的发展, 机器学习方法的贡献日益突出. 它给我们留下了一堆黑匣子, 在测试过程中, 我们将很难清楚地说出自动驾驶汽车安全性失效的原因以及如何避免失效. 将来, 会有更多的端到端应用程序, 许多功能难以参数化. 因此, 提高虚拟测试场景优化的普适性是未来重要的研究方向.

虚拟测试场景优化是实施安全性测试流程的关键. 今后, 应构建开放协同的场景测试技术创新体系, 推动虚拟测试场景优化方法在自动驾驶各个领域的广泛应用.

参考文献

[1] Gnandt C, Ponn T, Diermeyer F. An optimization-based method to identify relevant scenarios for type approval of automated vehicles. 26th International Technical Conference on the Enhanced safety of vehicles (ESV), 2019.

[2] Batsch F, Kanarachos S, Cheah M, et al. A taxonomy of validation strategies to ensure the safe operation of highly automated vehicles. Journal of Intelligent Transportation Systems, 2020: 1-20.

[3] PEGASUS. Test Automation, Test-case Generation & Contribution to the Safety Argument. 2019.

[4] Gechter F, Dafflon B, Gruer P, et al. Towards a hybrid real/virtual simulation of autonomous vehicles for critical scenarios//The 6th International Conference on Advances in System Simulation, Nice, France. 2014.

[5] Hayward J C. Near-miss determination through use of a scale of danger. Highway Research Record, 1972, 384: 24-34.

[6] Hallerbach S, Xia Y, Eberle U, et al. Simulation-based identification of critical scenarios for cooperative and automated vehicles. SAE Int. Journal of Connected and Automated Vehicles, 2018, 1(2): 93-106.

[7] Wang C, Winner H. Overcoming challenges of validation automated driving and identification of critical scenarios. IEEE Intelligent Transportation Systems Conference (ITSC), 2019: 2639-2644.

[8] Kusano K D, Gabler H C. Safety benefits of forward collision warning, brake assist, and autonomous braking systems in rear-end collisions. IEEE Transactions on Intelligent

Transportation Systems, 2012, 13(4): 1546-1555.

[9] Saeed A, Ab Hamid S H, Mustafa M B. The experimental applications of search-based techniques for model-based testing: Taxonomy and systematic literature review. Applied Soft Computing, 2016, 49: 1094-1117.

[10] Althoff M, Lutz S. Automatic generation of safety-critical test scenarios for collision avoidance of road vehicles//IEEE Intelligent Vehicles Symposium (IV), Changshu, China. 2018.

[11] Klischat M, Althoff M. Generating critical test scenarios for automated vehicles with evolutionary algorithms//IEEE Intelligent Vehicles Symposium (IV), Paris, France: IEEE. 2019.

[12] Feng S, Feng Y, Yu C, et al. Testing scenario library generation for connected and automated vehicles, part I: Methodology. IEEE Transactions on Intelligent Transportation Systems, 2021, 22(3): 1573-1582.

[13] Chen T Y, Kuo F C, Merkel R G, et al. Adaptive random testing: The ART of test case diversity. Journal of Systems and Software, 2010, 83(1): 60-66.

[14] Jha S, Banerjee S, Tsai T, et al. ML-based fault injection for autonomous vehicles: A case for bayesian fault injection//2019 49th Annual IEEE/IFIP International Conference on Dependable Systems and Networks (DSN), 2019.

[15] Büler O, Wegener J. Automatic testing of an autonomous parking system using evolutionary computation. SAE Technical Paper, 2004.

[16] Stellet J E, Vogt P, Schumacher J, et al. Analytical derivation of performance bounds of autonomous emergency brake systems//IEEE Intelligent Vehicles Symposium (IV). Gothenburg, Sweden: IEEE, 2016.

[17] Abdessalem R B, Nejati S, Briand L C, et al. Testing vision-based control systems using learnable evolutionary algorithms//2018 IEEE/ACM 40th International Conference on Software Engineering (ICSE). IEEE, 2018.

[18] Tuncali C E, Pavlic T P, Fainekos G. Utilizing S-TaLiRo as an automatic test generation framework for autonomous vehicles//IEEE Intelligent Transportation Systems Conference (ITSC), Rio de Janeiro, Brazil. 2016.

[19] Batsch F, Daneshkhah A, Cheah M, et al. Performance boundary identification for the evaluation of automated vehicles using Gaussian process classification//IEEE Intelligent Transportation Systems Conference (ITSC), Auckland, New Zealand. 2019.

[20] Mullins G E, Stankiewicz P G, Hawthorne R C, et al. Adaptive generation of challenging scenarios for testing and evaluation of autonomous vehicles. Journal of Systems and Software, 2018, 137:197-215.

[21] Tuncali C E, Fainekos G, Ito H, et al. Sim-ATAV: Simulation-based adversarial testing framework for autonomous vehicles//The 21st International Conference on Hybrid Systems: Computation and Control, Porto, Portugal. 2018.

[22] Lemmen P, Fagerlind H, Unselt T, et al. Assessment of integrated vehicle safety systems for improved vehicle safety. Procedia-Social and Behavioral Sciences, 2012, 48: 1632-

1641.

[23] LeBlanc D, Gilbert M, Stachowski S, et al. Tradeoffs in the evaluation of light vehicle pre-collision systems. SAE International, 2014.

[24] Fagerlind H, Heinig I, Viström M, et al. Analysis of accident data for test scenario definition in the ASSESS project//Transportation Research Board, Hannover, Germany. 2010.

[25] Fleury D, Brenac T. Accident prototypical scenarios, a tool for road safety research and diagnostic studies.Accident Analysis & Prevention, 2001, 33(2): 267-276.

[26] Najm W G, Smith D L. Definition of a pre-crash scenario typology for vehicle safety research//The 20th international technical conference on the enhanced safety of vehicles, Lyon, France. 2007.

[27] Yang N, Zhou M. Autonomous overtaking behavior simulation for autonomous virtual vehicle in virtual traffic environment//International Conference on Computer Science and Software Engineering, Wuhan, China. 2008.

[28] Kaempchen N, Schiele B, Dietmayer K. Situation assessment of an autonomous emergency brake for arbitrary vehicle-to-vehicle collision scenarios. IEEE Transactions on Intelligent Transportation Systems, 2009, 10(4): 678-687.

[29] Masuda S, Nakamura H, Kajitani K. Rule-based searching for collision test cases of autonomous vehicles simulation. IET Intelligent Transport Systems, 2018, 12(9):1088-1095.

[30] Ma W H, Peng H. A worst-case evaluation method for dynamic systems.The Journal of Dynamic Systems, Measurement, and Control, 1999, 121(2): 191-199.

[31] Ungoren A Y, Peng H. An adaptive lateral preview driver model. Vehicle System Dynamics, 2005, 43(4): 245-259.

[32] van Willigen W H, Schut M C, Kester L J H M. Evaluating adaptive cruise control strategies in worst-case scenarios//IEEE Intelligent Transportation Systems Conference (ITSC), Washington, DC, USA. 2011.

[33] Jung D, Jung D, Jeong C, et al. Worst Case Scenarios Generation and Its Application on Driving. SAE Technical Paper, 2007-01-3585, 2007.

[34] Kou Y. Development and Evaluation of Integrated Chassis Control Systems. Univ of Michigan, Ph.D, 2010.

[35] Kim J Y, Jung D H, Jeong C H, et al. Worst-case scenario development based on Sine with Dwell test and evaluation for vehicle dynamics controller in UCC HILS.International Journal of Automotive Technology, 2014. 15: 961-966.

[36] Sun J, Zhou H, Zhang H, et al. Adaptive Design of Experiments for Accelerated Safety Evaluation of Automated Vehicles//2020 IEEE 23rd International Conference on Intelligent Transportation Systems (ITSC). 2020.

[37] Kesting A, Treiber M, Schönhof M, et al. Adaptive cruise control design for active congestion avoidance. Transportation Research Part C: Emerging Technologies, 2008, 16(6): 668-683.

[38] Li Y, Wang H, Wang W, et al. Reducing the risk of rear-end collisions with infrastructure-to-vehicle (I2V) integration of variable speed limit control and adaptive cruise control system. Traffic Injury Prevention, 2016, 17(6): 597-603.

[39] Wang Z, Shafieezadeh A. ESC: An efficient error-based stopping criterion for kriging-based reliability analysis methods. Structural and Multidisciplinary Optimization, 2019, 59(5): 1621-1637.

[40] Zhang J. Multi-function System Reliability//2019 Annual Reliability and Maintainability Symposium (RAMS). 2019.

[41] Zhao Y G, Ono T. A general procedure for first/second-order reliabilitymethod (FORM/SORM).Structural Safety, 1999, 21(2):95-112.

[42] Fishman G S. Monte Carlo: Concepts, Algorithms, and Applications. New York: Springer Science & Business Media, 2013.

[43] Bourinet J M. Rare-event probability estimation with adaptive support vector regression surrogates. Reliability Engineering & System Safety, 2016, 150: 210-221.

[44] Rubinstein R Y, Kroese D P. Simulation and the Monte Carlo Method. John Wiley & Sons, 2016, 10.

[45] Althoff M, Mergel A. Comparison of Markov Chain abstraction and Monte Carlo simulation for the safety assessment of autonomous cars. IEEE Transactions on Intelligent Transportation Systems, 2011, 12(4): 1237-1247.

[46] Danielsson S, Petersson L, Eidehall A. Monte Carlo based threat assessment: Analysis and improvements. 2007 IEEE Intelligent Vehicles Symposium, 2007: 233-238.

[47] Woodrooffe J, Blower D, Bao S, et al. Performance characterization and safety effectiveness estimates of forward collision avoidance and mitigation systems for medium/heavy commercial vehicles. Univ. Michigan Transp. Res. Inst., Ann Arbor, MI, USA, UMTRI-2011-36, 2014.

[48] Eidehall A, Petersson L. Statistical threat assessment for general road scenes using Monte Carlo sampling. IEEE Transactions on Intelligent Transportation Systems, 2008, 9(1): 137-147.

[49] Huang Z, Arief M, Lam H, et al. Assessing modeling variability in autonomous vehicle accelerated evaluation. arXiv preprint arXiv: 1904. 09306, 2019.

[50] Zhao D, Lam H, Peng H, et al. Accelerated evaluation of automated vehicles safety in lane-change scenarios based on importance sampling techniques. IEEE Transactions on Intelligent Transportation Systems, 2016, 18(3): 595-607.

[51] Zhao D, Huang X, Peng H, et al. Accelerated evaluation of automated vehicles in car-following maneuvers. IEEE Transactions on Intelligent Transportation Systems, 2017, 19(3): 733-744.

[52] Huang Z, Zhao D, Lam H, et al. Evaluation of automated vehicles in the frontal cut-in scenario: An enhanced approach using piecewise mixture models//IEEE International Conference on Robotics and Automation (ICRA), Singapore. 2017.

[53] Huang Z, Lam H, Zhao D. An accelerated testing approach for automated vehicles

with background traffic described by joint distributions. 2017 IEEE 20th International Conference on Intelligent Transportation systems (ITSC), 2017, 933-938.

[54] Huang Z, Lam H, LeBlanc D J, et al. Accelerated evaluation of automated vehicles using piecewise mixture models. IEEE Transactions on Intelligent Transportation Systems, 2018, 19(9): 2845-2855.

[55] Arief M, Huang Z, Kumar G, et al. Deep probabilistic accelerated evaluation: A certifiable rare-event simulation methodology for black-box autonomy. arxiv preprint arxiv: 2006. 15722, 2020.

[56] Huang Z, Lam H, Zhao D. Towards affordable on-track testing for autonomous vehicle: A Kriging-based statistical approach//2017 IEEE 20th International Conference on Intelligent Transportation Systems (ITSC). 2017.

[57] Bichon B, Eldred M, Swiler L, et al. Efficient global reliability analysis for nonlinear implicit performance functions. Aiaa Journal-AIAA J, 2008, 46: 2459-2468.

[58] Zhang X, Wang L, Sørensen J D. AKOIS: An adaptive Kriging oriented importance sampling method for structural system reliability analysis. Structural Safety, 2020, 82: 101876.

[59] Echard B, Gayton N, Lemaire M. AK-MCS: An active learning reliability method combining Kriging and Monte Carlo simulation. Structural Safety, 2011, 33(2): 145-154.

[60] Bai Y, Huang Z, Lam H, et al. Rare-event simulation for neural network and random forest predictors. arxiv preprint arxiv: 2010. 04890, 2020.

[61] Tatar M, Mauss J. Systematic test and validation of complex embedded systems. ERTS-2014, Toulouse, 2014: 5-7.

[62] Franke K. Volkswagen group: Leveraging VIRES VTD to Design a Cooperative Driver Assistance System. Engineering Reality Magazine, Winter, 2018: 10-14.

[63] Pilz C, Steinbauer G, Schratter M, et al. Development of a scenario simulation platform to support autonomous driving verification//IEEE International Conference on Connected Vehicles and Expo (ICCVE). Graz, Austria: IEEE, 2019.

[64] Dalal S R, Mallows C L. Factor-covering designs for testing software. Technometrics, 1998, 40(3): 234-243.

[65] Nie C, Leung H. A survey of combinatorial testing. ACM Computing Surveys (CSUR), 2011, 43(2): 1-29.

[66] Cohen D M, Dalal S R, Fredman M L, et al. The AETG system: An approach to testing based on combinatorial design. IEEE Transactions on Software Engineering, 1997, 23(7): 437-444.

[67] Lei Y, Tai K C. In-parameter-order: A test generation strategy for pairwise testing//Proceedings Third IEEE International High-Assurance Systems Engineering Symposium (Cat. No. 98EX231). IEEE, 1998.

[68] Mahmoud T, Ahmed B S. An efficient strategy for covering array construction with fuzzy logic-based adaptive swarm optimization for software testing use. Expert Systems with Applications, 2015, 42(22): 8753-8765.

[69] Rocklage E, Kraft H, Karatas A, et al. Automated scenario generation for regression testing of autonomous vehicles//2017 IEEE 20th International Conference on Intelligent Transportation Systems (ITSC). IEEE, 2017.

[70] Amersbach C, Winner H. Defining required and feasible test coverage for scenario-based validation of highly automated vehicles//IEEE Intelligent Transportation Systems Conference (ITSC), Auckland, New Zealand. IEEE, 2019.

[71] Xia Q, Duan J, Gao F, et al. Test scenario design for intelligent driving system ensuring coverage and effectiveness.International Journal of Automotive Technology, 2018, 19(4): 751-758.

[72] Williams A W, Probert R L. A measure for component interaction test coverage// Proceedings ACS/IEEE International Conference on Computer Systems and Applications. IEEE, 2001.

第 7 章　自动驾驶汽车驾驶能力评价体系

作为未来交通系统发展的趋势, 社会公众及管理部门对自动驾驶汽车自身的驾驶能力及其对交通系统在安全、效率等诸多方面的提升有着极高期许. 随着自动驾驶系统成为驾驶环境监测和车辆运行控制的主体, 自动驾驶汽车的评价重点从传统车辆的机械动力性能、碰撞安全性能转向于在复杂交通环境中的驾驶能力. 此外, 为推动自动驾驶汽车的规模化推广应用, 驾驶能力的评价不仅要包括人机混驾条件下车辆“自主驾驶”应对各类运行风险的能力, 还需考虑其对交通系统运行的多维影响. 本章首先对自动驾驶汽车的多维评价需求进行探讨, 提出驾驶能力评价体系; 随后以预期功能安全为例, 介绍单车驾驶能力评价方法与流程; 之后从拟人化视角切入, 阐述自动驾驶汽车对交通系统的影响评价研究.

7.1　概　　述

当前, Waymo 等已将自动驾驶汽车的研发重点从“制造汽车”转向“创造更出色的驾驶者”, 卓越的驾驶能力成为保障其安全、可靠运行的关键. 因此, 如何定义并量化评价自动驾驶汽车的驾驶能力成为研究热点与重点. 目前驾驶能力的内涵通常被解读为自动驾驶汽车的运行安全性、可靠性、环境适应性和驾乘舒适度等, 其中: 运行安全性评价聚焦于本车运行过程中的碰撞风险, 主要基于自动驾驶汽车的脱离/接管事件发生概率或从交通冲突视角评估预期碰撞风险; 可靠性则关注于自动驾驶汽车驾驶能力的稳定性; 环境适应性则是在基本运行安全保障的基础上, 对自动驾驶汽车在不同复杂程度交通环境中的驾驶能力进行表征; 驾乘舒适度则可从运行稳定性、震动干扰和移动不舒适三个角度进行评价.

除评价角度多维外, 驾驶能力评价还存在多尺度难题. 首先, 针对自动驾驶汽车整车系统, 在车载电子电气系统正常工作的条件下, 自动驾驶汽车的感知、决策、执行等功能模块能否如预期一样安全运行, 以及在人机共驾场景下是否会产生自动驾驶系统的误使用等带来的预期功能安全 (Safety of the Intended Functionality, SOTIF) 评价正成为关注重点. 其次, 面向自动驾驶汽车与其他交通参与者的行为交互过程中, 如何综合评价自动驾驶汽车自主决策行为及其交互对周边交通参与者的影响正成为研究热点. 最后, 从交通系统运行管理视角, 考虑自动驾驶汽车渗透率及驾驶能力的变化特征, 评价自动驾驶汽车进入系统后的影响同样至关重要.

在上述驾驶能力评价多维指标和尺度的框架下, 结合我们前期工作重点和当前自动驾驶汽车仍处于小规模测试与示范运营的阶段性特征, 本章将重点围绕自动驾驶汽车预期功能安全和交互能力, 以及自动驾驶对交通系统运行效率的影响评价等方面展开叙述.

区别于传统车辆, 在车载电子电气系统正常工作的情况下, 仍需对自动驾驶汽车的感知、规划、决策等模块能否如预期一样安全运行进行测试评价. 研究表明, 自动驾驶汽车发生的安全性事件中 99% 是预期功能安全问题 [1]. 鉴于此, 国际标准化组织针对预期功能安全颁布了 ISO 21448 的标准化预期功能安全改进与认证流程. 但 ISO 标准在执行时仍面临测试里程长、预期功能安全评价标准缺失等难题. 本章以特定功能场景预期功能安全验证为例, 介绍以人类驾驶员事故概率为基准的预期功能安全评价流程及案例.

此外, 自动驾驶汽车作为交通参与者, 将长期面临人机混驾环境, 需与其他人类交通参与者频繁交互. 德国伦理委员会提出, 自动驾驶汽车推广应用的前提是其与人类驾驶员相比拥有更好的安全性, 且可平衡各类风险 (Positive Balance of Risks). 因此, 自动驾驶汽车与其他交通参与者在交互过程中的驾驶能力亟需关注. 本章从拟人化视角, 提出自动驾驶汽车与人类驾驶员的能力对比方法, 从典型驾驶任务入手, 定量评价自动驾驶汽车的交互行为.

同时, 自动驾驶的交互社会性是其行为拟人性的一项重要分支. 相较于拟人性所要求的全方面的行为选择相似性, 交互社会性着重强调了驾驶交互事件中的自动驾驶行为选择与人类伴行者预期行为之间的相似性. 由于交互社会性影响了自动驾驶在冲突场景中的行为选择, 因此, 确保交互社会性对自动驾驶的行为安全具有重要意义. 本章通过博弈框架, 确定交互行为特征量化方法, 定量评价自动驾驶汽车的交互社会性.

另一方面, 当自动驾驶规模化进入交通系统后, 混合交通流运行规律的变化将对既有交通运行管理、交通控制等带来影响. 因此, 混合交通流对交通系统运行效率的作用机理及影响程度等均需待进一步探索. 本章通过仿真实验方法, 以交通流宏观基本图 (Macroscopic Fundamental Diagram, MFD) 作为评价对象开展方法介绍及案例分析.

7.2 自动驾驶汽车预期功能安全评价

自动驾驶汽车在公开道路上的测试、示范过程中发生了诸多交通事故和系统失效事件, 其原因并非传统车辆面临的功能安全问题, 即非电子电器系统故障失效而导致的. 在系统不发生故障的条件下, 由于自动驾驶算法不确定性导致的功能偏离、传感器或系统性能限制、驾驶员对车辆功能的误用等导致的危害是主要致因.

为推动自动驾驶汽车预期功能安全评价, 在既有功能安全规范 ISO 26262: 2018 Road Vehicles-Functional Safety[2] 的基础上, 国际标准化组织提出了 ISO/PAS 21448: 2019 Road Vehicles-Safety of the Intended Functionality (SOTIF)[3] 作为补充. ISO 21448 旨在针对在电气/电子系统正常稳定运行, 符合设计预期功能的情况下, 诊断并减少由于预期行为性能限制或用户可预见的合理误用而导致的风险 (注: SOTIF 正在逐步完善, 其标准规范拟于 2022 年 3 月份正式出版). 此外, 美国汽车工程师学会正在制定 SAE J3092 服务于自动驾驶系统的验证和确认 (Verification & Validation).

基于 ISO 21448, 预期功能安全评价将场景划分为如图 7.1 所示的 4 个区间, 分别为①已知–安全, ②已知–不安全, ③未知–不安全, ④未知–安全. 其测试验证流程旨在通过功能性改进、用户使用范围限制和测试结果评估, 尽可能缩小位于区间②和③中的场景比例, 并同时提供验证这两个域已经足够小, 剩余的残余危害是可接受的, 即将确保场景控制在安全的区间.

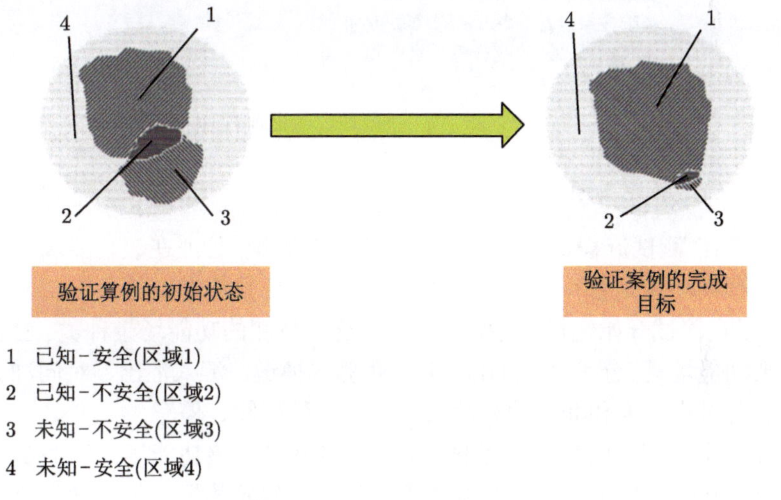

图 7.1 SOTIF 验证思想

然而, 预期功能安全针对自动驾驶汽车算法又可划分为感知层、决策层和执行层的预期功能安全问题. 本节以自动驾驶汽车决策算法的预期功能安全为评价对象, 基于 ISO 21448 的验证流程, 采用人类驾驶员的事故率作为评价标准, 对自动驾驶汽车的事故率进行验证和评价.

7.2.1 自动驾驶汽车预期功能安全验证流程

对于自动驾驶系统来说, 车辆由系统控制, 控制效果的优劣是必须要考虑的因素. 在传统汽车领域中, 失败的表现往往源于系统的失效. 在自动驾驶系统中则不然, 即使系统不发生故障, 也可能因为神经网络黑盒输出等因素的不确定性导致功能的偏离, 造成交通伤害. 这类非故障情况下因系统功能不满足预期而导致的安全风险就是预期功能安全要解决的问题.

根据 SOTIF 的验证思想, 选定某一特定的功能场景, 通过仿真测试比较人类驾驶员与自动驾驶车辆的驾驶风险. SOTIF 验证流程如图 7.2 所示.

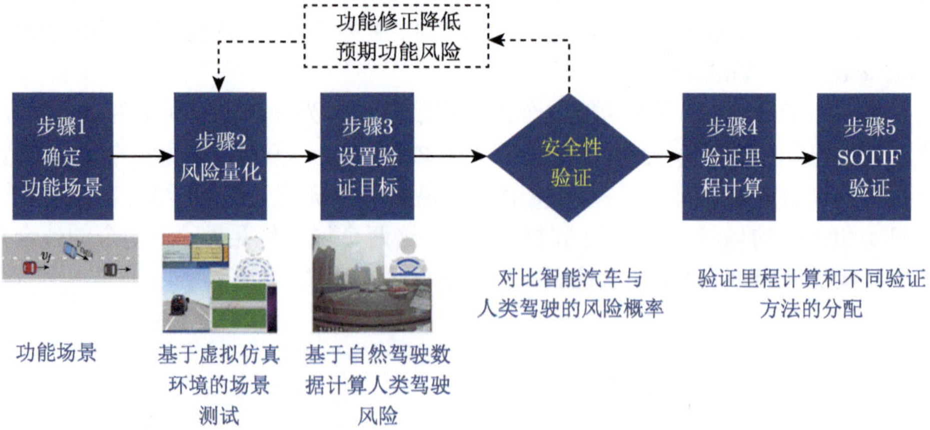

图 7.2　SOTIF 验证流程

7.2.1.1　确定功能场景

SOTIF 测试流程是针对某一特定的功能场景, 验证在该功能场景下自动驾驶车辆的预期功能是否符合安全需求. 每一功能场景所对应的预期功能也是不相同的, 所以在测试开始之前, 根据测试需求选定待测的功能场景种类. 目前确定了 9 类主要功能场景, 分别为: 自由行驶、跟驰、换道、汇入汇出、对向冲突、通过交叉口、与过街行人和非机动车冲突、前方有障碍物、停车.

在选定待测试的功能场景种类后, 对能够描述该功能场景的关键参数进行分布统计, 统计参数分布的数据来源于实际自然驾驶数据. 各关键参数实际分布统计会应用于场景生成. 表 7.1 以目前已研究场景为例说明描述场景的关键参数.

表 7.1　描述场景的关键参数

功能场景	关键参数	示意图
跟驰场景	前车和本车之间的距离、本车的速度、被跟驰车辆的速度	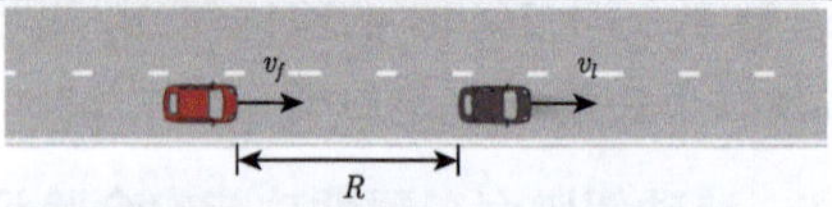
插入场景	插入车和本车之间的距离、插入车辆的速度、本车的速度	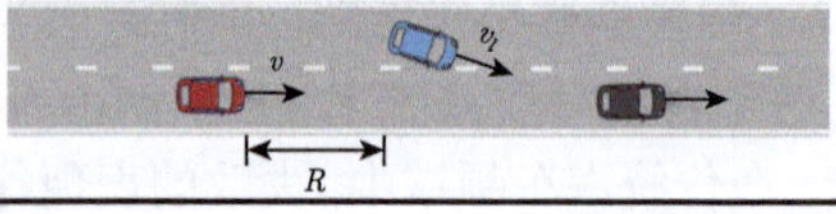

7.2.1.2 自动驾驶汽车事故安全虚拟仿真测试

根据已选定的功能场景及关键参数分布, 使用加速测试理论方法 [4] 生成海量测试场景关键参数组合, 然后根据关键参数组合定义和构建场景. 通过使用仿真测试平台的外部接口及脚本文件, 控制自动驾驶汽车在生成场景中进行循环测试, 直至测试收敛指标, 可以得到自动驾驶汽车在自然驾驶场景分布下的碰撞发生概率 $P_{\text{collision}}$. $P_{\text{collision}}$ 就是量化自动驾驶汽车安全性的指标, 经由海量场景测试得出.

7.2.1.3 验证目标计算

根据 ISO 21448 的规范要求, 自动驾驶汽车的安全性要求需要满足不能暴露在高于人类驾驶环境的碰撞风险下, 故 SOTIF 的验证目标可确定为特定功能场景下人类驾驶员的碰撞事故发生概率.

为了求出特定功能场景下人类驾驶员的碰撞事故发生概率, 需要对以下数据进行统计:

伤亡事故率 (%)、伤亡事故数、总事故数、某场景下的事故占比 (%)、某场景的出现频率 (km/次), 从而计算出人类驾驶员的碰撞事故发生概率,

$$\begin{aligned}&P_{\text{maximum accepted occurrence}}\\&=\frac{\text{伤亡事故率}}{\text{伤亡事故数}}\times\text{总事故数}\times\text{某场景下的事故占比}\div\text{某场景的出现频率}\end{aligned}$$

$P_{\text{maximum accepted occurrence}}$ 既是人类驾驶员的碰撞发生概率, 也是 SOTIF 验证的安全性目标, 当自动驾驶汽车风险小于人类驾驶员时即认为通过验证. 公式中的相关参数可以参考德国交通事故数据统计 (BASt)[5] 和德国自然驾驶数据 (FOT-NET DATA)[6] 得到.

$P_{\text{collision}}$ 与 $P_{\text{maximum accepted occurrence}}$ 进行比较:

(1) 如果 $P_{\text{collision}} \leqslant P_{\text{maximum accepted occurrence}}$, 满足安全性评价目标要求, 然后进行自动驾驶安全性确认;

(2) 如果 $P_{\text{collision}} > P_{\text{maximum accepted occurrence}}$, 需对自动驾驶相关模块或算法进行修改, 再次计算自动驾驶汽车的事故安全风险.

7.2.1.4 安全性验证里程计算

在通过 SOTIF 安全性验证之后, 我们还需要进一步地通过实际路测以确认 SOTIF 安全性验证的有效性. 实际路测的验证里程与每一次事故发生需要的里程及自动驾驶汽车碰撞发生概率相关.

自然行驶环境中, 每一次特定场景下事故发生需要的里程:

$$C=\frac{NK}{AC_\alpha}$$

所以, 验证所需的期望里程为

$$D_{km} = P_{\text{collsion}}C$$

其中,

N——国内汽车保有量;

K——每辆车每年的平均行驶里程;

A——在特定功能场景下每年发生的碰撞事故个数;

C_{α}——置信因子, 置信因子越小越可靠.

7.2.1.5 验证里程分配

在得到期望验证里程后, 需要对验证里程中的出现场景进行分配, 在场景分配时需要考虑: 场景状态、道路属性、场景复杂度等要素, 按照自然驾驶环境不同属性场景发生的比例, 在期望里程中进行相应场景的分配, 如表 7.2 所示. 在分配好场景比例后, 应以实际路测为主封闭测试场及虚拟仿真测试为辅进行整车测试.

表 7.2 验证里程分配示意

场景出现时间类型	比例
白天	50%
夜间	35%
黄昏	15%
车速 (km/h)	比例
0~40	50%
40~80	40%
>80	10%
天气条件类型	比例
晴朗	65%
下雨	10%
雾气	5%
下雪	5%
阴天	15%

7.2.2 自动驾驶汽车预期功能安全验证案例

本案例首先根据自然驾驶数据定义测试场景并求得关键参数分布, 利用第 6 章加速测试方法中所介绍的重要度抽样实现场景加速生成. 对被测系统的预期功能安全进行认证测试, 提供测试场景的回访诊断功能, 可对被测系统进行迭代优化. 本技术路线的目的是测试自动驾驶车辆的预期功能安全.

7.2.2.1 确定功能场景

车辆的换道行为是一种基本的车辆运行行为, 对交通流的运行效率及安全有着重要影响. 统计数据表明, 有一大部分的交通事故都是由车辆的换道行为引起的. 其中, 其他车辆换道插入本车车道引起的交通事故占绝大多数. 因此, 换道插入行为是自动驾驶汽车安全性测试至关重要的一部分. 尤其是在我国特有的交通流环境中, 车辆的换道行为发生得更加频繁, 对自动驾驶汽车的安全性能影响更大. 本研究将以车辆的换道插入行为为例, 如图 7.3 所示, 在该功能场景下, 本车 (EgoCar) 前方会有其他车辆插入, 本车在前方车辆插入时会根据自动驾驶算法做出相应的决策.

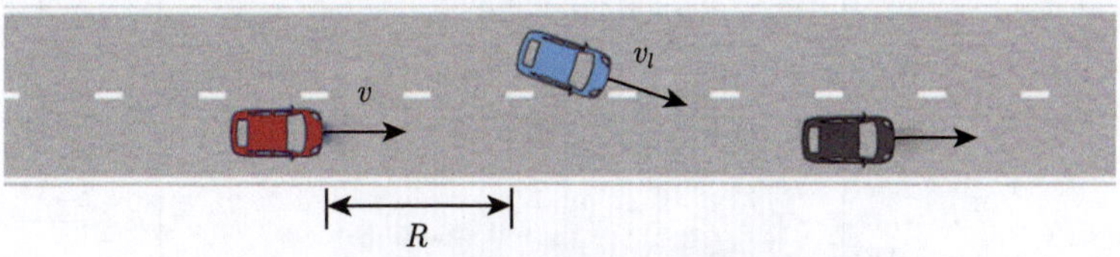

图 7.3 智能汽车前方被其他车辆插入场景

在确定了所研究的功能场景后, 需要对该场景下的关键参数分布进行统计. 对于一次换道插入事件, 有三个最为关键的变量影响这次换道插入的安全性, 这三个变量分别是: 前车速度 v_l、后车速度 v、前后车距离 R, 我们将这个三个变量作为换道插入场景的关键变量. 基于自然驾驶数据, 最终提取到 32104 条有效数据, 其中 403 条高风险场景数据. 所有提取场景关键参数取值的分布特征如图 7.4 至图 7.6 所示.

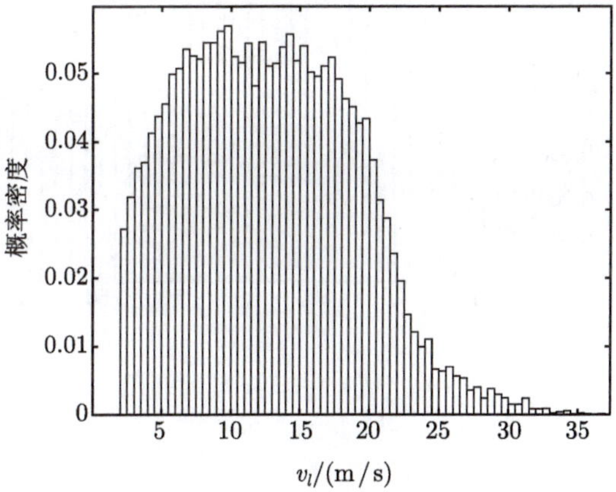

图 7.4 换道车辆速度 v_l 分布图

7.2.2.2 虚拟仿真测试

得到功能场景的关键参数分布后, 通过加速测试方法生成 55000 组具象测试场景, 使用 C 语言控制仿真软件 VTD 中 (图 7.7) 进行不同场景下的测试实验, 统计计算相对半宽 (测试收敛指标) 和碰撞风险. 测试结果显示在对 55000 组具象场景进行测试后, 智能汽车在前方插入车辆的场景中出现频率的相对半宽小于阈值 0.2, 测试结果达到收敛; 碰撞概率收敛在 $P_{\text{collision}} = 3.2\times10^{-7}$, 结果如图 7.8 所示.

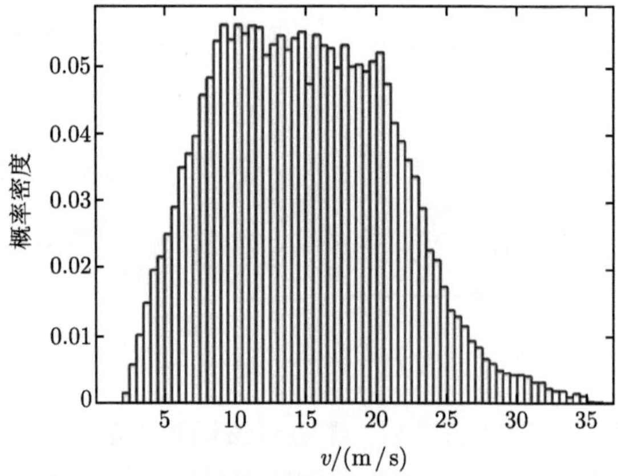

图 7.5 测试车辆速度 v 分布图

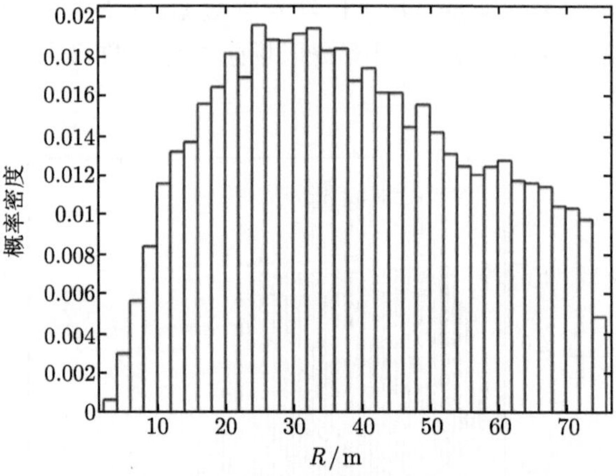

图 7.6 前后车距离 R 分布图

7.2.2.3 安全性认证

SOTIF 认证目标是自动驾驶车辆不能暴露在高于人类驾驶情况下可接受的碰撞风险下. 以德国驾驶人统计数据为参考依据, 统计德国交通事故概率 [5,6], 进行安全性对比, 可以得到以下实际统计数据:

总伤亡事故率 = 0.13 事故数/百万车公里;

插入事故占总事故比例 = 16%;

插入场景出现频率 = 0.1992 插入事故数/车公里;

* 数据来源: Traffic and Accident Data Summary Data-Germany BASt.

计算出人类驾驶员在前方车辆插入场景下的事故率:

$$
\begin{aligned}
& P_{\text{maximum accepted occurrence}} \\
& = \text{总受伤事故率} \times \text{插入事故百分比} \div \text{插入事件出现频率} \\
& = 1.04 \times 10^{-7}
\end{aligned}
$$

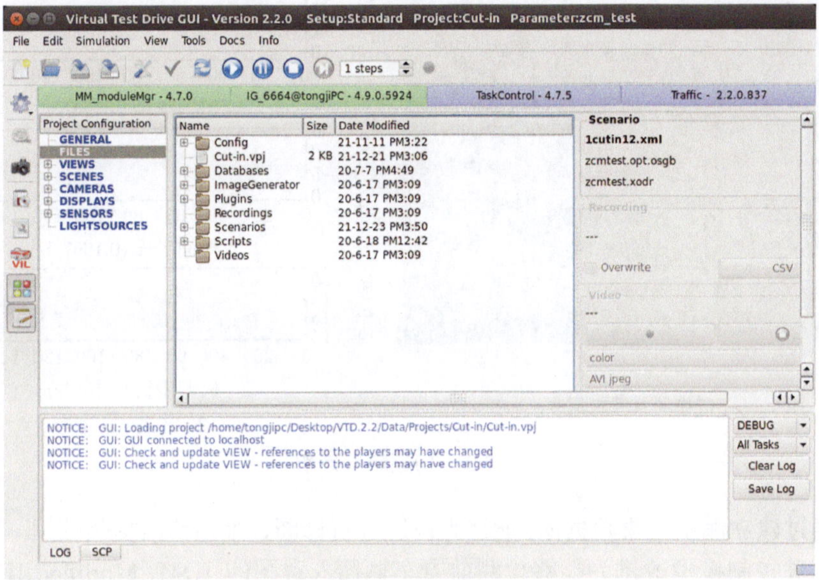

图 7.7 仿真测试界面

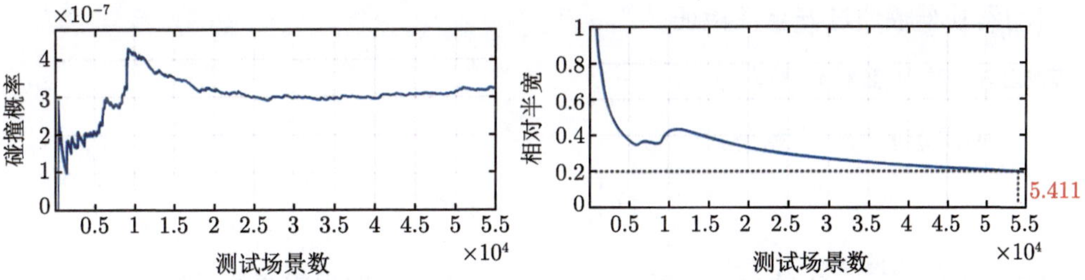

(a) 碰撞概率随测试场景数量的变化 (b) 相对半宽随测试场景数量的变化

图 7.8 测试收敛指标随测试数量的变化

在得到自动驾驶车辆在仿真实验中的碰撞概率和实际环境下人类驾驶员的碰撞概率后, 进行对比可知:

$$P_{\text{collision}} > P_{\text{maximum accepted occurrence}}$$

安全性验证未通过.

7.2.2.4 问题诊断及修正

在仿真虚拟测试的过程中, 会将所有场景的测试数据自动保存到数据库中, 将每一场景的参数组合、测试结果、状态参数、风险定位存储到数据库中. 通过对数据库的查询, 可以定位高风险场景, 并且在仿真环境中进行该场景的回放, 如图 7.9 所示.

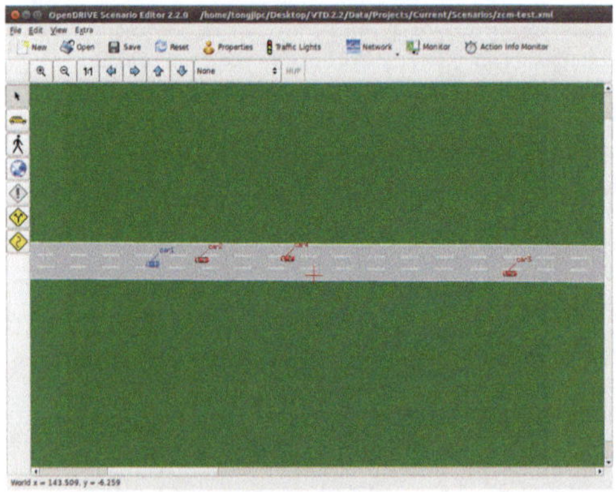

(a) 碰撞场景回放示意

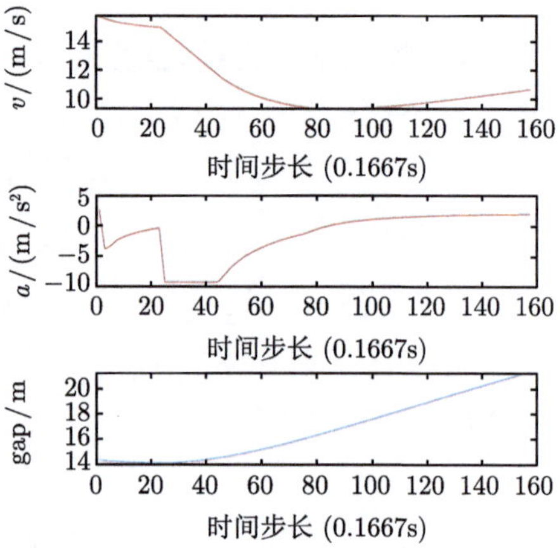

(b) 场景状态参数

图 7.9 问题定位诊断

通过建立测试结果数据库, 能够为问题分析诊断、模型修改提供依据, 我们将自动驾驶控制模型改进为能够检测前方车辆插入意图的 IDM, Modified-IDM 在插入场景下的碰撞概率为 $P_{\text{collision}}= 1\times10^{-7}$, $P_{\text{collision}}<P_{\text{maximum accepted occurrence}}$, 自动驾驶车辆通过安全性验证.

7.2.2.5 验证里程计算与分配

根据验证里程计算公式:

$$D_{\text{km}} = P_{\text{collsion}}C$$

其中, $C = \dfrac{\text{NK}}{AC_\alpha}$. C 的含义为每一次特定场景下事故发生需要的里程.

$\text{NK} = 642.4\times10^3$辆百万公里;

$A = 3350$;

$C_\alpha = 0.25$.

求得 $D_{\text{km}} = 76.8\,\text{km}$, 将 D_{km} 按照实际场景出现分布进行分配, 结合实际路测与封闭园区测试的方式进行 SOTIF 安全性验证确认.

7.3 自动驾驶汽车拟人化交互能力评价

当前, 美国加利福尼亚州的自动驾驶汽车公开道路测试中, 自动驾驶汽车相关事故已被人类驾驶员追尾占主导, 占比达 57%[7]. 自动驾驶汽车与人类驾驶行为的异质性而引发的自动驾驶汽车“驾驶”意图可解读性低是事故主要致因. 因此, 针对人机混行条件下, 自动驾驶汽车“自主驾驶”行为是否符合人类驾驶员的认知规律和交通系统的既有驾驶行为交互规则是交互能力的评价重点. 然而, 自动驾驶汽车交互能力的量化评价面临诸多挑战: 相同测试场景, 自动驾驶汽车的差异化自主决策行为的评比缺乏参考基准; 差异化测试场景, 自动驾驶汽车的行为波动特征如何集计评价等.

既有针对自动驾驶汽车的交互能力研究集中于特点场景层面: Yu 等则提出了驾驶场景复杂度的量化评价方法 [8]; Hecker 等通过对自动驾驶汽车“驾驶”任务的分类和复杂度分级, 提出了以人类驾驶行为作参照的评价方法 [9]. 在驾驶任务层面开展能力的综合评价仍待解决. 此外, 为提升自动驾驶汽车“驾驶”意图的可解读性, Waymo 等运用机器学习算法, 使智能汽车向优秀人类驾驶员的驾驶行为学习和逼近, 以提升其“拟人化”程度. 然而, 如何量化自动驾驶汽车交互能力的“拟人化”水平是仍待解决的难题.

本节以人类驾驶群体的行为特征作为依据, 提出自动驾驶汽车拟人化交互能力评价方法 [10], 克服了自动驾驶汽车自主决策行为评价缺乏参考基准的难题, 技术路线如图 7.10 所示. 首先, 基于海量自然驾驶数据, 采用数据挖掘方法对测试场景进行分类分级. 其次, 针对不同驾龄、不同驾驶风格和风险偏好的驾驶人群体, 构建驾驶行为特征库. 然后, 针对不同驾驶任务, 构建交互能力高维评价指标体系. 最后, 从行为对比视角切入, 构建自动驾驶汽车交互能力的定量评价方法.

7.3.1 交互能力评价指标

为刻画自动驾驶汽车的交互能力, 需首先构建评价指标体系, 即从安全性、稳定性、舒适性或高效性等维度反映特定驾驶任务的交互能力. 本部分针对 4 类典型驾驶任务, 包括跟驰、换道、穿越、混行等, 进行常用评价指标的介绍.

7.3.1.1 跟驰能力评价指标

跟驰能力的评价指标包括期望反应时间 (DRT) 和被插入频率 P_{ci}.

DRT 是驾驶人在跟驰过程中预留的处理突发情况的反应时间 (图 7.11).

DRT 的计算方法如下

$$\tau_d = \frac{G_f - G_s}{v_e} = \frac{D_e - D_l}{v_e}$$

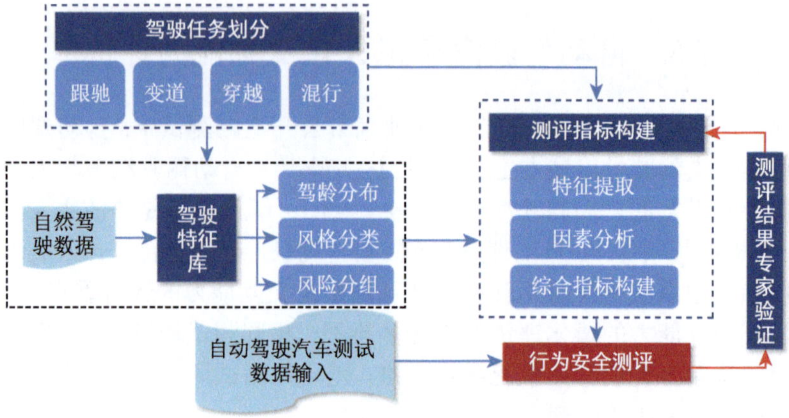

图 7.10 交互安全评估技术路线

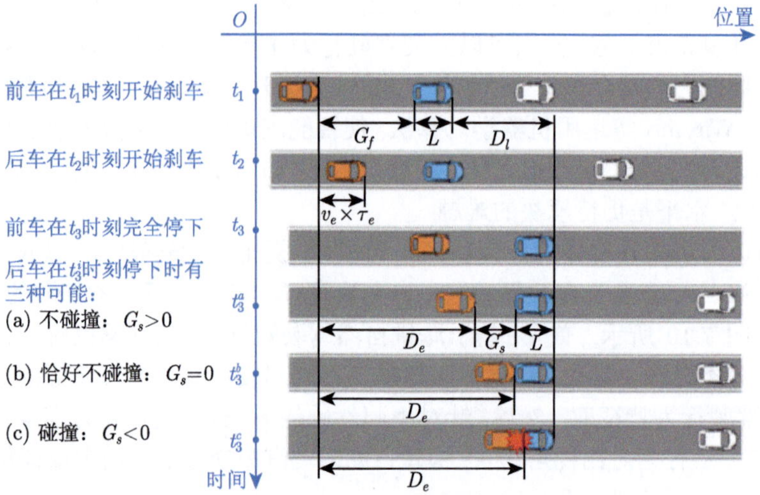

图 7.11 DRT 计算说明

式中, τ_d 为 DRT, G_f 为后车的跟驰间距, G_s 为后车完全停下时与前车的距离, v_e 为后车车速, D_e 为后车在实际反应时间下的刹车距离, D_l 为前车刹车距离. D_e 和 D_l 的计算方法分别如下

$$D_e = v_e \times \tau_e + \frac{v_e^2}{2b_e}$$

$$D_l = \frac{v_l^2}{2b_l}$$

式中, v_e 为后车车速, τ_e 为后车实际反应时间, b_e 为后车刹车时的减速度, v_l 为前车车速, b_l 为前车刹车时的减速度.

表示距离的参数 G_f, G_s, D_e, D_l 之间的关系为

$$G_f + L + D_l = D_e + G_s + L$$

$$G_f - G_s = D_e - D_l$$

式中, L 为前车车长.

在跟驰过程中, DRT 的大小与驾驶人的个人特征有关, DTR 越小, 说明该驾驶人为处理突发状况预留的反应时间越短, 驾驶行为越激进. 与传统的安全指标 TTC 相比, DRT 能更好地描述后车速度小于前车时跟驰的安全性. 因此, 选取 DRT 作为跟驰能力的评价指标之一.

$P_{\rm ci}$ 是车辆在稳定跟驰状态下, 单位跟驰距离内被其他车辆在车前插入的次数. $P_{\rm ci}$ 的计算方法如下

$$P_{\rm ci} = N_{\rm ci}/D_{\rm cf}$$

式中, $N_{\rm ci}$ 为车辆在稳定跟驰行程中被插入的次数, $D_{\rm cf}$ 为稳定跟驰的里程数.

$P_{\rm ci}$ 可以直观地反映驾驶人或自动驾驶汽车跟驰能力的高低, $P_{\rm ci}$ 高, 说明后车在跟驰过程中跟驰距离过大或后车根据前车的行为变化进行调整的能力差, 不能较好地完成跟驰任务, 跟驰能力差. 因此, 选取被插入频率作为跟驰能力的评价指标之一.

7.3.1.2 换道能力评价指标

换道能力的评价指标包括后车最大协作加速度 a_c、换道持续时间 $t_{\rm lc}$、换道成功率 $P_{\rm lc}$ 和换道平顺性.

后车最大协作加速度 a_c 指在换道过程中, 由于换道车辆的插入, 在保证安全的情况下, 后车能达到的最大加速度, 即恰好不发生碰撞的后车加速度 (图 7.12).

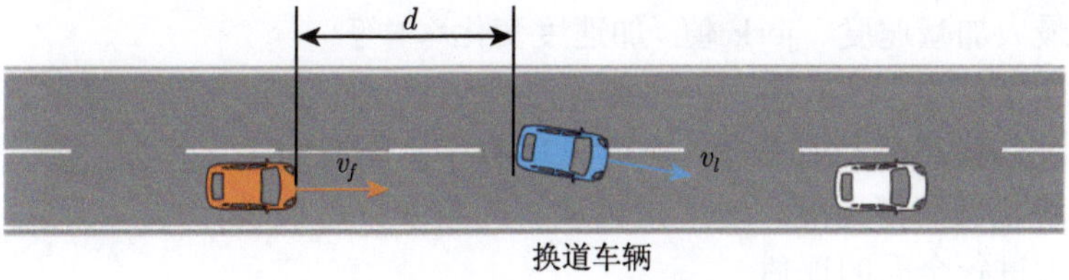

图 7.12 后车最大协作加速度相关参数示意

后车最大协作加速度 a_c 的计算方法如下

$$a_c = 2 \times \frac{d + v_l t_l - v_f t_l}{t_l^2}$$

式中, d 为后车与换道车辆的间距, v_l 为换道车辆的速度, t_l 为换道执行所需的时间, v_f 为后车的速度.

换道持续时间 $t_{\rm lc}$ 为换道车辆执行换道行为所需的时间, 即从车辆产生换道动机到车辆完成换道的时间 (图 7.13).

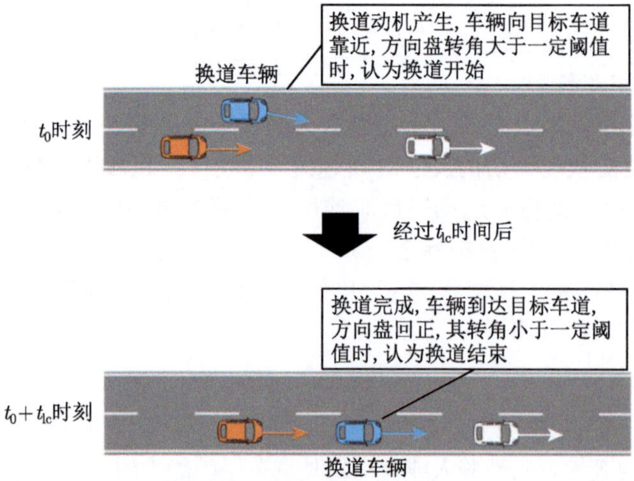

图 7.13 换道持续时间示意图

换道成功率 $P_{\rm lc}$ 指换道车辆在间隙选择过程中, 成功选择接受间隙并执行换道的概率. 换道成功率 $P_{\rm lc}$ 的计算方法如下

$$P_{\rm lc} = n_{\rm lc}/n_{\rm lgap}$$

式中, $n_{\rm lc}$ 为换道成功的次数; $n_{\rm gap}$ 为车辆在换道间隙选择过程中, 遇到的所有大于接受间隙的间隙数.

换道平顺性指在换道过程中, 换道车辆行驶的平顺性, 包括整个过程中的速度波动、最大加减速度、jerk 值 (加速度变化率) 等.

在四个指标中, 后车最大协作加速度评估换道车辆对其他车辆的影响, 换道持续时间评估换道的执行效率, 换道成功率评估换道的决策行为, 换道平顺性评估换道的稳定性和舒适度. 四个指标从不同角度评估换道行为, 从而对换道车辆的换道能力进行全面的评估.

7.3.1.3 穿越能力评价指标

穿越能力的评价指标包括对向直行车最大协作加速度 a_t、穿越等待时间 t_w、穿越成功率 $P_{\rm crs}$ 和穿越平顺性.

对向直行车最大协作加速度 a_t 指穿越过程中, 在保证安全的情况下, 与穿越车辆存在冲突的对向直行车能到达的最大的加速度, 即恰好不发生碰撞的对向直行车加速度 (图 7.14).

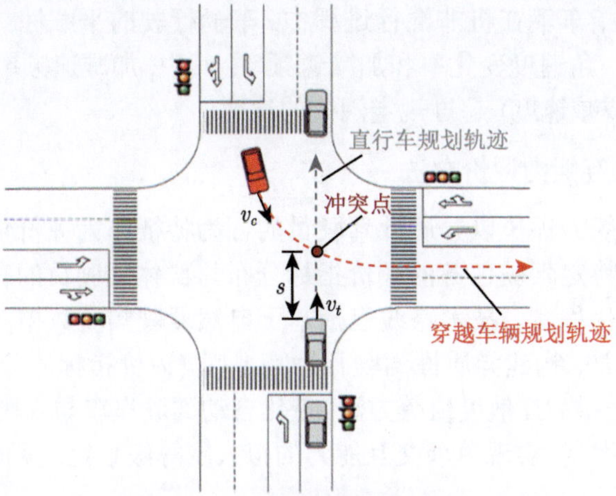

图 7.14 交叉口穿越能力示意

对向直行车最大协作加速度 a_t 的计算方法如下

$$a_t = 2 \times \frac{s - v_t t_c}{t_c^2}$$

式中, s 为对向直行车到冲突点的距离, v_t 为对向直行车辆的速度, t_c 为穿越车辆到达冲突点所需的时间.

穿越等待时间 t_w 指穿越车辆从停止或极低速度行驶等待直行车辆通过到开始加速穿越所需的时间.

穿越成功率 P_{crs} 指穿越车辆在间隙选择过程中, 成功选择接受间隙并执行穿越行为的概率. 穿越成功率 P_{crs} 的计算方法如下

$$P_{\text{crs}} = n_{\text{crs}} / n_{\text{cgap}}$$

式中, n_{crs} 为穿越成功的次数; n_{cgap} 为车辆在穿越间隙选择过程中, 遇到的所有大于接受间隙的间隙数.

穿越平顺性指穿越过程中, 穿越车辆行驶的平顺性, 包括穿越过程中的最大加减速度、加速度变化率和角速度变化率.

7.3.1.4 混行能力评价指标

混行能力的评价指标包括与非机动车冲突率 P_{non} 和混行平顺性.

与非机动车冲突率 P_{non} 指在单位混行距离内与非机动车的冲突次数, 计算方法如下

$$P_{\text{non}} = N_{\text{cnf}} / D_{\text{mix}}$$

式中, N_{cnf} 为车辆在机非混行 (机动车和非机动车混合行驶) 过程中与非机动车产生冲突的次数, D_{mix} 为混行行驶的里程数.

混行平顺性指车辆在机非混行过程中, 车辆行驶的平顺性, 包括混行过程中的最大加减速度、角速度变化率和加减速频率. 其中, 加减速频率指单位混行距离内车辆加速度 (或减速度) 超过规定阈值的次数.

7.3.2 拟人化交互能力评价方法

拟人化交互能力评价以异质性驾驶员的行为特征作为评价依据, 即通过对比自动驾驶汽车在特定驾驶任务的评价指标分布与群体驾驶员的行为分布, 基于相似度确定其拟人化程度. 技术路线包括基于自然驾驶实验数据, 应用非监督学习 (如聚类算法) 算法, 构建异质性驾驶行为特征库 (评价指标的分布特征); 随后针对各驾驶任务, 采用 KL 散度值等方法, 量化自动驾驶汽车与人类驾驶行为的评价指标分布差异化程度, 实现单项交互能力的拟人度等级划定. 具体方法如下.

7.3.2.1 指标分布差异对比和量化

指标分布差异通过 KL 散度 [11] 和奖励惩罚函数进行量化. KL 散度是用于度量两个分布之间差异性的统计学指标, 假设有两个离散变量的概率分布 $p(x)$ 和 $q(x)$, KL 散度 $D\left(p\|q\right)$ 可表示为

$$D\left(p\|q\right)=\sum_{x}p\left(x\right)\cdot\log\left(\frac{p\left(x\right)}{q\left(x\right)}\right)$$

为增加区分度, 同时进一步增加分级方法的合理性, 加入奖励惩罚函数. 假设有两个离散变量的概率分布 $p(x)$ 和 $q(x)$, 带奖励惩罚函数 (PR 函数) 的 KL 散度 $D_{\mathrm{PR}}\left(p\|q\right)$ 可表示为

$$D_{\mathrm{PR}}\left(p\|q\right)=\sum_{x}p\left(x\right)\cdot\log\left(\frac{p\left(x\right)}{q\left(x\right)}\right)\cdot f_{\mathrm{PR}}\left(x\right)$$

$$f_{\mathrm{PR}}\left(x\right)=\begin{cases}k_1\cdot x+b_1, & x\leqslant x_{\mathrm{rcm}},\\ k_2\cdot x+b_2, & x>x_{\mathrm{rcm}}\end{cases}$$

式中, $f_{\mathrm{PR}}\left(x\right)$ 为奖励惩罚函数, k_1, k_2, b_1, b_2 为线性函数的参数.

$D_{\mathrm{PR}}\left(p\|q\right)$ 越小, 说明其对应的分布与总体样本的差异越小, 在推荐值处的概率分布越高, 对应的驾驶能力越高.

7.3.2.2 通过概率密度确定每项能力得分

计算自动驾驶汽车和单个人类驾驶员的 $D_{\mathrm{PR}}\left(p\|q\right)$, 然后通过单个人类驾驶员的 $D_{\mathrm{PR}}\left(p\|q\right)$ 确定对应的 KL 散度概率累积分布曲线. 通过概率累积分布曲线, 可以确定所有样本占全体人类驾驶员百分位数, 进行打分.

7.3.3 拟人化交互能力评价案例

本案例 [10] 以跟驰场景为研究对象, 基于上海市自然驾驶数据建立驾驶行为谱, 对仿真软件 VTD 中自带的三种不同驾驶风格的自动驾驶控制算法进行交互安全评估.

7.3.3.1 数据描述与场景获取

本研究中使用的自然驾驶数据共包括五种类型的数据: GPS 数据、CAN 数据、雷达数据、视频数据和驾驶人个人特征数据. 数据收集区域是上海市区地面道路及城市快速路. 自然驾驶数据集包含约 300000 公里内的 18248 次出行, 共有 53 个不同驾驶人的驾驶数据组成. 从自然驾驶数据集中提取前方车辆和跟驰车辆的轨迹数据, 共提取了 53 位驾驶人的 48915 次跟驰场景片段. 基于 IDM 中的三个关键参数 (跟驰车辆的速度, 跟驰车辆与前方车辆之间的速度差, 跟驰车辆与前方车辆之间的距离) 表征跟驰片段下每个时刻的跟驰状态, 分别统计了三个参数的分布 (图 7.15). 除了用于标定每个驾驶人的代理驾驶模型 (IDM) 的跟驰场景外, 随机选择了 1000 个场景作为跟驰交互安全评估场景.

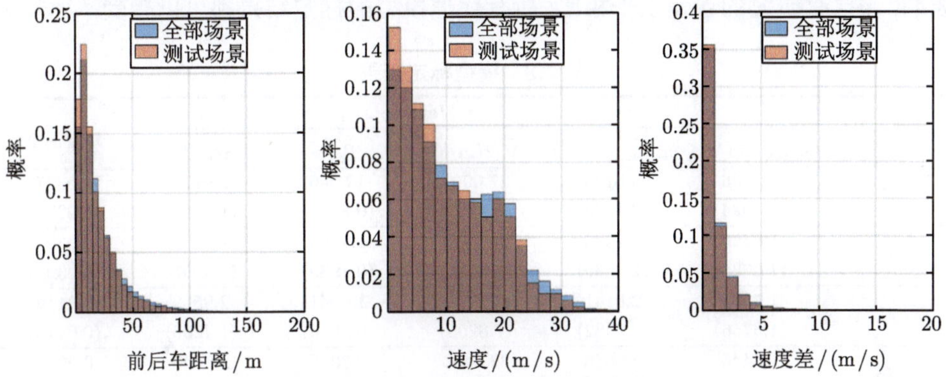

图 7.15 测试场景和全部场景的参数分布对比

本案例在 Virtual Test Drive (VTD) 仿真软件中实现自动驾驶的交互安全评估. VTD 是一款自动驾驶仿真软件, 可以实现三维对象生成、复杂交通场景仿真、传感器仿真和其他一些功能, 被广泛应用于汽车和交通工程领域.

在 VTD 中使用标准地图和方案文件 (即 OpenDRIVE 和 OpenSCENARIO) 的输入方法重现了 1000 个跟驰交互安全评估场景. VTD 中的三种不同类型的驾驶行为风格 (即默认驾驶风格、活跃驾驶风格和舒适驾驶风格) 被视为三种不同的自动驾驶控制算法. 我们实际上并不需要深入了解这些自动驾驶决策算法的细节, 基于现有的决策算法, 在 1000 个测试场景中完成跟驰任务后, 就可以评估这三个自动驾驶算法的交互安全性.

7.3.3.2 评价指标计算

在本跟驰场景研究案例下, 期望反应时间 (DRT, 请见 7.3.1 节) 被选择为跟驰交互安全评估指标. 为了保证不同驾驶人或者自动驾驶算法的测试结果可比性, 需要保证每个被测对象在相同的场景下进行测试评估, 所以本案例采取标定代理模型 (IDM) 来表征不同驾驶人的跟驰行为.

标定模型的目标函数如公式所示

$$\varepsilon_{\text{model}} = \frac{\sqrt{\sum_t [S_n^{\text{obs}}(t) - S_n^{\text{sim}}(t)]^2}}{\sqrt{\sum_t [S_n^{\text{obs}}(t)]^2} + \sqrt{\sum_t [S_n^{\text{sim}}(t)]^2}} + \frac{1}{2}\frac{\sqrt{\sum_t [v_n^{\text{obs}}(t) - v_n^{\text{sim}}(t)]^2}}{\sqrt{\sum_t [v_n^{\text{obs}}(t)]^2} + \sqrt{\sum_t [v_n^{\text{sim}}(t)]^2}}$$

其中, $S_n^{\text{obs}}(t)$ 和 $S_n^{\text{sim}}(t)$ 为 t 时刻的真实距离和计算距离, $v_n^{\text{obs}}(t)$ 和 $v_n^{\text{sim}}(t)$ 为 t 时刻跟驰车辆的实际速度和计算速度.

根据此目标函数, 遗传算法 (GA) 用于标定每个驾驶人的代理模型. 总共对 53 位驾驶人的 IDM 进行了标定. 表 7.3 中显示了 8 位驾驶人的标定结果. 结果表明, 与已有研究的误差水平相比, 所有代理模型的标定结果都可以接受.

表 7.3　模型标定结果

驾驶人 ID	Mean (SD)					标定误差
	$a_{\max}/(\text{m/s}^2)$	$a_{\text{comf}}/(\text{m/s}^2)$	$\widetilde{V_n}/(\text{m/s})$	$\widetilde{T_n}/\text{s}$	S_{jam}/m	
3	1.7486 (1.4924)	3.3163 (2.1923)	27.6901 (8.1239)	1.3980 (0.8356)	2.9734 (1.4287)	0.0377 (0.0275)
17	1.8440 (1.6738)	2.7680 (2.2589)	26.9313 (8.4134)	1.4609 (0.7939)	2.8432 (1.3991)	0.0397 (0.0321)
21	1.7384 (1.6766)	2.8141 (2.2482)	27.7899 (7.8205)	1.6041 (0.9615)	2.9592 (1.4206)	0.0419 (0.0410)
28	1.6445 (1.4672)	3.6690 (2.1108)	27.7493 (8.9228)	0.7085 (0.7115)	2.5620 (1.3248)	0.0602 (0.0576)
37	1.7145 (1.6522)	3.6448 (2.2093)	29.3156 (7.8297)	1.0022 (0.9652)	2.8785 (1.5202)	0.0610 (0.0527)
39	1.6039 (1.7121)	3.5053 (2.2355)	31.0814 (6.7904)	0.9897 (1.0086)	2.3797 (1.4066)	0.0339 (0.0307)
44	1.6461 (1.5732)	3.1299 (2.1848)	27.0328 (7.8064)	1.0286 (0.7068)	2.6409 (1.3225)	0.0463 (0.0441)
52	1.7311 (1.5334)	3.0165 (2.2859)	27.8267 (7.9734)	1.3385 (0.6694)	2.7236 (1.3425)	0.0329 (0.0248)

基于以上 53 位驾驶人代理模型的标定结果, 在 1000 个跟驰评估场景中进一步评估这些驾驶人的跟驰交互安全. 计算了 53 位驾驶人的 DRT 分布. 图 7.16 分别显示了 8 位驾驶人 DRT 分布和人类驾驶员的整体 DRT 分布.

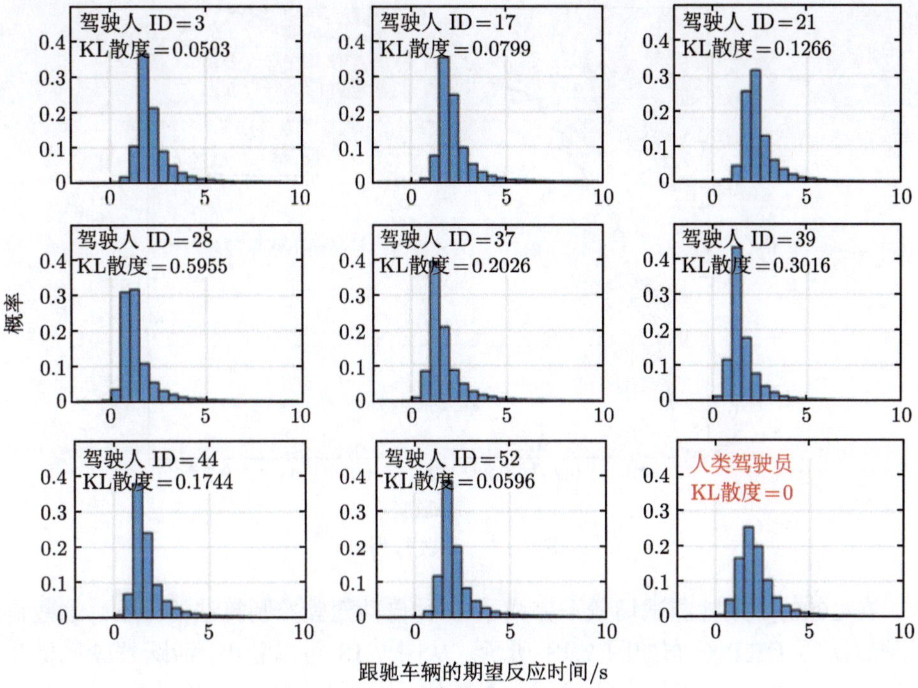

图 7.16 8 位驾驶人 DRT 分布和人类驾驶员 DRT 整体分布

7.3.3.3 交互能力定量评价

计算了 53 位驾驶人 DRT 分布对于人类整体 DRT 分布的 KL 散度. 驾驶人 3 和驾驶人 52 的 KL 散度分别为 0.0503 和 0.0596. 与驾驶人 52 相比, 驾驶人 3 的驾驶行为与人类整体分布更相似. 根据图 7.16 中 8 位驾驶人 DRT 分布的 KL 散度, 可以相应地对 8 位驾驶人的交互安全性进行排序: 驾驶人 3, 驾驶人 52, 驾驶人 17, 驾驶人 21, 驾驶人 44, 驾驶人 37, 驾驶人 39, 驾驶人 28.

53 位驾驶人 KL 散度的累积频率用于表示驾驶人交互安全性的排名. 共有 53 位驾驶人, 每位驾驶人的频率为 $1/53 = 0.0189$. KL 散度的累积频率曲线如图 7.17 所示. 累积频率曲线被视为驾驶行为谱.

VTD 仿真软件可以设置不同风格的自动驾驶控制算法. 用户可以通过一些待修改特征来修改自动驾驶算法风格, 例如期望速度、期望加速度、期望减速度等. VTD 中有三种预设驾驶风格: 默认驾驶风格、舒适驾驶风格和活跃驾驶风格. 默认驾驶风格代表标准的平均驾驶特征. 舒适驾驶风格代表更保守的特征, 活跃驾驶风格代表更激进的特征. 由于控制算法的具体物理含义未知, 因此, 本研究将这三种驾驶风格类型视为黑匣子, 仅需要评估这三种不同的自动驾驶控制算法.

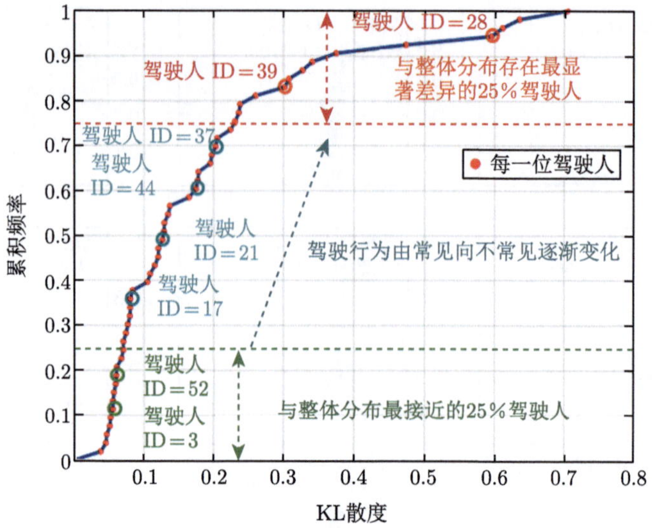

图 7.17 驾驶行为谱

在 1000 个跟驰测试场景下完成了 3 种自动驾驶控制算法的评估. 这些自动驾驶算法的 DRT 分布如图 7.18 所示. 从图 7.18 可以看出, 活跃驾驶风格和默认驾驶风格的 DRT 分布与人类驾驶员整体分布更为相似. 活跃驾驶风格的 DRT 大多低于 2s. 这表明活跃驾驶风格表现得更加积极. 舒适驾驶风格的 DRT 通常高于 2s. 这表明舒适驾驶风格表现更为保守.

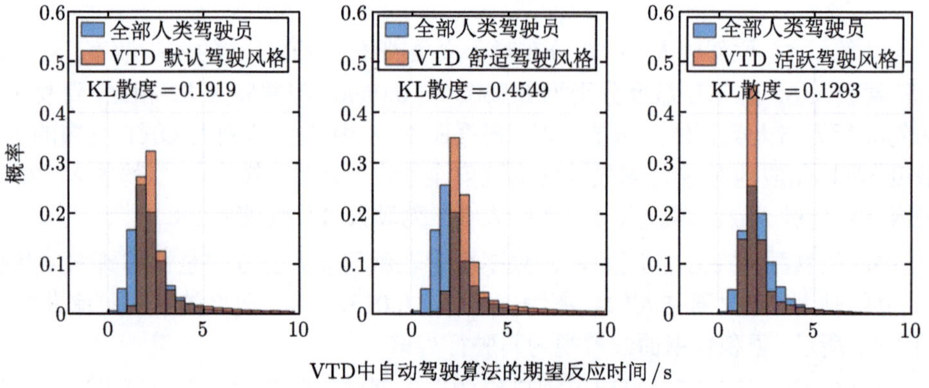

图 7.18 三种不同自动驾驶算法的 DRT 分布

本节分别计算了三种不同自动驾驶算法对人类驾驶员 DRT 整体分布的 KL 散度. 默认驾驶风格的 KL 散度为 0.1919. 以驾驶行为谱为参考 (图 7.19), 默认驾驶风格的交互能力优于 35%的人类驾驶员. 舒适驾驶风格的 KL 散度为 0.4549, 其交互能力仅优于 8%的人类驾驶员. 活跃驾驶风格的 KL 散度为 0.1293, 其交互能力优于 55%的人类驾驶员. 根据上海自然驾驶数据, 这种更具侵略性的驾驶行为更容易被人类驾驶员理解, 过于保守的驾驶行为则不会被驾驶人轻易理解.

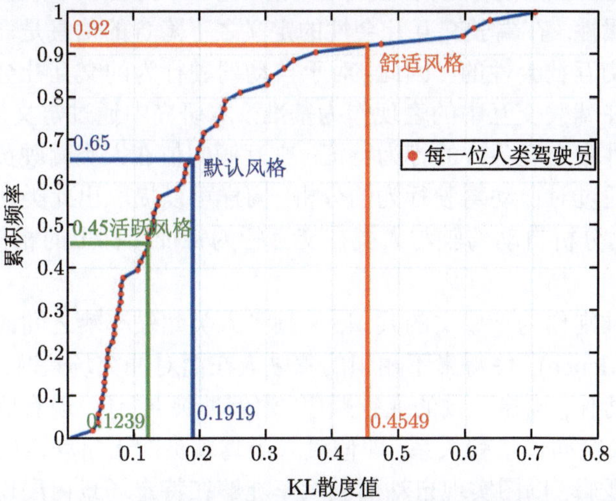

图 7.19 三种自动驾驶算法交互安全评估结果

7.4 自动驾驶交互社会性评价

随着自动驾驶汽车在常规道路上的出现和逐渐普及, 人类驾驶汽车和自动驾驶汽车之间的交互愈渐频繁. 然而, 受限于当前的技术发展, 自动驾驶汽车在与人类驾驶员交互的过程中, 往往无法有效理解人类驾驶交互过程中的社会性, 从而表现出异常的驾驶行为. 这类异常的驾驶行为不仅会激发人类驾驶员的路怒情绪, 还往往会使得人类驾驶员难以理解自动驾驶汽车的行为, 进而造成潜在的安全隐患. 现阶段, 自动驾驶汽车在人机混驾环境中的驾驶行为呈现出明显的“社会性”不足, 尚无法有效理解和应对人类驾驶员在交互中的驾驶行为 [12,13]. 自动驾驶汽车拟人性缺失所导致的怪异行为, 更多时候虽未直接导致碰撞事故, 但同样影响了伴行的人类道路使用者对自动驾驶技术的接受度和信任度 [14]. 为了推动自动驾驶技术的进一步发展和应用, 具备“社会性”的自动驾驶设计成了现阶段的重要挑战 [15]. 针对这一问题, 本节首先介绍了冲突场景中的交互行为模型. 然后, 在博弈交互框架下, 探讨了交互事件中驾驶行为社会性的量化评价方法.

7.4.1 驾驶交互社会性相关研究

7.4.1.1 驾驶交互社会性定义

人类驾驶员面对交互事件时, 除了遵循交通法规, 往往遵循着长期以来潜在的互认的驾驶社交准则 (Social Rituals)[16,17], 从而可以在无信息交互的情况下快速达成一致的交互结果. 对于自动驾驶而言, 这种交互准则即是衡量其交互社会性的潜在要素. 自动驾驶的交互社会性, 即自动驾驶个体在应对驾驶交互事件时的行为选择序列与人类伴行者预期行为之间的相似性, 是行驶于人类伴行环境时的一种驾驶行为属性. 在驾驶交互社会性的定义之下隐含的信息是：人类的驾驶行为是具有最高交互社会性的. 因此, 对于自动驾驶行为的交互社会性的评估可以以人类驾驶员在驾驶交互中的表现作为基准. 本研究中通过定义交互倾向值, 量化驾驶交互事件中交互各方的行为特征. 交互倾向值在人类驾驶员群体中存在着特定的分布. 通过对自动驾驶行为的分析, 同样可以提取出此类交互行为特征指标, 即可以对比分析自动驾驶与人类在交互行为特征指标上的相似性, 亦即交互社会性.

驾驶社交准则作为不成文的共识, 刻画了人类驾驶车辆之间的动作依赖关系 (Action Dependence), 使得素不相识的驾驶人在面对冲突场景时, 可以通过交互动作逐渐达成协作, 构建一致的通行顺序, 消解冲突 [18,19]. 现有研究的开展过程中, 往往给定人机动作依赖关系, 即假设人类驾驶员对于自动驾驶汽车行为的响应遵从固定的逻辑, 以图实现自动驾驶汽车能够在特定场景内展现出与人类驾驶员相似的驾驶行为. 由于驾驶人的驾驶交互行为表达在单一场景中存在一定的普遍特征, 通过抽取这些特征并据此构建动作依赖关系就可以较好地表达交互行为逻辑, 因此, 上述研究思路可以在特定场景中获得良好的表现, 但却难以在不同场景间获得通用的决策方法. 此类研究本质上规避了交互式决策研究中的一个核心问题, 即对于符合社交准则的驾驶交互行为的定量描述.

为了在人机混驾的交通环境中安全行驶, 自动驾驶汽车的决策机制同样需要遵循这些驾驶社交准则, 从而表现出交互社会性. 这对自动驾驶汽车的决策方法设计提出了以下要求：

(1) 在决策过程中不仅需要考虑环境状态对其决策行为产生的约束, 同时要考虑决策结果对环境动态 (Environmental Dynamics) 的潜在响应;

(2) 自动驾驶汽车对伴行者行为的估计应当符合驾驶社交准则, 从而正确认知伴行者的交互行为;

(3) 自动驾驶汽车对伴行者行为的响应应当符合驾驶社交准则, 从而保证自身的交互行为可被理解.

上述三点即为评价自动驾驶行为是否具备.

7.4.1.2 驾驶交互行为模型

驾驶交互在不同领域研究中的定义不尽相同 [20-22], Markkula 等 [23] 对此进行了梳理, 并提出了一种跨领域适用的驾驶交互场景定义: 至少两位道路使用者的行为 (被认为) 受到时空冲突影响的场景. 相较于诸如跟驰、换道等单体行为的建模, 交互行为建模的差异在于其建模对象为存在交互关系的多个个体 [21] (图 7.20). 由于多个个体的行为在交互过程中相互影响, 因此交互行为模型不仅需要刻画单体行为的因果关系, 还须包括个体之间行为的相互依赖关系. 现有研究中, 对上述关系的构建方法包括深度学习、联合概率分布和博弈论等.

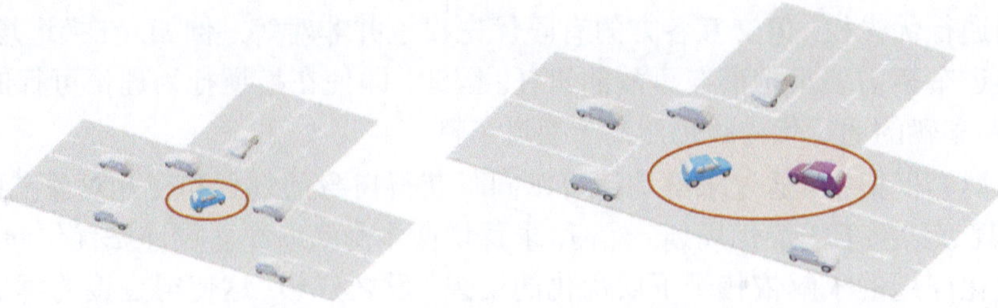

(a) 单体行为 (b) 交互行为

图 7.20 行为建模的对象

通过深度学习可以从人类驾驶数据中提取驾驶交互行为的特性, 并以神经网络为载体实现行为的模拟和复现. 基于这一思路的典型方法包括了长短时记忆神经网络 (Long Short-Term Memory (LSTM) Network)[24]、生成式对抗网络 (Generatic Adversarial Network, GAN)[25,26]、注意力机制 (Attention Mechanism)[27,28]、图神经网络 (Graph Neural Network, GNN)[29]、编码解码器 (Encoder-Decoder)[30], 以及将驾驶人假设为最优控制器的逆最优控制 (Inverse Optimal Control, IOC)[31]. 此类方法得益于模型载体优良的解释能力, 通过隐式地构建个体间行为的依赖关系, 可以在轨迹预测任务中取得较好的效果. 但是, 由于监督学习在构建行为模型时, 往往将个体行为与环境状态的双向影响理解为环境状态到个体行为的单向映射, 而忽略了个体行为对环境状态的影响. 因而其所构建行为模型本质上仍是基于环境状态的反应行为, 而不是个体与环境的交互行为.

基于联合概率分布的交互行为建模思路假设驾驶交互事件中的所有个体以最优化群体有益为目标进行动作. 例如, Trautman 等 [32] 利用高斯过程 (Gauss Process) 构建了人–人以及人–机之间行动依赖关系, 实现了机器人在密集人流中安全运动. 此类方法的有效性依赖于两项重要假设：①个体动作服从模型设计者人为给定的交互个体的效用函数; ②所有个体均愿意为了集体效用而牺牲个体效用. 由于驾驶交互中决策者的效用构成高度复杂且交互驾驶事件具有明显的竞争性, 因此, 上述两个假设均难以在驾驶交互事件中成立, 故基于联合概率分布的方法虽然能够构建动作依赖关系, 但对于驾驶交互行为拟人化的描述还需通过引入概率模型以外的其他模型结构来实现.

博弈论的数理本质使得其能够有效描述理性决策者之间的冲突与合作行为.

此类研究不仅将驾驶人假设为最优控制器, 还将 “所有交互对象均为最优控制器” 这一信息设置为公共知识, 使得自动驾驶在决策过程中可以考虑自身行为对人类驾驶车辆的影响 [33,34]. 除了合作性的驾驶交互建模, 博弈论还可以用于描述诸如赛车、无人机竞速等的竞争性驾驶事件 [35], 这为描述人类驾驶环境中同样存在的道路资源竞争行为提供了启示. 在驾驶交互事件中, 参与交互的个体虽都不具备绝对的通行优先权, 但交互各方的有限优先权也并非对等. 例如, 在换道场景中, 由于换道车辆需要承担潜在事故的责任, 因此, 即使在换道行为理论可行的情况下, 主路车辆的通行优先级仍然高于换道车辆.

在博弈框架中, 通过求解均衡可以同时获得自身的规划和交互对象在此 (自身的) 规划结果下的最优规划. 然而, 求解均衡本身是一个多层递归优化问题, 即上层优化问题的求解依赖于下层优化的结果, 反之亦然, 这使得直接的解析求解难以实现. 现有研究中对于该问题的处理主要采用两种思路: 一是迭代最优回应 (Iterated Best Response, IBR) 法通过顺次迭代多层优化, 直至各层优化的解均趋于收敛 [36]; 二是基于 KKT 条件 (Karush-Kuhn-Tucker Conditions), 求取多层优化问题的局部等价, 从而将其划归为单层优化进行求解 [37].

7.4.2 博弈框架下的交互行为特征量化方法

驾驶交互过程中, 交互各方的行为对彼此的未来规划产生影响, 从而制约各方最优行为的可达性. 本节中采用博弈模型描述驾驶交互对象之间的动作依赖关系, 并据此构建一种驾驶交互行为特性的量化方法.

人类驾驶员或自动驾驶汽车的驾驶动作总体服务于两类目标：个体收益和集体收益. 个体收益主要来自仅取决于自车行为的目标, 例如推进驾驶进程、避免违反交通规则等; 集体收益则来自避免或减少与交互对象的冲突. 对于任一参与交互的车辆, 可以通过计算其实际驾驶轨迹中所反映出的对两类收益的追求程度, 来刻画该车辆的驾驶主体所呈现的交互行为特性. 本节中将介绍一种交互行为特性的量化指标——交互倾向值 (Interaction Preference Value, IPV).

7.4.2.1 *虚拟驾驶场景构建*

实际驾驶过程中, 任一参与交互的车辆 (以下记为 “主车”) 均可观察并记录伴行环境中的交互对象的历史行驶轨迹. 对于每一时刻 t, 主车可在实时仿真中构建虚拟驾驶场景, 其中包含：①与当前驾驶环境一致的虚拟驾驶环境 (道路结构、车道边界等); ②主车和交互对象的虚拟映射. 所构建的虚拟驾驶场景中的初始信息与真实场景中的实时信息保持一致. 在此基础上, 通过调整虚拟驾驶场景中交互对象的 IPV, 构建 N 个初始物理状态 (车身形态、位置、姿态、运动状态等) 相同但交互对象的交互社会性存在差异的虚拟驾驶场景副本 (图 7.21).

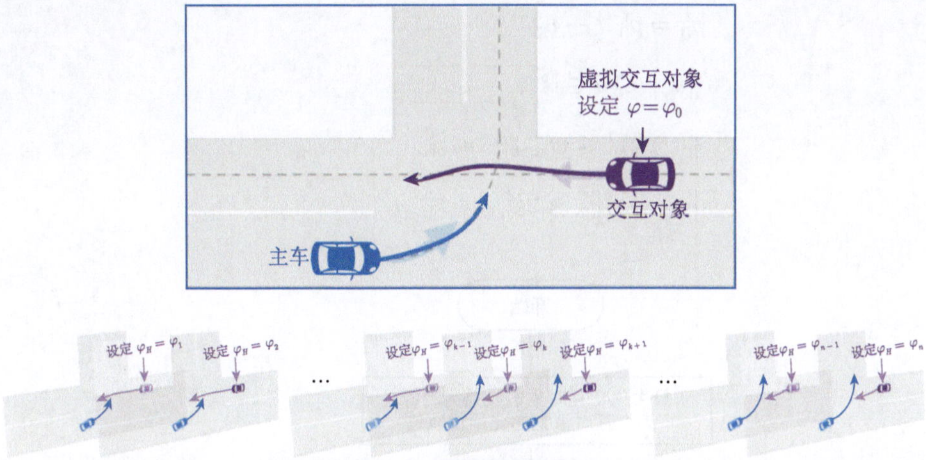

图 7.21 虚拟驾驶场景副本

7.4.2.2 驾驶交互的博弈求解

对于每一个虚拟驾驶场景副本, 以图 7.22 所示的流程对场景的演化结果进行计算. 具体包含以下步骤.

步骤 1: 以最大化交互对象的收益为目标, 为交互对象初始化最优轨迹 p_i^*. 交互对象的最优轨迹 p_i^* 的计算方式为

$$
\begin{aligned}
p_i^* &= \arg\max_{p_i \in \mathbb{P}_i} R_i\left(p_i\right) \\
\text{s.t.}\quad p_i^t &= p_i^{t-1} + u_i^{t-1} \\
\left\|u_i\right\| &\leqslant \overline{u} \in \mathbb{R}^+ \\
\left\|r\left(p_i^t\right)\right\| &\leqslant w_{\text{lane}} - w_{\text{veh}}
\end{aligned}
$$

其中, $R_i(\cdot)$ 是交互对象关于其自身运动轨迹的收益函数; p_i^t 是 t 时刻交互对象 i 的位置, 即上标 t 表示时刻点, 下标 i 为一个特定交互对象的身份编号 ($i = 1, 2, \cdots, N$); u 为交互对象的运动控制量; $\overline{u}$ 为车辆运动控制量的极限值; $r(\cdot)$ 为计算一个特定位置到其所在车道的车道中心线的距离的函数; w_{lane} 为车道宽度; w_{veh} 为车辆的车身宽度.

步骤 2: 基于交互对象的初始最优轨迹, 以最大化主车的效用为目标, 为主车规划轨迹 p_0^*, 主车的轨迹计算方式为

$$
\begin{aligned}
p_0^* &= \arg\max_{p_0 \in \mathbb{P}_0(p_i^*)} U_0\left(p_0\right) \\
\text{s.t.}\quad U_0\left(p_0\right) &= \cos\left(\varphi_0\right) \cdot R_0\left(p_0\right) + \sin\left(\varphi_0\right) \cdot R_i^*\left(p_0\right)
\end{aligned}
$$

$$p_0^t = p_0^{t-1} + u_0^{t-1}$$

$$\|u_0\| \leqslant \overline{u} \in \mathbb{R}^+$$

$$\|r(p_0^n)\| \leqslant w_{\text{lane}} - w_{\text{veh}}$$

$$\left\|p_0^t - p_i^t\right\|^2 \geqslant 2l_{\text{veh}}^2$$

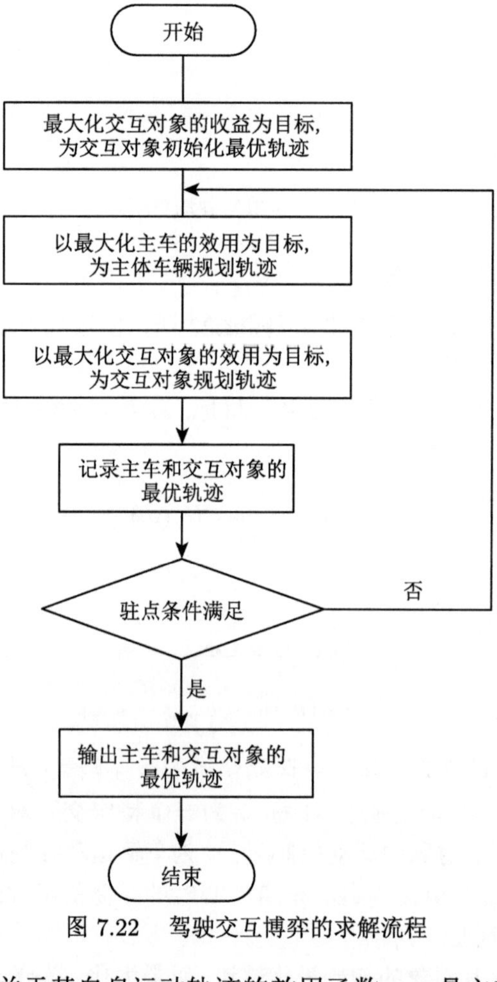

图 7.22　驾驶交互博弈的求解流程

其中, $U_0(\cdot)$ 是主车关于其自身运动轨迹的效用函数; φ_0 是主车的 IPV; $R_0(\cdot)$ 是主车关于其自身运动轨迹的收益函数; $R_i^*(\cdot)$ 是交互对象关于主车运动轨迹的最大收益函数; l_{veh} 是车辆的车身长度.

由 IPV 是效用函数 U_0 中唯一的个性化参数, 通过 $\cos(\varphi_0)$ 和 $\sin(\varphi_0)$ 可以建立交互对象对于个体、集体两类收益的相对权衡关系. $\cos(\varphi_0)$ 值更高时, 表明该交互对象更注重个体收益; 而 $\sin(\varphi_0)$ 值更高时则表明其更具合作性, 即愿意追求集体收益. 不同的 IPV 可以表征不同个体在进行驾驶决策时, 对个体收益和集体收益个性化的追求程度. 例如, 一个 IPV 为 $\pi/4$ 的交互对象同等程度地追求个体与集体收益, 因而会在保证自身效率的情况下兼顾避撞, 而一个 IPV 为 0 的交互对象则会完全忽视碰撞风险而表现出极端利己特性. 因此, 通过识别 IPV, 即可以对一个具体交互对象的驾驶决策策略进行估计.

步骤 3: 基于主车的最优轨迹以最大化交互对象的效用为目标, 为交互对象规划轨迹 p_i^*, 交互对象的轨迹计算方式为

$$
\begin{aligned}
p_i^* = \arg \max_{p_i \in \mathbb{P}_i(p_0^*)} & \; U_i(p_i) \\
\text{s.t.} \quad & U_i(p_i) = \cos(\varphi_i) \cdot R_i(p_i) + \sin(\varphi_i) \cdot R_0^*(p_i) \\
& p_i^t = p_i^{t-1} + u_i^{t-1} \\
& \|u_i\| \leqslant \overline{u} \in \mathbb{R}^+ \\
& \|r(p_i^n)\| \leqslant w_{\text{lane}} - w_{\text{veh}} \\
& \left\|p_i^t - p_0^t\right\|^2 \geqslant 2l_{\text{veh}}^2
\end{aligned}
$$

其中, $U_i(\cdot)$ 是交互对象关于其自身运动轨迹的效用函数; φ_i 是交互对象的 IPV; $R_i(\cdot)$ 是交互对象关于其自身运动轨迹的收益函数; $R_0^*(\cdot)$ 是主车关于交互对象运动轨迹的最大收益函数.

步骤 4: 将主车的最优轨迹 p_0^* 和交互对象的最优轨迹 p_i^* 记录于 $p_{\text{record}} = [p_0^*, p_i^*]$, 若新获得的主车的轨迹 p_0^* 和交互对象的轨迹 p_i^* 满足驻点条件: $|p_{\text{record}} - [p_0^*, p_i^*]| < \varepsilon$, 则仿真过程结束, 并输出于 p_{record}; 否则, 执行步骤 2 和步骤 3, 获得新的主车的轨迹 p_0^* 和交互对象的轨迹 p_i^*.

步骤 4 结束后即可从 p_{record} 中获得该虚拟场景下的交互轨迹结果.

7.4.2.3 实际交互对象的 IPV 估计

根据虚拟驾驶场景副本中的交互对象的运动轨迹与实际交互对象的运动轨迹, 分别计算各个虚拟驾驶场景副本中交互对象的 IPV 与实际交互对象的 IPV 的似然程度. 对于任一个虚拟驾驶场景副本中的交互对象 i, 其 IPV φ_i 与实际交互对象的 IPV φ_0 的似然程度 $p(\varphi_0|\varphi_i)$ 的计算方式为

$$
p(\varphi_0 \mid \varphi_i) = \frac{1}{\sqrt{2\pi}\sigma} \mathrm{e}^{-\frac{(\varphi_i - \mu)^2}{2\sigma^2}}
$$

其中, $\mu=\frac{1}{N}\cdot\sum\varphi_i$ 为各个虚拟驾驶场景副本中交互对象的 IPV 的均值; $\sigma=\sqrt{\frac{1}{N}\cdot\sum(\varphi_i-\mu)^2}$ 为标准差.

对于任一个副本中的交互对象 i, 其 IPV 与实际交互对象的 IPV 的似然程度的归一化值 p_i 的计算方式为

$$p_i=p\left(\varphi_0\,|\,\varphi_i\right)\sum_{n=1}^{N}p\left(\varphi_0\,|\,\varphi_n\right)$$

将 IPV 的似然程度的归一化值作为置信权重, 计算各个副本中交互对象的 IPV 的加权和, 即得到实际交互对象的 IPV 的估计值 $\hat{\varphi}_0$. 所述 IPV 的加权和的计算方式为

$$\hat{\varphi}_0=\sum_{i=1}^{N}p_i\cdot\varphi_i$$

7.4.3 交互倾向分析案例

IPV 作为一种驾驶行为的量化特征, 可以通过分析驾驶轨迹获取. 本研究选取了上海市典型的两相位信号控制交叉口——剑河路与仙霞西路交叉口作为研究场景 (图 7.23). 数据采集方式为通过录像记录交通参与者的运动的过程, 然后结合高精度视频处理工具 George 提取了该交叉口中交通参与者的运动轨迹 (图 7.24).

图 7.23 剑河路与仙霞西路交叉口 (摄于 2015 年)

以机动车交互事件为例, 共计获得无保护左转交互事件 131 个, 每个事件中均包含一辆左转车和多辆直行车, 共计获得 834 条机动车行驶轨迹. 利用 7.4.2 节博弈框架下的交互行为特征量化方法分别对左转车让行和抢行事件中交互双方的 IPV 进行了分析, 结果如图 7.25 所示.

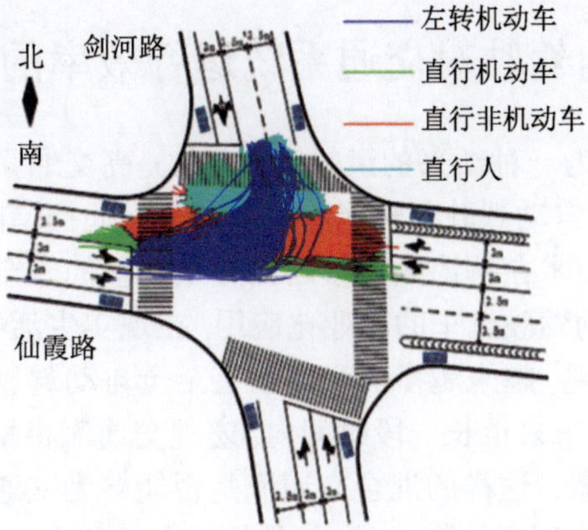

图 7.24 交通参与者轨迹分布图

如图 7.25(a) 所示, 在左转车让行的场景中, 直行车表现出的 IPV 普遍偏向利己 (IPV 均值 = 0.03, 标准差 = 0.18), 而左转车的行驶轨迹中则表现得更具合作性 (IPV 均值 = 0.26, 标准差 = 0.37). 相较于让行场景, 左转车抢行的场景中, 如图 7.25(b) 所示, 直行车的 IPV 仍然保持较为集中的分布 (IPV 均值 = 0.01, 标准差 = 0.23), 但是左转车的 IPV 呈现出明显的双峰特性 (IPV 均值 = −0.04, 标准差 = 0.35), 即成功抢行的左转车所表现出的交互倾向既可以是具有合作性的, 也可以是具有竞争性的. 这一结果表明, 即便交互结果在语义层面上是一致的 (均为左转车抢行), 各个交互事件中仍然存在差异性. 利用博弈交互模型对交互事件的轨迹进行 IPV 分析, 可以在驾驶人的社会性这一视角下对交互事件的差异性进行定量的分析.

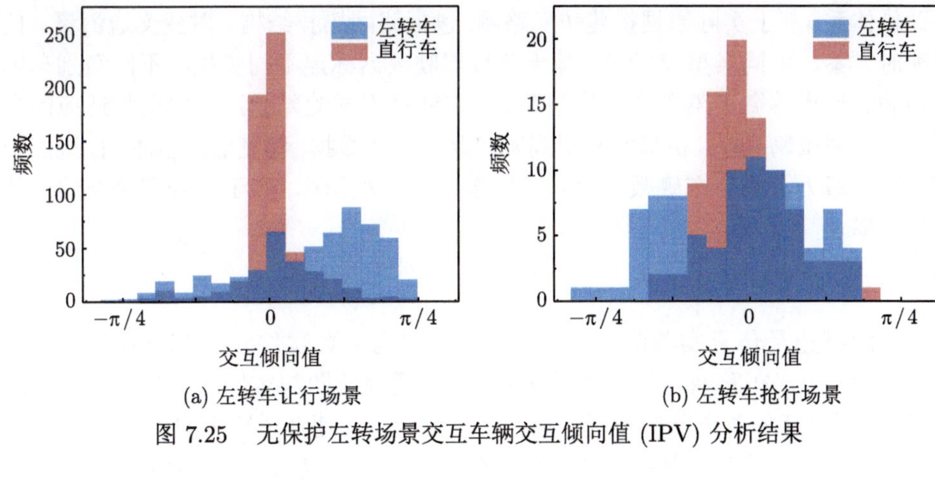

(a) 左转车让行场景 (b) 左转车抢行场景

图 7.25 无保护左转场景交互车辆交互倾向值 (IPV) 分析结果

7.5 自动驾驶对交通系统运行效率的影响评价

自动驾驶汽车作为一种新兴的运输工具, 在提高交通系统运行效率方面被寄予厚望. 有研究表明, 自动驾驶车辆能够有效减少交通拥堵的发生, 同时提高道路通行能力, 自动驾驶技术在解决大规模路网交通运输的安全性、机动性等方面具有巨大潜力. 随着自动驾驶汽车的商业化应用, 在现实生活中, 配备各种驾驶辅助系统的车辆已陆续出现, 越来越多的半自动甚至全自动驾驶车辆正在进入公共道路. 因此, 可以预见在未来很长一段时间内, 宏观交通流将呈现自动驾驶车辆与人工驾驶车辆混行的场景. 这样的混合交通流是否能够为交通系统运行效率起到积极影响、能够起到多大程度的影响, 这都是值得考虑和探索的问题.

7.5.1 交通系统运行效率评价方法

交通运行效率往往通过路段通行能力表现, 其在宏观路网层面一般被称为路网承载力. 对于交通运行效率的相关研究主要基于解析推导和仿真实验两类方法: 解析推导即通过基本模型和公式推导出相关指标的解析表达; 仿真实验即通过设置相关参数模拟交通运行, 进而提取数据结果. 但是, 大部分研究主要聚焦于路段层面或简单路网场景, 相当一部分研究的参数设置过于理想化, 使用的数据已经过时, 真正反映交通系统层面真实路网场景的研究较少. 此外, 交通系统运行效率的指标主要是路网承载力, 单一指标可能无法对宏观交通进行综合评价, 在交通系统层面上, 对于运行效率需要一套更加全面的评价方法.

交通系统运行效率评价的技术路线如图 7.26 所示, 出于高维数动态大规模路网建模的复杂性, 本评价方法主要通过仿真实验实现, 以宏观基本图理论作为核心评价体系. 基于实际数据搭建仿真路网, 包括路网拓扑结构、时变交通流量、信号配时方案、不同类型车辆等. 基于海量驾驶数据标定不同类型、不同级别车辆的跟驰、换道等微观驾驶行为模型参数, 并针对不同的驾驶系统使用相适应的自动驾驶控制策略. 通过仿真实验得到宏观路网运行数据, 绘制宏观基本图, 进而得到路网承载力、临界车辆数、堵塞车辆数三个宏观指标, 用于综合评价交通系统运行效率.

7.5.1.1 仿真路网搭建

路网搭建是仿真实验的基础, 常用的交通流仿真软件有 VISSIM、SUMO、TESS NG 等. 在路网拓扑结构搭建中, 一般通过地图与实地考察相结合的方式完成, 主要包括各条道路的长度、宽度、车道数、限速及道路之间的连接情况等. 拓扑结构搭建完成后, 需要通过交通调查或相关部门提供的实际数据, 了解从高峰到低谷的各时段实际车流量、车辆构成等情况, 并以交通需求的形式反映在仿真实验中. 对于城市路网中普遍存在的信号交叉口, 主要有固定配时、感应配时、自适应配时等方案, 结合"线控""面控"等控制方法, 最大程度还原城市交通系统原貌.

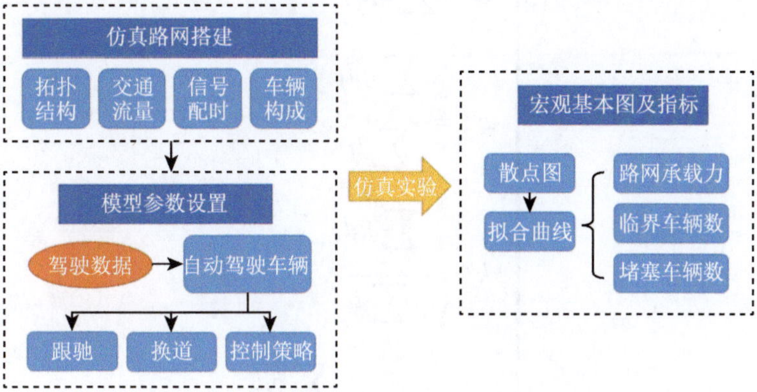

图 7.26 交通系统运行效率评价技术路线

7.5.1.2 模型参数设置

不同类型车辆与不同自动化级别车辆的感知和控制技术存在较大差异, 所以其微观驾驶行为模型也应当展现其差异性. 微观驾驶行为的汇聚必将改变交通流参数和特性, 进而影响宏观交通流. 微观驾驶行为主要包括跟驰、换道、汇入等情形, 不同的驾驶行为有不同的模型表述, 其参数也不完全相同. 以跟驰模型为例, 主要可从交通工程学方向和统计物理学方向将其区分为七类: 刺激–反应模型、生理–心理模型、安全距离模型、人工智能模型、优化速度模型、智能驾驶模型、元胞自动机模型.

不同模型在描述驾驶行为时具有各自的优势与缺陷, 因此, 在描述一类车辆的驾驶行为时, 首先需要选择合适的模型表达. 根据海量驾驶数据, 对模型的主要影响参数进行标定, 以减小观测数据与仿真数据之间差异. 参数标定的过程是一个优化模型求解最佳参数集的过程, 常用的算法包括试错法、梯度法、禁忌搜索、遗传算法等, 使用不同的目标函数可得到不同约束下的最优参数值. 此外, 可根据实际情况对单车、多车进行控制, 通过不同的驾驶控制策略实现特定的仿真需求.

7.5.1.3 宏观基本图及指标

为了更好地描述宏观交通流, 并对其运行做出评价, 这里引入宏观基本图理论. 宏观基本图是较大规模交通小区的固有特点, 可以直观反映宏观交通流的运行规律, 表达整个路网中的车辆数与路网运行水平的普遍关系. 宏观基本图因其结构简单, 而被广泛用于城市交通网络动态建模与管理策略设计. 宏观基本图是交通宏观变量之间一种可再现的稳定函数关系, 并不需要精确的路网交通数据, 因此, 可从历史数据获取宏观基本图, 用以代表长期情况. 宏观基本图理论的具体公式如下

$$\begin{cases} n = \sum_i k_i l_i, \\ q^w = \dfrac{\sum_i q_i l_i}{\sum_i l_i}, \\ k^w = \dfrac{\sum_i k_i l_i}{\sum_i l_i}, \\ o^w = k^w \cdot s = \dfrac{\sum_i o_i l_i}{\sum_i l_i} \end{cases}$$

其中, l_i 表示 i 路段长度, k_i 表示 i 路段密度, n 表示路网总车辆数, q_i 表示 i 路段流量, o_i 表示 i 路段时间占有率, s 表示车辆平均长度, q^w 表示路网加权流量, k^w 表示路网加权密度, o^w 表示路网加权时间占有率.

宏观基本图因其结构简单, 可以为城市交通动态建模提供计算高效、便于分析的框架, 有效解决动态大规模路网的维数问题, 而被广泛用于城市交通网络动态建模与管理策略设计, 如边界控制、路径导航、停车管理、动态定价与收费以及公交、的士等系统的车辆调度再分配优化.

连续的宏观基本图一般通过散点数据拟合曲线获取. 由于宏观基本图具有非对称性, 同时为避免过拟合, 采用三次多项式进行曲线拟合, 具体表达形式如下

$$Q(n) = an^3 + bn^2 + cn + d$$

其中, $Q(n)$ 表示路网加权流量, n 表示路网车辆数, a, b, c, d 均为多项式系数. 由于在路网车辆数为 0 时, 流量也为 0, 即宏观基本图曲线经过坐标系原点, 因此去除多项式中常数项 d, 得到最终的拟合多项式为

$$Q(n) = an^3 + bn^2 + cn$$

如图 7.27 所示, 宏观基本图反映路网内部车辆数与路网加权流量之间的映射关系, 这实际上反映了密度与流量之间的关系, 因为路网车辆数与路网道路总长

度比值即为路网加权密度. 宏观基本图是一条连续的非负曲线, 具有一个极大值, 图中横轴表示路网车辆数, 纵轴表示路网加权流量, n_c 表示临界车辆数, 与之对应的加权流量 q_c 即为临界流量, 可表征路网承载力, n_j 表示堵塞车辆数. 当路网内车辆数位于曲线左侧, 即 $n \leqslant n_c$ 时, 路网加权流量随路网车辆数增加而增加, 直至达到路网承载力 q_c; 当路网车辆数继续增加至越过临界点 n_c, 即 $n \geqslant n_c$ 时, 路网加权流量随路网车辆数增加而减少, 最终达到流量为 0 的堵塞车辆数 n_j. 宏观基本图一般可反映路网交通的未饱和、饱和、过饱和三个状态. 在宏观基本图中, 随着路网车辆数的不断增加, 呈现出从低密度自由流到临界密度最大流, 再到不稳定的饱和运行状态并趋近于过饱和状态, 最终整个路网进入死锁状态的趋势.

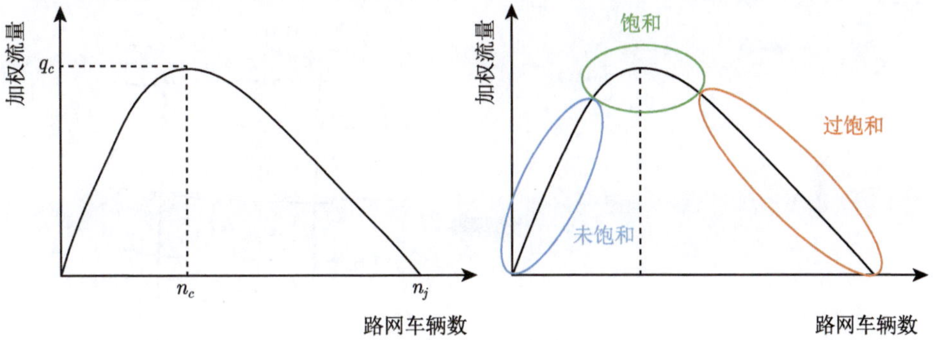

图 7.27 宏观基本图

在宏观基本图中得到的三项指标中, 路网承载力用于表征单位时间内整个交通系统中能够完成的最大出行需求数; 临界车辆数用于表征达到路网承载力时的交通密度, 其值越大, 表示交通系统在保持高流量的同时能够容纳更多车辆; 堵塞车辆数用于表征路网完全 "死锁" 情况下的交通密度, 其值越大, 表示交通系统的韧性更强, 更不易发生拥堵. 以上三项指标可以反映宏观交通流从饱和到拥堵的演变过程, 可对交通系统运行效率进行综合评价.

7.5.2 交通系统运行效率评价案例

本案例 [38] 主要从不同级别自动驾驶车辆在跟驰行为上的差异性角度出发, 基于 OpenACC 数据集和 Waymo 公开数据集, 通过 SUMO 进行仿真, 对由人工驾驶车辆、低级别自动驾驶车辆和高级别自动驾驶车辆组成的交通系统的运行效率进行综合评价.

7.5.2.1 仿真路网搭建

本案例使用的仿真场景是北京国家体育场及其周边约 10 平方千米范围内的主要路网, 北至奥林匹克公园, 南至国家奥林匹克体育中心, 包括多条快速路、干道、支路等, 路网密度较高, 流量较大, 属于典型的城市道路网络. 在路网内部存在大量 OD 点, 但大部分流量较小, 主要的交通生成与交通到达均来自与外部相邻的路段, 尤其是路网中的北四环快速路段, 东西方向流量巨大.

根据高峰时段的真实交通情况, 在 SUMO 中搭建仿真路网如图 7.28 所示. 路网中包含 28 个信号交叉口、700 余个节点、1000 余条路段、2300 余条静态路径. 通过定义车辆类型分布 (vType Distribution) 来实现混合交通流输入, 并可以控制不同类型车辆的比例. 整个仿真时长设置为 4800s.

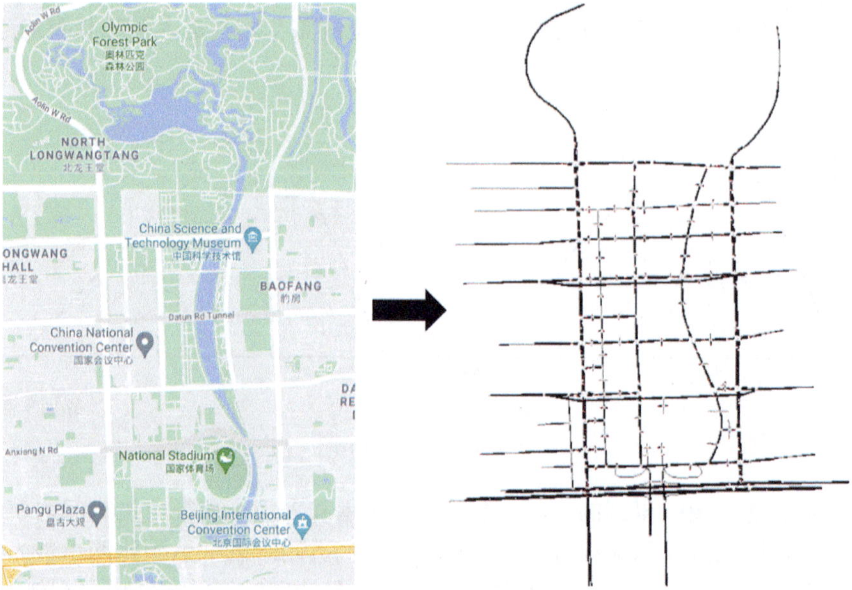

地图 SUMO路网

图 7.28 SUMO 仿真路网搭建

7.5.2.2 模型参数设置

由于 IDM 具有适用范围广、参数直观可用等特点, 本案例使用 IDM 描述人工驾驶车辆和低级别自动驾驶车辆的跟驰行为. 经典的 IDM 表达式如下

$$a = a_m \left[1 - \left(\frac{v}{v_0} \right)^{\delta} - \left(\frac{s^*(v, \Delta v)}{s} \right)^2 \right]$$

$$s^*(v, \Delta v) = s_0 + s_1 \sqrt{\frac{v}{v_0}} + vT + \frac{v \times \Delta v}{2\sqrt{a_m b}}$$

其中, a_m 为最大加速度, b 为舒适减速度, $s^*(v, \Delta v)$ 为期望安全距离, T 为安全车头时距, δ 为加速度指数, s_0 为最小车辆间距, s_1 为车辆阻塞距离.

Derbel 等发现, 在遇到事故等紧急情况下, 期望的安全距离不足以保证驾驶员安全, 因此在期望安全时距公式中添加一项 $c\frac{v^2}{b}$, 用于保障驾驶员安全, 其中 c 表示安全影响系数. 研究表明, 安全影响系数 c 越大, 跟驰行为的安全性就越高, 当 $c=0.4$ 时, 安全性指标可达到最大值, 同时为了保证较高的交通流量, c 值不宜取过大, 因此, 本案例中安全影响系数 c 取默认值 0.4. 改进后的 IDM 如下所示

$$a_{\text{new}} = a_m \left[1 - \left(\frac{v}{v_0}\right)^{\delta} - \left(\frac{s^*_{\text{new}}(v, \Delta v)}{s}\right)^2\right]$$

$$s^*_{\text{new}}(v, \Delta v) = s_0 + s_1\sqrt{\frac{v}{v_0}} + c\frac{v^2}{b} + \max\left[0, vT + \frac{v \times \Delta v}{2\sqrt{a_m b}}\right]$$

高级别自动驾驶车辆应当以安全性为核心, 因此可使用这一改进的 IDM 描述高级别自动驾驶车辆的跟驰行为. 由于 SUMO 是一款完全免费且开源的交通流仿真软件, 因此, 可通过二次开发实现对 IDM 的改进.

本案例中通过 OpenACC 数据集对人工驾驶车辆和低级别自动驾驶车辆进行参数标定, 通过 Waymo 自动驾驶数据集对高级别自动驾驶车辆进行参数标定. OpenACC 数据集包含 28 辆车的轨迹数据, 其中 22 辆采用目前市面上最先进的商用自适应巡航控制 (ACC) 系统. Waymo 自动驾驶数据集包含高分辨率传感器感知数据和密集的标签信息, 已有研究者将传感器数据转化为车辆轨迹数据.

本案例以 100m 和 20s 作为跟驰状态的判断阈值, 即前后车以小于 100m 距离运行 20s 以上视为跟驰状态, 使用遗传算法求解最优参数集, 种群规模设置为 20, 最大迭代次数设置为 1000. 遗传算法的适应度函数使用 Ossen 指标, 其表达式如下

$$\varepsilon_{\text{model}}[v_n^{\text{sim}}(\beta), \Delta x_{n-1,n}^{\text{sim}}(\beta)|\tau_n] = \frac{\sqrt{\sum_t \left[\Delta x_{n-1,n}^{\text{obs}}(t) - \Delta x_{n-1,n}^{\text{sim}}(t,\beta)\right]^2}}{\sqrt{\sum_t \left[\Delta x_{n-1,n}^{\text{obs}}(t)\right]^2} + \sqrt{\sum_t \left[\Delta x_{n-1,n}^{\text{sim}}(t,\beta)\right]^2}} + \frac{1}{2}\frac{\sqrt{\sum_t \left[v_n^{\text{obs}}(t) - v_n^{\text{sim}}(t,\beta)\right]^2}}{\sqrt{\sum_t \left[v_n^{\text{obs}}(t)\right]^2} + \sqrt{\sum_t \left[v_n^{\text{sim}}(t,\beta)\right]^2}}$$

其中, $\Delta x_{n-1,n}^{\text{obs}}(t)$ 为在 t 时刻前后车实际车头间距, $\Delta x_{n-1,n}^{\text{sim}}(t,\beta)$ 为在 t 时刻前后车根据所用参数组合 β 得到的预测车头间距, $v_n^{\text{obs}}(t)$ 为 t 时刻跟驰车辆的实际速度, $v_n^{\text{sim}}(t,\beta)$ 为 t 时刻跟驰车辆根据所用参数组合 β 得到的预测速度. Ossen 指标值越小, 代表轨迹的拟合程度越高. 标定结果如表 7.4 所示.

表 7.4 各级别车辆参数标定结果

自动驾驶级别	跟驰模型	数据集	最大加速度/(m/s^2)	舒适减速度/(m/s^2)	车头时距/s	停车距离/m
人工	IDM	OpenACC	1.02	5.04	1.25	1.55
低级别	IDM	OpenACC	1.40	5.71	0.81	2.36
高级别	改进 IDM	Waymo	2.53	6.33	0.78	3.44

7.5.2.3 宏观基本图及指标

在 SUMO 中定义每 60 秒统计一次各条路段的信息, 包括密度、速度等, 进而可计算整个路网内的总车辆数和加权平均流量. 对于不同级别的车辆进行仿真, 得到路网车辆数和加权平均流量散点图以及拟合之后的宏观基本图如图 7.29 所示. 实验表明, 在非饱和和饱和状态下, 自动驾驶占据优势, 高级别自动驾驶可以为交通系统提供更高的通行效率. 当路网交通趋于过饱和状态时, 在平均车辆行驶速度相同的情况下, 人工驾驶反而比自动驾驶情况下的路网承载力更高, 这说明人工驾驶在拥堵交通流下相较于自动驾驶更具优势. 自动驾驶并不能在所有饱和程度的交通状态下都为交通系统提供更高的运行效率, 这一现象可从微观跟驰模型的参数差异上解释. 在非饱和和饱和状态下, 流量主要受到车头时距影响, 高级别自动驾驶车辆具有较小的车头时距, 所以其加权平均流量更大; 过饱和状态下, 流量主要受到停车距离影响, 因此, 高级别自动驾驶车辆组成的交通流流量较小.

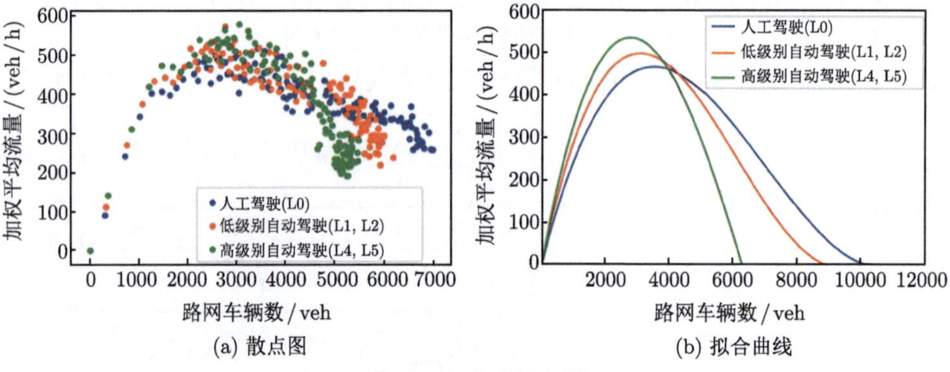

图 7.29 宏观基本图

从宏观基本图得到的三项指标如图 7.30 所示. 实验结果表明, 随着自动驾驶级别的不断提高, 临界车辆数与堵塞车辆数呈现下降趋势, 路网承载力不断提高. 从完全的人工驾驶环境到完全的高级别自动驾驶环境, 临界车辆数可下降 21.3%, 堵塞车辆数可下降 40.4%, 路网承载力可提升 14.7%. 临界车辆数的下降说明在路网达到最大承载力的时候, 整个路网内的车辆数较少, 这是因为现有的商用自动驾驶车辆将驾驶安全性作为首先考虑的要素, 期望的跟驰距离相较于人工驾驶更大. 堵塞车辆数的大幅下降说明自动驾驶环境可能更易导致路网 “死锁” 现象, 这一现象的出现是因为自动驾驶车辆保持较大的安全跟驰距离, 因此, 路网内能够容纳的总车辆数相对较少, 这是现有自动驾驶汽车存在的劣势, 其在宏观路网交通层面上可能会使拥堵发生更为迅猛. 路网承载力随自动驾驶级别提高而提高, 这证明了自动驾驶车辆对于交通系统运行效率的积极作用. 路网加权平均流量越高, 则单位时间内完成的出行需求越多, 这说明如果交通管理得当, 路网交通将以更高效率运行.

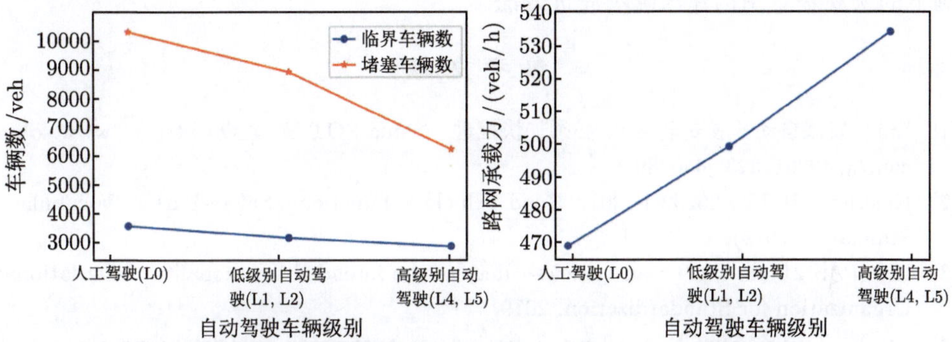

(a) 临界车辆数与堵塞车辆数 (b) 路网承载力

图 7.30 临界车辆数、堵塞车辆数和路网承载力

综合宏观基本图和三项指标, 能够对不同饱和程度的宏观交通流进行量化分析, 对交通系统运行效率进行综合评价. 需要注意的是, 本案例的结果基于 OpenACC 数据集和 Waymo 公开数据集得到, 并不具有普适性, 对于不同的数据集、控制策略、驾驶风格等因素, 可能会得到不同的结论.

7.6 本章小结

作为未来交通系统发展的核心, 社会公众及管理部门对自动驾驶汽车本体以及人机混驾条件下交通系统在安全、效率、舒适等多方面的提升有着极高期许. 本章围绕自动驾驶汽车驾驶能力多尺度评价需求, 以预期功能安全评价、拟人化交互能力评价和自动驾驶对交通系统运行效率影响评价作为切入点, 通过原理方法介绍和应用案例的形式进行了阐述.

针对预期功能安全, 以决策算法的预期功能安全为例, 提出了基于 ISO 21448 验证流程的自动驾驶汽车事故率评价方法. 案例部分以自动驾驶汽车被其他车辆插入场景为例, 结合第 6 章介绍的重要度抽样方法, 在预期功能安全验证框架下实现了碰撞概率预估与测试加速.

拟人化交互能力方面, 本章首先提出了自动驾驶汽车 4 类典型交互任务的能力评价指标体系, 并介绍了基于驾驶行为图谱的拟人化交互能力评价方法. 案例部分则针对跟驰场景阐释了拟人化交互能力的定量评价方法.

关于交互社会性评价. 本章首先总结了驾驶交互社会性的相关研究, 并且基于博弈框架提出了交互行为特征量化方法, 通过实证案例数据分析了无保护左转相位下转向于车辆的交互倾向属性.

最后, 针对未来人机混驾环境下交通系统运行效率的变化趋势, 本章以宏观基本图 (MFD) 理论作为核心评价体系, 基于交通流仿真实验, 介绍了自动驾驶影响下的宏观基本图构建与影响评价方法.

参 考 文 献

[1] 李骏. 发展自动驾驶安全第一, 必须加快推进 "China SOTIF" 建设. https://www.sohu.com/a/428612323_430289.

[2] Kelechava B. ISO 26262-1: 2018–Road Vehicles—Functional Safety-Part 1: Vocabulary Standards (2019).

[3] ISO/PAS 21448: 2019-road vehicles-safety of the intended functionality. International Organization for Standardization, 2019.

[4] Xu Y, Zou Y, Sun J. Accelerated testing for automated vehicles safety evaluation in cut-in scenarios based on importance sampling, genetic algorithm and simulation applications. Journal of Intelligent and Connected Vehicles, 2018, 1(1): 28-38.

[5] BASt. Traffic and Accident Data Summary Data. https://www.bast.de/BASt_2017/EN/Publications/Media/ Traffic-and-Accident-Data.pdf?_blob=publicationFile&v=7.

[6] 田利友. 城市出行路径选择对乘用车油耗的影响规律. 长春: 吉林大学, 2012.

[7] Stewart J. Why people keep rear-ending self-driving cars. The Wired, 2018.

[8] Yu R, Long X, Quddus M, et al. A Bayesian Tobit quantile regression approach for naturalistic longitudinal driving capability assessment. Accident Analysis & Prevention, 2020, 147: 105779.

[9] Hecker S, Dai D, Van Gool L. Failure prediction for autonomous driving//2018 IEEE Intelligent Vehicles Symposium (IV). IEEE, 2018.

[10] Qi X, Ni Y, Xu Y, et al. Autonomous vehicles' car-following drivability evaluation based on driving behavior spectrum reference model. Transportation Research Record: Journal of the Transportation Research Board, 2021, 2675(7): 129-141.

[11] Kullback S, Leibler R A. On information and sufficiency. The Annals of Mathematical Statistics, 1951, 22(1): 79-86.

[12] Alambeigi H, McDonald A D, Tankasala S R. Crash themes in automated vehicles: A topic modeling analysis of the california department of motor vehicles automated vehicle crash database, ArXiv200111087 Stat. 2020. http://arxiv.org/abs/2001.11087 (accessed March 15, 2021).

[13] Brown B, Laurier E. The trouble with autopilots: Assisted and autonomous driving on the social road//Proc. 2017 CHI Conf. Hum. Factors Comput. Syst., ACM, denver

colorado USA, 2017: 416-429. https://doi.org/10.1145/3025453.3025462.

[14] Efrati A. Waymo's big ambitions slowed by tech trouble. The Information, 2018.

[15] Schwarting W, Alonso-Mora J, Rus D. Planning and decision-making for autonomous vehicles. Annu. Rev. Control Robot. Auton. Syst., 2018, 1: 187-210. https://doi.org/10.1146/annurev-control-060117-105157.

[16] Chremos I V, Beaver L E, Malikopoulos A A. A game-theoretic analysis of the social impact of connected and automated vehicles//2020 IEEE 23rd Int. Conf. Intell. Transp. Syst. ITSC, 2020: 1-6. https://doi.org/10.1109/ITSC45102.2020.9294570.

[17] Rasouli A, Tsotsos J K. Autonomous vehicles that interact With pedestrians: A survey of theory and practice. IEEE Trans. Intell. Transp. Syst., 2020, 21: 900-918. https://doi.org/10.1109/TITS.2019.2901817.

[18] Xu Y, Ma Z, Sun J. Simulation of turning vehicles' behaviors at mixed-flow intersections based on potential field theory. Transp. B Transp. Dyn., 2019, 7: 498-518. https://doi.org/10.1080/21680566.2018.1447407.

[19] Zhou D, Ma Z, Sun J. Autonomous vehicles' turning motion planning for conflict areas at mixed-flow intersections. IEEE Trans. Intell. Veh., 2020, 5: 204-216. https://doi.org/10.1109/TIV.2019.2955854.

[20] Fuest T, Sorokin L, Bellem H, et al. Taxonomy of traffic situations for the interaction between automated vehicles and human road users//Stanton N A. Adv. Hum. Asp. Transp.. Cham: Springer International Publishing, 2018: 708-719. https://doi.org/10.1007/978-3-319-60441-1_68.

[21] Portouli E, Nathanael D, Marmaras N. Drivers' communicative interactions: On-road observations and modelling for integration in future automation systems, Ergonomics, 2014, 57: 1795-1805. https://doi.org/10.1080/00140139.2014.952349.

[22] Powelleit M, Winkler S, Vollrath M. Cooperation through communication-Using headlight technologies to improve traffic climate//Proceedings of the Human Factors and Ergonomics Society Europe Chapter 2018 Annual Conference, 2018.

[23] Markkula G, Madigan R, Nathanael D, et al. Defining interactions: a conceptual framework for understanding interactive behaviour in human and automated road traffic. Theor. Issues Ergon. Sci., 2020, 21: 728-752. https://doi.org/10.1080/1463922X.2020.1736686.

[24] Alahi A, Goel K, Ramanathan V, et al. Social LSTM: Human Trajectory Prediction in Crowded Spaces//2016 IEEE Conference on Computer Vision and Pattern Recognition (CVPR). IEEE, 2016.

[25] Amirian J, Hayet J B, Pettre J. Social ways: Learning multi-Modal distributions of pedestrian trajectories with GANs. 2019 IEEE/CVF Conference on Computer Vision and Pattern Recognition Workshops(CVPRW), 2019.

[26] Gupta A, Johnson J, Fei-Fei L, et al. Social GAN: Socially acceptable trajectories with generative adversarial networks. 2018 IEEE/CVF Conference on Computer Vision and Pattern Recognition (CVPR), 2018.

[27] Sadeghian A, Kosaraju V, Sadeghian A, et al. SoPhie: An attentive GAN for predicting paths compliant to social and physical constraints//2019 IEEE/CVF Conference on Computer Vision and Pattern Recognition (CVPR). IEEE, 2020.

[28] Vemula A, Muelling K, Oh J. Social attention: Modeling attention in human crowds// 2018 IEEE Int. Conf. Robot. Autom. ICRA, 2018: 4601-4607. https://doi.org/10.1109/ICRA.2018.8460504.

[29] Ivanovic B, Pavone M. The trajectron: Probabilistic multi-agent trajectory modeling with dynamic spatiotemporal graphs//2019 IEEE/CVF International Conference on Computer Vision (ICCV). IEEE, 2019.

[30] Zhao T, Xu Y, Monfort M, et al. Multi-agent tensor fusion for contextual trajectory prediction. 2019 IEEE/CVF Conference on Computer Vision and Pattern Recognition (CVPR), 2019.

[31] Lee N, Choi W, Vernaza P, et al. DESIRE: Distant future prediction in dynamic scenes with interacting agents//2017 IEEE Conference on Computer Vision and Pattern Recognition (CVPR). IEEE, 2017.

[32] Trautman P, Ma J, Murray R M, et al. Robot navigation in dense human crowds: Statistical models and experimental studies of human-robot cooperation. Int. J. Robot. Res., 2015, 34: 335-356. https://doi.org/10.1177/0278364914557874.

[33] Sadigh D, Landolfi N, Sastry S S, et al. Planning for cars that coordinate with people: Leveraging effects on human actions for planning and active information gathering over human internal state. Auton. Robots., 2018,42: 1405-1426. https://doi.org/10.1007/s10514-018-9746-1.

[34] Sadigh D, Sastry S, Seshia S A, et al. Planning for autonomous cars that leverage effects on human actions//Robot. Sci. Syst. XII, Robotics: Science and Systems Foundation, 2016. https://doi.org/10.15607/RSS.2016.XII.029.

[35] Liniger A, Lygeros J. A noncooperative game approach to autonomous racing. IEEE Trans. Control Syst. Technol., 2020, 28: 884-897. https://doi.org/10.1109/TCST.2019.2895282.

[36] Spica R, Cristofalo E, Wang Z, et al. A real-time game theoretic planner for autonomous two-player drone racing. IEEE Trans. Robot., 2020, 36: 1389-1403. https://doi.org/10.1109/TRO.2020.2994881.

[37] Hang P, Lv C, Huang C, et al. An integrated framework of decision making and motion planning for autonomous vehicles considering social behaviors. IEEE Trans. Veh. Technol., 2020, 69: 14458-14469. https://doi.org/10.1109/TVT.2020.3040398.

[38] Yu R, Zheng Y, Qu X. Dynamic driving environment complexity quantification method and its verification.Transportation Research Part C: Emerging Technologies, 2021, 127: 103051.

第 8 章　自动驾驶虚拟测评技术发展趋势

本书前述内容围绕自动驾驶汽车研发测试阶段的安全性测试评价, 针对测评面临的高测试需求场景辨识、高维参数空间海量场景快速测试、人机混驾条件下交互行为量化评价等难题, 从测评基础理论、测评工具构建以及评价验证流程等方面进行了详细叙述, 为自动驾驶汽车整车企业、车辆测试评价机构等提出了可应用的解决方案. 然而, 随着自动驾驶汽车商业化部署应用的加快, 作为高安全保障要求的产品, 自动驾驶汽车虚拟测试技术还面临诸多挑战.

本章结合本领域尚未解决的难题、相关技术发展态势等, 从测试工具、测试场景、加速测试理论、交通流仿真模型和自动驾驶汽车安全性认证等角度, 探讨自动驾驶虚拟仿真测试评价理论与方法的发展趋势及新兴研究需求.

8.1　虚拟测试工具

8.1.1　从仿真辅助测试到仿真驱动的测试

相较于成本较高的场地测试和道路测试, 通过仿真测试, 可以以极低的成本测试验证自动驾驶在海量场景中的安全性. 仿真测试目前已被大量自动驾驶解决方案供应商接纳, 如果一个自动驾驶公司没有一套稳定的且适合自己产品的仿真测试系统, 我们基本上可以宣布, 这个公司与量产高阶自动驾驶无缘. 相关报告显示, 仿真测试已占据自动驾驶总测试量的 90%[1], 未来自动驾驶行业将进一步把该比例提升至 99%, 甚至 99.9%, 剩余 1% 或 0.1% 的场地测试和道路测试将仅仅用以对仿真测试在关键场景中测试结果的验证.

然而, 为了实现仿真测试在自动驾驶测试中的占比与优先级, 甚至将自动驾驶测试转变为仿真驱动的测试 (Simulation-based Testing), 需要解决两个核心问题, 即: ①如何提升仿真测试结果的可信度? ②如何提升仿真测试流程的易用性? 针对第一个问题, 有必要构建可信仿真模型引擎和仿真软件工具; 而针对第二个问题, 有必要解决现有仿真软件工具接口统一问题, 以及多工具串联形成的测试平台的集成问题.

德国 PEGASUS 项目致力于研究高速公路场景中高等级自动驾驶安全性的仿真测试与验证, 以及仿真测试与场地测试、实地测试等测试方案之间的关联. SET Level 是 PEGASUS 项目的延续, SET Level 项目深度强调仿真测试的优先级及重要性, 即通过①“可信的仿真测试” (Credible Simulation Process), ②标准化的测试流程及数据格式, ③高覆盖度的仿真测试场景, ④简明易上手的仿真工具等手段, 最大化仿真测试在测试流程中的占比, 提升仿真测试的话语权; 通过海量仿真场景测试, 采用统计分析, 为被测物功能/性能验证提供基本认知, 为后续 Verification & Validation Methods 项目提供重要及核心的仿真工具和仿真测试流程. 整体而言, SET Level 项目的目标是将 PEGASUS 项目强调的基于场景的仿真测试在传统车企落地, 致力于打造统一标准的通用性仿真测试工具链, 实现仿真测试驱动的自动驾驶测试.

为提升仿真测试可信度, 实现 “可信的仿真测试”, 并实现仿真驱动的自动驾驶测试, 需要解决的核心挑战, 也是目前高等级自动驾驶仿真测试的研究前沿, 其中包括:

(1) 仿真测试可信度评价.

对仿真测试结果进行统计学刻画, 对被测物功能及性能进行剖析诊断, 设计测评结果可信度度量方法, 拣选低可信度场景进行场地、道路测试的复核及验证. 场地、道路测试结果反馈至仿真测试系统, 进一步提升仿真测试系统对不可信场景的仿真测试精度, 实现仿真测试系统的闭环升级迭代.

(2) 不同类型仿真工具之间的协调性提升.

高等级自动驾驶仿真测试涉及的仿真工具包括但不限于传感器仿真、车辆动力学仿真、交通流仿真、路面仿真、测试场景渲染等, 不同仿真工具之间的协调性问题, 成为工程落地必须要解决的问题. 将低频工具的信息导入高频工具中, 需要应用合适的插值工具及时序预测工具进行数据处理.

(3) 场景格式、仿真工具输入输出标准化.

可选的描述场景的方法不一而足, 为了使仿真工具具有良好的可扩展性, 需要仿真工具适用于各类场景库. 因此, 亟需提出业界公允的统一场景标准化格式. 目前 OpenX 格式 (包括 OpenSCENARIO、OpenDRIVE、OpenCRG 等) 被业界广为使用, 并被 ISO TR4804:2020 标准引用, 但 OpenX 格式具有一定缺陷, 如场景定义过于自由等. 同时, 仿真工具的输入和输出也需要力求统一, 诸如 ASAM OSI(Open Simulation Interface) 等仿真工具与外部流程的接口格式已被提出.

(4) 将仿真测试有机融入现有传统车企的测试框架中.

现有传统车企, 尤其是欧洲、美国、日本的一些主流主机厂, 已有一整套针对传统汽车的测试流程, 该测试流程主要采用实车/场地测试为主–仿真测试为辅的框架. 现有高等级自动驾驶汽车面对海量可能出现的场景, 仿真测试必不可少, 甚至可能成为测试的主要工具, 如何将仿真测试有机地融入现有测试框架中, 是实现基于仿真驱动的测试流程需要解决的另一难题.

8.1.2 虚拟测试工具协同

当前, 自动驾驶汽车软件在环、硬件在环、人在环路等虚拟测试工具按照传统汽车 V 字形开发流程独立、串行使用. 考虑到自动驾驶汽车测试场景的要素取值变化及其相互组合引发的测试场景数量大爆炸, 若在各阶段均开展测试场景重构、场景全样本测试则将必然导致超长的测试周期, 不利于自动驾驶汽车的商业化应用及推广. 在场景驱动的虚拟测试体系下, 开展测试工具间的协同应用, 是提升研发、测试与验证效率的关键. 但实现虚拟测试工具协同面临如下难题.

(1) 研发、测试与验证工序的重构: 传统汽车严格按照 V 字形开发流程, 各测试阶段仅使用一类测试工具, 且针对整车系统的反馈优化仅在 V 字形开发流程尾部完成. 为实现自动驾驶汽车虚拟测试工具的协同, 需首先开展测试工序的重构, 提出适用于测试工具并行、平行使用的工序流程, 并建立测试结果多重反馈机制.

(2) 虚实测试场景的复用: 同一测试场景的重要度在各研发测试阶段有所差异, 且不同场景人–车–路–环境等要素的保真度也存在变化. 在海量测试场景中, 如何辨识出适用于协同测试的场景数据集, 是提升工具间场景复用度的关键.

(3) 虚实测试数据的映射: 在上述两点基础上, 实现测试工具协同的关键是建立信息空间 (虚拟测试) 和物理世界 (实车测试) 的数据平行映射技术, 以最大化提升工具间的协同测试效率. 我们与合作单位开展了虚实测试工具协同的初步探索, 研发了虚实协同平行测试技术, 实现实车封闭场地测试与软件在环、人在环路、整车在环等虚拟测试工具的协同测试 (图 8.1). 在实车场地测试过程中, 测试场景可同步在软件在环仿真测试环境中重构, 且相应数据可在人在环路驾驶模拟测试平台中开展人机交互行为实验的测试.

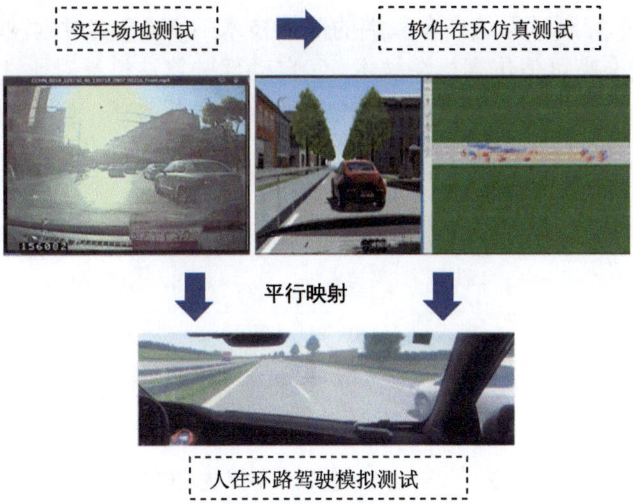

图 8.1 测试场景数据平行映射技术示意图

8.1.3　端云融合的测试服务

在由传统车辆的机械产品属性向汽车消费电子特征转变的过程中, 自动驾驶软件功能的迭代频繁. 以特斯拉 Autopilot 系统为例, 其软件版本平均更新周期为 8 个月. 自动驾驶系统持续升级的需求与其超长测试周期相冲突, 自动驾驶算法测试、验证及应用反馈流程需优化. 现有虚拟仿真测试以云端 (类似百度 Apollo 平台、腾讯 TAD Sim) 和桌面端 (传统虚拟测试工具, 如 VTD、PreScan) 为主, 难以应用于实车安全性验证和结合客户使用效果的反馈优化. 利用端云融合理念, 突破现有虚拟测试与实车验证、客户使用之间的壁垒, 研发支撑算法快速迭代的测试方法及工具是虚拟测评技术发展的趋势.

端云融合的自动驾驶测试主要发挥端 (车载端)–云 (虚拟测试服务云平台) 各自优势: 在车载端, 利用前述 (本书 2.3.2 节) 的平行测试技术, 基于车载感知系统, 在真实交通流条件下开展自动驾驶算法的交互推演, 从而利用实车测试车辆和客户使用海量车辆开展测试场景数据采集与重要场景辨识; 在云平台, 则通过众包方式汇集车端部辨识的重要场景, 利用场景特征开展场景泛化与算法诊断优化.

具体来说, 端云融合的测试服务主要包括六大功能模块, 如图 8.2 所示. 基于影子测试的硬件部署, 在行驶过程中开展 (A) 不同版本自动驾驶算法的决策对比, 并通过车载端交通流仿真功能的研发, 实现 (B) 差异化决策结果的交互推演, 支撑开展 (C) 自动驾驶算法 “感知–规划–控制” 完整闭环的执行评价. 其中, 高风险场景等重要价值场景可保留长片段数据支撑 (D) 致因反演. 基于海量车辆数据的汇集, 在云端则可利用测试场景归类、规律挖掘、自主生成等技术开展 (E) 场景泛化, 并面向算法迭代开展 (F) 诊断优化.

为支撑上述功能模块的研发, 如下核心技术亟待突破: ①利用自动驾驶汽车冗余规控器, 平行测试系统在车载端的部署技术; ②结合实时驾驶环境感知数据的多车交互状态高可信仿真推演技术; ③自动驾驶算法执行对比评价技术; ④复杂自动驾驶系统的风险行为致因分析与故障诊断分析技术; ⑤考虑隐私保护的端云融合数据传输与场景泛化模型训练技术 (图 8.2).

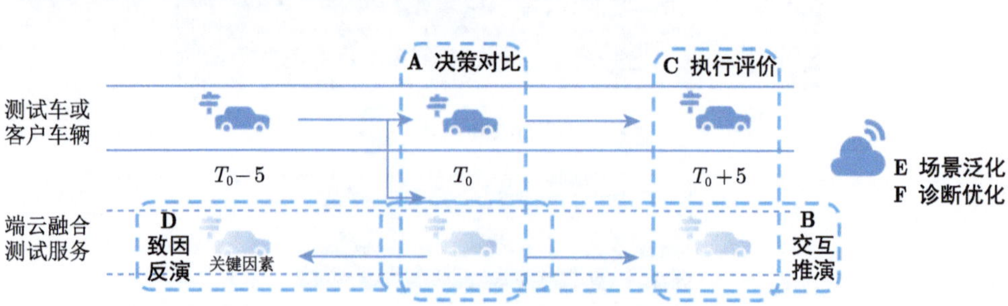

图 8.2　端云融合的测试服务系统功能示意图

T_0 表示时刻, $T_0 \pm 5$ 表示 T_0 时刻前、后 5 秒

8.2 测试场景

8.2.1 测试场景覆盖度保障

相比于封闭场地测试和公开道路测试, 可自主定义场景的虚拟测试具有测试场景覆盖度高的优点. 面向自动驾驶汽车安全性验证的覆盖度保障需求, 测试场景覆盖度的定义和定量表征方法仍是待探究的难题. 具体来说, 结合自动驾驶汽车测试场景按抽象程度的功能场景、逻辑场景、具象场景的分类方式, 测试场景覆盖度则可细分为功能场景覆盖度、逻辑场景覆盖度.

功能场景以文字术语描述为主, 主要用于开展设计运行域 (ODD) 工况场景的驾驶任务划分. 自动驾驶汽车行驶时会遇到各类人–车–路–环境–信息的任务组合, 因此, 功能场景的覆盖度保障需在自动驾驶 ODD 内对复杂驾驶环境开展多层级知识表征及功能场景的枚举. 目前, 已有应用本体论、交通事故数据挖掘等方法构建功能场景测试清单的相关研究. 但是, 诸如本体论等知识图谱方法建立在交通工程设计标准规范、交通法规等的基础上, 无法覆盖非标准化道路基础设施、交通参与者违法行为等因素产生的场景. 如何利用道路交通系统基础知识, 结合交通事故、交通运行大数据的规律挖掘, 构建功能场景覆盖度保障的划分方法是仍待解决的难题.

逻辑场景是对各功能场景进行表征、细化, 通过场景关键要素的分布特征构建各功能场景的多维测试参数空间. 逻辑场景的覆盖度多指已测试具象场景对高维测试参数空间的覆盖程度. 在有限时间、数据等资源约束条件下, 实现逻辑场景参数空间的最大化覆盖是自动驾驶汽车虚拟测试方法论的研究重点, 核心即需解决测试覆盖度的评价和测试收敛性等难题. 其中, 覆盖度评价可基于高维参数空间, 构建具象测试场景的空间距离评价指标, 综合已测试场景的丰富度、全面性等, 构建逻辑场景覆盖度的评价方法. 测试收敛性则是在整体覆盖度的基础上, 对重要场景覆盖度的考量, 尤其关注于高风险场景、高复杂度场景和边角场景等.

8.2.2 测试场景数据共享与治理

测试场景库的构建是开展自动驾驶汽车虚拟测试评价的前提. 当前, 国内外各主机厂商、行业测评机构等纷纷投入资源开展测试场景数据的采集、测试场景数据平台的构建等工作. 但考虑到道路交通系统的复杂性, 以及系统特征规律随自动驾驶渗透率提升而改变的不确定性等, 导致单一机构建设的测试场景库难以达到覆盖度保障的要求. 因此, 如何在多主体间开展测试场景数据的共享成为关键突破口.

首先, 测试场景数据共享的核心是安全可控、质量可信和权益保障, 为各测试方提供“可用而不可见”的测试场景数据服务. 以公开道路采集为主的测试场景数据海量异构, 且涉及隐私敏感, 基于传统物理汇集的方式开展场景共享难以实现. 欧盟、美国等近年来提出了数据共享空间的架构思想, 其特点在于共享数据不搬家、共享过程保密、安全可控性强等特点. 因此, 汇聚整合多主体机构的测试场景数据需结合其数据复杂结构, 按测试场景应用的需求开展信息抽取与解耦技术的研究. 此外, 在信息安全学科范畴的数据访问控制技术、数据加密技术、隐私保护技术等也均需在共享架构中进行考虑.

其次, 结合我们当前参与的不同主机厂商、互联网企业测试场景库构建的工作来看, 测试场景数据的共享面临场景数据的标准化难题. 测试场景数据格式虽在国际上有 OpenX 系列的标准正在推行制定, 但功能场景归类、具象场景关键交互对象的定义、场景轨迹数据的采集频率和感知数据融合精度等都存在显著的差异性. 开展场景数据共享的前提是进一步细化数据的统一格式要求和数据质量门槛.

再次, 从数据供给权益保障和激励角度, 需刻画场景数据在共享使用过程中的权属关系, 不清晰的数据权属关系是数据管理和数据流通的主要障碍. 主机厂商在共享数据时亦会使用其他厂商的数据, 并基于多源数据的聚合可开展测试场景的泛化、自主生成等数据反馈流程. 因此, 结合场景数据的产生、使用、泛化生成等服务流程确定数据权属关系治理, 是支持跨机构测试场景数据价值最大化的基础. 该项工作需建立测试场景数据的使用日志, 并研发自动化的日志流程挖掘技术, 构建测试场景数据服务流程的数据权属关系图, 以支撑在跨机构间定量分析其数据交互关系.

8.3 测试场景优化

8.3.1 高维参数场景测试优化

目前, 自动驾驶的研发进程加快, 测试标准越发完善严格, 自动驾驶汽车的组件由零化整相互耦合, “维度灾难” 的出现使得场景测试需要面对成百上千个变量. 这些变量来自虚拟测试中高精度的静态测试场景参数、高时空复杂度的动态场景参数和被测对象的模型参数、算法参数等. 为验证自动驾驶系统或子系统的安全性, 需要更新测试优化理论与技术以及应用新的相关技术, 解决高维测试的难题. 未来, 可以参考的解决方案主要包括以下三点.

(1) 参数降维.

考虑到并不是所有参数对自动驾驶汽车的安全性都具有举足轻重的影响, 奔驰公司在公布的自动驾驶测试流程中, 提到通过敏感度分析进行参数降维, 重点测试那些对安全性能具有重要影响的参数. 以图 8.3 为例, 一种思路是利用随机森林算法, 考虑插入场景的六个参数对场景测试结果的影响排序. 经测算, 在图 8.3

所示的场景中，dis_{1y} 和 v_3 对测试结果的影响不大，因此可以考虑优先测试其他更关键的场景参数，进而起到参数降维、节约测试时间的效果．另一种思路为"合作型协同演化"，通过决策变量分组来求解高维优化问题的算法框架，核心思想是将决策变量分组，基于"分而治之"思想将原问题分解成若干子问题，并把性能较为优越的进化算法应用到子问题中进行优化．

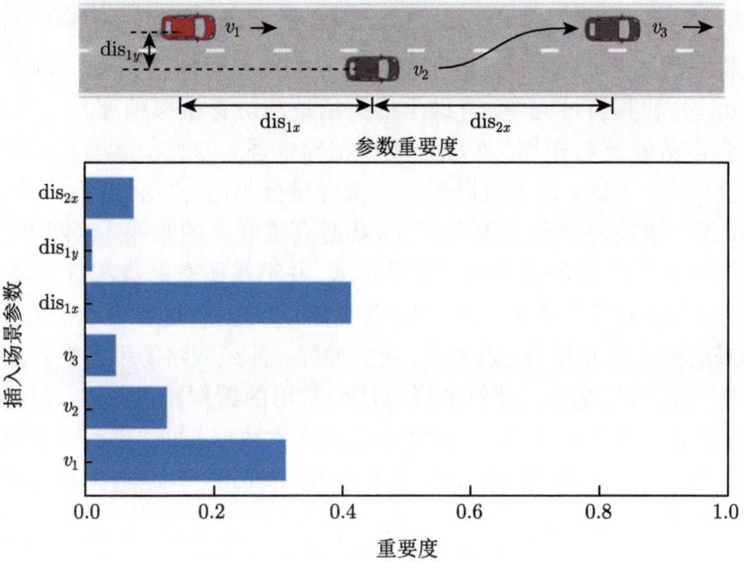

图 8.3　插入场景参数重要度测算

(2) 建立基于场景优先度子集的优先场景库及自动驾驶测试方法.

SOTIF 中提到建立基于场景优先度子集的优先场景库及自动驾驶测试方法，通过建立关键场景因素子集，将场景构成因素按照暴露频次、敏感性等进行评级，并据此生成优先度顺序，进而建立优先场景库，在同等投入下，提升自动驾驶测试的时效性.

(3) 利用启发式算法求解优化问题.

启发式算法被广泛认为是解决高维优化问题的有效方法 [1]. 这些算法为商业、工程、经济学和科学中的重要应用提供了有效的工具. 在已有进化算法中引入更有效更智能的机制，例如竞争学习、局部搜索等可以进一步提高算法的性能，实现高维问题的整体优化.

8.3.2 要素关联参数场景测试优化

场景参数不仅数目庞大，而且彼此关联影响. 自然驾驶环境的交通参与者、环境要素以及管控信号状态之间并非完全独立，不同场景参数存在不可忽略的相关性且存在不同的边缘分布特征. 同时, 由于现实世界中普遍存在的随机性行为、非理性行为, 导致交通参与者的行为逻辑并不能完全由仿真模型接管. 场景参数的关联性和随机性与测试过程可重复性也存在矛盾, 这对未来测试场景库的构建和推演提出了很高的要求.

体现场景要素的相关性, 最重要的就是拟合参数的联合分布. 现有的场景测试主要是针对场景中的核心参数的分布分别进行抽样的, 而场景往往是多维度特征向量共同描述的场景, 单一的核心参数不能对复杂场景进行充分表征. 同时, 场景往往是相对的概念, 与需验证的智能网联车辆的性能高度相关. 因此, 对场景进行特征分析, 分解其特征向量, 有助于提高场景的仿真模拟精度. 一方面, 可以挖掘针对联合参数的解析模型, 对联合概率精确推理, 实现虚拟场景与现实场景的分布一致性; 另一方面, 依然可以采用决策变量分组的方法, 基于“分而治之”思想, 将强相关的参数进行分组聚合, 尽量规避高维联合的难题. 以图 8.4 为例, 计算插入场景的六个参数的相关性. 结果显示, 并不是所有参数都具有显著相关性, 因此, 当可以考虑挑选显著相关的参数变量如 v_1, v_2, v_3 进行联合分布拟合时, 其他参数仍采用独立分布拟合. 近年来, 随机抽样、神经网络等手段也逐渐运用到参数联合分布拟合的问题中. 随机抽样算法为常用的近似推理算法, 忽略条件的独立性, 不考虑概率分布特征, 随机抽样产生大样本数据, 通过频率分析获取所关注变量的概率分布, 虽然精度与解析模型精确推理较差, 但是能够有效解决大数据样本的计算效率问题.

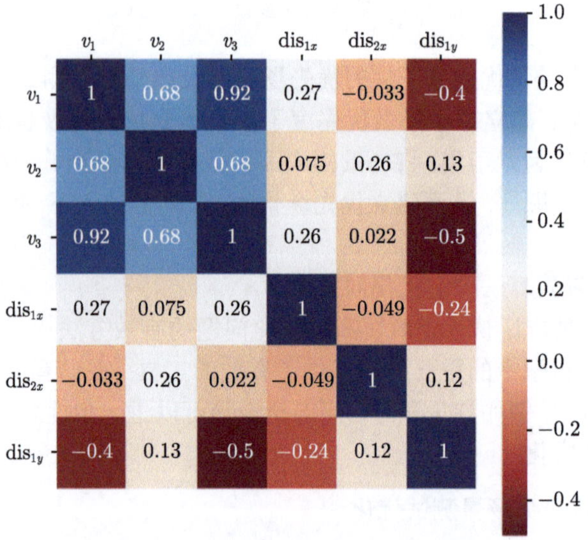

图 8.4　插入场景参数分布相关性测算

8.3.3 极端小概率事件加速测试

在极端场景库的构建时, 为了保证仿真测试模拟的准确度, 概率常常与场景特征被共同存储, 即在自然环境中发生概率极低的事件在仿真中发生的概率应同样较低. 在此前提下, 即使在仿真平台中积累了大量里程数, 对于极端场景的测试仍微乎其微, 除此之外, 极端小概率事件还面临真实数据不足、分布难以拟合的难题. 尤其对于一些特定类型的事故场景, 在真实的自然驾驶数据中难以提取大量数据, 因此很难得到符合现实的样本分布.

我们需要基于对提取的有限的极端场景进行深度分析, 通过机器学习算法捕捉极端小概率事件的特征特点、参数分布. 同时, 验证一般场景和极端小概率场景的分布特征, 进一步实现极端小概率场景的派生, 有效节约数据采集的人力物力, 摆脱对大量自然驾驶数据的依赖, 同时得出与大量自然驾驶样本测试相同的测试结果, 保证测试的可靠性. 以危险场景检测为测试目标时, 需要训练高精度的代理模型, 考虑分类、异常值检测等手段, 在海量场景中快速识别极端小概率场景; 而以危险率评估为目标时, 极端小概率事件对重要度抽样算法提出了更高的要求, 需要引入更优化的重要度概率密度函数, 以提高拟合迭代的速度.

8.4 面向安全性测试的背景交通流模型

8.4.1 小概率危险交通流场景建模

机动车、非机动车、行人组成的高密度混合交通流是我国城市道路的典型特征. 然而长期以来, 各类交通参与者, 特别是非机动车与行人由于活动空间自由、交通系统设计不合理、混行冲突等各类原因, 导致各类干扰行为 (如行人红灯违章过街、非机动车越线行驶、机动车实线变道等) 频发. 据统计, 由于各类干扰行为导致的交通事故占到城市各类交通事故的 70% 以上, 同时各类干扰行为对城市交通高效运行也产生了极大影响. 构建具有干扰行为仿真能力的交通流仿真模型, 是评估各类干扰行为对自动驾驶系统安全性影响的重要手段.

如第 5 章所述, 目前已有研究针对包括高快速路以及城市主次干道场景干扰交通流模型进行研究, 构建了诸如走走停停、胁迫换道、汇入汇出区协作换道、多步逼近换道、非机动车越线、非机动车闯红灯、行人违法过街等干扰行为的仿真模型. 这些模型已被广泛应用于微观交通流仿真模型中.

然而, 仅仅针对此类干扰行为进行仿真建模, 无法完全涵盖全部危险场景. 现实驾驶环境中存在大量极小概率随机行为, 如前方非机动车突然倾倒、急加减速、突然转向、前方机动车侧翻、高速公路龙门架倒塌等, 此类事件大部分为安全事件, 对包括感知、决策、控制系统在内的自动驾驶相关组件均有影响. 相较于前文所述交通干扰行为, 其出现概率更小, 是在干扰行为范围以外的自动驾驶所需应对的极端环境, 且较难在传统交通流仿真模型中进行模拟, 可归类为边角交通流事件.

小概率危险交通流事件容易引发自动驾驶汽车运行安全隐患. 然而, 针对小概率危险交通流事件的仿真, 面临以下问题和挑战: ①此类事件为极小概率事件, 其发生概率与交通环境耦合性较弱, 缺乏科学的手段对其发生概率进行描述; ②采用常规的基于规则的交通流模型对小概率危险交通流事件演化过程进行描述, 存在较大挑战; ③此类事件无法在有限的实际路测中捕捉采集. 综上, 针对小概率危险交通流的仿真建模, 是提升自动驾驶汽车决策水平的关键步骤, 亟需科学合理方法对该类行为进行仿真建模.

8.4.2 全要素仿真建模

随着城市化进程的发展与深化, 城市交通系统的路网规模不断扩大, 各类交通参与者涌入其中, 道路交通环境中的内部、外部要素耦合关系日益紧密, 交通信息来源更加多源异构, 传统对于交通系统中 "车–路–环境" 的分析已远远无法满足现代城市交通日益复杂的治理需求. 尽管国家、政府对于交通系统基础设施建设的投入力度不断加大, 有关职能部门及科研单位对交通系统的管控措施不断升级, 但由于设施建设的过程不可逆, 交通管控系统运营、维护成本高, 因此, 为优化利用系统资源、提高道路交通安全、保障交通运行效率、缓解交通拥堵现状, 对于交通系统的仿真 (预) 评估成为解决上述困境的关键技术.

另外, 车路协同系统、智能网联车辆、自动驾驶等新兴技术的飞速发展, 涉及车辆控制、无线通信、传感探测、环境感知、车辆辅助驾驶、机器学习、人机交互性、人类因素以及系统集成等方面的相关研究不断深入, 力图将各类自动化系统集成在智能汽车当中, 通过车车、车路通信进行交互和共享, 实现车辆和交通系统基础设施之间智能协同与配合. 同时, 在新型混合交通流环境下, 人机共驾、人机混驾等模式的出现, 使得驾驶主体及其之间的关系发生变化, 车辆之间的交互对象也在改变, 这更对基于交通系统仿真技术精准再现车辆与交通行为, 解析内部、外部要素间的复杂耦合关系提出了更高的要求.

在这样的大背景下我们必须清楚地认识到, 交通系统是由人、车、路、环境和信息五个要素构成的复杂系统, 而过去传统交通流仿真的对象着重关注了车、路、环境等在物理世界中容易获取相关影响参数的关键要素, 缺乏对于人和信息这两个关键要素的仿真.

(1) 人类因素仿真建模.

无论是对于发展中的城市交通系统, 还是新兴的智能网联、车路协同系统, 人类始终是交通参与者中的主体, 也是其中个体异质性最突出、不可控性及不稳定性最大的影响因素. 然而目前对于人类因素的建模研究, 无论从属性层面上, 还是方法层面上都尚不明晰、亟待完善.

在属性层面上, 已有的交通流仿真模型往往假定驾驶人的驾驶行为同质化, 忽略了驾驶人之间及驾驶人内部驾驶行为的异质性和时变性, 难以准确描述车辆的运行特征和交互行为, 更无法解析人类驾驶行为对交通系统的影响因素及作用机理. 同时, 在现实交通环境中, 人类对于环境因素的感知能力必然会存在偏差, 人类的操作能力也并非时刻都能保持精准无误, 在驾驶过程中的感知误差和操作失误不仅影响 “感知–决策–操作” 的整个过程, 更是面向安全性测试的交通流仿真建模中不可或缺的一环. 但影响人类感知能力、操作能力的因素可能是驾驶人自身的内源性因素, 也有可能是外部环境变化导致的. 因此, 对于人类因素的仿真建模, 不仅需要精准量化人类感知偏差、操作失误, 对感知过程、操作过程进行建模, 还需要深入解析人类因素与环境因素交互耦合的机理. 除此之外, 人类的时变性也是交通流仿真建模中不可忽略的重要组成部分, 例如驾驶人在驾驶车辆过程中常见的疲劳、分心、路怒、焦虑等状态, 这类看似具有随机性的交通行为, 其出现也往往与周围交通流环境相关. 因此, 分析研究这类时变特征出现的原因、交通场景以及与驾驶人特征之间的关系, 是能够在交通流仿真建模中再现该类行为的关键.

在人类因素建模的方法层面上, 现有研究方法可分为参数标定与独立建模两大类. 与人类因素相关的各类参数纷繁复杂, 且存在诸多隐性耦合关系, 现有研究多基于个别或少数相关参数, 间接捕捉驾驶员的某一特征, 或在对驾驶员进行简单分类的基础上进行参数标定. 这种方法可以在一定程度上表征某一特定的驾驶行为, 并提高仿真模型的精度, 但本质上仍是对特定驾驶行为的片面表征, 并未探究各类行为出现的内在原因. 而较少有研究从人类认知机理、心智过程出发, 解析各类行为的内因起源, 进行从认知到行为的一体化建模. 尽管已有学者尝试将其他理论 (如前景理论、风险适应理论等) 应用于交通行为建模中, 但仍未跳脱对经典交通流模型进行参数修改与标定的传统做法, 因此, 目前亟需厘清各类影响因素之间的关系, 系统全面解析驾驶行为表征参数, 对包含人类因素的驾驶行为进行一体化建模.

(2) 信息因素仿真建模.

随着信息系统的发展及随着智能网联驾驶车辆在交通系统中的不断渗透, 道路交通环境日益复杂, 其中的信息因素对交通系统的影响日益凸显. 同时, 信息因素与人类因素相互耦合, 使得驾驶人 (包括自动驾驶系统) 的内涵更宽泛, 驾驶行为的异质性与随机性特征更突出. 在未来相当长的一段时间内, 交通系统中人类驾驶车辆、智能驾驶车辆、网联驾驶车辆等混行现象突出, 交通流特性更加复杂, 新型混合交通流环境下人机共驾和人机混驾对信息因素建模的需求也将会更大. 因此, 只有包含 “人–车–路–环境–信息” 全要素的交通系统仿真, 才能够充分满足现代化城市交通运行、治理的需求.

目前对交通流仿真模型中信息因素的建模, 重点在于路径层面, 即驾驶员接收到的各类信息对其路径选择的影响. 一般来说, 现有信息可以大致分为说明性信息 (如道路交通标志)、建议性信息 (如导航信息)、强制性信息 (交通管制信息) 三类. 各类信息会在不同程度上共同努力影响着驾驶员的驾驶行为: 在战略层面上影响驾驶员的路径规划决策, 在战术层面上影响车道选择, 在操作层面上影响具体的跟驰行为、换道行为等. 因此, 在对信息因素建模的过程中, 要建立起完整的体系, 整合信息因素对各个层面上驾驶行为的交叉影响. 而人机共驾、人机混驾条件下, 智能系统与人类之间的信息交互, 也将对信息建模提出新的需求, 如: 智能系统如何向人类请求接管, 提供信息的方式, 人类对于信息不同的接受程度及其随时间的推移演变等均需要深入探讨与研究. 另外, 大量信息的涌入也可能会增加驾驶负担、影响驾驶员的判断力、诱发分心疲劳等驾驶行为, 并最终影响驾驶安全. 对于这类信息影响因素的建模, 由于其场景多变复杂, 初期研究可区分驾驶场景针对某种特定行为进行研究分析, 并纳入交通流仿真建模的应用实践中, 逐步扩大对于信息因素影响的认识.

8.4.3　传感器、交通流、动力学模型一体化仿真

仿真系统常包括传感器、交通流、动力学等几大组件. 传感器是连接外界环境和被测车辆的媒介, 对应智能汽车的感知模块. 交通流则是模拟本车运行时需要实时交互的智能体的运动, 对应智能汽车的决策规划模块. 动力学则是模拟汽车在行驶过程中, 汽车轮胎、空气阻力对其的影响, 并包括汽车自身驱动与制动之间的相互作用, 对应智能汽车的控制执行模块.

针对不同模块的测试有各自的偏重点. 针对传感器的仿真测试, 通常需要原始仿真信息 (如图像、点云) 等数据, 因此, 需要基于实际产品情况精确标定传感器参数, 如对于图像传感器标定位置等外参和畸变系数等内参, 对于激光雷达等传感器, 标定线数、旋转速度等. 针对决策规划的测试, 常需要背景交通流仿真模拟智能汽车在复杂多交互场景下的规划决策过程, 对于交互对象信息的获取偏于理想, 一般假设交互对象的状态信息完全可知, 或使用对象级传感器, 由此可以避免传感器模型的不准确带来的大部分后续问题. 针对动力学的仿真在传统车辆仿真工作中占有非常重要的地位, 相关的理论和实践工作也已非常成熟, 由于它的精确度可以直接影响仿真结果的可用程度, 因此, 在智能汽车背景下也会提出更高的需求.

当把测试对象从单一模块上升到整个智能汽车时, 则产生了测试模块间的一体化联动的测试需求. 当前很多仿真工具已基本实现模块间联动仿真, 比如 5.5 节也介绍了若干交通流与动力学联动的测试. 然而这里的一体化仿真测试, 不应仅局限于各软件间的打通, 由于各模块此时同时作用于测试车, 应组成一个紧耦合

的仿真系统. 这里我们提出几个值得探索的点. 一是模块误差的相互传递, 即如何把传感器误差 (包括但不限于检测误差、时延、失效)、动力学仿真误差等和交通流模型整合. 二是约束间的相互影响, 比如传感器的距离角度限制、车辆动力学的加减速约束与背景交通流交互影响强度的整合.

总之, 我们认为传感器、交通流、动力学模型一体化不只是功能模块的打通, 还应是内涵的深度耦合, 功能间的互相配合, 这需要不同行业领域间的跨界融合, 共同探索.

8.4.4 安全性仿真的信度和效度

传统交通流仿真关注系统的效率评价, 采用的指标一般为集计的宏观指标, 如平均速度、行程时间、排队长度等, 另外也会考虑交通流的时空演化特征, 如上匝道汇入区交通流平均速度的 Counter 图. 智能汽车测试评价更应以安全性测试为导向, 有以下两种思路. 一种是直接指标, 即直接采用事故率或事故频率, 但事故终究是小概率事件, 人类驾驶事故率约为 10^{-7} 量级, 因此, 若智能汽车与人类驾驶事故率相当, 也需要 10^{7} 量级的测试才会发生一次事故, 而要求出有统计学意义的事故率, 还需成百上千倍于此数量级的测试, 成本太高通常不采用. 另一种是采用安全替代评估模型 (Surrogate Safety Assessment Model, SSAM), 这里涉及尺度和粒度的问题. 采用宏观指标, 即类似于传统交通流仿真关注效率的评价, 对智能汽车安全性测试的意义不大. 采用微观指标, 即表征轨迹的一一对应关系又太细, 因为交通系统本身是个复杂系统, 同一场景下的行为是随机变化的, 追求轨迹层面一一对应的准确性也是无意义的.

我们目前采取的解决方案是, 采用的是中观指标, 且关注的不是指标间的一一对应而是关键指标的分布, 即对比不同分布 (实际和仿真) 的差异显著性, 若在统计上没有显著差异则说明仿真存在较好的可信度. 然而这一思路仍存在若干问题亟需解决: 不同的功能场景选择安全替代指标? 分布间如何对比? 差异的显著性能表现多少可信度? 分布如何取, 是安全替代指标的时间分布还是空间分布, 或是时空关联的分布? 这些问题仍需学界和业界继续探索.

8.5 自动驾驶汽车安全性认证与论证

8.5.1 自动驾驶汽车安全系统工程

作为高安全保障要求的产品, 仅通过测试发现自动驾驶系统的安全性问题恐难以达到安全性要求. 因此, 从系统工程视角, 在研发测试流程的末端验证安全性的基础上, 如何前置构建自动驾驶汽车研发的安全保障规划亟待探索.

8.5.1.1 基于安全论证方法的前置安全保障规划

自动驾驶汽车研发过程工序复杂, 涉及的技术流程和工程人员、管理人员繁多, 应用预防性风险管理思维和技术手段, 降低流程中的潜在危险或错误的可能性至关重要. 本部分试图从系统科学视角, 介绍安全论证方法在开展前置安全保障规划的思路.

安全论证方法属于归纳论证的范畴, 其论证目标是回答以下两个问题, 即：是否有充足的证据表明系统的所有风险可以接受; 所有的推理依据、证据均是否正确、可信 [2]. 围绕上述目标, 德国 PEGASUS 项目就自动驾驶汽车安全系统工程提出了三大原则, 即结构化、形式化和连贯性. 其中, 结构化旨在构建安全系统工程的层级架构, 从社会、产业等角度明确安全性论证的目标和风险管理的要求; 形式化则需针对安全系统工程的层级架构, 构建标准化的分析方法体系; 连贯性要求同一要素在不同层级论证时目标的有序分解和一致性.

构建自动驾驶汽车的安全系统工程, 需从安全目标入手, 开展自上而下的推理, 关键技术包括安全目标分解、风险管理论证与安全保障. 安全目标分解旨在基于系统设计原则, 构建目标论证链条, 其难点在于复杂工序分解颗粒度的选取, 以及分解子目标的覆盖度保障和相互间的衔接; 风险论证是安全论证框架的主体部分, 需基于风险管理思想, 结合目标论证链中的子目标相对应的差异化安全标准, 采用标准化分析方法论证危险是否处于可接受范围; 安全保障技术则是在分析危险致因的基础上, 采用消除风险、减小风险概率、减轻危险后果等预防性保障措施, 提升自动驾驶研发过程的安全性. 此外, 为配合开展自动驾驶汽车安全系统工程的论证, 还需结合论证技术, 设计研发安全论证的软件平台, 以辅助在研发过程中安全保障工作的开展.

8.5.1.2 自动驾驶汽车规划决策算法安全保障模型

在研发过程安全保障的基础上, 为确保自动驾驶汽车不会引发交通事故, 研究人员也在尝试构建自动驾驶汽车规划决策算法的安全保障模型. 典型研究包括英特尔下属 MobileEye 公司提出的责任敏感安全 (Responsibility Sensitive Safety, RSS) 模型、英伟达提出的安全力场 (Safety Force Field, SFF) 理论和慕尼黑工业大学学者提出的安全律法 (Legal Safety) 等.

其中, MobileEye 公司的 RSS 模型基于驾驶车辆动力学进行建模, 明确了自动驾驶汽车在行驶过程的纵向安全距离和横向安全距离, 确保自动驾驶汽车不会主动导致事故发生. RSS 遵循四个基本驾驶策略：①和前车保持安全距离; ②给侧边的人或车留下足够的反应时间和空间; ③合理使用路权; ④存在视野盲区的地点小心驾驶.

相似地, 英伟达公司也提出了用于保护自动驾驶车辆不受碰撞的计算型防御驾驶策略——SFF. SFF 对多智能体的运动轨迹进行预测, 每个预测状态就会在时间和空间域展开为一个多维的占有图. 任意两个物体的预测轨迹时空占有图相交, 代表这两个物体未来有碰撞的风险. 自动驾驶汽车需要让自身与其他交互对象的占有图相交区域往减少的趋势发展.

上述两种本质安全评价模型虽可为自动驾驶汽车决策算法提供安全屏障, 但前期笔者对比 RSS 纵向安全距离与人类驾驶员在自然驾驶状态下的跟驰行为发现, 该类安全底线模型相对保守, 基于其安全屏障框架下研发的自动驾驶算法是否适用是一大疑点. 此外, 该类安全保障模型如何结合虚拟测试、实车测试的既有体系框架, 应用于不同厂商的自动驾驶算法驾驶能力评价及验证是未来研究探索的方向.

8.5.2 自动驾驶汽车全生命周期安全性认证与论证

自动驾驶汽车的安全问题具有社会–技术等多重属性. 从产品应用视角, 在软件定义汽车的背景下, 自动驾驶汽车部署应用及后续系统迭代升级过程中的安全性认证与论证也应是产业界和学术界关注的重点.

随着以“自主驾驶”为主的高等级自动驾驶汽车推广应用, 交通系统将产生人类驾驶和自动驾驶汽车混行的新形态, 并带来系列变化：①自动驾驶功能随着人工智能算法的发展和车路协同等关联技术的进步, 自动驾驶系统会迭代升级, 以扩展其运行区域, 提升其驾驶功能; ②在自动驾驶汽车渗透率逐步提升的过程中, 驾驶人在与自动驾驶汽车交互过程中易发生行为规律演变, 自动驾驶汽车在现实世界中面临的场景变化将引发其安全性测试评价标准的改变; ③作为未来交通系统发展的趋势, 社会公众及管理部门对自动驾驶汽车的接受度和需求度等持续提升, 必将从标准、法律法规等多视角对自动驾驶汽车的安全性等提出高要求.

自动驾驶汽车在研发、应用和监管等多维度的变化相互关联、影响, 因此, 无法从孤立视角看待自动驾驶汽车研发测试流程安全性测试评价, 亟需构建覆盖研发、测试、应用和更新等多阶段的全生命周期安全性认证与论证技术体系, 并攻克如下技术难点.

(1) 全生命周期多维视角的安全性定义一致性.

自动驾驶汽车全生命周期安全性的认证与论证面临多个视角, 其中自动驾驶系统设计研发的工程视角关注系统和功能模块的错误设置问题; 自动驾驶汽车应用的功能视角关注在复杂交通系统中“自主驾驶”所要求的驾驶功能缺失问题; 自动驾驶汽车与人类驾驶员交互的行为视角则关注交互对象行为的预期准确性问题. 因此, 考虑不同视角间安全性定义的差异性, 构建全生命周期安全性认证与论证的框架结构, 嫁接不同安全性论证主体的目标, 是亟待突破的难点.

(2) 全生命周期安全性的形式化认证.

自动驾驶汽车全生命周期安全性的等级是政府、企业及公众共同关注的重点.

当前以功能安全和预期功能安全评价为代表的研究偏向于量化自动驾驶汽车的残余碰撞风险，绝对安全性定义的缺失，带来安全性形式化验证难题. 此外，形式化验证模型如何结合虚拟测试、实车测试的既有测试工具链和测试方法开展实施，亦是未来研究探索的方向.

(3) 全生命周期安全性问题的可追溯性.

在自动驾驶汽车全生命周期过程中，安全性问题不仅涉及自动驾驶算法的缺陷诊断和反馈升级，更关乎在交通事故等过程中的责任划分与认定. 因此，从系统性视角，建立自动驾驶汽车运行过程中的多因素相互作用的链式因果反应框架，并结合虚拟测试与实验工具，构建因果关系的定量诊断方法，是提升全生命周期安全性问题可追溯性的关键，也是自动驾驶汽车法律法规制定、事故定责和保险定价等的重要支撑.

参考文献

[1] 中国电动汽车百人会，腾讯自动驾驶，中汽数据有限公司. 中国自动驾驶仿真蓝皮书. 2020.

[2] 牛儒，唐涛. 安全论证方法及其在铁路信号开发安全保障中的应用. 铁道学报，2014, 36(4): 54-59.